古典文獻研究輯刊

十一編

潘美月・杜潔祥 主編

第 4 冊

藏 書 拼 圖
——明代圖書文化析論

許 媛 婷 著

國家圖書館出版品預行編目資料

藏書拼圖——明代圖書文化析論／許媛婷 著—初版—台北
縣永和市：花木蘭文化出版社，2010〔民99〕

目 4+296 面；19×26 公分

（古典文獻研究輯刊 十一編；第 4 冊）

ISBN：978-986-254-291-0（精裝）

1. 藏書　2. 明代

020.92　　　　　　　　　　　　　　　　　　99016381

ISBN - 78-986-2542-91-0

9 789862 542910

古典文獻研究輯刊

十一編　第 四 冊　　　　　ISBN：978-986-254-291-0

藏書拼圖——明代圖書文化析論

作　　者　許媛婷
主　　編　潘美月　杜潔祥
總 編 輯　杜潔祥
企劃出版　北京大學文化資源研究中心
出　　版　花木蘭文化出版社
發 行 所　花木蘭文化出版社
發 行 人　高小娟
聯絡地址　台北縣永和市中正路五九五號七樓之三
　　　　　電話：02-2923-1455／傳真：02-2923-1452
網　　址　http://www.huamulan.tw 信箱 sut81518@ms59.hinet.net
印　　刷　普羅文化出版廣告事業
初　　版　2010 年 9 月
定　　價　十一編 20 冊（精裝）新台幣 31,000 元

藏書拼圖
——明代圖書文化析論

許媛婷　著

作者簡介

許媛婷，中國文化大學中國文學博士。先後任教於台北商業技術學院、中華技術學院，現任職於國立故宮博物院圖書文獻處。研究領域為古典文學、圖書文獻學、版本學、藏書史、書籍流通等方面，著有《濟公傳》研究》（碩士論文）、〈明代藏書文化研究〉（博士論文），以及發表學術期刊，包括〈明末清初的西學東漸——以李之藻《天學初函》為討論中心〉、〈清末中日文人對影鈔及覆刊漢籍的主張——以楊守敬《古逸叢書》成書過程為例〉等論文十餘篇。

提　　要

　　本論文以明代近三百年來的藏書發展與文化為研究範圍，試圖以爬梳析理史料的方式，勾勒出明代藏書文化的發展軌跡與轉變歷程，並以歸納明代藏書文化的歷史意義與時代價值做為研究目標。

　　論文重心以明代藏書文化為研究主題，探討範圍則多集中於圖書典藏方面，自藏書概念的產生、藏書活動的形成，乃至於與圖書典藏密切相關之活動，舉凡經由藏書衍生出來的流程，包括蒐求、購置、整理、編目、管理，甚或維護、流通等等，皆在探討範疇之內；而與藏書相關之活動或事物，則視其關涉及影響層面適度加以討論，像是刻書、藏書分布、藏書建築、藏書特色等諸如此類，多半以與藏書文化發展的緊密度來衡量輕重。

　　文章重點論述明代藏書文化的發展特色及其影響，試圖從不同區塊的藏書體系拼出明代藏書文化的整體性，並試圖找出藏書特色及優劣，進而評價其成敗得失。

目

次

第一章 緒 論

第一節 研究動機及目的

　　中國古代藏書文化，歷史悠遠流長，迄今超過二千多年的歷史。圖書冊籍，乃人們利用圖繪和文字的書寫，將先前經驗累積及種種事物記錄下來的存在形式或文獻載體。書籍產生後，所衍生出來與圖書相關的活動，包括蒐羅、保存、藏置、編目、管理、流通，以及利用等等，皆屬於藏書文化的範疇。

　　溯及古代藏書，最早肇端於商、周檔案的典藏。然而，自從春秋中葉以後，諸子百家興起，王室藏書逐漸流入民間，私人藏書風氣興起。其後，雖有秦始皇焚禁圖書之令，然私藏圖書禁而不絕。兩漢時期，成帝命劉向父子整理圖書，編纂出最早具有系統的圖書目錄，而奠定公家藏書的良好根基。到了魏晉南北朝時期，隨著佛、道宗教信仰的盛行，佛、道兩教的經書遽增，促進寺觀藏書文化的萌芽。唐及五代期間，書院的首度出現，帶動日後書院藏書體系的建立。直至宋、元，藏書環境發展漸趨成熟，各種藏書體系至此逐一確立。

　　進入明代，一方面承襲自前朝藏書體系的發展，另一方面又受到當時政治、經濟、教育、宗教等各種因素影響，呈現出一種既傳承，又特出於前代的藏書文化。這樣特出的藏書文化，正是本文想要深入探討的，然在進行明代藏書文化的探討之前，首先說明研究動機。

　　一般而言，在研究古代圖書史，或是圖書相關領域的學者眼中，明本評價，向來不高。原因有許多，其中最主要的原因，多半集中在對明本版刻訛

劣的印象。換句話說，由於明代圖書刊刻品質不佳，致使多數的學者對於明本態度，將其設定在版刻訛劣的既定印象，而忽略了明代其他的圖書活動，甚或以偏概全，以明本的版刻訛劣，完全取代明代圖書在其他方面的功過。

　　自雕版技術發明以來，刻書活動漸趨普及，然而刻書事業真正達到顛峰階段，一直要到明朝中葉以後。由於明代雕版技術，較之宋、元兩朝，更為精進；而明中葉以後，社會經濟繁榮，城市發展迅速，不論是士人或商賈，對圖書需求增加快速，一時之間，坊肆刻書風氣盛行，圖書成了大量製造。然而，過度刊刻的結果，不但使得書商對圖書毫無選擇，品質無暇顧及，而且粗製濫造、版刻訛劣的現象，更是隨處可見，甚者還有因刻書之瑕，而掩蓋藏書之瑜的遺憾。

　　從後代對於當時明本的看法，我們或許可窺知一二，最常看到或聽到的評價，便是「明人不知刻書」，或「明人喜刻書而書亡」。前句最早見於葉德輝《書林清話》，葉氏嘗言：「明人好刻書，而最不知刻書」〔註 1〕而後，又進一步解釋說：「朱明一朝刻書，非仿宋刻本，往往羼雜己注，或竄亂原文。」〔註2〕從這些話看來，葉德輝判定明人刻書的優劣，不僅在於刻書多，同時好羼雜己註、竄亂原文、改換湊合、節刪易名，而所用的書版亦往往訛謬百出、版式淩亂。葉氏對明代圖書的不滿，還可從書中另外舉出〈明時書帕本之謬〉、〈明南監罰款修板之謬〉、〈明人刻書改換名目之謬〉、〈明人刻書添改脫誤〉〔註 3〕等議題得知。從葉德輝對明本批評內容看來，其著眼的角度主要針對版刻訛謬不堪，故而全然否定明本的價值。

　　的確，從書籍刊刻角度來檢視明本，明本確實比不上宋本的紙香墨潤、嚴謹精良，但若僅以版刻的優劣與否，來全面評價明朝圖書的價值或成就，也顯然以偏概全，不夠公正客觀。不可否認的，明代圖書文化的形成過程中，雕版印刷是相當重要的環節，然除刻書之外，還必須考量到其他文化因素的構成，包括政治決策、經濟背景、社會環境、教育文化、宗教風氣等外緣性因素，或者是跟圖書直接相關的內在因素，舉凡圖書出版之後，涉及到典藏、管理、流通，以及圖書利用等相關活動，都應視為判定明代圖書文化價值的標準之一。若單從版刻的良窳與否，而忽略刊刻以外的其他圖書活動，以此

〔註 1〕〔清〕葉德輝，《書林清話》（台北：文史哲出版社，1988 年 4 月），卷 7，頁 364。
〔註 2〕同前註。
〔註 3〕同註 1。

對明本價值全盤否定，如此一來，不但有失公允，同時也是圖書研究史上的憾事。

因此，有越來越多研究版本的專家學者們，逐漸以一種持平觀點來看待明本，像顧廷龍便曾說道：

> 明本之於今日，其可貴誠不在宋元之下。蓋清初之去北宋末葉與今日之距洪武紀元，其歷年相若，一也；經史百家之中，若鄭注《周禮》、《儀禮》、《紀年》、《周書》、《家語》、《孔叢》等書，無不以明覆宋本爲最善，賴其一脈之延，二也；又以前明掌故之作，特盛往代，後世鮮有重刻之本足以補訂史乘之未備，而晚明著述，輒遭禁燬，其中正多關繫重要者，三也；橅刻舊本，維妙維肖，虎賁中郎，籍存眞面，四也。〔註4〕

以版本學眼光來看明本，他認爲明代圖書歷經時間考驗，保存至今，自有其存在價值；而以史料的角度而言，明本既有覆宋刻本的優勢，又有保存舊藉的功用，以此敘說明代圖書的歷史定位。另外，李致忠〈明代的北京刻書〉一文，則說：

> 明朝人首先是刻書多，多如丘山。然而什麼東西一多，就容易濫，一濫就容易被人們全盤否定。沈德符諷刺明代刻書爲災木，顧炎武諷刺明北京國子監刻書是「秦火所未亡，而亡於監刻矣。」還有人謂：「明人喜刻書而書亡」。這些說法看法，對明代刻書有精益求精的合理要求，但也有攻擊一點，不及其餘的偏見。且只言現象，未及本質。本質是，上述這些現象，無論是多，無論是亂，都是某些政策的反映，某些特定環境的產物。〔註5〕

由於明代刻書過多，造成氾濫，以致遭到後人全盤否定明本價值。從正面角度來看，這種因明代圖書版刻訛劣，甚至對明人添改脫誤、隨意刪併惡習，所產生的不滿，顯示出後人對於圖書品質的要求漸趨嚴格；但從另一角度來說，這樣的看法也有忽略現象形成的原因，同時未能注意明代圖書文化其他方面的特色，不僅過於偏執，也無法全面呈現明代圖書文化的優劣。

因而可知，被視爲版刻訛劣的明本，其實並沒有那麼可惡。不論從年代

〔註4〕　見顧廷龍，《明代版本圖錄初編》（台北：文海出版社，1961 年 5 月），卷首，頁 2-3。
〔註5〕　參李致忠，《肩朴集》（北京：北京圖書館出版社，1998 年 9 月），卷 3，頁 221。

久遠的相對性而言，還是從本質探討，仍有可取之處。而看待明本的文化特色及其價值，便應該以更為廣闊的角度來觀察，不應只偏執於版刻之劣，還要配合當時的政經環境、社會經濟、學術觀點、宗教風氣等各領域層面，來透視隱藏於表面現象之下的文化轉變，包括版刻現象的成因、圖書出版後的典藏活動、藏書管理成效，圖書傳布與流通等等，如此始能達到全面性的觀察，討論也才具有實質上的意義，正是論文想要達成的目標。

換言之，從清代葉德輝等人以版刻角度，來評價明本的良窳與否，使我初步體認到刻書活動的重要性，也看到其影響的深遠。然而，正因為明代刻書影響如此深遠，以致其他圖書相關活動的探討明顯被輕忽少論；再者，又看到後人因對明本版刻的偏執，將明代藏書的功過一併賠上，因而引發筆者欲深入探究明代藏書文化的重要關鍵。

筆者認為，雖然圖書版刻在明代圖書發展過程中，佔有極為重要地位，其光芒甚至超越其他圖書活動，然而，隱藏在刻書背後的藏書活動，對於明代圖書文化的形成，更具有實質上的意義，在重要性上，也絕不會輸給明代的刻書。因而，論及明代圖書的時代意義與文化價值，除了刊刻之外，應該還有關於圖書典藏方面的成就，值得深入析討。可惜的是，早期這部份較少受到世人的關注與評斷，即使後來慢慢有這方面的研究與討論，也多半僅止於局部或個別的探究，鮮少有以全面角度來加以分析的。

明代的藏書，既然在時代價值上，不輸給刻書，卻自清末以來一直未受到等同的看待。所幸，這種現象到了近代開始有所改變，明代藏書的成就及意義，越來越受到多人的注意與肯定。除了有從歷史學角度來討論之外，對於藏書一詞，也有專門的探討與定義。一般來說，目前市面所見字辭典對「藏書」解釋，多從字面上直接定義：「收藏書籍」〔註6〕。藏書既作如此解釋，則涵蓋範圍廣泛，也未對藏書涉及的相關活動說明。此種藏書定義，雖然符合最初藏書的原始概念，也符合大眾對於藏書概念的普遍理解，然卻沒有闡釋清楚藏書的意義。

〔註6〕 根據台灣商務印書館編纂《辭源》（台北：台灣商務印書館，1989年10月）
作「貯藏圖書」之意；另外，《中文大辭典》（台北：中國文化研究所，1968
年3月）一書作二種解釋，一指李贄《藏書》一書的書名；另一作「儲藏書
籍」；再者，《漢語大詞典》（上海：上海漢語大詞典出版社，1992年6月）亦
作二解，一為較狹義的說法，指「圖書館或私人等收藏的圖書」，另一義則泛
指「儲藏書籍」。

　　近年來，部份學者注意到這方面的問題，因此將「藏書」一詞，做了進一步的詮譯。在王余光、徐雁編《中國讀書大辭典》藏書的定義，便指出：

　　　　指典籍圖書的收藏活動。在歷史中國，特指皇家、私家、寺觀、書
　　　　院等的典籍圖書的收藏。其概念往往不僅僅指藏書，而且還包括與
　　　　之有關的購置、鑑別、校勘、裝治、典藏、鈔補、傳錄、刊布、題
　　　　跋、用印、保護等一系列活動。〔註7〕

上述說明，不但將藏書的原始概念表達出來，而且還將與藏書相關的活動一併列入，像是購置、鑑別、校勘、裝治、典藏、鈔補、傳錄、刊布、題跋、用印、保護等等。這些與藏書相關的活動，皆是從藏書發展歷程中不斷衍生出來，發展至今日，才有這樣一個完整藏書概念的形成。

　　雖然從敘述中可以看得出來，這些進一步的藏書活動，並非針對明代藏書活動而下的定義。但是，我們卻可以發覺，這些「購置、鑑別、校勘、裝治、典藏、鈔補、傳錄、刊布、題跋、用印、保護等一系列活動」，乃是在歷經各朝代不斷增益與要求，所衍生出來的藏書活動，而到了明朝之際，實多具初步架構，或者已概括在內。其後，不論是清代，或者是進入到近現代的藏書活動，則多是在明代藏書活動的基礎下，或為之延續，或予以增衍改變。

　　也就是說，上述那些藏書相關活動的形成，是在明代近三百年之間，初步奠定基礎，並且自明朝以後，藏書概念已超越最初收藏的單一意義，跨越至屬於文化層面的涵義。如此一來，藏書不再是無所為的藏置行為，而是牽涉到人類深層思想的表現，不但是人類文化呈現的表達方式之一，同時也使得圖書典藏的意義與價值，更加確立清楚。

　　另外，探究明代的藏書，還有一個要加以說明的地方，那便是在圖書數量及種類上的豐富性。一般來說，論及圖書的典藏，必然要有相當的圖書數量，而討論明代藏書，尤其不能不提及明代圖書數量的可觀。自雕版印刷術發明以來，以明朝刻書風氣最為盛行，換句話說，明代的圖書數量是歷朝以來最為豐富的一個朝代。

　　雖然明代刻書在發展過程中，出現版劣謬誤的負面現象，但是在近三百年期間，其圖書出版的成果，不僅令人咋舌，同時因應豐富的圖書數量，種種問題也接續而來，像是圖書藏置、藏書觀念，及藏書管理等等，只可惜這

─────────────────

〔註7〕見王余光、徐雁等編，《中國讀書大辭典》（南京：南京大學出版社，1999 年
　　　　7 月），頁 440。

部份卻不如明代版刻般，受到那麼多人的注意與探討。

明代圖書數量，究竟多到什麼地步，據葉德輝引述明人王遵巖、唐荊川說法，提到：「數十年讀書人，能中一榜，必有一部刻稿；屠沽小兒，身衣飽暖，歿時，必有一篇墓誌。此等版籍幸不久即滅，假使盡存，則雖以大地爲架子，亦貯不下矣。」〔註8〕這段說法，雖是在說明人無所不刻的行徑，但也從旁將明代圖書的數量反映出來。另據盧賢中《古代刻書與古籍版本》指出：「就我國現在古籍來看，唐五代刻書猶如鳳毛麟角，宋元舊刻亦是屈指可數，而明本則是汗牛充棟。」〔註9〕這樣形容或許太過於誇張，但從文獻記載，及現今各地藏書單位存藏的古籍數量來看，明代圖書數量確實超出宋、元兩朝甚多。

此外，李瑞良則是進一步統計《明史‧藝文志》列出的明代書籍數量，予以量化，指出：

> 此書著述明人著作 4633 種，105974 卷。這個數字明顯超過了以前各個朝代的著述總數，但這個數字還不是明代著述的全部。〔註10〕

以現有的資料，確實難以完全統計明代圖書的數量，但明確可知的是，明代書籍，絕對遠超過《明史‧藝文志》著錄的圖書數量。而明代圖書的大幅增加，除了顯示出刻書的興盛之外，這些增加的圖書，同時也讓明朝人面臨到後續的典藏與管理困擾。

對於明朝人來說，明代的圖書數量，既較宋、元兩朝增加許多，那麼在面臨隨圖書增加之後，所衍生出來的後續問題，包括收藏、管理，及流通等事務的處理上，顯然比前人遭遇更多的困擾，難度也更高。令人疑惑與好奇的是，明朝的公私藏書，不論是機構、單位，還是個人，是否有足夠的智慧來處理這樣的難題；抑或有進步的因應措施，來面對經由大量刻書後，產生的圖書典藏問題；或者，在這種大量出版圖書的年代，總有滿山滿谷的書籍在側，明朝人反而不懂珍惜，而放任流失，隨意置放，都有可能，這些也是本文想要探討的部份。

事實上，明代藏書發展的過程中，由於藏書環境及性質的差異，形成了

〔註8〕 〔清〕葉德輝，《書林清話》，卷7，〈明時刻書工價之廉〉，頁371。

〔註9〕 盧賢中，〈明代的版刻〉，收入氏著，《古代刻書與古籍版本》（合肥：安徽大學出版社，1995年12月），頁48。

〔註10〕 見李瑞良，《中國古代圖書流通史》（上海：上海人民出版社，2000年5月），第6章，〈明清時期的圖書流通〉，頁332。

個別的藏書體系。這些藏書體系，不論是在藏書性質、藏書內容，或者跟藏書相關的活動，像是整理、編目、管理，皆各循其本，也各有所長；而在形成過程中，也因為受到當時的政治、社會、經濟、學術、宗教等各方面的帶動或牽制，影響到圖書聚散、書籍維護、圖書管理的觀念與理論等等，凡此種種，都是論文所要關心與討論的。這些相關議題，雖偶有見針對某一主題或個別情況，以單篇論文形式討論，然對於明代整個藏書文化的全面性研究，迄今尚未見到，不免令人有見樹不見林之憾。

　　總而言之，因明代圖書大幅增加造成的困惑與變動，從正面來說，意味著圖書文化正朝著多元化發展的方向進行，不僅可以看出明人對於書籍追求的心態，也可看出自古而今，歷史演進的歷程與轉變；從另一方面來說，圖書在大量出版後造成的問題與困擾，包括如何保存、藏置、管理、流通等等，對明代藏書者而言，都是項嚴格的考驗。透過觀察明人對藏書的處置態度與管理方法，不僅可以瞭解明代藏書文化在發展歷程中，如何承襲前朝的舊思維，邁向重新建立規範或理論的過程，並且對後世藏書文化產生影響。希望藉由這樣的思索與探討，對明代藏書文化有一較為全面性的研究，賦予其合理的價值判定，並找出適切的定位。

第二節　研究範圍與方法

　　明代藏書文化的發展，一方面承繼宋、元以來的規模與制度，另一方面卻又亟欲跳脫舊有桎梏，期能有所擴展轉變。當時正值印刷技術轉精之際，加上受到刻書風氣盛行的影響，反而為明代圖書的出版事業，尋找到一個絕佳的出口。然而，在圖書典藏方面，卻因書籍版刻過度的受到矚目，相對的受到輕忽，不但在當時已經如此，日後眾人在論述明代圖書時，更是多著重在明本版刻方面的探討，甚少顧及典藏方面的討論。

　　確實，明代的刻書，可說是探究明代圖書文化的重要環節之一，在學術上亦受到相當重視。因此，關於這部份的研究者甚多，不需要筆者再錦上添花。但是，除了版刻問題之外，關於圖書的典藏方面，其擴及的層面與重要性，實不下於刻書，對於明朝圖書文化的形成與成敗，亦具有深遠的影響。

　　基於這樣的理念，雖然深知既探討明代藏書，必然涉及刻書，然而由於刻書牽涉的範圍過於廣泛與煩瑣，加以歷來研究者多有具體成果，故而本文

對於版刻方面的議題，遂僅就文化影響層面加以探討，而不討論版刻的細節部份。論文打算以明代圖書典藏爲析討的主題，包括典藏觀念、藏書行爲，進而深入探討與圖書典藏相關的活動，包括經由典藏衍生出來一系列的活動，像是蒐求、購買、保存、整理、管理、編目，以及流通，甚至於跟藏書建築、分布區域、文化特色，影響層面等等，都在論文討論的範圍之內。

一、研究範疇與細節說明

　　明代的藏書文化，涵蓋範圍甚廣，研究領域亦雜。因而，在進行以下章節的論述之前，關於研究過程中可能遭遇的問題，或者部份涉及研究範圍的概念，或者前述未盡詳實的枝節細部，必須在此先做說明，茲分別條述如次：

　　（一）論文探討明代藏書文化，所指明代，係自朱元璋洪武元年（1368）開始，以至崇禎十七年（1644）爲止，期間共二百七十七年的時間。

　　（二）論文研究重心，主要著眼於明代圖書典藏的討論。既是典藏，討論對象是針對具有相當規模，或特定專門的圖書典藏單位，並未概括個人微薄少量，或不曾公諸於世的私人收藏書籍，此與一般泛指收藏圖書的普遍性概念，稍有差異。這是由於有明一朝，不論公、私，藏有圖書之人，可謂多如牛毛，實難逐一論及，故須略爲設限規範。

　　（三）前述指稱論文重心在於藏書，然而在討論到明代圖書的發展時，不免涉及版刻相關問題，原則上將不會針對版刻做個別分析。一者，版刻並非論文眞正的研究方向；再者，爲論文篇幅所不許。不過，與藏書相關的版刻成因、社會風氣，以及造成的變動與影響，仍會在論文中稍作說明。

　　（四）明代藏書文化的討論，打算分別就外緣性因素，及內緣性構成二方面加以研討。所謂外緣性因素，便是指包括國家政策、社會經濟、教育風氣、宗教思潮等，這些足以影響藏書文化的間接性因素；至於內緣性構成，則是跟藏書有直接相關的主要組成。筆者將明代藏書的主要組成，按典藏單位或藏書性質，參酌前人研究，將其分成五個藏書體系。分別爲公藏體系、私藏體系、藩府藏書體系、書院藏書體系，以及寺觀藏書體系，此係本文探討明代藏書文化的五大藏書組成。

　　（五）前述提到的五大藏書體系，其中四大藏書體系，即公藏、私藏、書院藏書，以及寺觀藏書體系，乃是中國古代藏書文化在發展過程中形成，經後人歸納整理出來的藏書系統。原無論文中提到的藩府藏書體系，然而在

明代藏書發展過程中，藩府藏書體系實佔有極為重要的地位，亦為明代藏書發展中重要的一環。故筆者仍將藩府藏書列於其間，使其成為明代五大藏書體系。其原因自有所據，然因篇幅之故，故將在以下章節再加以清楚說明。

（六）論文章節在設計上，首先從古代藏書文化形成的淵源及發展論起；次述明代藏書文化的形成背景，及藏書體系的建構；再進入論文研究重心，以五大藏書體系為架構探討。論文重點，雖是放在明代藏書文化的整體探究，然藏書文化的形成與轉變，除了跟國家政策、社會經濟、教育風氣、宗教思潮等外緣因素習習相關外，真正架構起明代的藏書文化，則有賴於這五大藏書體系。因而，論文以明代這五個藏書體系為主要架構，先就各藏書體系分別予以綜向探討；同時將間接影響到藏書文化的外緣性因素納入考量，從個別藏書體系的形成發展，來認識不同面貌的藏書體系；最後再以橫向總結，綜整明代整個藏書文化的發展、轉變及影響，觀察從明代以迄後代藏書的轉變與典藏成果。

二、研究步驟、程序及方法

關於本論文的研究方法，乃根據以下幾個步驟、程序及方法開始著手進行。

（一）研究步驟

1. 資料蒐集與整理：論文蒐集之相關資料，首以古代典籍文獻中論及圖書典藏方面的記載為主，舉凡正史所載經籍藝文、方志史料、諸家文集、版本專著等，關於圖書採訪、典藏、管理、利用，甚至於流通方面的資料，皆在收集範圍之列；次則搜羅關於明代藏書機構之歷史沿革、典藏建築及環境、圖書管理目錄、書志題跋等背景或相關資料；最後則廣泛搜集近現代專門研究圖書典藏管理等相關論題之專著及期刊論文。

2. 分析歸納與探討：由於初時所搜集得來之資料，多紛陳雜亂，故首須按研究主題及架構依次分別，再就資料內容刪選擇取，先將資料歸類，次則就與論文主題相關之資料，予以分析整理，並提論述。研究重點不僅針對個別藏書情況逐一探究，同時將當時影響藏書情況的時空背景，也納入考量；另外，除論述藏書系統呈現出來之表象外，亦探究不同藏書體系對於圖書的藏用觀念，與藏書心態上的差異，最終則以歸納綜整作結。

（二）研究程序及論文架構

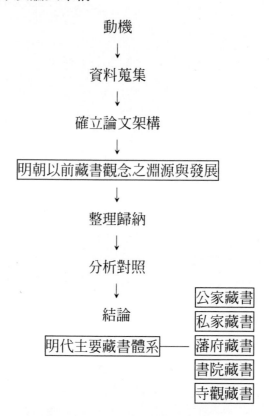

動機
↓
資料蒐集
↓
確立論文架構
↓
明朝以前藏書觀念之淵源與發展
↓
整理歸納
↓
分析對照
↓
結論

公家藏書
私家藏書
明代主要藏書體系 ── 藩府藏書
書院藏書
寺觀藏書

明代藏書文化特色及其對後世影響

（三）研究方法

1. 歷史研究法：本論文雖以明代藏書為研究專題，然欲瞭解明代藏書文化的淵源與發展，必先要對古代圖書典藏的歷史進程有清楚瞭解。因而，論文打算從歷史角度切入，先概述中國古代藏書文化的發展歷程，進而論述明代藏書的歷史沿革；再者，由於明代藏書文化是由幾個不同的藏書系統所組成，不論是個別或是整體，雖然經歷相同的歷史環境，卻可能會有不一樣的發展結果，這些影響明代藏書文化的成因與背景，都屬於歷史研究法的探討範疇。

2. 文獻析理法：將論文蒐集得來的文獻資料，依其資料內容及性質，予以分類、解析及整理。從古代典籍產生，以至明朝圖書的盛行，舉凡與書籍典藏相關的概念、成因、背景，或版刻、藏書管理，以及傳布流通等論題，

皆在探討範圍之列，最後將論文相關資料，按明代主要藏書體系類分之。先就資料彙整，再對個別藏書體系的發展狀況爬梳析理，期以此文獻整理，將明代藏書情形述以有系統的論述。

3. 比對綜論法：明代藏書體系爲建構藏書文化的重要樑柱，除了各自擁有獨立發展特色外，也會受到相同或相近外緣因素影響，彼此間互爲交錯，而使得各藏書體系產生同中有異，或異中求同的發展現象。另據明代藏書文化的研究成果，與今日我國現存圖書典藏情形加以對照，從而瞭解自明代圖書典藏的觀念與方式，對後代究竟有何影響，成效又是如何，這也是論文探討目標之一。

事實上，關於明代藏書的研究，若不設限，不免會有範圍過於廣泛的困擾。像是在藏書概念方面，若僅以收藏圖書一義解釋，則無處不是、無人不可；其次，由於藏書文化的形成，牽涉的領域，實在比想像中更爲雜煩，尤以其間互爲交錯、影響層面的深遠。

因此，在論文進行的初期，實令人傷透腦筋。在此期間，曾經思考過數種章節架構的不同畫分，然皆有不足或缺失，最終決定以明代重要藏書體系作爲研究架構，而將影響藏書發展的外緣性因素納入考量，分別析究。舉凡像是政治決策、社經環境、教育背景、民間文化，甚至宗教領域等各方面的影響，皆可互爲參照，藉此瞭解彼此相互牽動程度，尋因論果。期能以此囊括明代藏書之全面，又能兼使閱讀者一目了然，清楚明代藏書整體的發展情形，與其文化特色。而透過明代藏書文化的探討，嘗試還原當時圖書發展的環境，並試圖以客觀且全面角度來探究其中異同得失，尋求明代藏書文化的價值與貢獻。

第二章　明代藏書文化的淵源及發展

第一節　明以前藏書觀念的產生與演變

　　古代藏書文化的發展，自商、周以來，歷經秦、漢、隋、唐，以迄宋、元等朝的更迭，到了明朝，進入成熟發展的階段。從藏書觀念的產生開始，到歷經朝代變遷，藏書發展的不斷成長變動，這些轉變在古代藏書史上不僅留下鮮明的歷史軌跡，對於明代藏書文化的發展，更是具有舉足輕重的影響。

　　事實上，藏書觀念的形成與轉變，除了受到大環境時代背景的影響之外，還參雜了人爲、主客觀念的牽動引導，故而顯得複雜而紛亂；從另一角度來說，藏書文化的豐富多元，也正是在這種種變動下所形成的。換句話說，沒有這些複雜多變的因素，便不會產生日後如此豐富多元的藏書文化。也因此，透過明朝以前藏書觀念的爬梳析理，或許可以更深入瞭解明代藏書文化的發展背景，及其轉變成因。

　　明代以前的藏書文化，溯自商、周時期，發展到宋、元，其間經過藏書觀念的產生與多次的轉變，這些藏書觀念的構成、差異及轉變，大多有跡可尋。以下便根據明以前藏書觀念的形成及其轉變，略分成以下幾個階段：

一、藏書觀念肇端於官府——商周到春秋中葉

　　目前所能見到的出土文獻中，以刻於龜甲、獸骨，以及玉、石和金屬器物上的符號文字，被視爲最早的文字書寫。這些刻於甲骨上的符號文字，當時已有部份經過整理，甚至將其排列、穿孔以韋編之，因此有學者認爲這種

經過整理的文字符號，便是最初形成的書籍形式；〔註1〕然而，部份學者則不這麼認為，他們主張：這些刻於龜甲、金石等堅硬材料上的文字，不論在形制或傳播觀念上，仍未構成書籍的基本要求，僅可用文獻或檔案稱之。〔註2〕

事實上，不論是文獻檔案，或者被視為圖書形式，這些先人遺留下來的重要史料，在經過探索與研究後，知道裏面主要內容，或為占卜敍事，或記載國家興亡史事，或錄聖王名言，不一而足；其藏放地點，從殷商開始，便被置於宗廟之中；而當時可能已設有官吏專門負責收藏與保管。

根據考古資料得知，殷商時期專門置放檔案文獻的地點，為宗廟的穴窖；〔註3〕另外，依文獻記載，像是《呂氏春秋‧季秋紀》：「藏帝籍之收於神倉」，〔註4〕所稱神倉，顯然係指宗廟；而《史記‧龜策列傳》更進一步敍述有：「今高廟中有龜室，藏內以為神寶。」〔註5〕高廟即指宗廟，意即宗廟中闢有一室

〔註1〕 關於殷商甲骨卜辭研究甚多，此處僅就卜辭編排情形略做說明。根據董作賓，〈商代龜卜之推測‧庋藏第十〉一文中提到：殷商龜版，其孔貫韋編，且作「冊幾」，猶今世書籍表面之書卷幾。詳參氏著，《安陽挖掘報告》，1929年，第1期。其編排成冊的處理方式，不僅經過整理，同時也已經被視為書籍。

〔註2〕 據劉國鈞說法：「書籍是人們自覺地為了傳播知識的目的，而以文字寫在具有一定形式的材料上的著作物，書籍起源於記錄或檔案，而記錄檔案並非就是書籍。」見劉國鈞，《中國書史簡編》（北京：書目文獻出版社），頁14；另外，來新夏對圖書定義則做出更清楚說明，稱：「正式圖書必須具備三項條件，一是用一定符號所表達的內容；二是有一定形式的專用載體；三是有廣泛的移動和傳播功能，而最後一項是圖書的最重要條件，唯此才能使人類文化得以傳播、豐富和發展而形成一種文化現象，甲骨和金石文字恰恰缺少這一重要功能，因此它們只能是檔案，而我國圖書的最早形態應是簡書。」見來新夏，《來新夏書話》（台北：學生書局，2000年10月），卷1，〈中國藏書文化漫論〉，頁2。

〔註3〕 關於殷商甲骨文獻的藏置，據董作賓在〈殷墟文字甲編自序〉提到：「在河南安陽小屯村殷都遺址的發掘中，考古工作者發現了殷商的王室基址。基址內建築物，地上的是宗廟宮室，只留下些版築的基址和柱下的石基；地下的是複穴和實穴，複穴是地下室，可以居住和工作，實穴用以存儲物品。每一座版築附近必有穴窖，甲骨文字，大部份是出土在穴窖之中。」收入氏著，《中國考古學報》，第4冊，1949年；另外，1973年安陽發掘隊在小屯南地挖掘出土之刻辭甲骨文字，則推測出這些甲骨文字為有事卜於宗廟，占卜完畢，重要的儲放在宗廟。見陳夢家，《殷虛卜辭綜述》（北京：中華書局，1988年），第1章，總論，〈甲骨出土地的確定與展延〉。

〔註4〕 參〔秦〕呂不韋撰，〔漢〕高誘注，《呂氏春秋》（台北：藝文印書館，1958年），〈季秋紀〉第九，頁198。

〔註5〕 參〔漢〕司馬遷撰，《史記》（台北：鼎文書局，1987年11月），卷128，〈龜策列傳〉，頁3227。

做為置放珍貴寶物的處所,而負責保管殷商文獻,可能即為當時的巫史。在劉志琴《中國文化史概論》裏說道:「巫除占卜外,還參與國家政治管理,『掌官書以贊治』,在甲骨文中又稱作『史』、『尹』和『作冊』。巫與史往往一身二任。巫史除占卜外,還管祭祀、記史、星曆、教育,以及禮儀、音樂、舞蹈,是文化的掌握者與傳播者,社會的精神領袖。」〔註6〕由此可知,巫史工作繁雜,掌管文獻冊籍僅是巫史眾多工作之一,並非專職管理。即使如此,我們仍可看出自殷商時期,將重要檔案文獻予以典藏保管的觀念已經開始萌芽,同時這些文獻也有置於固定場所,並有專人保管。至於檔案文獻的典藏性質,從藏置地點與管理人員看來,顯然屬於中央政權所有,為公家典藏無疑。蔡盛琦在〈先秦兩漢官府藏書考述〉論文中,更將其明確定位為「商代官府藏書」此一範疇。〔註7〕

　　周朝以後,文字使用更臻成熟,加上文化隨著事務增多而漸趨成長,周代文獻資料遠比前朝更豐富,置放地點也從宗廟一處增加為三處,分別為宗廟、王室,以及官府機構。首先,書藏於宗廟,乃襲自殷商以來的傳承。據《孟子》:「諸侯之地方百里,不百里不足以守宗廟之典籍。」〔註8〕可見周朝的圖書典籍仍是藏置於宗廟之中。而執掌宗廟所藏典籍的處所,便稱為天府。根據《周禮・地官》記載:「群吏獻賢能之書于王,王再拜受之,登于天府,內史貳之。」鄭玄注:「天府,掌祖廟之寶藏者。內史副寫其書者,當詔王爵祿之時。」〔註9〕又,天府一詞,亦有被當成職司解,為官職名稱。〔註10〕至於天府究指何者,有學者將天府視為典藏文獻之府室解,即天府為處所;〔註11〕另有學者認為天府在先秦以前被當作官職名稱,先秦以後才被

〔註6〕 參劉志琴、吳廷嘉著,《中國文化史概論》(台北:文津出版社,1994年4月),頁187。

〔註7〕 參蔡盛琦,〈先秦兩漢官府藏書考述〉(台北:中國文化大學史學研究所碩士論文,1997年12月)。

〔註8〕 參孟子撰,《孟子》,謝冰瑩等編譯,《新譯四書讀本》(台北:三民書局,1987年8月),〈告子下〉,頁592。

〔註9〕 參〔漢〕鄭玄等注,《周禮注疏及補正》(台北:世界書局,1963年5月),卷12,〈鄉大夫〉,頁18。

〔註10〕 根據《周禮・春官・宗伯》記錄:「天府,上士一人,中士二人,府四人,史二人,胥二人,徒二十人。」鄭玄注:「府,物所藏;言天者,尊此所藏若天物然。」〔唐〕賈公彥疏:「天府在此者,其職云:掌祖廟之守藏。」此處天府指官職,參見〔漢〕鄭玄等注,《周禮注疏及補正》,卷17,頁2。

〔註11〕 指天府為宗廟之藏室者,有李更旺,〈西周至戰國藏書考略〉,《四川圖書館學

稱作處所。〔註12〕然而，不論天府究指官職，或爲府庫，皆屬宗廟範疇，則無庸質疑。

除宗廟外，周代圖書典籍還被置放在王室之中。最早提到周王室藏有典籍的論據，首推《莊子》一書的記載：

> 孔子西藏書於周室。子路謀曰：「由聞周之徵藏史有老聃者，免而歸居，夫子欲藏書，則試往因焉。」〔註13〕

文中所指周室，係指周王室中專門藏置書籍的府庫；徵爲典的意思，徵藏二字，指存放典籍，而老子便是負責掌管典籍存藏的官吏。

另外，周朝官府中也藏有書籍文獻，通常稱以盟府、策府，及周府。據《左傳》記載：「虢仲、虢叔，王季之穆也，爲文王卿士，勳在王室，藏於盟府。」〔註14〕這裏的盟府，又稱司盟之府，爲周代官方置放各種盟約的地方。〔註15〕至於策府，同於「冊府」，爲古代帝王藏書的地方。據《穆天子傳》記載，周穆王「天子北征，東還，乃循黑水。癸巳，至于群玉之山，容氏之所守，……先王之所謂策府」晉郭璞注：「言古帝王以爲藏書冊之府，所謂藏之名山者也。」〔註16〕最後，周府一詞，見於《左傳》：「其載書云：王若曰晉重、魯申、衛武、蔡甲午、鄭捷、齊潘、宋王臣、莒期，藏在周府，可覆視

報》，1984年，第1期；以及程千帆等編，《校讎廣義‧典藏編》（山東：齊魯書社，1998年4月）等。

〔註12〕 參劉渝生，〈周王廟官府藏書處所辨析〉一文，《圖書情報工作》，1986年，第4期。

〔註13〕 參〔周〕莊周撰，〔晉〕郭象註，《莊子》（台北：藝文印書館，2000年12月），外篇，〈天道〉，頁272。

〔註14〕 參〔晉〕杜預注、〔唐〕孔穎達疏，《左傳正義》（台北：廣文書局，1971年10月），僖公五年；〔晉〕杜預注：「盟府，司盟之官。」〔唐〕孔穎達疏：「凡諸侯初受封爵，必有盟誓之言。……明知以勳受封，必有盟要其辭，當藏於司盟之府也。」頁93。

〔註15〕 關於盟府，一說稱其爲周朝官府專門藏置圖書的處所；另有一說指其所置放的東西爲盟契之約，屬於檔案，並非圖書，所以盟府應爲當時官府的特種檔案館，嚴格來說並非真正置放典籍的處所。參見劉渝生，〈周王廟官府藏書處所辨析〉，《圖書情報工作》，1986年，第4期，頁13。然而，此種說法在汪應文，〈圖書館起源於檔案庫考〉，《四川圖書館學報》，1986年，第1期。中則不成立，他認爲圖書館最早即起源於檔案庫，因而盟府應亦屬周代官府藏書處所之一。

〔註16〕 見〔晉〕郭璞注，《穆天子傳》，收入《諸子百家叢書》（上海：上海古籍出版社，1990年10月），卷2，頁8。

也。」孔疏：「正義曰：言周家府藏之內，有此載書在也。」〔註17〕因此，不論是盟府、策府，或是周府，係爲周代官府藏書處所，屬於公家藏書。

自殷商開始，貴重圖書冊籍便藏諸於宗廟之中；到了周朝，隨簡冊增加，典藏環境亦隨增多，不論是宗廟、王室，還是官府，皆爲公家重要的藏書處所，這些藏書大多都設有專職人員加以管理。這或許是因爲自殷立朝以來，凡檔案文獻、冊簡尺牘，乃國之重寶，主要掌握在擁有政治實權者的手上，而知識的獲得與運用，也集中於王室少數人，此即「上古學術文化統於王官」〔註18〕之說。因此，我們可以肯定的是，藏書觀念最早始於商朝，而從西周到春秋中葉以前，王室官府皆設有國家的藏書處所，至於私人藏書風氣的開啓，則要到周王室衰微之後，春秋中葉之際才眞正形成。〔註19〕

二、私家藏書的興起與成長──春秋中葉到秦朝

西周末年，王室勢力漸衰，逐漸分裂成諸侯各霸一方的政治局面。當時政治紛擾變動，連帶影響藏書文化的發展與轉變。而自從平王東遷之後，王室漸衰，官守典籍的慣例漸被破除，書籍不再專屬王官。《左傳》提到：「天子失官，學在四夷。」〔註20〕另外，班固在《漢書》一文提及春秋戰國之際諸子學派，也說：「諸子十家，其可觀者九家而已。皆起於王道既微，諸侯力政，時君世主，好惡殊方，是以九家之術，蠭出並作，各引一端，崇其所善，以此馳說，取合諸侯。」〔註21〕正說明了當時官失其守，諸子並出，同時間接道出王室藏書四處流散的情形。

〔註17〕 見〔晉〕杜預注、〔唐〕孔穎達疏，《左傳正義》，定公四年，頁421。

〔註18〕 根據〔漢〕班固，《漢書》（台北：鼎文書局，1987年11月），卷30，〈藝文志〉敘述：「儒家者流，蓋出於司徒之官。……道家者流，蓋出於史官。……陰陽家者流，蓋出於義和之官。……法家者流，蓋出於理官。……名家者流，蓋出於禮官。……墨家者流，蓋出於清廟之守。……縱橫家流，蓋出於行人之官。……雜家者流，蓋出於議官。農家者流，蓋出於農稷之官。……小說家者流，蓋出於稗官。」頁1728。班固提到諸子十家，皆出於王官，由是可知，上古學術文化統於王官一說，確實如此。

〔註19〕 私家藏書現象的出現，據程千帆、徐有富，《校讎廣義·典藏編》第2章引章學誠所言，認爲周政權鞏固時期，學在官府，書在官府，故私門無著述文字，也無藏書。直至東周王室衰微，知識由公家流傳至民間，因而私門大量著書立說，私家藏書現象亦隨之出現，此種現象延續至春秋戰國。

〔註20〕 參見〔晉〕杜預注、〔唐〕孔穎達疏，《左傳正義》，昭公十七年，頁370。

〔註21〕 參〔漢〕班固，《漢書》，卷30，〈藝文志〉，頁1746。

　　而隨著王室及諸侯貴族沒落流散，士人階層逐漸興起，平民可以透過知識流通取得冊籍。當時尤以諸子百家之興，爲藏有私人圖書最豐富的一群，古籍記載：「今天下之士君子之書，不可勝載。」〔註22〕又有「惠施多方，其書五車。」〔註23〕或見「子墨子南游使衛，關中載書甚多。」〔註24〕等等，皆說明當時諸子或爲著書立說，私藏圖書；或因個人喜好，遂蒐藏大量書籍。可見此時的圖書典藏，已從具有獨佔性質的公家藏書，逐漸擴展成私人也可擁有藏書。

　　到了秦朝，秦始皇聽從李斯建議，對圖書開始採取嚴厲措施。不論公家，或者私人所有，皆依書籍的性質及作用，來決定存廢與否。《史記》中便有一段關於李斯勸始皇焚書的記載：

　　臣請史官非秦記皆燒之。非博士官所職，天下敢有藏《詩》、《書》、百家語者，悉詣守尉雜燒之。有敢偶語《詩》、《書》者，棄市；以古非今者，族；吏見知不舉者，與同罪。令下三十日不燒，黥爲城旦。所不去者，醫藥、卜筮、種樹之書。〔註25〕

由上可知，史官只能留下秦史之書，而除了身爲博士官職，或掌管博士官職之外的人，絕對是不可以藏有《詩》、《書》、百家語等書，尤其是指私人，而唯一獲得赦免的書籍，僅有醫藥、卜筮，及種樹之書。可見李斯對圖書管制甚嚴，使得秦朝之際，公私藏書遭受焚毀破壞，幾至殆盡。秦朝圖書經過這樣的焚燒毀損，冊籍所剩不多，太史令司馬遷見此，遂而感慨良多：「周道廢，秦撥去古文，焚滅《詩》、《書》，故明堂、石室金匱玉版圖籍散亂。」〔註26〕這裏的明堂、石室，乃指當時秦王朝藏置圖書的處所，其中玉版圖籍多藏於明堂、石室的金匱之中，因而散亂無存。

　　歷經始皇焚書，其後又有項羽引兵西屠咸陽，燒毀秦宮室，使得公家藏書除了遇到始皇焚書之禍，又遭到連年兵燹之災，損失更爲慘重。幸而於私，仍有賴民間願冒生命危險，保存先人典冊的士人們，如孔子八世孫鮒〔註27〕、伏

〔註22〕參〔周〕墨翟著，《墨子》（上海：上海古籍出版社，1989年3月），〈天志〉篇，頁51。

〔註23〕參〔周〕莊周著，〔晉〕郭象註，《莊子》（台北：藝文印書館，2000年12月），雜篇，〈天下〉，頁582。

〔註24〕參〔周〕墨翟著，《墨子》〈貴義〉篇，頁97。

〔註25〕參〔漢〕司馬遷撰，《史記》，卷六，〈秦始皇本紀〉，頁255。

〔註26〕同前註，卷130，〈太史公自序〉，第70，頁3319。

〔註27〕孔子八世孫鮒，字子魚，一名甲。據《孔叢子》一書序文所述：「始皇三十四年，丞相斯議令燔書，鮒懼典之滅亡也，方來之無徵也，違令之禍烈也。乃

生〔註28〕等人，將圖書埋於壁中，因而留存許多珍貴古籍。司馬遷對此，還寫成了詳細記載，指出：「秦既得意，燒天下《詩》、《書》，諸侯史記尤甚，爲其有所刺譏也。《詩》、《書》所以復見者，多藏人家。而史記獨藏周室，以故滅。」〔註29〕其中，司馬遷說的「多藏人家」，這裏的人家，便是指稱私人的藏書而言。

　　從春秋中葉以後，直至秦朝末年，由於政治環境的轉變，使得圖書快速從王室流入民間。當時由於圖書數量不多，仍屬珍貴罕見，因此不論公家或私人，大多謹慎保存，藏書概念因而產生。然而，此時私藏圖書的概念尚在萌芽階段，對於冊籍，還僅止於「藏」的概念，至於圖書的管理、編目的想法，則是一直要到西漢以後，才開始有這樣的做法。

三、公家藏書規模的建構與進展——兩漢時期

　　漢朝以前，不論公私藏書，僅爲粗淺的收藏概念，眞正進入稍有規模的圖書典藏，應該從漢朝開始。漢高祖劉邦，自立朝以來，多著重於去除秦政苛法，仍少注意圖書的搜羅與整理；〔註30〕到了漢景帝時，民間私藏書籍漸漸出現，〔註31〕政府開始搜集征求。即使如此，自秦滅以來的公藏圖書，不論質量，仍顯不足。

　　漢武帝時，因見皇室所藏冊籍書缺簡脫、紛雜散亂，遂下定決心全力搜求圖書。他一方面下令向民間征求圖書，派丞相公孫弘廣開獻書之路，於是百年之間，書積如山；另一方面又設立專門藏書機構，命太常屬官等職司掌管圖書。是時，太史令司馬談及司馬遷父子，學問淵博，尤以司馬遷任太史令期間，嘗「紬史記石室金匱之書」，〔註32〕其遍覽王室藏書，一則說明司馬

<hr>

　　　與弟子襄歸藏書壁中，隱居嵩山之陽。」見孔鮒，《孔叢子》（台北：商務印
　　　書館，1971 年 2 月）。
〔註28〕　參〔漢〕司馬遷撰，《史記》，卷121，〈儒林列傳〉記載：「伏生者，濟南人。
　　　故爲秦博士。孝文帝時，欲求能治《尚書》者，天下無有，乃聞伏生能治，
　　　欲召之。是時伏生年九十餘，老不能行，於是乃詔太常使掌故晁錯往受之。
　　　秦時焚書，伏生壁藏之，其後兵火起，流亡。漢定，伏生求其書，亡數十篇，
　　　獨得二十九篇，即以教于齊魯之間。」頁3124。
〔註29〕　〔漢〕司馬遷，《史記》，卷15，〈六國年表第三〉，頁686。
〔註30〕　司馬遷說此時乃「文學彬彬稍進，《詩》、《書》往往間出矣。」參《史記》，
　　　卷130，〈太史公自序〉，頁3319。
〔註31〕　參〔漢〕班固，《漢書》，卷36，〈劉歆列傳〉記載：「天下眾書，往往頗出。」
　　　此處所指的天下眾書，乃指私人藏書，頁1969。
〔註32〕　參〔漢〕司馬遷，《史記》，卷130，〈太史公自序〉：「遷爲太令史，紬史記石

遷學識廣博，多因覽閱群書之故；另一則可看出當時漢王室藏書已相當豐富，可充份提供史官覽閱。

到了成帝繼位，認為書籍散亡不足情形仍在，遂再次求遺書於天下，同時詔令劉向、劉歆父子對圖書進行校讎、整理及編目的工作。漢朝對圖書的整理，可說是從武帝開始有進展，初期多偏重圖書的搜羅與藏置；一直到成帝，算是真正對圖書有進一步的讎對校勘、整理編目的要求。

漢代的公家藏書，不論是在藏書機構，或是書籍整理方面，都有所進展。首先，在藏書機構及管理人員方面，外有太常、太史、博士之藏，內則有延閣、廣內、秘室之府。〔註33〕太常、太史、博士，皆官職名稱，太常、太史為掌管宗廟金匱石室圖書冊籍的官員，博士則隸屬太常之下，為掌管石渠閣的官員。至於延閣、廣內、秘室之府，則為王室藏書處所，除此之外，還有石渠、天祿與麒麟閣，〔註34〕以及蘭臺、曲臺〔註35〕等處，算算光是西漢王室藏書處所便有近十處；東漢以後，又增加辟雍〔註36〕、東觀、宣明、鴻都等處。〔註37〕從兩漢王室藏書處所的數量看來，顯然已經注意到圖書典藏的重要性。

西漢成帝詔令劉向、劉歆父子整理圖書，為公藏開展圖書管理的第一步。劉向父子主持編纂的《別錄》、《七略》，今雖已亡佚，然據《隋書‧經籍志》

　　　室金匱之書。」頁3319。

〔註33〕 參見〔唐〕魏徵等撰，《隋書》（台北：鼎文書局，1987年11月），卷32，〈經籍一〉：「武帝置太史公，命天下計書，先上太史，副上丞相，開獻書之路，置寫書之官。外有太常、太史、博士之藏，內則有延閣、廣內、秘室之府。」頁905。

〔註34〕 石渠閣相傳為蕭何所造，為藏秘書之所。根據〔清〕孫星衍，《三輔黃圖》（台北：世界書局，1963年），卷6，〈閣〉所記：「石渠閣，蕭何造。……天祿閣，藏典籍之所。漢宮殿疏云：天祿麒麟閣，蕭何造，以藏秘書。」

〔註35〕 蘭臺、曲臺皆為內府藏書處所。〔漢〕班固，《漢書》，卷19，〈百官公卿表〉提到御史中丞，說：「在殿中蘭臺，掌圖籍秘書。」頁725；另外，《漢書》，卷88，〈儒林列傳〉，師古注曰：「曲臺在未央宮」，服虔曰：「在曲臺校書著記，因以為名。」頁3615。

〔註36〕 在《後漢書‧儒林傳》中提到：「及董卓移都之際，吏民擾亂，自辟雍、東觀、蘭臺、石室、宣明、鴻都諸藏典策文章，竟共剖散。」其中，所指辟雍相傳在西周時即已設置，屬教育機構；西漢武帝時，重設辟雍，仍為教育功能；至東漢光武帝，則為皇帝行禮之所，兼藏置圖書。

〔註37〕 上述所舉東觀、宣明、鴻都，皆為東漢主要藏書處所。〔元〕馬端臨，《文獻通考》，〈職官考〉：「漢之蘭臺及後漢東觀，皆藏之室，亦著述之所」；宣明，為宮殿名，專置供皇帝閱讀藏書處所；鴻都，門名，於內置學，所藏多文學、藝術類圖書。參見蔡盛琦，〈先秦兩漢官府藏書考述〉有詳細敘述，此處不再贅述。

所述，其總括群篇，撮其指要，凡 33,090 卷，可見藏書數量之盛、規模之大。至於整理及編目方式，依序爲廣羅眾本、比較異同、校改脫訛、條別篇章、編定目次、撰寫敘錄，最後隨書奏上。

事實上，劉向父子奉命整理圖書、撰寫敘錄，最終目的主要爲提供皇帝觀看閱讀之便。而此種對藏書進行之整理工作，所帶來的附加價值，顯然有二點：第一，經過整理的圖書及敘錄，使得王室藏書從以往僅有典藏的單一功用，擴展成使用的功能。第二，此圖書整理工作，爲朝廷設官校理書籍風氣之先，編次的圖書目錄則爲最早的官修目錄。而經由劉向、劉歆對圖書進行的整理編目，不僅促成圖書目錄體制的建立，同時也擴大公家藏書規模及奠定日後藏書體系之構成基礎。

至於私家藏書，史載以西漢宗室淮南王劉安與河間獻王劉德藏書較爲豐富，根據《漢書》記載：

> 河間獻王德以孝景前二年立，修學好古，實事求是。從民得善書，必爲好寫與之，留其眞，加金帛賜以招之。……故得書多，與漢朝等。是時，淮南王安亦好書。〔註38〕

除了淮南王劉安與河間獻王劉德之外，其他像劉向、劉歆父子在擔任領校秘書時，也提到曾參用自家藏書，可見家中必有若干藏書，始能提供參考查閱；另外，還有班固、鄭玄、蔡邕等人藏書亦富，其中尤以蔡邕藏書萬卷，〔註39〕推測可能爲當時私家藏書數量之首。一般而言，漢朝私人藏書風氣，一方面承自先秦以來諸子藏書之傳統，另一方面可能隨公家藏書規模的確立而發展起來。

不過，此一時期的私家藏書，或爲王室貴族，或爲朝廷命官，或爲富賈權貴所有，顯然主要還是集中在宗室貴族，或上層階級較多。這可能跟此時書籍仍爲手寫鈔本，數量不多，越顯罕見珍貴；再者，書籍稀少，流通不易，以致漢朝私人藏書多集中上層社會階級，並未普及於民間。

四、寺院道觀藏書的出現——魏晉南北朝時期

東漢末年至三國魏晉南北朝，爲政治上處於動盪不安，戰事紛亂迭起，

〔註38〕參〔漢〕班固，《漢書》，卷53，〈河間獻王傳〉，頁 2410。
〔註39〕根據〔晉〕張華，《博物志》（台北：中華書局，1983 年 4 月），卷 4 載：「蔡邕有書萬卷。漢末年，載數車與王粲。」頁 3。

民生憂懼煩擾的時期。受到此種環境影響，圖書典籍的藏置與聚散，也隨著政權轉換，變動頻繁。此時，除了公家藏書與私人藏書之外，隨著宗教信仰的流傳，因而促使寺院、道觀藏書風氣的出現。此種寺觀藏書風氣的興起，乃是由於東漢末年，佛教傳入、道教盛行，以致佛、道相關經典大量出現，所衍生出來的藏書現象。

佛教自東漢末傳入以來，至三國兩晉南北朝期間，乃是發展最為盛行的一個階段。僧人們因傳教所需，必須先將佛經予以漢譯，以便傳達教義，因而造成譯經風氣盛行，譯典倍增，又加上佛典覆本迭出，使得佛教典籍數量日趨豐富繁多，在佛經數量大增的情況下，各地興建的佛寺，遂成為典藏佛教經籍的最佳場所。

此一時期不僅佛經數量倍增，連譯經者人數也增加不少。根據彭斐章統計〔唐〕釋道宣《大唐內典錄》載錄自漢末到南北朝期間的譯經者，便計有179 人，譯經數量則高達 1,940 部，5,495 五卷。〔註40〕另外，根據〔唐〕釋智昇《開元釋教錄》記載南北朝期間的譯經者，則有 58 人，所譯經籍并失譯諸經共 668 部，1,439 卷，〔註41〕其他像是佛經鈔寫複本，或將同本異譯合為一本，或分門別類彙集一冊，形成經論會要、眾經要鈔之類書形式，也不在少數。於是，佛教經典一時倍增，散置於公家、私人及各處佛寺院中。

其中置於佛寺院中的佛經典籍，數量紛多且繁雜，眾僧們為求經典數量之方便統計，及查找使用之便利，遂編製佛經目錄以類別分。如西晉竺法護編《眾經錄目》、東晉釋道安編纂《綜理眾經目錄》、南朝梁釋僧祐編撰《出三藏記集》、北魏李廓撰《眾經錄》、北齊釋法上編《眾經目錄》等，皆為記載佛教眾經之重要經錄。這些目錄不僅記錄當時佛經的藏存情形，也間接反映出古代藏書文化的豐富多樣。

即使如此，自漢末以來的寺觀藏書現象，僅為初期之興起，並未形成完備之藏書體系。然而，寺院藏書體系的真正建構成立，則是一直要到唐朝以後。唐朝之際，從帝王到百姓，其對於佛教的熱衷崇尚，更甚於魏晉南北朝時期。唐代的君民，不僅為佛教提供良好的發展空間，同時鼓勵經典冊籍的

〔註40〕 參彭斐章主編，《中外圖書交流史》（長沙：湖南教育出版社，1998 年 6 月），第 1 章，頁 56。

〔註41〕 參〔唐〕釋智昇，《開元釋教錄》（景自明正統五年刊北藏本，台北：台灣商務印書館，1976 年）。

藏置。換句話說，佛寺藏經現象的普及，可以說在唐朝之際達到巔峰。而這種寺院藏經活動，一直持續到宋、元以後，對於後來的明、清兩朝，同樣形成深遠影響。

在中國古代，道教發源較佛教更早，歷史也更為悠久，只是一直未成氣候。最早論及道教徒擁有稍具規模的道書經典者，為東晉葛洪在提及其師鄭隱的藏書時，指出約有二百餘卷之多；〔註42〕其後，到了南朝宋，道士陸修靜藏道教經典增為 1,228 卷之多，依其類，分為三洞、四輔、十二部，並編製有《三洞經書目錄》；後又有北周玄都觀道士奉敕編《玄都觀經目》一書，其中收有道經、符圖等計 6,363 卷；另有王延編《三洞珠囊》經目七卷，記經傳疏論凡 8,030 卷，〔註43〕可見自從東晉到南北朝，道教經典已有相當規模的典藏。不過，從道教發展的歷程看來，不論在藏經數量，或者編目成果上，這個時期的道觀藏書還是處於萌芽期，發展並未成熟，如同佛教一般，也要到隋唐以後，道教才隨著佛教的興盛，而跟著建立起較為完備的藏書體系。

五、書院藏書的萌芽——隋唐五代時期

歷經前面幾代的洗禮，圖書雖然散佚、損毀的數量不少，不過藏存下來的書籍數量，仍舊一代比一代豐富。隋煬帝之時，秘書監牛弘便上表奏請遣使搜訪異本，總集編次，錄副存藏，並提昇秘書省權責、設專門藏書處所，皆獲得煬帝的支持，使得隋以後的圖書數量在此種基礎之下，日趨豐富可觀。故而《宋史‧藝文志》說：「歷代之書籍，莫厄于秦，莫富于隋、唐。」〔註44〕

到了唐朝，除了承繼隋朝原有的圖書規模之外，唐代君主對書籍的蒐求典藏更加積極。以公家藏書機構為例，除原有的秘書省之外，還另外增加了弘文館、史館、集賢院〔註45〕等處，皆為具相當規模的藏書處所；而在圖書

〔註42〕參〔晉〕葛洪著，《抱朴子》（台北：新文豐出版公司，1998 年 3 月），內篇，卷 19，〈遐覽〉：「積年之中，合集所見，當出二百許卷，終不可得也。」頁 114。
〔註43〕見陳國符，《道藏源流考》（北京：中華書局，1963 年 12 月），頁 106-108。
〔註44〕見〔元〕脫脫等撰，《宋史》（台北：鼎文書局，1987 年 11 月），卷 202，〈藝文志〉，頁 5032。
〔註45〕見〔宋〕王溥，《唐會要》（台北：世界書局，1960 年 11 月），卷 64，即記載著武德九年弘文館藏書情形，稱「其年九月，太宗初即位，大闡文教，于弘文殿聚四部群書二十餘萬卷。」史館，為貞觀三年（629）為修撰五代史而設，所藏典籍以史籍為主；集賢院，開元九年時藏四庫書，「總八萬一千九百九十卷，經庫一萬三千七百五十三卷，史庫二萬六千八百二十卷，子庫二萬一千五百四十八卷，集庫一萬九千八百六十九卷。」到了唐中葉以後，弘文館、

整理方面，同樣著重於詳正圖籍、校理編次、編纂書目等事務。五代以後，因受益於雕版印刷術的發明，在原有圖書的基礎下，加上刊刻書籍便利，遂使得公家藏書數量與規模，呈現著飛躍般擴增與成長。

至於私家藏書方面，自隋、唐以後，不論在私人藏書家數量，或在藏書要求上，都有顯著增加與進步。據范鳳書統計，從隋代到五代十國期間，足堪記載的私家藏書數量就有 111 人之多，顯然較前朝豐富許多。〔註46〕此一數字，雖無法完全代表當時所有藏書家數量，但或可略窺人數增長之大概。

其次，私家藏書在典藏圖書數量及類別上，也較公藏豐富多元。由於唐朝雕版初興，坊肆刊印書籍風氣流行一時，朝廷雖有禁令，但仍禁而不絕，以致私人藏書數量倍增，私家藏書萬卷並非罕見現象。五代之際，另有毋昭裔首開家刻風氣之先，先是刻印《文選》、《初學記》、《九經》諸史等書。〔註47〕自此之後，私家藏書的圖書來源、數量及類別上，不再局限於官刻本、坊刻本，就連家刻也成了蒐書來源，因而私藏圖書日益增多，對後代私家藏書發展實具有深遠影響。

此外，藏書家們在書籍的藏置與管理要求上，也開始注重起來。唐朝以前，雖有私人專為藏書興建石室，以藏圖書，〔註48〕然尚無興建藏書樓的記載。一直到唐朝以後，才開始有私人藏書家興建藏書樓，以供專門藏書之用，並為藏書樓命名之情形出現。最早興建藏書樓的私人藏書家，今雖已不可考，然而，我們仍可從史料得知唐朝之際，已有私人藏書家開始興建起藏書樓。不過，儘管唐朝已有私人藏書樓，然並未盛行於時，其比例不算太高，〔註49〕

史館、集賢院，遂合稱三館。頁 1105-1122。

〔註46〕參范鳳書，《中國私家藏書史》（鄭州：大象出版社，2001 年 7 月），第一編，第 2 章至第 5 章。

〔註47〕參〔宋〕王明清，《揮麈錄》（清順治丁亥（四年）兩浙督學李際期刊本）記載：「蜀相毋公，蒲津人。先為布衣，嘗從人借《文選》、《初學記》，多有難色。公嘆曰：『恨余貧不能力致，他日稍達，願刻版印之，庶及天下學者。』後公果貴顯於蜀，乃命工日夜雕版，印成二書。復雕《九經》諸史。西蜀文字，由此大興。」

〔註48〕較早提到私人建石室以藏書，有東漢曹曾建書倉以藏書一事。根據東晉王嘉，《拾遺記》（台北：新文豐出版公司，1987 年 6 月）記載：「曾應先文湮沒，乃積食為倉，以藏書故，謂曹氏為書倉。」頁 132。

〔註49〕唐代私藏設有書樓的數量及比例，據范鳳書，《中國私家藏書史》估算，唐代 60 人中僅佔 7 人，為百分之十一；五代十國期間更少，43 人中僅有 2 人，佔百分之四。

直至宋朝以後，才變成一種較普遍流行的現象。而唐代私人藏書家除興建藏書樓外，部份藏書家也編纂藏書目錄。此時的私藏書目，主要還是依循公藏書目體例加以編輯，只可惜，唐代私家藏書目錄原就不多，加上時代久遠，流傳至今幾近無存，僅有吳競《吳氏西齋書目》、蔣彧《新集書目》，及杜信《東齋集籍》三部書目，仍可見於史料載錄之中。

　　而在公、私藏書體系進展的同時，還有另一個藏書體系也正在萌芽發展，即爲書院藏書體系。書院一詞，最早始於唐玄宗開元年間創設的「麗正書院」和「集賢書院」。麗正書院與集賢書院爲官方書院，最初性質爲修書機構，並不是教育組織，也無講學功能。〔註 50〕既是修書機構，書院中藏有經籍，以供校正修訂，並不爲過，若稱此時書院已藏有部份冊籍的推測，亦合於情理，只不過書院中雖藏有冊籍，然係爲修訂、刊校圖書之用，與後來書院存藏大量圖書，以供講學教育的用途，則大不相同。

　　到了唐代中葉以後，具有教育及講學功能的書院開始逐漸出現。據學者研究，此類書院正式出現的起始時間，有以下幾種說法：第一種認爲起始於唐朝，從五代以後逐漸發展起來，此說以朱熹爲代表；〔註 51〕第二種主張書院之制應始於五代，此以近人盛朗西〔註 52〕及章柳泉爲主；第三種認爲書院始於北宋之初，清王夫之〔註 53〕、近人楊榮春等皆主張此說。然據書院發展相關史料比對結果，唐朝中葉以後應已出現二、三十所左右的原始書院，遍及各地，包括四川張九宗書院、湖南石鼓書院、浙江德潤書院、浙江九峰書院、福建聞讀書院、福建藍田書院、福建梁山書院、江西虎溪書院、江西景星書院、江西桂巖書院等等，〔註 54〕這些書院不僅設置地點極爲分散，書院性質亦非全爲官設，此時的書院除了官方設立的書院之外，應有部份爲官方

〔註 50〕麗正書院又稱麗正修書院、麗正殿書院，集賢書院又稱集賢殿書院。據〔清〕袁枚，《隨園隨筆》，收入王英志主編，《袁枚全集》（南京：江蘇古籍出版社，1993 年），卷 14：「書院之名起於唐玄宗時，麗正書院、集賢書院皆建於朝省，爲修書之地，非士子肄業之所也。」頁 247。

〔註 51〕參見〔宋〕朱熹，〈石鼓書院記〉：「石鼓……故有書院，起自唐元和間，州人李寬之所爲。」

〔註 52〕根據盛朗西，《中國書院制度》（上海：中華書局，1934 年 11 月），〈書院之起源〉云：「書院之名昉於唐，書院之制創於唐末之五代」。

〔註 53〕參〔明〕王夫之，《宋論》（台北：台灣商務印書館，1979 年 5 月）。

〔註 54〕參季嘯風主編，《中國書院辭典》（杭州：浙江教育出版社，1996 年 8 月）；以及陳谷嘉、鄧洪波編，《中國書院史資料》（杭州：浙江教育出版社，1998 年 5 月）。

與民間合作，發展出有教育講學功能的半公半私書院。也就是說，書院除了
名稱最早起於唐朝之外，具有講學與教育功能的書院，也應自唐中葉以後跟
著萌芽興起，歷經五代時期的蘊釀過程，至宋代以後漸趨成熟完備。〔註55〕

　　事實上，由於唐朝書院的產生，僅爲萌芽階段，而書院藏書概念與文化
的形成，也只是初期發展，仍未有相當成果。然對後來形成的書院藏書體系
而言，卻有重要的啓蒙作用，雖說書院藏書體系的建構，要到宋元以後，甚
至於明清時期，才算眞正成熟完備，然而若無唐初書院的建置，相信亦沒有
後面的開花結果。

六、公藏、私藏、寺觀與書院四大藏書體系的確立──宋元時期

　　歷經前朝的滌盪洗禮，藏書文化發展到宋、元兩朝時，開始進入一個較
爲穩定成長的階段。

　　首先，表現在公家藏書方面，自宋太祖立國以來，便展現出重視圖書文
教的積極態度。據載北宋初期的藏書情形：「宋初有書萬餘卷，其後削平諸國，
收其圖籍，及下詔遣使購求散亡，三館之書，稍復增益。」〔註56〕太祖既表
現出蒐羅圖籍的決心，影響到後來的宋太宗，於是太宗太平興國二年（978）
建立崇文院，徙史館、昭文館、集賢院三館之書充實之；又將三館藏書萬餘
卷別置書庫，以秘閣稱之；〔註57〕另於太平興國年間，進行大規模的圖書徵
集工作「令三館所有書籍以《開元四部書目》比校，據見闕者特行搜訪，仍
具錄所少書，於待漏院榜示中外。」〔註58〕

　　到了宋仁宗時，遂命翰林學士張觀等編書目，仿開元四部錄爲《崇文總
目》，著錄圖書凡 30,669 卷。神宗以後，又改崇文院爲祕書省，交由秘書省祕
書郎掌管秘閣冊籍及編輯校定工作。至徽宗之際，改《崇文總目》爲《祕書
總目》，此時爲公家藏書最盛的時期。但是，直到南宋靖康之難後，宋室藏書

〔註55〕參李國鈞等編，《中國書院史》（長沙：湖南教育出版社，1994 年 6 月），其稱：
　　　　「宋代爲書院發展的高峰，許多宋朝著名書院皆是建構在前代的基礎之上，
　　　　如石鼓書院始于唐……，從事教學活動，又具有學校性質的書院，始於唐代。」
　　　　頁 9-13。
〔註56〕參〔元〕脫脫等撰，《宋史》，卷 202，〈藝文志〉，頁 5032。
〔註57〕根據《宋會要輯稿》，收入楊家駱等編，《宋會要輯本》（台北：世界書局，1964
　　　　年 6 月），〈職官部・秘閣〉記載：「太宗端拱元年五月，詔就崇文院中建秘閣，
　　　　擇三館眞本書籍萬餘卷及內出古畫墨跡藏中。」頁 2778。
〔註58〕參《宋會要輯稿》，〈崇儒部・求書藏書〉，頁 2237。

幾近佚失殆盡，高宗重建祕書省，並向民間搜訪遺書，於是四方藏書，稍稍恢復。兩宋期間，圖書典藏情形，據《宋史・藝文志》記載：

> 嘗歷考之，始太祖、太宗、真宗三朝，三千三百二十七部，三萬九千一百四十二卷；次仁、英兩朝，一千四百七十二部，八千四百四十六卷；次神、哲、徽、欽四朝，一千九百六部，二萬六千二百八十九卷。三朝所錄，則兩朝不復登載，而錄其所未有者，四朝於兩朝亦然。最其當時之目，爲部六千七百有五，卷七萬三千八百七十有七焉。迨夫靖康之難……當時類次書目，得四萬四千四百八十六卷；至寧宗時，續書目又得一萬四千九百四十三卷，視《崇文總目》又有加焉。〔註59〕

從以上記錄可知，兩宋對於公家藏書依然極爲重視，故自太祖以至欽宗，在藏書數量充份呈現出有增無減的現象。

　　元朝在滅掉西夏、金、宋，完成一統以後，王室一方面接收南宋館閣所藏大批圖書；另一方面，又至各地收括冊籍，先藏於大都興文署，後搬至祕書監。根據〔元〕王士點等撰《祕書監志》記載當時的藏書概況，說道：「教于大都萬億庫內，分揀到祕書監，合收拾經籍圖畫等物，可用站車一十輛，搬運赴監收貯。」〔註60〕由此看來，元朝自南宋館閣所收括而來的圖書數量，顯然極爲可觀。

　　然而，元朝雖設有祕書監，以負責國家藏書的管理，卻不曾對圖書進一步校理、整編，以致藏書文化發展到元朝時，僅是一個藏書處所而已，卻無法發揮管理及使用的效能。換句話說，雖然自漢朝以來，已初步具有整理及編目制度的規模，然而發展到宋、元，公家藏書仍集中在以搜訪購求政策爲主，至於管理方面，僅做到守成，至於進一步運用與發揚光大，則要到明、清以後。

　　不過，宋、元兩朝的私人藏書發展，卻較前一階段有著更爲蓬勃的成長。首先，在宋代私家藏書方面，不論在人數、藏書質量，或者是藏書分布上，都有顯著成長。潘美月《宋代藏書家考》一書中，按年代先後列出的宋代私家藏書人數，總計便有 126 人，分布的地域多達 13 個省分，其中以浙江最多，次爲

〔註59〕〔元〕脫脫等撰，《宋史》，頁 5032。
〔註60〕參〔元〕王士點等撰，《祕書監志》，卷4，〈纂修〉，頁137。收入《元明史料叢編》（台北：文海出版社，1984 年），第 1 輯，第 4 冊。

江蘇，最遠可達河北、陝西等地，藏書量也皆達萬卷以上；〔註61〕另外，方建新在〈宋代私家藏書補錄〉一文中，統計出有 160 人；〔註62〕及范鳳書《中國私家藏書史》計算宋朝藏書萬卷的藏書家時，也找出有 214 人之多，分布地域則遍及長江流域，包括江西、浙江、江蘇，以及沿海的福建省等等，計有 13 省。〔註63〕

元代以後，私家藏書數量及規模雖不及宋代，但仍有其特色。據范鳳書統計，元代私人藏書家中藏書萬卷以上的雖僅 74 人，〔註64〕但這些藏書家中有不少是屬於蒙古裔，由於種族殊異之故，所藏冊籍，一則多來自於戰爭掠奪的戰利品，因而集中於貴族、武士之手；再則，搜集冊籍多爲記載蒙古史事之相關圖書，遂保留許多珍貴史料。不論是宋朝，還是元朝，從私家藏書的人數及規模看來，皆較隋、唐之際，顯得豐富廣闊許多。

寺觀藏書，受到佛、道教盛行影響，從唐朝開始，經書數量與書目整理已稍具規模，發展到宋、元兩朝，仍有豐富成果。宋代佛寺及道觀藏書的累積，除御賜、搜購，及贈換外，還有來自於眾人募捐梓印的經書。這些募款梓印而來的經書，確實爲寺觀藏書增益許多，其中又以大型佛道藏經的梓印，最引人注目。

以佛經爲例，神宗元豐年間在福州東禪寺開雕的大藏經，計有 6,434 卷，479 函，世稱《崇寧萬壽大藏》；到了徽宗時，又開雕大藏經 6,117 卷，世稱《毗盧大藏》。這些大型的佛藏雕印後，不僅提供各地佛購贈典藏，同時開放再版刷印以廣流傳，間接促進各地佛寺藏書增加。除了宋朝以外，當時遼、金受到宋朝影響，也曾官刻大藏經，置於寺院中龕置放；而元朝時，《大藏經》刻藏風氣仍盛，元世祖時便有命刻印大藏三十六藏，文宗敕印造《藏經》三十六部，散施諸佛寺禪剎，可見因刊刻藏經成就而來的寺院藏書，何其豐富可觀。

道教刊印藏經的起步雖較晚，在數量上較之佛教則不遑多讓。宋太宗曾搜求道書得 7,000 餘卷，令徐鉉等校讎，去其重複，仍有 3,737 卷；眞宗初年，命王欽若等人重新整理，得 4,359 卷，賜名《寶文統錄》；徽宗因篤信道教，

〔註61〕 參潘美月，《宋代藏書家考》（台北：學海出版社，1980 年 4 月），第 1 章，〈緒論〉，頁 7-27。

〔註62〕 參方建新，〈宋代私家藏書補錄〉，《文獻》，1988 年，第 1 期。

〔註63〕 參范鳳書，《中國私家藏書史》，第 2 編，第 1 章，第 2 節，〈宋代收藏萬卷以上藏書家簡表〉。

〔註64〕 同前註，第 2 編第 3 章第 2 節，〈元代收藏萬卷以上藏書家簡表〉。

又於政和年間，下詔搜訪各地道書，加以鏤版，編成《萬壽道藏》。〔註65〕這些道藏編纂成書後，多置放於各地道觀中，因此藏書甚夥。

元朝時，道藏刊刻風氣不若宋朝盛行，加上元世宗時下令焚經，致道藏經書散亡毀佚，根據陳國符敘述：「元代北方道藏，多罹焚經之禍。南方道藏，頗多由南宋流傳至元代者。蓋南宋末年，南方道觀，多未經兵燹；暨元末始燬於兵火。其道藏經或道經亦得傳至元代。」〔註66〕可見自南宋到元末，各地餘存的道藏經典，受到南、北政局不同影響，數量及規模皆漸沒落，不若以往。

書院藏書，自宋朝以後，可說開始步入成熟發展階段。盛朗西在《中國書院制度》一書說：「書院自宋始盛」，又說：「元代書院，視宋尤盛。」。〔註67〕此一時期，除因戰亂造成的負面影響外，宋、元兩朝不論在書院發展，或者是在藏書數量上，皆有著豐碩的成果。

首先，在書院數量上，兩宋書院據孫彥民統計，合計有 379 所之多，其中南宋增加的書院數量是北宋的三倍強，〔註68〕雖然這個統計數字並不完全，然仍可略窺宋朝書院盛極一時之大概。至於書院藏書，史載北宋著名白鹿、嶽麓、應天、嵩陽四大書院，及石鼓書院、鶴山等其他書院，聚書少則千五百餘卷，多則十萬卷之多，院內藏書種類包含經、史、子、集各類書籍。另外，為了書院講學與本身藏書的需要，也刊有圖書。〔註69〕

而元代書院，除了宋朝原有書院外，又新建許多書院。張正藩說：「元代書院，較宋為盛。……自元世祖統一中國到順帝北遁沙漠，短短八十多年中，舊有的不算，祇新立的書院就有七十七所，其中以順帝一朝為最多，共四十三所。」〔註70〕由於元朝政府對於書院態度，較之宋朝更為重視。朱彝尊就曾經說道：「書院之設，莫盛於元，設山長以主之，給廩餼以養之，幾遍天下。」〔註71〕這一則是因為自元世祖以下的君主們，大多受到崇儒重文

〔註65〕此《萬壽道藏》，總計有 5,481 卷，540 函。
〔註66〕參陳國符，《道藏源流考》，頁 169。
〔註67〕參盛朗西，《中國書院制度》，第 2 章，〈宋之書院〉及第 3 章〈元之書院〉。
〔註68〕參孫彥民，〈宋代書院制度之研究〉（台北：國立政治大學教育研究所碩士論文，1963 年 6 月），第 3 章，〈宋代書院之簡史〉，其中年代可考者，包括宋代以前 4 所，北宋 34 所，南宋 147 所；年代無可考者，約有 194 所。
〔註69〕參楊布生、彭定國，《中國書院文化》（台北：雲龍出版社，1997 年 2 月），〈宋元書院文化的藏書事業〉，頁 21。
〔註70〕參張正藩，《中國書院制度考略》（台北：中華書局，1984 年 3 月）。
〔註71〕參〔清〕朱彝尊，《日下舊聞考》，清康熙 27 年（1688）崑山徐乾學刊本，卷 8。

觀念的影響，非常鼓勵書院的興建；再則，創設書院，可以達到取得知識份子支持，以減緩南宋遺民反抗衝突的作用；另則，書院講學對於學術的宣揚，極有幫助，政府既不反對興設書院，諸學文人亦願意致力於書院講學，如此一來，間接促進經籍的保存與典藏。而透過書院的活躍，也帶動藏書風氣的興盛，自然是相輔相成，著名的書院如太極書院、伊川書院、冠山書院等，院中的藏書少則數千卷，多則達到數萬卷以上，並不會輸給宋代書院藏書的盛況。

從宋朝以來，以至元朝，不論公家藏書、私家藏書、寺觀藏書，或者是書院藏書，其在藏書概念、典藏建築、藏書人數、分布範圍，或者是圖書種類、數量，以至於藏書規模上，幾乎都接近形成，可以說脫離每種藏書體系的萌芽階段，而進展到成熟確立的階段。事實上，在藏書文化的發展歷程中，每一階段的藏書特色與轉變，都有其歷史意義，而觀察每一階段藏書文化的進步與變化，也正是為了能夠更深入瞭解日後明代藏書文化的形成與發展。

第二節　明代藏書文化的形成及發展

太祖朱元璋立國之後，要面對的問題很多，舉凡政治上受元末群雄割據後的分裂與重建；經濟上面臨百廢待舉與重新整肅；社會民生上，打算採取奸貪腐敗風氣的嚴懲禁絕；以及教育文化上，重視人才選拔與蒐羅圖書等等，各方面皆有待重整定制。其中，尤以教育文化方面，最為太祖所注重與關切。

朱元璋雖起於布衣，然而深知歷史政權的起落交替，多因武爭權奪而來，唯有致力於文治學術，與民心教化，利用文治力量掌控，方可避免；另一方面，又知欲國力強盛，必於文教奠定良好根基。有鑑於此，他一方面頒布各項文教政策，興科舉、辦學校，欲藉由教育來軟化民心，獲得知識份子的支援與服務；但另一方面，又恐知識份子恃文作亂，故不時以文字獄來箝制士人思想，防範扼殺知識份子的思想出軌，於是明初的文教政策，便在此種雙重矛盾情景下發展起來。

明朝近三百年的藏書文化，與政治決策、社會經濟、學術文化，及宗教發展等各種外緣性構成，都有密切關係。這裏的外緣性構成，是指足以影響明代藏書文化發展的因素，舉凡政治決策的主導、社會經濟的繁榮與否、學術觀念的推動，以及宗教風氣的倡導等等，會對明代藏書文化的形成，產生

重大影響者。以下便針對這些構成，加以討論：

一、政治決策引導公藏走向之興衰

　　早在元末，朱元璋有感於各地紛亂，書籍散佚嚴重，恐日後搜羅不易，於是在未登基前，也就是元至正二十六年（1366）時，便先「命有司訪求古今書籍，藏之秘府，以資覽閱」。〔註72〕等到大將軍徐達率部北伐，攻破元大都（今北京）以後，洪武元年（1368）時，建都南京，遂命徐達取元朝秘書監藏書，及太常法服、祭器、儀象、版籍等物；〔註73〕另將元奎章閣、崇文閣冊籍，盡載運往南京。〔註74〕另一方面，下令建置大本堂，〔註75〕及文淵閣等藏書樓，以典藏圖籍。其後，又於民間詔求四方遺書，並使除去書籍及田器稅。〔註76〕

　　洪武初年，沿襲元朝舊制，設秘書監掌理內府圖書，後革中書省、廢丞相制，並罷去秘書監，併入翰林院，改由翰林院典籍來掌理圖書。〔註77〕太祖自設到罷，僅有短短十年，原因自係政權的調整集中。然太祖將管理圖書的重大職責，由專門機構管理，改由翰林院典籍負責，此舉造成日後公藏圖書，管理效能不彰、冊籍散佚不存的地步。

　　經過靖難一役之後，成祖朱棣取代建文帝即位。由於成祖出身於藩王，深知藩王對於皇權危害的嚴重性，表面上雖仍維持太祖分封諸王制度，私下便不斷削奪諸王的軍事力量。另一方面，在朝政上，對於文治則更加用心。永樂元年（1403）七月丙子（十九日），成祖自太廟祭祖回來，便諭示翰林侍講學士解縉等人，說道：

〔註72〕參〔清〕谷應泰，《明史紀事本末》（台北：三民書局，1956 年 2 月），卷 14，頁 133。

〔註73〕參〔明〕焦竑，〈國史經籍志序〉：「我太祖高皇帝圍燕，首命大將軍收秘書監圖書，及太常法服、祭器、儀象、版籍。即定燕，復詔求四方遺書。」引自袁詠秋、曾季光，《中國歷代圖書著錄文選》（北京：北京大學出版社，1995 年 10 月），頁 245。

〔註74〕參〔清〕萬斯同，《明史稿》，卷 133：「元都既定，大將軍徐達盡收奎章、崇文秘書圖籍，及太常法服、祭器、儀象、版籍，歸之於南。」

〔註75〕同註 72 前引書，卷 14：「太祖洪武元年十一月辛丑，建大本堂，命取古今圖籍充其中。」頁 133。

〔註76〕參〔清〕張廷玉等撰，《明史》，卷 2，〈太祖本紀〉：「除書籍、田器稅，民間逋負免徵。」頁 21。

〔註77〕參〔清〕張廷玉等撰，《明史》，卷 73，志第 49，〈職官二〉，頁 1788。

天下古今事物散載諸書，篇帙浩穰，不易檢閱。朕欲悉采各書所載
事物類聚之。而統之以韻，庶幾考索之便，如探囊取物爾。嘗觀《韻
府》、《回溪》二書，事雖有統而採摘不廣，記載太略。爾等其如朕
意，凡書契以來經史子集百家之書，至於天文地志陰陽醫卜僧道技
藝之言，備輯為一書，毋厭浩繁。〔註78〕

解縉等奉諭開始進行編纂，到了永樂二年（1404）書成進奏，成祖賜名
為《文獻大成》，即後來《永樂大典》的前身。另外，逐漸提高內閣職權及閣
臣地位，以翰林官入值殿閣，提昇內閣學士的地位，使得明初內閣得以發揮，
進而帶動圖書纂輯受到高度重視的時期。

明正統至正德年間，受到少數宦官如王振、汪直、劉瑾等掌權專政影響，
造成國力削弱、政局不安，民心惶然。政治上宦官專權，導致內閣、外廷之
間的權奪激烈；在圖書典藏方面，曾有一度消沈不振。直至正統六年（1441），
內閣大學士楊士奇上書奏稱，請將藏於文淵閣東閣的古今經史子集之書，打
點清切，編置字號，編成書目，即後來的《文淵閣書目》。〔註79〕而他所編
成的這部書目，不僅為成祖遷都北京後的第一部公藏書目，也是自文淵閣興
建以來首部正式的閣藏書目。隨後到了成化、弘治年間，公藏圖書再度不受
重視。直至正德十年（1515），大學士梁儲等請檢閱內閣並東閣藏書殘闕者，
並令原管主事李繼先等次第修補，公藏圖書才又再次受到注意，始有進一步
整理與修補工作。

明朝中葉以後，世宗看見正德間宦侍為患之禍，即位後開始懲治擁權自
重的宦官，時「有罪撻之至死，或陳尸示戒。……故內臣之勢，惟嘉靖少殺
云。」〔註80〕由於世宗堅持不讓宦官干政，以致宦官勢力消減，內閣權力因
此提昇許多。當時以楊廷和為首的內閣大學士，在世宗授權下，不僅掌理朝
政，還能左右部份的政策，如此一來，閣臣容易擁權自重，若因權勢分配不
均，還會造成閣臣權爭紛擾，互為攻訐的情形。

自嘉靖元年政歸內閣，到萬曆初年張居正當權為止，內閣首輔更換頻繁，
前後便有十餘個之多。其間官場交攻內鬥、朋黨風氣嚴重，這種內閣互為爭權

〔註78〕 參《明太宗實錄》（台北：中央研究院歷史語言研究所校印，1964 年 4 月），
　　　　卷 21，頁 393。
〔註79〕 參〔清〕張廷玉等撰，《明史》，卷 96，志第 72，〈藝文一〉，頁 2343。
〔註80〕 參〔清〕張廷玉等撰，《明史》，卷 304，〈宦官一〉，頁 7795。

情形到後來有越演越烈的趨勢，加以邊境沿海外患侵犯襲擾日益猖獗，致使舉國上下皆處於惶然不安之中。對於圖書文化的典藏管理，顯然無暇顧及，根據阮葵生的描述：「當時楊廷和在閣，升庵挾父勢，屢至閣翻書，攘取甚多。又典籍劉偉、中書胡熙、主事李繼先奉命查對，則繼先則盜易其宋刻精本。」〔註81〕明中葉後期，政治上可說是陷於渙散與混亂局面，即如張居正掌政的十年期間，雖極致力於吏治、軍事、經濟事務的改革，可說曾經有過一段輝煌修明的振興時期，然在張居正病死之後，神宗再度沉溺於奢侈靡爛生活，長期不理政事，終使得明朝中葉以後的政治發展，走向衰頹之勢，再也無力復振。

明末天啓年間，政治上沿續著前朝宦官與內閣爭權模式，以魏忠賢為首的閹黨與東林黨之間的黨爭，日益趨烈，雙方互為攻訐、設計陷害，然魏忠賢以其地利之便，多佔上風，其勢力遍及於內閣六部、四方總督、巡撫及各衙門安插親信，試圖將東林黨人趕盡殺絕，時「凡忠賢所宿恨，若韓爌、張問達、何士晉、程注等，雖已去，必削籍，重或充軍，死必追贓破其家。」〔註82〕當時不僅朝政烏煙瘴氣，就連官僚體制也腐敗不堪，可說是加速明朝政權走向滅亡之路。

思宗即位，見魏忠賢出入赫赫、勢傾朝野，遂逐步默奪其權。於是在天啓七年（1672），下旨處治魏忠賢。魏忠賢死後，思宗嚴禁宦官干政，重用東林黨人，延攬入閣，只可惜崇禎皇帝用人多疑，政策多無法堅持，加以東林內閣與朝臣間仍傾軋劇烈，宦官禍害愈甚，又受到當時外患頻生、邊防敗壞，以致明末政局惡化，終至走到亡國厄運。自明朝中葉以後，政治在混亂傾軋間，已無暇顧及圖書文化，更遑論會有振起而行的決策。

二、經濟繁榮促成私家藏書的發展

太祖建立明朝後，除致力於政治集權中央外，在經濟上，採取一系列的懲治與獎勵措施。舉凡嚴懲貪汙、興修水利、提倡墾荒、移民屯田等等，使社會的生產勞動逐漸恢復與提昇，進而帶動經濟成長與復甦。首先，表現在農業方面，不但鼓勵農民遷移屯田，開墾荒地，還提供獎勵，將土地歸於現耕者所有，免除三年徭役或賦稅〔註83〕等等，使民間農業生產的分配關係，得以有重新調

〔註81〕　參〔明〕阮葵生，《茶餘客話》（台北：台灣商務印書館，1976年5月），卷2，頁1。

〔註82〕　參〔清〕張廷玉等撰，《明史》，卷305，〈宦官二〉，頁7821。

〔註83〕　參《明太祖實錄》，卷53，頁1053。

整的機會；再者，提倡糧食及經濟作物的種植，如麥、米、豆、粟，以及桑、麻、棉、棗等，命有司親臨督勸，若民多種棉麻，則減其稅，〔註84〕以賞罰並行方式，增益倉廩歲收，並促進農業經濟復甦，進而帶動手工業與商業的發展。

　　由於棉麻的生產豐收，使得棉紡織布成為農民重要的手工副業，尤以江南一帶的松江、蘇州、杭州等地，逐漸成為棉紡織業的中心，其時工商業發展快速，進而促成都市的興起。明朝政府還因此先在南京成立內外織染局，內局以應上供，外局以備公用，〔註85〕可見當時紡織業發展的盛況。除紡織業外，其他在造船、陶瓷、礦冶方面，從太祖洪武年間到成祖永樂年間都持續進行著開發與推展，並有豐富的成果，使得明初在農業生產豐碩之餘，手工業及商業發展也漸趨興起與流行。隨著商業貿易逐漸發展，造紙及印刷等手工業不論是在品質或者技術方面，都不斷地增益與提昇。以跟日後圖書生產最有關連的造紙而言，項元汴便指出：

> 永樂中，江西西山置官局造紙。最厚大而好者曰連七，曰觀音紙；有奏本紙，出江西鉛山；有榜紙，出浙之常山、直隸廬州、英山；有小箋紙，出江西臨川；有大箋紙，出浙之上虞。今之大內，用細密灑金五色粉箋，五色大簾紙，灑金箋。有白箋，堅厚如板，兩面硾花，如玉潔白，有印金五色花箋，有磁青紙，如緞素堅勒可寶。近日吳中無紋灑金箋紙為佳。松江潭箋，不用粉造，以荊川連紙，背厚硾光，用蠟打各色花鳥，堅滑可類宋紙。新安仿造宋藏經紙箋，亦佳。有舊裱畫卷，綿紙作字甚佳，有則宜收藏之。〔註86〕

　　從項氏記載看來，明初對於紙張的好壞已有所要求，而造紙地除了江西之外，還有浙江、吳中、新安等地較佳。造紙既有精進，對於圖書的印製與收藏自然有所幫助，宋應星曾對此提出看法，說：「印書紙有太史、老連之目，薄而不蛀，然皆竹材料也。若印好板書，須用綿料白紙無灰者，閩、浙皆有之，而楚、蜀、滇中，綿紙瑩薄，尤宜於收藏也。」〔註87〕由於紙質好壞影

〔註84〕 參《明太祖實錄》，卷232，「令益種棉花，率蠲其稅」，頁3390。

〔註85〕 參〔清〕張廷玉等撰，《明史》，卷82，〈食貨六〉：「明制，兩京織染，內外皆置局，內局以應上供，外局以備公用。」頁1997。

〔註86〕 參〔明〕項元汴，《蕉園九錄》（清道光辛卯（十一年，1831）六安晁氏活字印本），卷1，〈紙錄〉。

〔註87〕 參〔明〕宋應星，《天工開物》（台北：世界書局，1962年9月），〈殺青〉，第十三，頁223。

響書籍刊印及收藏甚鉅，從其講究情形，可見慎重一斑。

　　明朝中葉初期，從正統到成弘年間，多承繼明初政策，然受到政治腐敗、吏治無能的影響，農業經濟出現土地兼併、權豪掠奪的現象，以往農耕均衡情景不再，使得更多的人朝向商品生產，或經商的行業，間接促使商業活動盛行。社會經濟結構由農轉商，為以後嘉靖到萬曆年間的經濟繁榮，奠定了良好的基礎。

　　嘉靖到萬曆年間，都市工商業發展活躍，民間貿易往來頻繁，〔明〕李鼎形容南北商賈往來，說道：「燕、趙、秦、晉、齊、梁、江、淮之貨，日夜商販而南；蠻海、閩廣、豫章、楚、甌、越、新安之貨，日夜商販而北。」〔註88〕此外，沿海和運河、江湖沿岸地區因其地利之便，也形成手工業及經濟作物的重要生產與運輸據點，因而造就不少都會型的城市。明張瀚《松窗夢語》記述：「嘉禾邊海東，有魚鹽之饒；吳興邊湖西，有五湖之利。杭州其都會也，……然而桑麻遍野，繭絲棉苧之所出，四方咸取給焉。雖秦、晉、燕、周大賈，不遠數千里而求羅綺繪幣者，必走浙之東也。」〔註89〕可見貨物交易往返頻繁之盛況，與都市經濟型態的興起。

　　除了商品的交易之外，當時書坊商肆則因雕版刊印技術的成熟，出現刻書利基，因而大量印製圖書，以供市場需求。根據胡應麟描述：「今海內書，凡聚之地有四：燕市也、金陵也，閶闔也，臨安也。」就分別情形再論，則是：

> 燕中刻本自希，然海內舟車輻輳，筐篚走趨，巨賈所攜，故家之蓄，錯出其間，故特盛於他處。……越中刻本亦希，而其地適東南之會，文獻之衷，三吳七閩，典籍萃焉。……吳會、金陵擅名文獻，刻本至多，巨帙類書鹹會萃焉。商賈所資，二方十七，閩中十三，燕越弗與也。〔註90〕

　　至於書肆擺設情形，各地不同「凡燕中書肆，多在大明門之右，及禮部門之外，及拱宸門之西。每會試舉子，則書肆列於場前；每花朝後三日，則移於燈市。凡徙，非徙其肆也。輦肆中所有，稅地張幕列架，而書置焉。凡

〔註88〕〔明〕李鼎，《李長卿集》，明萬曆壬子（40年，1612）豫章李氏家刊本，卷19，頁4。

〔註89〕參〔明〕張瀚，《松窗夢語》（北京：中華書局，1985年5月），卷4，〈商賈紀〉，頁83。

〔註90〕參〔明〕胡應麟，《少室山房筆叢》（台北：世界書局，1953年），卷4，〈經籍會通四〉，頁55。

武林書肆，多在鎮海樓外，及湧金門之內，及弼教坊，及清河坊，皆四達衢也。凡金陵書肆，多在三山街及太學前。凡姑蘇書肆，多在閶門內外，及吳縣前。書多精整，然率其地梓也。」〔註91〕由於經商從賈者眾，經濟發展越趨繁榮，使得逐利暴富者日多，人們一方面競相追逐財富，得以奢侈享受；另一方面，間接帶動通俗娛樂文化的興起，不論是戲曲表演，或是民間喜愛的講述話本，還是廣受歡迎的通俗小說，都為圖書刻印帶來商機，此一時期為圖書刻印最為繁盛的時期。

　　另外，內地與邊疆地區的貿易往來，也隨政策開放而繁榮。明初雖有與邊疆民族交易往來，然多以官方控制的朝貢貿易為主，〔註92〕帶有濃厚的官方色彩；嘉靖、萬曆以後，貿易形態開始轉變，由最初單一的官市貿易，發展成多管道貿易，除官市外，還有民市與走私行為。貿易物品不限於茶、鹽、牛、馬，還包括各種珍禽奇物、絲綢布匹，商旅熱絡，不絕於道，〔註93〕這樣的貿易交流，正足以說明社會經濟的發達與繁榮。至於對外貿易，則隨永樂年間鄭和下西洋，以及西方航海家們海上貿易活動的進入，而迅速發展起來。當時沿海商人擴增，同時足跡遍及南洋諸國，顧炎武《天下郡國利病書》說：「商舶則土著，民釀錢，造舟，裝土產，徑往東西洋而去，與海南諸夷相貿易，其出有時，其歸有候。」〔註94〕交易貨品，從絲織、瓷器及各種日用珍玩，到一般木材、香料、皮革，甚至於圖書、器物等等，都屬於貿易範圍。此種貿易交流範疇將明初以朝貢為主的官方貿易行為〔註95〕，無限擴大成私人亦可從事海上貨物的貿易，但也造成海盜倭人圖利行徑之囂張，官方即使有海禁之施，然民間私下貿易活動仍熾而不絕。不過，從圖書傳播的角度，書籍有賴貿易交流而流傳久遠，

〔註91〕同前註，頁56。

〔註92〕此種由官方控制的朝貢貿易，即政府在邊境設立茶、馬市場，從事與少數民族的茶、馬貿易。參〔清〕張廷玉等撰《明史》，卷81，〈食貨五〉：「明初東有馬市，西有茶市，皆以馭邊省戍守費。海外諸國入貢，許附載方物與中國貿易」，頁1980。

〔註93〕參見〔清〕張廷玉等撰，《明史》，卷327，〈韃靼傳〉：「以金銀、牛馬、皮張、馬尾等物，商販以綢緞、布匹、釜鍋等物」，頁8487。

〔註94〕參〔明〕顧炎武，《天下郡國利病書》（台北：藝文印書館，1959～1965年）。

〔註95〕明初對外貿易，只准許外國官方在遣使來朝時，將其隨帶貨物與明朝官方進行貿易，而不准有私人貿易行為。根據〔明〕王圻，《續文獻通考》（台北：新興書局，1958年），卷31，〈市糴考〉：「凡外夷貢者，我朝皆設市舶司以領之。……許帶方物，官設牙行與民貿易，謂之互市。是有貢船即有互市，非入貢即不許其互市。」

間接帶動彼此文化交流，亦爲商業發展之餘的重要價值。

　　天啓、崇禎年間，隨著政府效能不彰，貪官汙吏壓迫，加上國家內外危機加遽，社會經濟逐漸走向衰敗局面。人民負擔沈重，各地戰亂紛擾頻傳，經濟民生逐漸萎縮不振。各地又有天災人禍，風波不斷，史載天啓元年（1621）春，京師旱；七月順天有蝗災；隔年，京師雨雹，毀損禾稼草木不計其數；天啓三年（1623）、四年（1624），黃河決口，沿岸悉成平陸；六年（1626）、七年（1627），各地陸續傳出大水、乾旱、蝗災、地震等災情；崇禎元年（1628），河南雨雹、浙江風雨成災、陝北、陝中、延安府大旱，民食蓬蒿，死傷無數。以後數十年期間，天災不絕。〔註96〕除了天災折磨之外，各種稅收及物價的飆漲，也使得民眾過著煎熬掙扎、民不聊生的日子，於是有人開始受不了此種生活，轉而聚眾對抗，戰事遂起。在這樣的社會背景之下，明朝政權處於風雨飄搖之中，社會經濟逐漸垮敗下來。

　　明末圖書的發展，顯然受到政治經濟衰敗的影響，顯得沒落許多。就坊刻而言，書商坊肆刻書不論質量皆較嘉萬年間訛劣情形更爲嚴重，民眾購書慾望降低，書肆獲利大不如前，版刻風氣盛時不再。幸而民間仍有少數私人藏書家，依舊致力於圖書蒐羅，矻矻不休，像是毛晉〔註97〕、祁承㸁〔註98〕、錢謙益等人，都是愛書成癖的著名藏書家，然而，此亦爲明朝私家藏書發展的末段尾聲了。

三、宗室分封形成特殊藩府藏書

　　由於宋代施行郡縣制，地方上無宗室藩王拱衛，因而造成皇室的孤立。太祖朱元璋有鑑於此，於是仿漢高祖郡縣與封建並行，擇邑分封給諸子，使其各領封地，即封建諸王之制。

　　明朝雖然是打敗元朝而奠定基業，但是隨時都要面對漠北殘存的元朝勢

〔註96〕參傅衣凌，《明史新編》（台北：昭明出版社，1999年9月），頁490-491。

〔註97〕根據滎陽悔道人，〈汲古閣主人小傳〉敘述：「毛晉原名鳳苞，字子晉，常熟縣人。……性嗜卷軸，榜於門曰，有以宋槧本至者，門人主人計葉酬錢，每葉出二百；有以舊鈔本至者，每葉出四十；有以時下善本至者，別家出一千，主人出一千二百。於是湖州書舶雲集於七星橋毛氏之門矣。邑中爲之諺曰：『三百六十行生意，不如鬻書于毛氏』，前後積至八萬四千冊，構汲古閣目耕樓以度之。」見〔清〕葉德輝，《書林清話》，卷7，頁384-385。

〔註98〕參見〔明〕祁承㸁，〈澹生堂藏書約〉，轉引自袁詠秋、曾季光主編，《中國歷代圖書著錄文選》（北京：北京大學出版社，1995年10月），頁304。

力及各邊陲異族的侵犯，洪武四年（1371）九月，太祖便告誡群臣說道：「惟西北胡戎，世爲中國患，不可不謹備之耳。」〔註99〕對於明朝統治者而言，邊防外夷始終是心頭大患，不可不愼，因而分封建藩的作用，主要便在希望能於此捍衛外患，故告以天下「天下之大，必建藩屛，上衛國家，下安生民。今諸子既長，宜各有爵封，分鎭諸國。朕非私其親，乃遵古先哲王之制，爲久安長治之計。」〔註100〕姑且不論朱元璋是否有私其親的想法，不過藉由分封諸王以達到捍禦邊防的目的，卻是明朝分藩制度的首要作用；再者，隨著明朝政治發展的擴增，爲鞏固中央王權與掌控地方勢力，將宗室子孫置於各地，既可達到監督管理的功能，又能確保朱氏子孫天下永續的政治目標，因而於分封諸王後，又告以「爾其思予創業之難，謹爾受封之制，毋忘訓言，益修厥身，永爲國家藩輔。」〔註101〕以此告知受封藩王，受此封賜亦應謹記輔弼王室之義務。

太祖認爲分封建藩，既可外衛邊陲，同時又能內資夾輔。然而所封諸藩王既出身王室，地位自然崇高，不論冕服車旗，皆僅下皇帝一等，最大特權則是可以掌握實質的軍權，尤其是分封在邊防要地的藩王，太祖甚至給予雄厚兵力供藩王調度。但在分封諸王的同時，又恐諸王手握兵權日久，產生反側之心，所以也多加限制，除了明定諸藩原則上「分封而不賜土，列爵而不臨民，食祿而不治事」，〔註102〕並在諸王兵權與行政權限方面，間接箝制；另外，爲防範諸藩謀權而分崩析裂，遂想出以圖書賜給諸王，並允諸王自行刊刻，使其透過閱讀，明白事理，避免作亂，其次則有藉此轉移諸王著眼於兵權重心的用意，使其致力於經籍版刻，而減少對於權勢的爭奪。

四、民間學風帶動書院藏書的發展

明初，太祖選拔人才的方式，分成薦舉、科舉及學校三途並進，薦舉爲三者之中最早實施的方式。太祖立國之初，曾多次下詔求賢，命各地官員薦舉人才，上報朝廷，徵召或禮送京師。自洪武六年（1373）下詔暫罷科舉，到十七年（1384）定科舉考試期間，薦舉〔註103〕更是此一時期選拔人才的主

〔註99〕參《明太祖實錄》，卷68，頁1278。
〔註100〕參《明太祖實錄》，卷51，頁999。
〔註101〕《明太祖實錄》，卷51，頁1002。
〔註102〕參〔清〕張廷玉等撰，《明史》，卷120，列傳第五，〈諸王五〉，頁3659。
〔註103〕一般來說，薦舉方式約有三種：一爲徵聘學品俱優且名望素著者；二爲遣使

要途徑，舉凡明經耆儒、通經儒士、孝廉、秀才、賢良方正、聰明正直、孝悌力田等，皆在薦舉範疇，其以德行爲本，文藝次之。而薦舉者與被薦舉者，則是「時中外大小臣工皆得推薦，下至倉庫司局諸雜流，亦令舉文學才幹之士。其被薦而至者，又令轉薦，以故山林巖穴，草茅窮居，無不獲自達於上，由布衣而登大僚者不可勝計。」〔註104〕薦舉之途，以明初爲盛；在建文永樂年間，雖仍承明初之制，然由於科舉日重，薦舉遂而日輕；到了成化年間，薦舉更是幾近形同虛設，後漸趨廢除。

　　至於科舉，自隋朝創立以來，發展到明，也成爲明代選拔人才的方法之一。太祖於洪武三年（1370）時，曾詔曰：「自今年八月始，特設科舉，務取經明行修，博通古今，名實相稱者。朕將親策於廷，第其高下，而任之以官。使中外文臣皆由科舉而進，非科舉者毋得與官。」〔註105〕然實施之後，效果不彰，於是在洪武六年又下詔停辦科舉，〔註106〕一直至洪武十七年（1384），始再定科舉之式，命禮部頒行各省，恢復科舉制度，後遂爲永制。明初科舉所選人才，有武科、文科之別，然多重文輕武，即如武官子弟也多施以儒學教育；文科取士，則以四書五經命題，文體則規定以八股文作答，每三年舉行一次。

　　學校則分成二種，一種是國子學，另一種爲府、州、縣學。元至正二十五年（1365），即設有國子學，洪武元年時，太祖令品官子弟及俊秀通文義者，並充學生，通謂之監生。〔註107〕後改國子學爲國子監，永樂元年（1403），另設北京國子監，待成祖遷都後，又改京師國子監爲南京國子監，自此之後遂有南北監之分。至於府、州、縣學，則是太祖因有感於「惟治國以教化爲先，教化以學校爲本。京師雖有太學，而天下學校未興，宜令郡縣皆立學校，延師儒授生徒講論聖道，使人日漸月化，以復先王之舊。」〔註108〕於是在洪武二年（1369）時大建學校，除了府、州、縣學之外，後來還有宗學、社學、武學之設立，學校之盛，超越唐、宋之際。

　　　至各地，或以幣帛訪求四方遺賢者；三爲命有司或群臣察舉賢才。參張治安，
　　　《明代政治制度》（台北：五南圖書出版公司，1999 年 4 月），頁 319。
〔註104〕參〔清〕張廷玉等撰，《明史》，卷 71，志第四十七，〈選舉三〉，頁 1712。
〔註105〕參〔清〕張廷玉等撰，《明史》，卷 70，志第四十六，〈選舉二〉，頁 1695。
〔註106〕《明太祖實錄》卷 79 載太祖說：「朕以實心求賢，而天下以虛文應朕，非朕
　　　責實求賢之意也。……各處科舉宜暫停罷，別令有司察舉賢才。」頁 1443。
〔註107〕監生又分：若舉人曰舉監，生員曰貢監，品官子弟曰廕監，捐貲曰例監。參
　　　見清張廷玉等撰，《明史》，卷 69，志第四十五，〈選舉一〉，頁 1676。
〔註108〕參〔清〕張廷玉等撰，《明史》，卷 69，志第四十五，〈選舉一〉，頁 1686。

　　除利用薦舉、科舉及學校三方面來達到搜羅人才的目的外，還藉由儒家教育傳承與思想灌輸，以掌控讀書人，俾使其安份忠心；但另一方面，太祖又對文人有著極度的不信任感，長期累積的猜忌與厭惡，讓他決定將功高震主的開國功臣，或是言多忤觸的文武官員們盡數斬除，〔註109〕諸如洪武十三年（1380）胡惟庸案〔註110〕、十八年（1385）郭桓案〔註111〕、二十六年（1393）藍玉案〔註112〕等，皆爲太祖鏟除異己的手段；再者，由於朱元璋出身於不識大字的平民布衣，對文人雖然重視，但也容易多方猜疑，造成明初文字獄的迫害是最爲嚴重的。這在在顯示出朱元璋對於知識份子一方面既採取積極拉攏的態度，另一方面則用強權高壓方式，迫使文人不敢有所異心的矛盾情結。

　　明初政策下的人才選拔與文字獄的無形迫害，使得當時的學術風氣只能用沉悶二字來形容。這種情形一直要到明朝中葉以後，自書院興盛及書院講學風氣形成，才有重大的轉變。明初以理學開國，即以朱熹正統派理學爲主要的學術思想，但自從成化、弘治，以至正德年間，程朱理學漸走向停滯與沒落，而以陸九淵理學爲主的心學興起，像陳獻章的江門學派與王陽明的姚江學派，在當時都是以提倡心學爲思想體系著稱的。根據《明史‧儒林傳》論述：

〔註109〕據吳晗，《朱元璋傳》（台北：里仁書局，1997年2月）敘述朱元璋「所殺的人，從開國元勳到列侯裨將、部院大臣、諸司官吏到州縣胥役、進士監生、經生儒士、富人地主僧道屠沽，以至親姪兒、親外甥，無人不殺，無人不可殺，一個個的殺，一家家的殺，有罪的殺，無罪的也殺，大戮官民，不分臧否」，所舉之例則有：開國功臣被殺的，有德慶侯廖永忠、永嘉侯朱亮祖父子、臨川侯胡美、江夏侯周德興、定遠侯王弼、永平侯謝成、穎國公傅永德、宋國公馮勝、義子親侄朱文正、義子親甥李文忠、劉基、徐達；文官還有宋思顏、夏煜、高見賢、凌說、孔克仁、葉伯巨、方克勤（方孝儒之父親）等等（以下略）。頁191-202。

〔註110〕胡惟庸爲明初起兵時的帥府舊僚，因李善長的舉薦，洪武三年拜中書省參知政事，六年七月拜右丞相。中書省綜掌全國大政，丞相對一切庶務有專決的權力，統帥百官，只對皇帝負責。據《明史‧太祖本紀二》記載：「十三年春正月戊戌，左丞相胡惟庸謀反，及其黨御史大夫陳寧、中丞涂節等伏誅。」關於胡惟庸事，詳參吳晗，〈胡惟庸黨案考〉，《燕京學報》，第15期。

〔註111〕據《明史‧太祖本紀三》載：「戶部侍郎郭桓坐盜官糧誅」；另據〔清〕夏燮，《明通鑑》（長沙：岳麓書社，1999年8月）記載：「初，桓以試尚書主戶郎，坐盜官糧七百餘萬石。上疑北平二司官吏李、趙全德等與桓爲奸利，敕法司考訊，供詞牽引直省官吏，系獄擬罪數萬人。」頁318。

〔註112〕藍玉案發生在洪武二十六年二月，據〔清〕夏燮，《明通鑑》記載：「涼國公藍玉坐謀反伏誅，列侯以下坐黨夷滅者凡萬五千餘人，吏尚詹徽亦坐黨誅。」頁370。

　　明初諸儒，皆朱子門人之支流餘裔，師承有自，矩矱秩然，曹端、
　　胡居仁篤踐履，謹繩墨，守儒先之正傳，無敢改錯。學術之分，則
　　自陳獻章、王守仁始。宗獻章者曰江門之學，孤行獨詣，其傳不遠。
　　宗守仁者曰姚江之學，別立宗旨，顯與朱子背馳，門徒遍天下，流
　　傳逾百年，其教大行，其弊滋甚。嘉、隆而後，篤信程朱，不遷異
　　說者，無復幾人矣。〔註113〕

　　這種學術思想上的轉變，對當時書院發展有極大幫助，書院數量隨陳白
沙及王陽明講學的盛行增加，影響所及，師生們的私人藏書，或是書院裏藏
書也跟著增加，只不過圖書增加的速度，顯然不如講學風氣那般盛行。

　　自嘉靖七年（1528），王陽明去世以後，陽明心學遂開始分化成許多門派，
像是王龍溪創設的浙中王學，以鄒守益、歐陽德等人代表的江右王學，以及
王艮創始的泰州學派等等，這些不同的王學門派，雖在思想上互有歧異，然
在學術風氣的鼓舞上，卻有著正面的意義。從嘉靖到隆、萬年間，學術風氣
不斷地求新求變，後期出現的異端份子，就屬李贄的判逆思想最引人注意。
由於李贄敢於對儒家思想提出批判，並主張性情當得其自然的童心說，使得
當時許多知識份子欣賞他，進而購求他的書。顧炎武提到當時李贄著書及流
通情形，說道：「然雖奉嚴旨，而其書之行人間自若也。」，又說「而士大夫
多喜其書，往往收藏，至今未滅。」〔註114〕

　　除思想之外，文學上也開始產生變革。明初以楊士奇、楊榮、楊溥三楊
為代表的臺閣體，趨於沒落，取而代之的是倡導文學復古，以李夢陽為首的
「前七子」與以李攀龍等「後七子」為主；其後又出現主張文學當具時代色
彩，不應一味仿擬古人，以唐順之、歸有光等人提倡的唐宋派；此外，袁中
道、袁宏道、袁中道三兄弟的公安派、鍾惺代表的竟陵派，都在文壇上各自
發展，其著述頗富，師友門生亦多，也間接帶動了明中葉以後藏書文化的蓬
勃發展。

　　於此之時，流行於市井大眾之間，如小說、戲曲等通俗文學的興起與繁
榮，則是另一種藏書文化的開展。自弘治、正德，以至嘉靖年間，像《三國
志通俗演義》、《水滸傳》、《西游記》等白話小說，受到通俗娛樂的盛行，也

〔註113〕參〔清〕張廷玉等撰，《明史》，卷282，〈儒林一〉，頁7222。
〔註114〕參〔明〕顧炎武，《日知錄集釋》（台北：世界書局，1974年7月），卷18，〈李
　　　　贄〉，頁439-440。

開始在圖書市場上廣受歡迎。不僅文人多為之薦許，﹝註115﹞就連一般百姓也爭相閱讀或聽講說話，經由民間說話技藝所形成的話本，以及劇作家改編或創作的劇本，受到民眾的接受與喜愛，使得書坊書籍爭相刊印，以利買賣流通，間接造就出民間藏書文化的豐富多樣。

五、宗教態度影響寺觀藏書之毀廢

朱元璋十七歲（至元四年，1344）曾於皇覺寺出家為僧，至正十一年（1351）又加入以白蓮教、明教為號召的郭子興麾下，參與元末起義。他在親眼見到擁眾起事力量的偉大與可怕後，對於宗教力量，尤其是佛教，一直有著極為矛盾的情結。

明初，以佛、道兩教發展最為世人接受，而朱元璋又曾經當過幾年的僧人，因此他對佛教不免有些情感，但他也不希望這些年的和尚生涯為世人屢屢提及，加上深知佛教聚眾力量甚大，因此他對於佛教的整頓與限制也就相對嚴格，而道教亦然。故而，太祖一方面對佛、道兩教多予以禮遇及鼓勵，但另一方面則又透過各種管道對佛、道兩教施以管理控制。

佛教方面，洪武元年（1368）正月，太祖先在金陵天界寺設善世院，以慧曇為總領，管理全國佛教事務，後至洪武十四年（1381），敕禮部整頓釋、道二教，設僧錄司，掌天下僧教事；其次，多次倡辦及參與大規模的佛事法會，並召集各地僧耆，使其專業修習；再者，開始重視佛教經典的講習，時遣僧耆入宮講論佛法。從太祖種種措施看來，他對於佛教仍多抱持倡導與鼓勵。

另一方面，太祖開始進行佛教的控制與整頓。洪武五年（1372）時，太祖下詔稱：「天下大定，禮儀風俗，不可不正。……禁僧道齋醮，雜男女，恣飲食，違者有司嚴治之。」﹝註116﹞洪武二十四年（1391），又說：「自今天下僧道，凡各府州縣寺觀雖多，但存其寬大可容眾者一所，併而居之，毋雜處於外，與民相混。」﹝註117﹞這些措施乃皆是為了方便管理寺廟僧人制定的。此外，為了加強對寺廟及僧人的管理，太祖還陸續頒布〈申明佛教榜冊〉、〈避趨條例〉等管理榜文，並編集成書以頒示天下寺院，影響所及，直至成祖以

﹝註115﹞ 以《水滸傳》一書為例，李贄在《焚書》卷3〈忠義水滸傳序〉一文中提到：「《水滸傳》者，發憤之作也」；另，袁宏道〈聽朱先生說水滸傳〉一文亦說：「後來讀水滸，文字益奇變，六經非至文，馬遷失祖練，一雨快西風，聽君酣舌戰。」
﹝註116﹞ 〔清〕夏燮，《明通鑑》，卷4，頁216。
﹝註117﹞ 《明太祖實錄》，卷209，頁3109。

下皆沿用之；並且召集各地僧耆，分天下寺院爲禪、講、教三類，並要求各類僧侶個自專業修習，各衣其服，不得相混；再者，建立度牒及僧籍制度，以限制出家人數；並禁止私創寺院，以控制寺院數量；經濟上則採取抑制佛教土地買賣的進行，以防寺院土地過於擴張。這些政策制定，主要目的除了達到對佛教的整頓與管理，最主要的原因還是爲了避免佛教勢力的過度膨脹，恐日後危及明朝政府的政權。

除了佛教以外，太祖對於道教態度，同樣呈現出又愛又怕的矛盾情結。首先，太祖在洪武元年時，設置道教的玄教院，對道教的齋醮及方術，接受度亦高；此外，洪武七年（1374）御注《道德眞經》，同年十一月又撰寫〈御製玄教立成齋醮儀文序〉，以表示對道教的重視；到了洪武十五年（1382），又設置道錄司，便於協助及管理道教事務。另一方面，太祖對於道教也有著與佛教相同的恐懼，害怕有心者藉由宗教力量組織群眾，因此在道教的抑制與管理上較佛教更嚴，絲毫不敢大意。然整體看來，太祖對佛、道兩教的掌握與管理態度，顯然對於佛教較爲寬容，而對道教則嚴屬許多。

到了成祖朱棣，由於相傳成祖靖難起師時，曾受到道教術士幫助而成功，因此即位後，便於後宮興建道教的玉皇殿，供奉道教神祇，同時也大興土木，花費巨資修建道家聖地武當山宮觀，對於道教的尊崇明顯勝於佛教。雖然對於佛教，成祖仍多尊崇與提倡，不但在永樂五年（1407）建五台山佛殿塔，其後又常修建佛寺，舉辦法會，而且在位期間，曾兩度編集大藏經，可謂於佛教藏書的整理與數量上皆擴展增益許多。到了宣宗時，一方面承襲以往對於佛教的維護與提倡政策，另一方面則對佛教的整頓與限制更爲嚴屬。至於正統到正德時期，包括英宗、憲宗、孝宗、武宗，對於佛、道兩教的態度，皆較前期溫和許多，不過基本上仍較爲偏向佛教，尤其是對於藏傳佛教的尊崇更爲明顯。由於並未禁止，加上刻意推動提倡之故，此一時期的佛寺與道觀不論在信教人數或宗教建築上，皆爲蓬勃發展的時期；而佛寺道觀內的藏書，也隨著佛教興盛而日漸增益。

明中葉以後，世宗在歷史上以崇信道教著稱，他不但對道教尊崇幾近於狂熱，同時還對佛教採取許多嚴屬的禁佛、排佛等壓制手段。其中尤以毀損佛像、佛骨、佛牙，及各種法器文物，並拆毀各地寺院，申明不得修復重建；同時，停止開度僧人，令尼姑還俗婚配等政策，意欲使崇尚佛教人數減少，以達到壓抑佛教盛行的目的；另外，對於佛教的經典亦不重視，使得寺院藏

書風氣與數量因而削弱；反之，對於道教則推崇備至，不僅尊崇道家方術之學，對於道教經典亦相當重視，此一時期的道觀藏書反而呈現出繁盛的情況。天啓、崇禎年間以後，由於連年天災人禍頻傳，此時不論是佛教，抑或道教，皆解決不了國家紛紜傾軋的亂象，思宗還因受到外來宗教傳入影響，曾有一度信奉天主教，不但無暇顧及佛、道兩教的管理與控制，甚至還拆毀宮中佛道神像，至於佛、道兩教的管理則多放任不管，這一時期寺觀藏書在政策影響下，可說是寺觀藏書最爲沒落的時期。

第三節　明代藏書體系的劃分與構成

一、藏書體系之劃分

中國古代藏書，依藏書性質及單位，概略可分成公、私兩種典藏。探討到明代藏書時，同樣可適用此種區分方式。將藏書依性質分成公、私兩種，在不少的學者眼中，是最爲簡便的劃分方式，此可由周少川《藏書與文化》〔註118〕與陳力《中國圖書史》〔註119〕二書在探討到明代藏書時，皆以官（公）、私兩種體系區別之，便可得知。

除了將藏書系統，簡易區別爲公、私兩藏，還有將中國藏書系統，以官藏、公藏，及私藏三種不同體系區別之。來新夏，〈中國藏書文化漫論〉中論及中國古代藏書體制，便指出：「中國的藏書體制大致可分爲官藏、公藏和私藏三大系統。」〔註120〕文中指的官藏，係凡王室官府機構所藏圖書，皆屬此類；而公藏，則是著重於具有社會教育的書院藏書爲主；最後的私藏，則是泛指所有的私人藏書，不分多寡。

不論是上述提到以公、私兩藏區別之，或者是以公、官、私三者做爲藏書系統的區分之外，另有一種看法，認爲整個中國古代的藏書事業，應該是由官府、私家、寺觀、書院這四大系統所組成的。在程千帆、徐有富《校讎廣義》一書，提到中國古代圖書典藏單位時，便這麼說道：

〔註118〕參見周少川，《藏書與文化──古代私家藏書文化研究》（北京：北京師範大學出版社，1999 年 5 月），第 1 章，〈緒論〉，頁 1。

〔註119〕參見陳力，《中國圖書史》（台北：文津出版社，1996 年 4 月），第 7 章，第 2 節，〈官私藏書及其利用〉，頁 265。

〔註120〕見來新夏，《來新夏書話》，卷 1，〈中國藏書文化漫論〉，頁 2-3。

我國文獻典藏單位，大體可分為國家、私人、學校、寺觀等幾種類
型。……國家藏書包括宮廷藏書與官府藏書兩個部份，二者往往又
密不可分。〔註121〕

程、徐二人所稱的：國家（包括宮廷與官府）、私人、學校，及寺觀等藏書單
位，與任繼愈《中國藏書樓》區分的官府、私家、書院，以及寺觀這四個藏
書系統，幾近相同。根據任繼愈在《中國藏書樓》開宗明義，便說：

中國古代藏書事業的整體由官府藏書、私家藏書、寺觀藏書、書院
藏書四個系統組成。各個系統的先後培育與發展又與一定時代的政
治、經濟、文化等背景密切關聯，並形成各自的特點，作出獨特的
貢獻。〔註122〕

另外，王余光、徐雁等編《中國讀書大辭典》對於藏書的定義，稱藏書
即指「皇家、私家、寺觀、書院等典籍圖書的收藏」，〔註123〕同樣是依這四個
系統來加以區別的。

其他亦有按典藏單位的區別，將書藏單位予以詳細區分成中央政府、地
方政府、私人藏書家、坊間書肆、宗王藩府、書院、佛寺、道觀等地。然而，
一般論及書藏體制或系統時，則極少如此細分，大多是作者用來說明圖書典
藏單位或處所而做的敘述，此處遂不多加討論。

上述這幾種藏書系統，係由區分者依其主、客觀認定所下的判斷，本身並
無對錯區別；然在定位時，則不免因思慮角度的不同，而有優缺之別。首先，
將古代藏書分成公、私兩藏的說法，是一種最為普遍，而且簡便的二分法。不
論從書藏觀念初興階段，或發展到明代日趨成熟階段，以公、私或者是官、私
做為書藏性質的區分，可說兼具普遍、簡便，同時也較不容易出錯的優點；但
這種二分法也有太過簡略的缺失，無法全面呈現不同類型的藏書體系。

第二種區分方式，將公藏獨立於官藏之外，取公藏為「公眾所藏」之意。
此說法看似有理，然卻忽略所謂的「公」字，亦包含有政府機構的涵義，在
定義上，還須再加以說明、區分清楚；再者，公藏體制指出主要是針對具社
會教育功能的書院藏書處所而言，但是沒有特別指出的部份，像寺院、道觀

〔註121〕程千帆、徐有富，《校讎廣義‧典藏編》（濟南：齊魯書社，1998 年 4 月），
　　　　頁 44。
〔註122〕任繼愈，《中國藏書樓》（瀋陽：遼寧人民出版社，2001 年 1 月），第 1 章，〈中
　　　　國藏書概論〉，頁 3。
〔註123〕王余光，《中國讀書大辭典》，頁 440。

等宗教單位的藏書，應該都要包括在內。而此種將書院、寺院、道觀等公眾機構藏書，皆歸入公藏一類，雖可達到概念性的區別，然與第一種區分方式有著同樣的盲點，即無法將不同類型的個別藏書體制予以完整呈現。

至於第三種分法，即按古代圖書典藏情形，分成四個不同體系，原則上既單獨指出各系統的明顯區別，又不致太過細瑣，可以算是較好的分法。但是這種區分方式也有一個缺點，由於這種分法爲涵蓋所有朝代的藏書概況，理論上可以適用各朝代的藏書系統，但實際上由於朝代不同，藏書發展自然有異，爲了區分上的方便，遂不得不將各朝代特殊發展的部份，視其性質相近歸於同類，如此一來，不僅容易造成少數藏書情形說法各異，莫衷一是的困擾；再者，也會產生遇有特別情形時，不易突顯藏書文化獨特性之遺憾。

因而，筆者在探討明代藏書文化之構成時，便希望能採用一個爲多數人認可的分類準則，又能避免其他分類的缺失。權衡之下，原則上採用第三種分法，即依此四個藏書體系區別之，但又期能將明代佔有極爲重要地位的「藩府藏書」部份獨立出來，與公家藏書體系、私家藏書體系、書院藏書體系，與寺觀藏書體系並列討論。如此既有原則可供遵循，又能同時兼而論及明代藏書的獨特性，故以此五大藏書體系視爲明代藏書之主要構成體系。

二、藩府藏書體系之獨立構成

根據前述所稱，本文打算探討之明代藏書體系，分別爲公家藏書、私家藏書、書院藏書、寺觀藏書，以及藩府藏書此五大藏書體系，其中前四種藏書系統，爲部份學者針對中國古代藏書體系之共性所提出的分類，，至於最後一項的藩府藏書體系，則極少被人所討論。

事實上，關於明代藩府圖書，多數版本學者大多著眼於其在刻書方面的成就，而甚少留意藩府在藏書方面的特殊性。鑒於明代藩府藏書實有其獨特性，爲免造成遺珠之憾，故而將明代藩府藏書獨立成一個體系加以討論，其原因有二：

（一）藩府定位特殊，難以歸屬公家或私人

明代藩府諸王，係從皇室分封而來。從血統上來說，屬於王室成員，而受封屬地、管轄權與財富，皆從王室而來，在地位上可定位爲王室系統，因此，藩府一旦刻書，多爲公家財貨支付，故有將藩府刻書歸於公家體系。但若是從政治實權上來說，藩府諸王實爲皇帝爲削弱諸子勢力所立，多半無政

治實權；再者，藩主若因自身興趣或附庸風雅，在府中進行刻印、典藏圖書，多爲私人所有，非屬公家，似乎更有資格歸入私家系統。因此，這兩種說法都有人主張。

　　贊同藩府刻藏爲公家或官府體系者，有謝灼華《中國圖書與圖書館史》一書，其論述到〈明代官府的刻書〉，除舉出中央國子監、經廠、欽天監、太醫院等有圖書刊刻外，還提到：「明代的官府刻書，藩王刻書爲其顯著特色。」〔註124〕另外，錢存訓論及〈明代刻書之創新〉時，也說：「在地方官刻中，最突出的是藩府刻本。」〔註125〕其他，還有王欣夫提到明代藩府刻書的發達時，稱：「明代官刻的書籍，遠不及宋、元的精善，而諸王藩府所刻，卻頗有佳本。」〔註126〕句中雖未明講藩府刻本究爲官刻或是私刻，視其口氣，應該也將藩府刻本當成官刻本無疑。此外，陳力《中國圖書史》同樣將藩刻當成明代官刻圖書，〔註127〕這些都將藩府刻書歸於公家體系。

　　另有部份學者認爲藩府圖書應定位在私家體系之內，主張此說者，在程千帆、徐有富《校讎廣義》書中，將典藏單位分成國家藏書、私家藏書、學校藏書及寺觀藏書四個體系，其中論及明代私家藏書，便明確將藩府藏書列入其中；〔註128〕其次，周少川討論到〈明代前朝的私家藏書〉，也說：「明初私人藏書家，以諸藩最富」；〔註129〕還有，任繼愈《中國藏書樓》一書，細數到明代私人藏書家時，則是將明藩朱睦㮮與萬卷堂藏書列入其中討論。〔註130〕可見認同此說，同樣不在少數。

（二）藩府藏書具有特殊性與重要性，應獨立探討

　　從古代歷史的觀點，漢、唐以後，便有皇帝以分封諸藩，做爲政治酬庸，或是權勢換取。然而這些受封諸藩親王，大多著眼於政治上的爭執權鬥，對於

〔註124〕參謝灼華，《中國圖書與圖書館史》，第 9 章，第 1 節，〈明清官府的編書與刻書〉（台北：天肯文化，1995 年 4 月），頁 209。

〔註125〕參錢存訓著，劉拓、汪劉次昕譯，《造紙與印刷》（台北：台灣商務印書館，1995 年 9 月）〈（e）中國印刷術之起源與演進〉，頁 223。

〔註126〕參王欣夫，《文獻學講義》（台北：台灣商務印書館，1992 年 1 月），頁 232。

〔註127〕參陳力，《中國圖書史》，第 7 章，第 3 節，〈明代刻書〉「官刻部份」，頁 277。

〔註128〕參程千帆、徐有富著，《校讎廣義・典藏編》，第 2 章，頁 108。

〔註129〕參周少川，《藏書與文化——古代私家藏書文化研究》，第 2 章，第 3 節，〈明代私家藏書的發展〉，頁 66。

〔註130〕參任繼愈主編，《中國藏書樓》，中編，第 6 章，〈明代的藏書〉，頁 1041。

圖書文化，並未特別重視。直至明初，朱元璋爲了政治集權中央，既分封各地藩王，又爲了防範諸王勢力擴增，遂採取「分封而不賜土，列爵而不臨民，食祿而不治事」〔註131〕方式來削弱藩王勢力，一方面在政治上予以防堵，另一方面賜書以潛移默化。部份諸王深知太祖心意，爲了避嫌，加上圖書取得較易，遂將刻藏圖書視爲興趣經營。無心插柳的結果，反而呈現出藩府刻書與藏書方面的成就，不僅得到後人讚賞，同時也變成明代藏書文化重要的一環。

藩府刻藏圖書，或列於公家體系，或列入私藏體系，說法莫衷一是。由於這個問題很少人注意，更遑論進行討論，所以藩府圖書究竟應該歸入何者體系，迄今尚無定論。明代藩府不論在圖書刊刻或典藏，都有獨特成就，因歸屬定位不明，以致學者在討論時，多爲自由心證。一般而言，論及刻書，多將藩本列入官刻；討論藏書時，則又多視爲私人藏書。這種將同一環境下的刻藏圖書，分別歸屬於二種不同屬性的體系，確實有些矛盾。

因此，筆者認爲探討到明代藏書體系，可將藩府藏書獨立論述，既不特別歸於公藏體系，亦不列入私藏體系內討論。在昌彼得先生〈明藩刻書考〉一文中，藩府圖書究歸屬於公家，還是私家體系，便沒有特別的區分，僅就藩府刻藏圖書的狀況論述說明。此種做法，目前來說可算是爭議性較小的方式，值得參考。

三、明代藏書體系之構成

以下便針對此五大藏書體系的個別情況，加以分析，並針對各體系的形成，稍做說明，最後就藏書系統間，互爲消長變動的情形，進行探討。

（一）公家藏書體系

所謂公藏體系，係指由王室或中央，甚至於地方政府所設藏書機構組成的藏書體系。一般來說，這些公家藏書，多半歸於公家使用。明代公家圖書的來源，除了承襲自前朝遺留下來的冊籍之外，還有來自各地蒐徵訪求得來的圖書，以致王室藏書日益增多。故而自洪武年間以後，不論中央或地方，皆設置有刻藏機構，同時，對於書籍典藏，亦設有專門藏書及管理機構以負責。

公家藏書機構，隸屬於王室，按照設置時間先後，分別有大本堂、文淵閣，以及皇史宬三處；而中央所轄各官署，也多設有刻藏機構，包括有南、

〔註131〕〔清〕張廷玉等撰，《明史》，卷120，列傳第五，〈諸王五〉，頁3659。

北國子監、司禮監、都察院、欽天監、禮部、行人司等單位，甚至於連兵部、工部、太醫院等都有少量的圖書刻藏，然而藏書較多，同時較為重要的，以南、北國子監、司禮監及行人司為主。

其他像是各省、府、州、縣政府，也有數量不一的圖書刻藏。這些機構除了刻書之外，對於刻印完成的書籍，多半設有專門藏書場所。然則，不論是何種性質的公藏機構，由藏書處所所衍生出來的藏書活動，舉凡典藏、編目、管理，以及管理成效，甚至日後造成的影響等等。凡是牽涉到藏書的相關活動，皆是本文亟欲深入探究的部份。

（二）私家藏書體系

私人藏書歷時已久，到了宋朝，開始有流行之風。然眞正達到普遍盛行的階段，則要到明朝中葉。嚴格上來說，從正德年間開始，到嘉靖、萬曆期間，可以說是私人藏書風氣最盛，同時也是私人藏書家數量最多的時期。主要原因，自然跟當時的經濟繁榮、商業發展，加以印刷技術精進，有密切的關係。由於圖書出版興盛，人人皆有能力購藏書籍，尤以部份文人，特別沉迷書籍刻藏，對於書籍，不論是刊刻，或者藏置，皆要求嚴格，自然可以「私人藏書家」名之。

論文中所稱私人藏書家，大抵上要具備以下幾個要件的其中之一：首先，收書必須達到一定程度的數量，少則千卷，至於多達萬卷以上，則無庸置疑；其次，應該要有專門藏書處所，其認定標準以有藏書樓閣或室、館為原則；再者，在圖書典藏或整理方面，具有特殊見解或相當成就者，亦足以藏書家稱之。而由私人藏書家所形成的藏書文化，便歸於私家藏書體系之中。

另外，論文探討的明代私家藏書體系，主要以非營利為目的的私人藏書家為主，坊肆書商多不入其中，但由於私人所藏書籍，除了自行刊刻之外，多是購自坊肆刻書。因此，坊刻圖書基於營利做法，多半刊印文人需要或喜愛的圖書，故坊肆刻書類型，實可做為瞭解私藏文化的參考，因而在論述過程中，也會針對坊肆刻書對私藏體系的影響層面，加以析討。

事實上，私人藏書在明代藏書文化的發展上，如同倒吃甘蔗般，初期並不興盛，而是一直要到明中後期始漸成型；同時，此一時期還出現幾個著名的藏書家，以及他們所成就的藏書事業，對於明朝藏書文化的貢獻及後世影響，更是功不可沒。

（三）藩府藏書體系

明代藩府藏書文化的形成，主要跟太祖朱元璋分封政策的施行，有密切關係。由於太祖在建國之初，為了達到中央集權的政治整合，必先削弱其他王室諸皇子的政治勢力，故而將眾多皇子逐一分封。他自洪武二年（1369）起先「定諸王分封之制」，〔註132〕隔年開始，先後將二十二個兒子及從孫一位，分封為各地藩王。分封後，又為了防範將來可能會面臨王朝割據分裂的危機，因此一方面削減藩王的政治勢力及軍事權力，另一方面則時以頒賜圖書典籍的方式，藉此感化及教育諸王，以免除眾人的作亂心理。

或許在這樣的政治環境之下，藩王們雖然喪失政治實權，但從另外的角度來說，這何嘗不是提供了一個圖書文化發展的良好時機。由於藩王們衣食無虞，處境優渥，加以當時刊印風氣盛行，不少藩王轉而刻印圖書，以附庸風雅。根據昌彼得先生〈明藩刻書考〉一文提到：「明藩刻書，今可知者，無慮卅家。明初則有周、蜀、慶、寧、楚諸府。……成弘以降，槧雕尤廣」〔註133〕便可知道明代諸藩刻書人數不少，刻藏圖書的數量想必也十分可觀。刻書既多，其於藏書方面，不論質量，更為後代稱許。明末清初的錢謙益便說過：「海內藏書之富，莫先於諸藩。今秦、晉、蜀、趙燼矣。周藩之竹居，寧藩之鬱儀，家藏與天府埒。」〔註134〕由此可知，藩府藏書數量的豐富，與其刊本的精良，有著密切的關係。明代藩府藏書文化，不僅在圖書的刻藏上各有特色，同時也為明代藏書文化的貢獻，增添了許多的光彩，這是前朝所未見的。

（四）書院藏書體系

書院發展，以宋、元之際最為興盛，同時也是最為發達的時期。然而，明初的書院發展，並未承接宋、元以來的盛況，反而顯得衰弱不振。其中原因，自然很多，然最主要的原因之一，便不能不歸諸於政策上的刻意發展官學，以致於無形之中抑制了民間書院的發展。

明初太祖雖以平民出身，然亦深知教育文化的重要，因此政策上特別著重於官學教育的推動。當時所有的學子，多以進入國子監就學為第一志向，書院

〔註132〕參〔清〕張廷玉等撰，《明史》，卷2，〈太祖本紀二〉，頁22。

〔註133〕見昌彼得，《版本目錄學論叢》（台北：學海出版社，1977年8月），第1輯，〈明藩刻書考〉，頁40。

〔註134〕參〔明〕錢謙益，《牧齋有學集》（上海：上海古籍出版社，1996年9月），卷26，〈黃氏千頃齋藏書記〉，頁994。

不再是學子就學的選擇，造成書院的發展漸受忽視；加上明初書院多被限制於祭祀功能，而無教育或藏書功能，時日一久，書院沒落自然是可以想見的。

初期書院不受重視，即使後來因爲科舉徵才變質，加以王陽明、陳白沙等學者提倡，使得明中葉以後，書院發展開始盛行，甚至於達到鼎盛時期。然而，由於陽明心學思想的影響，書院藏書並未因此而隨之增加豐富。明朝的書院藏書發展，先是受到政治背景的限制及壓抑，後有陽明心學不重經書觀念的影響，使得書院藏書並未隨著書院發展興盛，而呈現正成長。雖然書院也會因其講學與授課需求，而添置相關書籍，多少會對書院藏書規模有正面的幫助，甚至到嘉靖年間，部份書院更因藏書累積到一定數量，設置有藏書樓，以供書籍藏置。不過，與書院本身發展比較起來，書院在藏書方面顯然仍是有其局限性與不足處。

從另一角度來說，明朝的書院藏書文化，也並非全無可取之處。至少在明中後期，不少著名的書院在圖書典藏與管理方面，或許是受到私人藏書觀念的相互影響，不但編纂書院藏書目錄，同時對於圖書的管理，以及規則上的制定，都具備相當規模，可說是爲清代書院的圖書典藏及管理方面，初步奠定了良好的基礎。

（五）寺觀藏書體系

寺觀藏書，最早是隨著東漢末年佛教的傳入，與寺廟興建而產生的。寺觀藏書體系與其他藏書體系最大的不同，便在於藏書內容的獨特性與單一性。換言之，寺觀的藏書類型，有百分之九十以上以宗教性的佛道經書爲主。

明代寺觀藏書體系，事實上又分成佛寺藏書體系，及道觀藏書體系二種。將二種藏書體系置於同一章節一起討論，其原因有二：第一，這二個藏書體系雖是個別獨立，然其發展卻是習習相關。從歷史背景來看，佛、道宗教可謂並存於明朝之中，雖有或因皇帝的個人偏好，而崇佛廢道，或崇道抑佛，然在宗教發展上大致上是互爲牽制影響的。第二，兩者皆屬於宗教性的藏書體系，雖然在藏書性質上各有所執，但是其他的發展與特性上，卻有著很多的相同處。因此，從文化的發展性而言，確實可以共同討論。

以圖書來源而言，不論是佛寺藏書體系，還是道觀藏書體系，二者皆極相近。以佛寺藏書體系來說，佛寺的藏書可能來自於寺院的自行刊刻，或是透過眾人捐貲而刻印的書籍，這部份包括佛教重要經典，以及僧人詩文；也有可能是來自於皇帝的欽賜；或是來自於各地購置的經籍；較爲特別的是，

有極少部份經籍的獲得，乃是寺院僧人出使西域、印、尼、日、韓等國互爲交流、饋贈而來。至於道觀藏書體系的藏書，基本上大致同於佛寺，不過一般來說，道觀藏書數量及種類，不若寺廟豐富。而藏書內容多以道教經典爲主，其中《道藏》一書的藏置，幾爲各地道觀必備。

　　事實上，寺觀藏書體系，在明代藏書文化中所佔比例，應該算是最少的，但是因爲這一藏書體系有其宗教的獨特性，透過對寺觀藏書情況瞭解，不僅可以看出宗教與藏書文化彼此間的關係，還能認識宗教風氣對藏書文化所產生的影響。

　　上述這五個藏書體系，雖然各自獨立發展，自成體系，然而彼此間卻有著互爲牽涉，彼此交錯的關聯及影響，實耐人尋味。由於這幾個藏書體系，除了在形成過程中，個別產生的變化外，還會受到不同程度的政治決策、經濟民生、學術思想，以及宗教觀念等因素的助力或干擾，使得各藏書體系雖在同一時代背景與環境中發展，卻因上述種種因素影響，而有著不同的發展結果。這種看似獨立，卻又緊密結合的複雜關係，不但是構成明代藏書文化的重要環節，同時也是研究明代藏書文化的重要課題。

第三章　由盛轉衰的公家藏書體系

　　明代公家藏書體系的盛衰發展，乃是所有藏書體系之中，最具有指標性意義的藏書體系。主要原因，跟公藏體系自有其不可動搖的國家地位，以及擔負文化興亡的藏書重責有關。嚴格來說，公藏體系的盛衰走向，與以下要討論的部份，包括藏書機構的建置、藏書目錄的編纂，以及政府對於藏書的態度、管理成效等各方面，都有著密切關連性。

　　公家藏書體系的構成，主要指國家或政府管轄之藏書機構。其涉及領域，包含屬於硬體設備方面的藏書建築物，及藏書內外環境的設置與規劃；在軟體層面的人為管理上，則從管理機構的人員設置、工作權責，或者藏書目錄的編纂，以至最後綜整的得失成效等等，皆是屬於公家藏書體系的研究範疇。

　　首先，在藏書機構的設置上，按照性質上的差異，可分成藏書機構及管理機構二種。所謂藏書機構，通常指藏書單位，或者藏書處所；而管理機構，則多半指負責管理藏書的行政機關。

　　其次，藏書體系的構成，與圖書的蒐羅置放有必然關係，透過公藏目錄的爬梳析理，一則，可以得見明代公藏圖書的數量及蒐書性質；再則，目錄乃文獻之整理成果，故從藏書目錄之探究，自然可以深入瞭解明代公藏圖書的發展與成就。

　　最後，也是最重要的部份，即為公家藏書體系表現出來的藏書成果與文化貢獻。這個部份的析討，則要朝向政府管理圖書的成效與否進行瞭解，這是由於政府管理藏書的優劣成敗，不僅影響到明代公藏文化的興衰，對於其

他藏書體系之文化構成，更是具有關鍵性的影響意義。

第一節　公藏機構的設置與管理

　　明代的公家藏書機構，由於性質上的差異，可以分成藏書機構與管理機構二大類型。在藏書機構方面，是以具有藏書功能的單位或處所為討論主體，然而，這些藏書單位因其設置地點的不同，遂又分成以下幾處討論；至於管理機構方面，則是以專職管理藏書的機構為主，通常與藏書單位略有區別。

　　藏書機構，一般是指隸屬於國家的藏書單位及處所。依照藏書處所的性質差異，可簡單區分成宮廷藏書、中央所轄官署藏書，及地方官衙藏書三種類型。所謂的宮廷藏書，是指藏書建築設置於皇宮之內，包括提供王室閱讀使用的大本堂、國家重要藏書單位的文淵閣，以及專門藏置王室檔案的皇史宬等地。而中央所轄官署，則是指各官署之中藏書最富的幾個單位，分別有南、北國子監、司禮監，以及行人司等重要藏書機構；另外，還有屬於地方的官衙藏書，像是府、州、郡、縣等單位，皆為公家的藏書機構。

　　至於管理機構，基本上與藏書機構有所區隔，即指專門負責管理藏書的行政機構而言。以宮廷藏書機構的大本堂而言，管理機構便為詹事府；而國家藏書機構的文淵閣，則是交由翰林院來掌理；至於中央所轄官署，及地方包括府、州、郡、縣等藏書機構的管理，在此則沒有特別予以列出。這是由於一般官署及地方府衙內的藏書，多由機構本身官員掌理，並無另設專職機構來負責。換句話說，中央所轄官署及地方官衙機構，皆兼而處理藏書及管理圖書的職責，因而在討論中央官署或地方官衙的藏書時，便一併進行探討，不再另立標題，以免落入贅瑣之失。

一、藏書機構的設置

　　公家藏書機構，受到設置地點及性質上的差異，分成宮廷藏書、中央所轄官署藏書，及地方官府藏書。其中宮廷藏書，按照設置時間的先後，依次列出大本堂、文淵閣，及皇史宬；中央所轄官署藏書，則以佔舉足輕重之藏書機構為討論重點，分別為（南、北）國子監、司禮監，及行人司三處；至於地方官府藏書，通常包括府、州、郡、縣等地方官衙之內，皆各自有藏書及管理，不過，多數規模不大，因此一起討論。茲分述如下：

（一）宮廷藏書

1. 大本堂

朱元璋建立明朝之後，深知奪取天下雖然不易，但要能守成江山則更加困難。爲了日後國家興盛永續，因此對皇太子們的教育及培植，便顯得相當重視。洪武元年（1368）十一月，太祖宣布在華蓋殿附近興建大本堂，以用來作爲太子讀書，並藏置古今圖書冊籍的場所，爲明初宮廷中最早興建的藏書處所。

（1）藏書及建築

關於大本堂的藏書與建置情況，根據《明史》記載：「洪武初，置大本堂，充古今圖籍其中。召四方名儒訓導太子、親王。諸儒專經面授，分番夜直。」〔註1〕另外，《明通鑑》記載：「辛丑，建大本堂，取古今圖籍充其中，征四方名儒以教太子、諸王。」〔註2〕除了太子及親王之外，還另外「選民間之俊秀及公卿之嫡子，入堂中伴讀」〔註3〕由此可知，大本堂最初乃是用來作爲皇子們讀書課室，然或因皇子們閱讀所需，或爲王室供覽之便，因此堂中藏置不少古今圖書典籍，而後遂成爲宮廷中重要的藏書處所。

（2）其他功能

此外，大本堂除了做爲皇子們的讀書課室，以及重要的宮廷藏書處所，同時也是太祖與臣下商討國事的地方。明太祖曾經「召宋濂議五等封爵，宿大本堂，討論達旦」，〔註4〕而每逢正旦、多至日，又「設皇太子座于大本堂，設答拜褥位於堂中，設三師、賓客、諭德拜位於前」，〔註5〕並仿唐制行四拜禮，皇太子答後二拜從之。由此可知，大本堂除了做爲授課、藏書處所的功能之外，同時亦是太祖商討國事，及皇子朝賀行儀的地方。

大本堂既爲最早興建的宮廷藏書處所，然而其內部的藏書環境及設備，史籍中並無進一步的記載，僅僅可知其爲宮廷藏書置放的重要處所之一。其後到了正統十四年（1449）時，由於南京奉天、華蓋、謹身三殿遭遇火災，以致內廷宮署幾盡全毀，而大本堂亦毀於此次祝融之災，從此以後，不復得見。

〔註1〕　參〔清〕張廷玉等撰，《明史》，卷73，〈職官二・詹事府〉，頁1784。
〔註2〕　參〔清〕夏燮，《明通鑑》，卷1，〈紀一〉，頁154。
〔註3〕　參〔明〕王泌，《東朝紀》，收入《百部叢書集成・初編》（台北：藝文印書館，1971年，據明萬曆孫幼安校刊本影印），頁1。
〔註4〕　參〔清〕夏燮，《明通鑑》，卷3，〈紀三〉，頁183。
〔註5〕　參《明太祖實錄》，卷37，頁72。

2. 文淵閣

文淵閣，爲明朝典藏國家藏書的主要機構。然而，溯源論及文淵閣的前身，可以從古代最早校理國家藏書機構弘文館談起。弘文館，最初創設於唐高祖武德四年（621）正月，初置於門下省，名爲修文館；到了武德九年（626）三月，改名爲弘文館。中宗時，爲避孝宗李弘諱，又改名爲昭文館。但是，玄宗開元七年（719）復弘文館舊名，當時館中藏書約二十餘萬卷。五代時沿唐制，設弘文館、史館及集賢院，合稱三館。到了宋太宗太平興國三年（978），創昭文館（即唐朝時的弘文館）、集賢院、史館，亦稱三館，並興建三館書庫。

明洪武三年（1370），仿唐制置弘文館，以胡鉉爲學士，命劉基、危素、王本中、睢稼皆兼弘文館學士，後於九年（1376）罷除。由於弘文館設置時間不長，故極少被人提及。宣宗宣德年間，曾復建弘文閣於思善門右，以翰林學士楊溥掌閣印；但過了不久，便將弘文館併入文淵閣。自此之後，明代圖書冊籍的典藏校理，遂集中於文淵閣。

文淵閣，爲明代最大，也是最重要的藏書處所。太祖在洪武八年（1375），首命在南京奉天宮殿前，奉天門東側興建藏書樓閣，取名爲文淵閣，又稱爲南京文淵閣。永樂十九年（1421），成祖遷都北京，命取建於南京文淵閣的藏書，約百櫃之多，將其運往北京，並下詔於北京皇城宮中左順門東南側，另建新的文淵閣，即爲後來的文淵閣，又稱北京文淵閣。自此之後，文淵閣遂有南、北之別。

洪武年間，南京文淵閣是明朝政府最重要的藏書處所，然而隨著政權重心的北移，藏書重心也由南往北。迨正統六年（1441）北京文淵閣興建完工後，南京文淵閣於是逐漸走向沒落。正統十四年（1449）英宗北狩時，南京內署遭祝融之災，文淵閣幾近全毀。根據沈德符描述：「南京所存內署諸書，悉遭大火，凡宋元以來秘本，一朝俱盡矣。」〔註6〕自此之後，明代重要的國家藏書處所，便由南京文淵閣移到北京的文淵閣了。

（1）藏書源自宋、金、元等前朝遺書

最初，太祖建文淵閣，是爲了藏置前朝遺存的舊籍，及搜訪而來的各處散佚史籍。當時文淵閣主要的圖書來源，大抵有二：一爲原藏於元朝祕書監內所遺的圖書典籍；另一則爲平定元都燕京之後，詔求民間散落遺書。〔清〕

〔註6〕 參〔明〕沈德符，《萬曆野獲編》（北京：中華書局，1997年11月），卷1，〈訪求遺書〉，頁4。

孫承澤《春明夢餘錄》提到文淵閣，說道：

> 文淵閣係中秘藏書之所。明初伐燕，詔大將軍收秘書監圖書典籍、
> 太常法服、祭器、儀衛及天文儀象、地里戶口版籍。既定燕，詔求
> 遺書散民間者。〔註7〕

洪邁對此加上註解，補充說明：

> 靖康蕩析之餘，盡歸於燕。觀此則知燕之書，蓋合宋金元三朝所蓄，
> 而爲一代之書，計數百萬卷。〔註8〕

另外，近人楊家駱先生在〈明文淵閣藏書考前紀〉一文中，依據藏書遞取繼
增之年月時日，進一步得出更詳細解說：

> 不惟可知明初所得書包括宋、金、元三朝之所藏……北宋藏書之基
> 礎，既得自荊南、後蜀、南唐、吳越，則此四國藏書，其後自亦包
> 括在北宋藏書之內；金藏書之基礎，既得自遼及北宋；遼藏書之基
> 礎，既得自於後晉，則後晉及遼藏書，其後自包括在金藏書之內。……
> 明初文淵閣藏書，大體可說包括五代、十國、遼、金、宋、元之所
> 原有，故其數量竟達數百萬卷之多。〔註9〕

也就是說，明初文淵閣的圖書來源，乃是彙聚自五代十國以來，歷經遼、
金、宋、元數朝不斷積累之後，到了明朝時，已有數百萬卷之多，這可能還
不包括太祖自民間搜訪得來的遺籍圖書。如此數量，實令人驚歎。

事實上，太祖在位期間，已爲日後明朝圖書典藏奠定了良好根基，不論
在蒐羅訪佚，還是在藏書建築的規劃設計上，都有長遠眼光。不過，若論及
文淵閣藏書數量及規模，其眞正達到鼎盛巔峰的時間，並非在太祖洪武年間，
而是要到成祖朱棣即位以後。

成祖於永樂元年（1403）七月，諭示翰林侍讀學士解縉等人，命眾人編
纂類書以供其平日覽閱。至隔年十一月，書即編成，成祖初甚悅，將其賜名
爲《文獻大成》。然待成祖眞正覽閱此書後，才發覺仍多有缺略不足處，且未
達到他原先想像的規模及功能，於是命解縉等人重新編修。到了永樂三年
（1405）正月，解縉、姚廣孝等奉詔開始在文淵閣進行纂修工作，期間（永

〔註7〕 參〔明〕孫承澤，《春明夢餘錄》（台北：大立出版社，1980年10月，景1883
年南海孔氏惜分陰館古香齋袖珍重刊本），卷12，〈文淵閣〉，頁115。

〔註8〕 同前註。

〔註9〕 參楊家駱，〈明文淵閣藏書考前紀〉，《中國圖書館學會會報》，第18期，1966
年12月，頁4-6。

樂四年，1406）成祖曾於視朝之暇，至便殿閱覽圖書，問及文淵閣藏書情況，解縉對以尚多闕略。於是，成祖遂命禮部尚書鄭賜遣使訪購，並說：「惟其所欲與之，勿較值。」〔註10〕這句話的意思是說，民間若有意售書，只要是有用的圖書，不論書價高低應皆購之。事實上，成祖等於在宣告眾學士，這本類書的編纂不僅一定得完成，同時不計代價，務求盡善盡美。然而，一直到永樂五年（1407）冬十一月，全書始正式告竣，共計有 22,937 卷（含凡例目錄六十卷），11,095 冊之多（含目錄六十冊），內容則包括「書契以來經史子集百家之書，至於天文、地志、陰陽、醫卜、僧道、技藝之言，備輯爲一書。」〔註11〕成祖將其更賜名爲《永樂大典》，〔註12〕並囑藏於文淵閣之內。從今日的角度看來，《永樂大典》的纂輯成果，實爲當時南京文淵閣藏書的具體情況。

永樂十九年（1421）正月，成祖遷都北京，並詔命修撰陳循取文淵閣藏書一部至百部，各擇其一，得百櫃，運往北京，自此之後，明代的藏書重心遂由南京轉移到北京。

成祖去世以後，宣宗即位，仍然承襲以往圖書政策，不敢懈怠。宣德年間，有一回宣宗親臨文淵閣，翻閱經史諸籍，並檢視閣中藏書情形，當時文淵閣藏書數量較成祖編永樂大典之時更多，約有二萬餘部，近百萬卷之多，其中刻本占了十分之三，抄本占了十分之七。〔註13〕可見公家藏書雖然仍多，然而刻本數量尚不及抄本，由此可知公家刊印風氣雖有開始的傾向，然仍未盛行。

到了英宗正統六年（1441）時，北京文淵閣正式建造完成。當時少師兵部尚書兼華蓋殿大學士楊士奇上書奏稱：

> 查照本朝御製及古今經史子集之書，自永樂十九年南京取回來，一向於左順門北廊收貯，未有完整書目。近奉聖旨，移貯於文淵閣東閣。〔註14〕

〔註10〕參〔清〕張廷玉等撰，《明史》，卷96，〈藝文一〉，頁 2343。

〔註11〕參《明太宗實錄》，第 83 冊，卷 21，永樂元年秋七月條，頁 393。

〔註12〕參〔明〕朱棣，〈永樂大典序〉一文：「始于元年之秋，成于五年之冬，總二萬二千九百三十七卷，名之曰永樂大典」；另外，關於《永樂大典》一書，其內容蘊藏豐富、卷帙浩繁，此處僅爲略述，若欲知較詳實內容，可參酌郭伯恭，《永樂大典考》（台北：台灣商務印書館，1967 年 10 月），或顧力仁，《永樂大典及其輯佚書研究》（台北：文史哲出版社，1985 年 7 月）之研究。

〔註13〕同註 10 前引書，據載：「是時秘閣儲書約二萬餘部，近百萬卷，刻本十三，抄本十七。」頁 2343。

〔註14〕參楊士奇，〈文淵書目題本〉，收入馮惠民、李萬健等選編，《明代書目題跋叢

根據楊士奇奏書所稱「御製及古今經史子集之書」，乃是原來貯藏於南京文淵閣的圖書冊籍，而待北京文淵閣興建完工後，不僅將多數圖書移到這座新的文淵閣入藏，而且楊士奇還將這批藏書稍做整理，編纂成書目，成為明初首部且最重要的公藏書目。

明初，不論南京或北京文淵閣所藏冊籍，皆豐富可觀。清朱彝尊提到文淵閣書目時，說道：「蓋不特合宋、金、元之所遺，且奉使者後命，必納書於庫，縹緗之富，古所未有。」〔註15〕但令人覺得可惜的是，明初藏書如此豐富，但是後來這批存藏於文淵閣內的冊籍，不僅沒有受到妥善的管理維護，更談不上進一步的包括整理、編目、校書、修補，或是流通的完整規劃，以致明朝公藏書籍逐漸走向日後衰敗沒落的景象。

（2）藏書建築與管理

文淵閣既為國家重要的藏書機構，其建築主體及內部設備，也必須符合一定的條件及要求。這個部份，根據宣宗朱瞻基〈御制文淵閣銘序〉一文，曾稍有提到：

> 我太祖皇帝始創宮殿於南京，即於奉天門之東建文淵閣，盡貯古今載籍。……太宗皇帝肇建北京，亦開閣於東廡之南，為屋凡若干楹，高亢明爽，清嚴邃密，仍牓曰文淵。其設官一如舊制，分南京所藏之書實其中。〔註16〕

從這段敘述看來，宣宗僅略為說明文淵閣歷史背景，及建築架構，稍有提及北京文淵閣的建築方位，乃是依南京文淵閣舊制，採東廡之南。據此，天順間大學士彭時在形容北京文淵閣的建築物時，則有進一步的說明：

> 文淵閣在午門內之東，文華殿南面，磚城凡十間，皆覆以黃瓦，西五間中揭『文淵閣』三大字牌匾，牌下置紅櫃，藏三朝實錄副本。
> 〔註17〕

由此可知，最初興建南京文淵閣之時，是將其置於奉天門以東。奉天門，是明代宮殿正殿奉天殿的前門，這也是說文淵閣建築的方位，應是位於接近居

刊》（北京：書目文獻出版社，1994年1月），「前言」。

〔註15〕參〔清〕朱彝尊，《經義考》（台北：中華書局，1979年2月），卷294，頁7。

〔註16〕參〔明〕黃瑜，《雙槐歲鈔》，收入《百部叢書集成初編》（台北：藝文印書館，1971年），卷4，頁3。

〔註17〕參〔明〕黃佐，《翰林記》，收入《叢書集成新編》（台北：新文豐出版公司，1985年），第30冊，卷2，〈內閣視事坐次〉，頁396。

於正中核心的皇城，而又稍為偏東的角度。到了成祖下令建北京文淵閣，所選方位則仍以此為主，而偏於東廡之南。換句話說，北京文淵閣的實際方位應是確立在午門之東，文華殿之南。

北京文淵閣不論是在方位或建築形式上，大抵皆仿造南京文淵閣而來。其後，北京文淵閣歷經仁、宣、英、景、憲、孝、武宗等朝，建築外觀一如前代，但幾乎無維修擴建，以至閣樓內外設施漸因年久而顯得殘舊不堪，同時在閣中藏書的管理亦多放任不管，與其說是守成復舊，不如說是歷代皇帝多無心顧及之故，以致自太祖建造文淵閣時尚稱良好完善，而到了明中末葉以後，便漸因人謀不臧而趨於沒落。

到了明中葉以後，北京文淵閣不論是在外觀建築，還是內部圖書藏置上，都顯得荒廢雜亂許多。根據沈德符形容文淵閣內的狀況，他說：

> 其地既居邃密，又制度卑隘，窗牖昏暗，雖白晝亦須列炬，故抽閱
> 甚難。〔註18〕

另外，謝肇淛亦說：

> 但文淵閣制既卑狹，而牖復暗黑。抽閱者必秉炬以登，內閣老臣無暇
> 留心及此，徒付箴鑰於中翰涓人之手，漸以汨沒，良可嘆也。〔註19〕

由於沈德符及謝肇淛皆為萬曆時人，記載時間想必大約是在萬曆年間，或者更晚時候。當時文淵閣的狀況，不但在外觀建築上，無整修擴建，而任其毀壞破損；在內部藏置環境上，則又因閣臣不善藏書管理，甚或遇有心人士的偷竊、拿取，以致閣中藏書散落損佚嚴重，幾被不肖官宦竊取盜盡。

嘉靖三十六年（1557）時，皇城大內再度遭遇回祿之災，奉天、華蓋、謹身三大殿，及文樓、武樓同時被焚，幸而文淵閣藏書經過挪救，始倖免於難，藏書暫時移貯史館。世宗見此，有感於孤本冊籍不易保存，尤以成祖時《永樂大典》編成，實屬不易，便想重錄一部，貯置其他處所，因在嘉靖四十一年（1562）八月，命大學士徐階、禮部左侍郎高拱等入館校錄，直至隆慶元年（1567），《永樂大典》重錄完成，當時便將正本貯於文淵閣，副本貯於皇史宬。據孫承澤《春明夢餘錄》記載：「嘉靖中閣災，書移通集庫及皇史

〔註18〕 參〔明〕沈德符，《萬曆野獲編》，卷1，〈先朝藏書〉，頁28。

〔註19〕 參〔明〕謝肇淛，《五雜俎》，收入《筆記小說大觀》（台北：新興書局，1971年5月），第8編，第6-7冊，卷13，〈事部一〉，頁1095-1096。

戕。」〔註20〕便指此事。

　　文淵閣建築，伴隨明朝的歷史二百多年，一直到思宗崇禎十七年（1644），李自成陷京，文淵閣建築及藏書，則盡皆燬於一旦。〔註21〕

3. 皇史宬

　　明初，宮中曾經歷數次祝融肆虐，以致圖冊檔案屢遭焚毀。弘治五年（1492）時，內閣大學士丘濬上書孝宗皇帝，除申明訪求遺書的重要性，提出「自古藏書之所，非止一處。」，又進一步說道：

> 傳之天下後世者，惟賴乎實錄之書。……臣愚過慮，欲乞朝廷於文淵閣近便去處，別建重樓一所，不用木植，專用瓦石壘砌爲之，如民間所爲土庫者。收貯緊要文書，以防意外之虞。〔註22〕

丘濬奏章內容言深意切，直指宮中藏書處所不足情形嚴重，頗能獲得孝宗皇帝的雅納，只可惜孝宗未能當下處理，加以延宕日久，最後並未付諸實行。不過，丘濬的建議仍然受到後來皇帝的重視。

（1）建築及命名

　　嘉靖十三年（1534）七月，世宗頒諭內閣，宣稱：

> 祖宗神御像、寶訓、實錄，宜有尊崇之所，訓錄宜再以堅楷書一，總作石匱藏之。〔註23〕

接著下旨開辦實錄館，作爲朝臣修撰、抄錄明以來歷朝帝王實錄及寶訓的處所；並命內閣建造神御閣，爲專門貯藏實錄及寶訓的建築物。

　　神御閣的建築，係沿古代石室金匱之制，不僅指定內外全用磚石壘砌，不用木植，同時室內築有石臺，分成兩層，上層置雕龍雲紋鎦金銅皮木櫃以儲藏檔案，下層藏有訓錄。至於訓錄書帙大小則重新抄錄，爲依《通鑑綱目》規格。〔註24〕而後，神御閣經過二年的施工，終於在嘉靖十五年（1536）建造完成。

〔註20〕參〔清〕孫承澤，《春明夢餘錄》，卷12，〈文淵閣〉，頁115。

〔註21〕參錢謙益，《牧齋有學集》，卷26，〈黃氏千頃齋藏書記〉：「（文淵閣藏書）歲積月累，二百有餘載。一旦突如焚如，消沈于闖賊之一炬，內閣之書盡矣，而內閣秘殿之藏如故也。猥爐之餘，繼以狼籍，舉凡珠囊玉笈，丹書綠字，梯几之橫陳，乙夜之進御者，用以汗牛馬、制駱駝、蹈泥沙、藉糞土，求其化飛塵，蕩爲烈燄而不可得，自有散亂以來，載籍之厄，未之有也。」頁994。

〔註22〕參〔明〕丘濬，〈訪求遺書疏〉一文，見袁詠秋、曾季光編，《中國歷代圖書著錄文選》（北京：北京大學出版社，1997年），頁240-243。

〔註23〕參《明世宗實錄》，卷165，頁3636。

〔註24〕參任繼愈，《中國藏書樓》，頁924。

　　歷經二年的建造，神御閣完工後，更名改爲「皇史宬」。關於皇史宬的取名，據袁同禮〈皇史宬記〉一文的看法，他說：「至宬之意義，則與盛同。《莊子》以匡宬矢，《說文》曰宬，屋所容受也。蓋當時以列朝《實錄》、《寶訓》尊爲正史，爰取金匱石室之意，置於其中，以垂久遠。」〔註25〕由此可知，世宗興建皇史宬的目的，除了具有將丘濬的建議付諸實踐的用意之外，另外還有欲使祖宗及明朝世代帝王的實錄、寶訓，永遠保存，長久流傳的最終目標。

　　至於皇史宬的建築形式，及其內部設備，根據孫承澤《春明夢餘錄》記載：

> 皇史宬，乃在重華殿西，門額以史爲叟，以成爲宬。左右小門曰韡歷，以龍爲韡，皆嘉靖自製之字而手書也。……宬中四周上下俱用石甃，中具二十臺，永陵、定陵各占二臺。〔註26〕

皇史宬的建築外觀爲宮殿式建築，全殿皆以磚石砌成。位於重華殿的西方，方位爲坐北朝南，內有前後院，前院有皇史宬大門，旁有左右小門，門上題字，皆世宗手自書寫，後院正中則爲正殿。殿中設有石臺二十座，其中提到永陵、定陵各占二臺，乃是指典藏世宗及神宗這二位皇帝的實錄、寶訓等檔案，便各占了二座石臺之多。

（2）藏書性質

　　皇史宬之內，置有石臺二十座，其上置放金匱，以貯藏著列朝實錄及寶訓；到了嘉靖四十一年（1562），因重錄《永樂大典》，當時以正本藏文淵閣，副本藏皇史宬，故而皇史宬內另藏有《永樂大典》副本。

　　這些放在皇史宬內的金匱，大多貯藏著明代歷朝皇帝的寶訓及實錄等檔案。所謂的寶訓，即皇帝的語錄摘抄。這些語錄將其設目分類，分成聖孝、聖德、聖學、聖治、敬天、法祖、武功等類；至於實錄，則是根據歷代皇帝的起居注編輯而成，以編年體方式纂寫，內容詳盡豐富，紀事多具史實價值。終明一代，皇史宬先後入藏了自太祖至熹宗共十五朝十三部的實錄，可謂豐富完備。

　　迨明朝滅亡後，清朝仍襲明制，將列朝實錄、玉牒、聖訓等重要檔案藏於皇史宬，並派旗人年長者保管。至於殿中金匱排列設置與明朝略有出入，根據乾隆初年繪《皇史宬全圖》記載，殿內石臺已改爲東西向，至於置放的

〔註25〕參袁同禮，〈皇史宬記〉，《圖書館學季刊》，第 2 卷，第 3 期；或見李希泌、張椒華編，《中國古代藏書與近代圖書館史料》（北京：中華書局，1982 年 2 月），頁 427。

〔註26〕參孫承澤，《春明夢餘錄》，卷 13，〈皇史宬〉條，頁 121。

金匱，也較明朝多出許多。據袁同禮〈皇史宬記〉一文記載，每行南北七櫃，東西二十三行，計得一百六十一櫃。每櫃藏有中文、滿文、蒙文並錄之《聖訓》、《實錄》等等，均以紅綾包裹之。〔註27〕至於原置於皇史宬的《永樂大典》副本，則於雍正年間，便移置於翰林院了。

（二）中央所轄官署藏書

1. 國子監

國子監，為明代主要的國家教育機構，〔註28〕同時也是重要的刻書與藏書機構。國子監最早稱為太學，始於六朝時即設立；至東晉孝武帝時，立為國子學。自此之後，沿用不絕。到了明朝，太祖朱元璋在即吳王位時，也就是稱帝前四年（元至正二十四年，1364）時，便已制定國學官制，設祭酒、司業、博士、典簿、助教、學正、學錄等七等學官；次年，設學校，並詔擇府、州、縣學諸生，入國子學，此為國子監的前身。

到了洪武元年，太祖建國之初即以：「治國之要，教化為先，教化之道，學校為先。」〔註29〕做為教育的重要指標，故而十分致力於中央官學的設置。國子學，最初設置於金陵應天府學的故址，至洪武十四年（1381），改建國子學於雞鳴山下。到了隔年三月，詔改國子學為國子監，分六堂以館諸生。〔註30〕

後來，成祖即位，永樂元年（1403）先在北京另設國子監，到十九年（1421）遷都後，始以北京國子監正式改名京師國子監（簡稱作北監、北雍）；原設於南京的京師國子監，則改名為南京國子監（簡稱作南監、南雍），於是國子監遂開始有南、北之分。〔註31〕除了南、北國子監之外，另有中都國子監，然

〔註27〕轉引自任繼愈，《中國藏書樓》，頁924。

〔註28〕參丁榕萍，《明代國子監教育與科舉之研究》（台北：華光書局，1975年7月），頁12。

〔註29〕參見〔明〕黃佐，《南雍志》（台北：偉文圖書出版社，1976年9月），卷1，〈事紀〉一，頁9。

〔註30〕此即南京國子監，又稱南雍。參〔清〕張廷玉等撰，《明史》，卷69，〈選舉一〉，頁1676。

〔註31〕關於國子監分南監、北監的時間，各家說法不一。根據〔明〕郭鎜，《皇明太學志・典制》記載：「永樂二年，始以北平府學為北京國子監」；另，《明史・成祖本紀》及《南雍志・事紀》則載永樂元年設北京國子監；此外，《明史・選舉志》則載自永樂十八年成祖遷都後，以京師國子監為南京國子監，而太學生始有南、北監之分。而在林銘宗，〈黃佐《南雍志》研究〉（台北：中國文化

創設歷史極爲短暫。太祖因有鑒於武臣子弟，但知習武，不知文事，遂於洪武八年設國子監於鳳陽（時已改名爲中都），即稱中都國子監，一切規制，一如京師國子監。後至洪武二十六年（1393）停廢，併入南京國子監。

（1）組織與職司

國子監雖分南北，然其官職及職司，則一脈相傳，此處遂一併討論，未特別區分南北。最早在吳元年（1367）冬十月，即制定國子學的官制；到了洪武十四年，重定學官及品帙，將國子監的職官品帙降級；到了洪武二十四年，復更定國子監學官制及員額。其後雖略有變更，仍大致以洪武二十四年爲定制。〔註32〕

國子監的學官，依其從屬關係，可分成堂上官與屬官。所謂堂上官，即總理國子監事務之祭酒及司業；至於屬官，則爲職司各種監內職務的官員，包括有負責監督糾罰者，爲繩愆廳的監丞；職司教學工作者，爲博士廳的五經博士與六堂之助教、學正及學錄；掌理錢糧收支、文書往來者，爲典簿簿的典簿；職司圖籍書版管理者，即典籍廳的典籍；負責師生膳食者，爲掌饌廳的掌饌。〔註33〕其中，與本文相關的官職，便是負責圖書冊籍的刊刻與管理，即典籍廳的「典籍」一職。

（2）典籍人員及管理職責

國子監雖爲國家教育機構，但是刊刻及典藏圖書，也都是屬於國子監的管轄範圍。由於圖書進行刊刻之前，必然有許多彙聚而來的經籍，刊刻完成之後，也會增加許多書版，因此應有一專門置放冊籍及書版的場所。

大學中國文學研究所碩士論文，1998 年 6 月）一書中，則是按照《南雍志·事紀》取永樂元年爲國子監南北之分的區隔點。然而，參酌各書記載，南京國子監之定名，實於永樂十九年成祖遷都北京後詔改北京國子監爲國子監，而頒增添南京二字於原國子監，因此，筆者認爲此時才是南、北國子監正式定名的時間，故而本文係依定名時間，即永樂十九年，爲南北國子監分別之肇始。

〔註32〕定制後的國子監官職及品帙，據《明史·職官志》記載：「國子監，祭酒一人，從四品；司業一人，正六品。其屬，繩愆廳，監丞一人，正八品。博士廳，五經博士五人，從八品；率性、修道、誠心、正義、崇志、廣業六堂，助教十五人，從八品；學正十人，正九品；學錄七人，從九品。典簿廳，典簿一人，從八品。典籍廳，典籍一人，從九品。掌饌廳，掌饌二人，未入流。」參〔清〕張廷玉等撰，《明史》，卷73，〈職官二〉，頁1784。

〔註33〕關於南京國子監的組織與職司部份，可參閱董立夫，〈明代官僚組織的組成及其運作〉（台北：政治大學政治學研究所博士論文，1999 年 7 月）；以及林銘宗〈黃佐《南雍志》研究〉之研究。

　　國子監初設南京之時，其東設太廟，西設太學，而太學內有主堂一，支堂六。主堂爲彝倫堂，支堂則分別爲率性、修道、誠心、正義、崇志、廣業六堂，當時這些支堂，除了是會講授業之所，同時也是藏書之所。

　　其後國子監遷至北京，此時監內設有「典籍」一職，隸屬於國子監典籍廳，主要工作爲掌理圖書冊籍。根據〔明〕郭鎜《皇明太學志》記載：

　　　　國家於太學設典籍之官，所貯之書，或取之四方，或頒于秘府。〔註34〕

可見「典籍」乃是隸屬於太學之下的官職，而他們所掌管的冊籍來源，或爲四方搜訪得來，或爲秘府頒賜而致。至於那些圖書的典藏與置放，又是如何？這部份在郭鎜《皇明太學志》中，也有詳細的記載：

　　　　典籍別有廳，掌太學一應書籍版刻、藏書板庫，相傳曰載道所。凡
　　　　國朝御製諸書，及頒降書、各經、史、子、集書，俱以類分櫃，而
　　　　謹藏之。〔註35〕

這裏的「載道所」，顯然爲專門藏置國朝御製諸書、頒降書、各經史子集書，以及備刊刻書板的處所。至於載道所的位置，在典籍廳附近，掌饌廳之西，有五間，〔註36〕內置有紅書廚一箇，黑書廚四箇，版架五箇。由於紅書廚居於五廚之中，故又稱「中紅廚」，主要貯藏制書及書版；黑書廚則貯經、史、子、集諸書及諸版，後於嘉靖三十六年重修。

　　至於典籍廳對於書籍及書版的使用管理情形，亦多有規定。首先，兩廂及各廳堂若有取閱書籍，則書籍出入皆須謹記簿中，以便稽查；各書及各書版，亦須一一檢驗，立簿備書；其次，每歲夏季時，便監督廳匠取出書籍加以晒曝，且嚴防廳匠不許毀損書版片，若書板有缺損者，則稟監修補，完好之版再行刷印；除此之外，還將印造國子監規的紙張及印成數目等立簿，以備查核。〔註37〕據張璉描述典籍廳內的諸書及書板存放情形，便認爲「典籍廳對於印版、書籍及紙張使用情形，皆作妥善管理。」〔註38〕

〔註34〕　參〔明〕郭鎜，《皇明太學志》（明嘉靖三十六年原刊明末迄清順治間增刊本），
　　　　　卷2，〈典制下〉，頁1。
〔註35〕　〔明〕郭鎜，《皇明太學志》，卷8，〈政事下〉，頁12。
〔註36〕　〔明〕郭鎜，《皇明太學志》，卷1，〈典制上〉：「掌饌廳五間，西爲載道所五
　　　　　間。」其下小字註：「貯書籍版刻」，頁12。
〔註37〕　〔明〕郭鎜，《皇明太學志》，卷8，〈政事下〉，頁24。
〔註38〕　參張璉，〈明代中央政府刻書研究〉（台北：中國文化大學歷史研究所碩士論
　　　　　文，1983年6月），頁48。

　　典籍廳下的「典籍」一職，古時並無此名。早在北宋太宗淳化五年（994），曾於國子監內設有書庫官，專門掌刊印書籍以備朝廷之用；到了元朝則改稱為典書。〔註39〕明太祖朱元璋於乙巳年（元至正二十五年，1365）設國子學時，仍沿蒙元舊稱，設典書一職，至洪武十四年時，重定官制，始改名為典籍，額設一人，秩從九品；到了二十五年（1392）十一月，定典籍之品、階、祿，品秩仍為從九品，後遂為永制。

　　「典籍」的職責係掌理國子監內貯藏圖冊、書版的刊印與管理，按經、史、子、集類別分櫝藏之，並識於冊，以供監生借閱。根據《續南雍志·職官表》記載：

> 典籍掌書籍。經、史、子、集，以類分櫝而謹藏之，刻版者貯于庫，
> 呈代交盤，各書各版一一檢驗。夏日督役匠晒暴、印刷各書，嚴防
> 匠役不許損失。諸生入監，印監規等書，及監中官到任所印送書，
> 皆有定例。〔註40〕

由此可見，典籍除了負責刊刻書籍之外，同時也要負起上述所指書籍及書版庋藏的重要職責。換言之，國子監除了講學及教育功能之外，監內亦設置有刻書，及藏書的處所及職務人員，因而有所謂「辟雍乃圖書之所」〔註41〕的說法。

2. 司禮監

　　司禮監，為明內府二十四衙門中的十二監之一。〔註42〕設於洪武十七年（1384），初以管理宮廷禮儀及糾劾內官為主要職責，監設令一人，丞一人，官秩七品；洪武二十八年（1395），重定官職品秩，各監均設正四品太監一人，從四品左右少監各一人，司禮監職官初與諸監並列，並無特出。後因司禮監位居內廷，加以皇帝寵信，威望漸增；永樂、洪熙年間，雖然司禮監宦官權勢日增，但朝中事務尚未特別集中於司禮監宦官掌權之下；宣宗、英宗以後，

〔註39〕參〔清〕永瑢，《欽定歷代職官表》，收入《叢書集成新編》，第29冊，卷34，〈國子監〉，頁21。

〔註40〕參〔明〕黃儒炳，《續南雍志》（台北：偉文圖書出版社，1976年9月），卷11，〈職官表〉。

〔註41〕參〔明〕黃儒炳，《續南雍志》，卷4，〈事紀〉，頁31。

〔註42〕明代內府有十二監，四司，八局，統稱為二十四衙門。其中十二監，乃指司禮監、內官監、御用監、司設監、御馬監、神宮監、尚膳監、尚寶監、印綬監、直殿監、尚衣監及都知監，皆由宦官擔任；四司，為惜薪司、鐘鼓司、寶鈔司、混堂司；八局，為兵仗局、銀作局、浣衣局、巾帽局、鍼工局、內織染局、酒醋麵局、司苑局。

宦官在皇帝刻意訓練之下，逐漸參與朝中機務，到了後來，司禮監宦官權勢甚至出於宰輔之上，這段時期可說宦官勢力形成與擴張的繁盛時期。

（1）職司與權責

關於司禮監的職司及權責，其下設提督太監一員，主要掌皇城內儀禮刑名，鈐束長隨、當差、聽事各役等事，提督太監下則分別設書籍名畫庫掌司、內書堂掌司，約有四至六、七員，掌理古今書籍、名畫、冊葉、手卷、筆、墨硯、綾紗、絹、紙箚等物，各物皆有貯庫，並選監工之老成勤敏者掌其鎖鑰。另有經廠掌司，居經廠之中，掌管經書印版及印成書籍，包括佛藏、道藏、番藏，皆佐理之。

此外，有監官典簿十餘員、六科廊掌司六到八員，負責管理皇史宬，並掌理皇城內儀禮刑名，關防門禁，或撰寫傳行聖旨，或提奏應行禮儀、應頒賞賜等事；又設掌印太監一員，掌理內外章奏及御前勘合，依照內閣票擬字樣批閱，掌印太監下有秉筆、隨堂太監四到九員，秉筆為掌理東廠職務，由於東廠權重，事總監兼次輔，最能得到皇帝寵信。其他還有文書房官八至十員，掌每日上奏封本。〔註43〕

（2）藏書處所與管理

司禮監中負責執掌圖書刊印與典藏的職司，主要是由提督太監總其事，而由其下所設經廠掌司負責執行。一般來說，司禮監中負責刊刻圖書的地方，稱為經廠；而存放圖書典籍、刊刻書板的地方，也在經廠庫之內。根據劉若愚《酌中志》記載：

> 凡司禮監經廠庫內，所藏祖宗累朝傳遺祕書典籍，皆提督總其事，而掌司監工分其細也。〔註44〕

由此可知，司禮監的冊籍及書板，多藏於經廠庫內，而負責監理掌管的則為提督太監總其事，再交由經廠掌司執行。

至於司禮監中所藏的圖書，除了劉氏所稱「祖宗累朝傳遺祕書典籍」之外，藏庫還堆貯經史文籍、三教番漢經典，及御製書詩文印板，這是由於司

〔註43〕參〔清〕張廷玉等撰，《明史》，卷74，〈職官三〉；〔明〕劉若愚，《酌中志》（景自清道光潘仕成輯刊海山仙館叢書本，台北：偉文圖書出版社，1976年9月），卷16，〈內府衙門職掌〉，頁277-279；以及陳玉女，《明代二十四衙門宦官與北京佛教》（台北：如聞出版社，2001年10月），第2章，第1節，〈二十四衙門的職掌〉等文。
〔註44〕參〔明〕劉若愚，《酌中志》，卷18，〈內板經書紀略〉，頁453。

禮監除了藏書之外，最主要的工作便是負責圖書的刊刻，因而多藏書籍印板。至於司禮監內藏書情形，現今並未見到專門書目，故僅能從內府刻書目錄〔註45〕略知其藏書概況，對於司禮監而言，刻書所用的書板，或正代表當時司禮監重要的藏書部份。

3. 行人司

行人司，為太祖朱元璋於洪武十三年時所設置的中央機關。其下設行人及左右行人。〔註46〕後提高官職名稱，改行人為司正，左、右行人改稱為左、右司副，其下更設屬員，稱行人。到了洪武二十七年（1394），提高用人品帙，設司正一人，官職為正七品；左、右司副各一人，為從七品；行人三十七人，為正八品，總計行人司定員四十人，且皆必為進士以上的人材始得擔任。自此之後，「行人之職始重」。〔註47〕

根據孫承澤《春明夢餘錄》記載：「自洪武二十七年以前，止以承差任使，後欲其通達國體，不辱君命，始專以進士除授任用之。」〔註48〕也就是說，行人司雖最早設於洪武十三年，然真正受到重視，發揮效能，則是要到洪武二十七年任以進士之後，始重其職。雖然，建文帝即位後，曾有一度罷行人司，以行人司隸鴻臚寺，不過，待成祖執政，則又恢復洪武舊制，再度賦予重任。

（1）職司與權責

行人司職責之要，為專職於捧節奉使之事。此外，舉凡頒行詔赦、冊封宗室、撫諭諸蕃、徵聘賢才，以及賞賜、慰問、賑濟、軍旅、祭祀、敘差等等，亦皆在職責範圍之內。每年朝審，皆由行人司負責持節傳旨法司，遣戍囚徒，送五府者，則填精微冊，批繳內府。

此外，行人司又稱「使署」，行人官員則多稱「使臣」，平時多奉旨出差，其工作性質乃「奉宣綸綍，驅馳道路，咨諏詢度，每懷靡及，至不遑將父將母，不可謂閑適也。」〔註49〕然而，雖是因公出勤，但在執行公務期間，使

〔註45〕目前所能見到流傳下來記載司禮監刻書的目錄，僅有明劉若愚《酌中志‧內府經書紀略》載 140 多種；明周弘祖《古今書刻》載內府刻書約 83 種，以及明劉若愚著、呂毖編《明宮史‧內府書數》的記載。

〔註46〕行人，官等為秩正九品；左右行人，官等為從九品，為最低職等。

〔註47〕參〔清〕張廷玉等撰，《明史》，卷 74，〈職官三〉，頁 1810。

〔註48〕參〔清〕孫承澤，《春明夢餘錄》，卷 61，〈行人司〉，頁 949。

〔註49〕參〔明〕賀燦然，〈行人司重刻書目序〉，引自馮惠民、李萬健等選編，《明代書目題跋叢刊》（北京：書目文獻出版社，1994 年 1 月），頁 619。

臣們多半利用此機會采風問俗，登山臨川，探幽弔古；迨回報朝廷之後，則更加清閒，幾無其他部門那種案牘之勞、刑名錢穀的紛拏鞅掌，加以使署內藏書甚富，平日時間多適意覽觀群書冊籍，可謂優閒至極，難怪賀燦然會滿足地說道：「得從容沉濡載籍，即東觀不過已」。〔註50〕

（2）職責之便促成藏書豐富

由於行人司工作性質與職務上的特殊性，使得行人司的官員多得以明正言順遊歷四方，加以本身公職身份，因此對於各地圖書的取得，實極方便與容易。徐圖《行人司書目》序中說道：「凡乘使車，事竣報命，無不購書數種為公贄，贄即留署中。」〔註51〕又說：「署中每使竣還朝，必從四方購書二三種，歷年以來，幾至充棟。」〔註52〕

而在陳繼儒《太平清話》一書中，提到行人司之時，更是証實了這種現象：

> 行人司有例，其以事奉差復命者，納書數部于庫、秘閣，而外差可續者此耳。〔註53〕

由此可知，行人司的行人因常外派出差之故，從各地帶回圖冊書籍的機會，不可勝數，經年累月下來，行人司內冊籍典藏數量日趨增多，終至藏書最為豐富的官署之一。

再者，行人司官員，上至司正、司副，下至行人，皆為出身進士的知識份子，對於冊籍的喜愛，原本就超出其他官員。根據賀燦然的敘述：

> 已取會典而洞究之，已取各衙門職掌而參互之，已取國朝諸史而博綜之，已取名臣諸奏議而遍讀之，已取郡縣邊鎮諸圖志而披閱之。舉典部所藏書務，通其條貫而挈其要領。……如是而有餘閒，不妨出騷入雅，以鼓吹休明，至所稱性明之學，要在心體躬行之耳。〔註54〕

行人司組織既有詩會、講學會、讀律會，而又認為學問貴在經世，要在通今，應致力於經世之務，熟悉國朝會典律令。既有人抱持著此種理想，對藏書的需求必有正面影響，故而孟昭晉在〈有趣的明代《行人司書目》〉一文中，便

〔註50〕同前註，頁619。

〔註51〕參〔明〕徐圖，〈行人司書目敍〉，引自馮惠民、李萬健等選編，《明代書目題跋叢刊》，頁619。

〔註52〕參〔明〕徐圖，《行人司書目敍》，凡例第一條，頁620。

〔註53〕參〔明〕陳繼儒，《太平清話》（明萬曆繡水沈氏尚白齋刻寶顏堂秘笈本），卷1，頁26。

〔註54〕〔明〕賀燦然，〈行人司重刻書目序〉。

將此種想法歸諸於行人司的學習風尚，說道：「行人司這種學習風尚，促使行人司機關藏書的發展。」〔註55〕

不過，此種想法雖有間接帶動藏書發展的作用，然即使行人官賀氏有這般崇高的理念，卻未必代表所有人皆有共同想法；再者，管理行人司藏書的官員若對所藏冊籍圖書不加珍惜，管理疏略簡陋，則即使鼓勵行人官員多方學習利用藏書資源，或普遍受到是時藏書風氣影響，則仍會因爲管理不善，而產生許多弊端。

（三）地方官衙藏書——府、州、郡、縣

除了中央及官署藏書豐富之外，各地的府、州、郡、縣衙門也都有或多或少有些公家藏書。只是這些藏書分別散置於各地，且各地官府多不著藏書目錄，故實難以窺知藏書的眞正概況，僅能從零星史料中，得知地方官衙機構的藏書大略。

二、管理藏書的機構

（一）詹事府

明初，太祖爲求政局安定，視立儲君爲要務之一。爲使太子早日進入狀況，並使其早日接受儲君之訓練，以奠定將來治國根基，於是設東宮官制，立詹事府，其下設置官屬，皆以輔助掌教太子的進德修業。〔註56〕根據《明史》記載：「翰林、坊、局臣講書東宮，皆先具經義，閣臣閱正，呈帝覽，乃進講。」〔註57〕其中較爲特別的是，東宮官制下設有專門掌理東宮冊籍的官職，即爲「洗馬」，隸屬於詹事府下的司經局，其下又設校書及正字各二人。

「洗馬」爲負責掌管入藏東宮的所有圖書刊輯及整理，而「校書」及「正字」則是輔助洗馬的官職。根據《明史・職官志》記載：

> 洗馬掌經史子集、制典、圖書刊輯之事。立正本、副本、貯本，以
> 備進覽。凡天下圖冊上東宮者，皆受而藏之。校書、正字掌繕寫裝

〔註55〕參孟昭晉，〈有趣的明代《行人司書目》〉，《圖書館雜誌》，1988年，第2期，頁48-49。

〔註56〕東宮官制下，分別爲太子太師、太傅、太保、少師、少傅、少保等官屬；詹事府下，則設有詹事、少詹事等官；其下有左右春坊及司經局，分別負責太子的德業、禮儀、講讀、朝謁、辭見、箴誨、鑒戒等事宜。

〔註57〕參〔清〕張廷玉等撰，《明史》，卷147，〈金幼孜傳〉，頁4126。

潢，詮其訛謬而調其音切，以佐洗馬。〔註58〕

換言之，洗馬的工作性質及範疇，分別有以下幾種：

第一，掌理進呈東宮的所有圖書冊籍。

第二，將所收冊籍按經、史、子、集等類別區分。

第三，還要負責制典、圖書刊刻編輯等事宜。

第四，將所藏圖冊分別正本、副本及貯本，以備皇子、諸王們進覽。

至於詹事府負責掌理的藏書處所，自然為大本堂。由於《明史》說明「洗馬」職責後，接續說道：

> 先是，洪武初，置大本堂，充古今圖籍其中，召四方名儒訓導太子、
> 親王。……是時，東宮官屬，自太子少師、少傅、少保、賓客外，
> 則有左、右詹事，同知詹事院事，副詹事，詹事丞……。〔註59〕

顯而易見，詹事府司經局即為宮廷藏書大本堂的管理機構，而「洗馬」一職則為專門負責管理圖書的官員。

（二）翰林院

明初襲元之制，設秘書監以掌管內府書籍。根據《明史》記載：

> 洪武三年（1370）置秘書監，秩正六品，除監丞一人，直長二人，
> 尋定設令一人，丞、直長各二人，掌內府書籍。十三年（1380）併
> 入翰林院典籍。〔註60〕

從洪武三年設立秘書監，到十三年廢除秘書監為止，將近十年期間，都是由秘書監掌管國家重要冊籍的典藏。祕書監制度，襲自元朝，然自明代洪武十三年以後完全廢除，此後掌管圖書工作不再由獨立機構專門負責，而是併入翰林院內署（後稱為內閣）之中，由翰林院下所設「典籍」二員以掌管文淵閣古今經籍之藏書。

洪武十三年，翰林院「典籍」掌理內府圖書，據《明太祖實錄》記載：「舊制秘書監令一人，丞二人，直長二人，以掌秘書。今內府書籍已有翰林院典籍掌之，其秘書監令、丞誠為虛設，宜罷，從之。」〔註61〕秘書監的廢除，乃是基於內府書籍既轉由翰林院典籍掌理，故秘書監圖書管理遂成閒置，因而廢之。

〔註58〕參〔清〕張廷玉等撰，《明史》，卷73〈職官二〉，「詹事府」條，下，頁1784。

〔註59〕同前註。

〔註60〕同前註，頁1787。

〔註61〕參《明太祖實錄》，卷162。

1. 官制變遷頻繁

翰林院，爲政府專司筆箚文翰、掌理文案諸務的專門機構。吳元年（1367）五月，初置翰林國史院；至洪武元年（1368）時正式改稱爲翰林院；洪武二年（1369）正月，定翰林官制；洪武十四年（1381）降翰林院爲五品衙門，並革承旨、直學士、待制、應奉、檢閱、典簿；及十八年（1385）更定品員，以侍讀先侍講，共歷經四次改革。〔註62〕

建文帝時，多有更置。〔註63〕然至成祖即帝位後，則復如洪武十八年所定舊制，另特簡講、讀、編、檢等官參預機務，謂之內閣。〔註64〕所稱內閣，係成祖永樂年間以後逐漸形成的制度，而內閣制度的建立實與翰林院關係密切。時解縉、胡廣等閣臣既入直文淵閣，仍掌理翰林院大小事宜。

自永樂、宣德迄正統年間，內閣職務仍多爲翰林院學士兼而顧之。直至成化年間，猶然仍是：

> 禮部尚書、侍郎必由翰林，吏部兩侍郎必有一由於翰林。其由翰林
> 者，尚書則兼學士，侍郎則兼侍讀、侍講學士。〔註65〕

可見內閣制度在完全獨立之前，跟翰林院關係密不可分。若說內閣是由翰林院轉變而成，亦不爲過。不過，嘉靖、萬曆以後，翰林院官制逐漸爲內閣取代，自此後多不稱翰林院，而稱內閣。〔註66〕而文淵閣的管理權責亦隨

〔註62〕 洪武二年定翰林官制，設翰林學士承旨正三品，學士從三品，侍講學士正四品，侍讀學士從四品，其下還有直學士、典簿、待制、修撰、應奉、編修、典籍等職，到了十八年，更定品員，以侍讀先侍講，歷經四次改革，定爲翰林院正官學士一人，正五品；侍讀學士、侍講學士各二人，從五品；首領官孔目一人，未入流；屬官侍讀、侍講各二人，正六品；五經博士五人，正八品；典籍二人，從八品；侍書二人，正九品；侍詔六人，從九品；史官修撰三人，從六品；編修四人，正七品；檢討四人，從七品。庶吉士，無定員。參〔明〕黃佐，《翰林記》，收入《叢書集成新編》，第30冊，卷1，〈官制因革〉，頁393。

〔註63〕 建文帝仍設承旨，但改侍讀、侍講兩學士爲文學博士，設文翰、文史二館，文翰以居侍讀、侍講、侍書、五經博士、典籍、待詔；文史以居修撰、編修、檢討。又改孔目爲典簿，改中書舍人爲侍書，隸屬翰林院，又設文淵閣待詔、拾遺及補闕等官。

〔註64〕 參〔清〕張廷玉等撰，《明史》，卷73，〈職官二〉，「翰林院」條，下：「成祖初復舊，其年九月，特簡講、讀、編、檢等官參預機務，謂之內閣。」頁1787。

〔註65〕 同前註。

〔註66〕 內閣制度乃太祖朱元璋爲達到君權專制，於洪武十三年（1380）廢除宰相制度後的政權發展趨勢。建文四年（1402），成祖朱棣即特簡侍讀解縉、編修黃淮等入直文淵閣，胡廣、楊榮、楊士奇、金幼孜、胡儼同入直，並預機務，

著翰林院轉而內閣之後，也移至內閣手上。

2. 職司與管理

翰林院下亦有「典籍」，主要是負責文淵閣藏書的管理。根據黃佐《翰林記》記載：

> 典籍之職，掌四庫書籍，守扃鑰以伺上命。〔註67〕

另外，根據《大明會典》，則進一步說明了「典籍」的職責所在：

> 凡內閣收貯御製文字、《實錄》、《玉牒》副本，古今書籍，及紙箚筆墨等項，典籍等官收掌。〔註68〕

由上述可知，「典籍」執掌的工作性質，大略有三：

一，典守文淵閣經、史、子、集四庫藏書。

二，提供皇帝所需冊籍，以供閱覽之便。

三，為翰林官員們服務，並提供他們職責以內之相關書籍。

既然如此，翰林院「典籍」職責可謂相當重要，然則成敗皆由「典籍」。這是因為將文淵閣藏書交由「典籍」掌理，卻是影響日後藏書發展的興衰關鍵。由於明初翰林院「典籍」官制品級不高，僅有從八品官，比最低職等的從九品官，只高出二級，相當於以往秘書監制度的秘書郎職位。由他們來負責掌管文淵閣內所有藏書，就官品及能力上，顯然難以勝任。

既而「典籍」官品不高，因此在面對官職較高的內閣大臣或翰林官員，相對地人微言輕，對於朝中閣臣們有意借用，或因故取走文淵閣內藏書時，這些官小位卑的「典籍」們多半無可奈何；其次，「典籍」原為辦事官員，對於圖書典藏的重要性及價值，並無明確的認知及使命感，太祖命他們掌理典藏國家重要冊籍的文淵閣，除失去原先立官的本意外，再加上部份典籍閣員素質不佳，常有監守自盜情形發生，致文淵閣在翰林院典籍執管之下，藏書日漸耗損。而將管理國家典藏的重責大任由秘書監轉移至翰林院，從發展歷

此為內閣之始。根據〔清〕張廷玉等撰，《明史》，卷73，〈職官二〉記載：「建文四年九月，特簡講讀檢討等官，參預機務，謂之內閣。」其後，翰林院與內閣重疊性漸高，到了嘉靖年間以後，翰林院遂完全被內閣所取代。見張廷玉等撰，《明史》，卷73，〈職官二〉，「翰林院」條，下：「嘉隆以前，文移關白，猶稱翰林院，以後則竟稱內閣矣。」頁1787。

〔註67〕 參〔明〕黃佐，《翰林記》，收入《叢書集成新編》，第30冊，卷1，〈職掌〉，頁393。

〔註68〕 參〔明〕李東陽等奉敕撰，《大明會典》（台北：東南書報社，1963年9月），卷221，〈翰林院〉，頁2941。

程看來，顯然並不是合適正確的決定，反而從此將明朝以後圖書的典藏管理逐步推向衰敗沒落的情況。

明中後期，文淵閣在屢遭回祿之災後，閣臣建議將閣內藏書部份移至他所，而翰林院典籍也隨著內閣制度的形成而逐漸轉換職責，成為內閣辦事官員。〔註69〕這段期間，文淵閣內的藏書不再完全歸屬於翰林院的典籍所掌管，而在內閣制度下逐漸由閣臣加以接管。

在移轉過程中，從明初以來由典籍掌管文淵閣藏書的弊端也逐一出現，沈德符對典籍管理藏書的方式及成果便深感不滿，他說：「但掌管俱屬之典籍，此輩皆貲郎幸進，雖不知書，而盜取以市利者，實繁有徒，歷朝所去已強半。」〔註70〕另外，王肯堂則是從他處看到若干蓋有文淵閣印之冊籍，始知文淵閣藏書外流情形之嚴重，他描述當時情形，他說：

> 文淵閣藏書，皆宋元秘閣所遺，雖不甚精，然無不宋板者。因典籍多貲生，既不知愛重，閣老亦漫不檢省，往往為人取去。余嘗於溧陽馬氏樓中，見種類甚多，每冊皆有文淵閣印。己丑，既入館，閣師王荊石先生謂余與焦弱侯曰：「君等名為讀中秘書，而不讀中秘書，何為？吾命典籍以書目來，有欲觀者，可列其目以請。」少頃，典籍果以書目來，僅四冊，凡余所見馬氏書已去其籍矣。及按目而索，則又十無一二，存者又多殘缺。訊之，則曰：「丙戌，館中諸公領出，未還故也。」時館長彭肯亭已予告歸，無從覈問。試以訊院吏，院吏曰：「今在庫中。」余大喜，亟命出諸庫。視之，則皆易以時刻人事書，非復秘閣之舊矣。余亟令交還典籍，典籍亦竟朦朧收入。〔註71〕

可見得，明代中葉以後的文淵閣藏書，在翰林院「典籍」一職之管理下，或為人取去未還，或遭以竊去不知，或偷天換日，盜拿換替以牟取市利，閣中所存竟不及原來什一，實在令人深覺慨然萬分。

自萬曆以後至明末崇禎年間，文淵閣藏書在部份不肖閣臣及宦官手中更加耗竭衰敗，散佚缺損冊籍已然過半，此實不得不謂先時交由翰林院典籍管理時已是經營不善，待宦官大權攬握後，文淵閣藏書管理制度便如同山崩瓦

〔註69〕參〔清〕孫承澤，《春明夢餘錄》，卷12，〈文淵閣〉：「及文淵閣中書移之他所，而典籍乃為內閣辦事官，失立官之意矣。」頁115。
〔註70〕參〔明〕沈德符，《萬曆野獲編》，卷1，〈先朝藏書〉，頁28。
〔註71〕參〔明〕王肯堂，《鬱岡齋筆塵》（明萬曆壬寅王懋錕刊本），第2卷，頁43。

解，隨時朝不保夕。

明代公家藏書及管理機構表

藏書機構類別	藏書處所	管理機構	職　司	工　作　範　疇
宮廷藏書	大本堂	詹事府司經局	洗馬	掌經史子集、制典、圖書刊輯之事
	皇史宬	司禮監	監官典簿	掌理皇史宬藏書
	文淵閣	翰林院	典籍	掌管國家四庫書籍
中央所轄官署藏書	國子監	國子監典籍廳	典籍	掌書籍
	司禮監	司禮監	提督太監	總理祖宗累朝傳遺秘書典籍
	行人司	行人司	行人	掌理自四方購置而來的圖書

第二節　公藏書目的整理與編纂

　　明朝公藏文化在發展之初，曾有過一段鼎盛繁榮的時期。太祖、成祖在位期間，購求搜訪遺書做法積極；再者，不論宮廷、中央或地方，爲因應藏書之需，皆建置有藏書或管理機構；加上政府同時又有刊印圖書之事，使得當時的公家藏書「如觸目琳瑯，莫可注視，何其盛也」，〔註72〕堪稱十分豐富可觀。

　　然而，從明中葉以後到明末，公家藏書體系不論是在圖書冊籍的數量，或者在書籍管理上，皆逐漸由興盛轉而衰敗，此種轉變自然有跡可循。事實上，明朝近三百年公藏發展的興衰轉變，我們可將觀察重心放在公藏書目整理與編纂的狀況，進而瞭解明朝公藏體系興衰走勢的原因、歷程及結果，並針對此種轉變探究其對藏書文化帶來之優劣影響。以下便就明代幾部重要的公藏書目，加以析分：

一、重要的公藏書目

（一）《文淵閣書目》

　　《文淵閣書目》二十卷，〔註73〕係明正統六年（1441）時，由少師兵部

〔註72〕參〔明〕焦竑，〈國史經籍志序〉，引自袁詠秋、曾季光編，《中國歷代圖書著錄文選》，頁244。

〔註73〕關於《文淵閣書目》卷次分法，每書各有不同。此目舊本不分卷，《四庫全書

尚書兼華蓋殿大學士楊士奇等人奉敕編撰，爲明朝首部官修書目的開創之作。

明初，太祖雖然重視圖籍的搜訪典藏，也將藏書置於完工後的文淵閣，然他在位期間，卻未曾將文淵閣內的藏書編纂成書目，直至正統六年，少師兵部尚書兼華蓋殿大學士楊士奇〔註74〕上書奏稱：

> 查照本朝御製及古今經史子集之書，自永樂十九年南京取回來，一向
> 于左順門北廊收貯，未有完整書目。近奉聖旨，移貯于文淵閣東閣。
> 臣等逐一打點清切，編置字號，寫完一本，總名曰《文淵閣書目》，
> 合請用廣運之寶鈐識，仍藏於文淵閣，永遠備照，庶無遺失。〔註75〕

最末除了楊士奇署名之外，并有翰林院侍講學士馬愉，及翰林院侍講曹鼐等人署名，可見上書者不止楊士奇一人，而是眾人聯名上奏。而在得到英宗准許之後，於「次日於左順門用寶訖右文淵閣書目壹冊，用廣運之寶鈐。」〔註76〕因而可知，此本《文淵閣書目》一冊，不僅是明朝遷都北京後的首部公藏書目，也是明朝自開國以來首次編纂的藏書目錄。此本書目的編纂，不僅僅開啓日後公藏書目的編輯之先，也成爲明代最重要的一本公藏書目。

此本《文淵閣書目》纂成，既爲明代第一部公藏書目，因而，不論是在目錄編排上，或者是在書目纂輯的特色及價值，對於後來書目的編修，顯然具有啓後的影響力，其分類特色可就以下二點來討論：

1. 自創千字文編號之分類法

《文淵閣書目》目錄編排方式，採取按千字文〔註77〕順序編次書廚，各

總目提要》將此目分成 4 卷；另有黃虞稷，《千頃堂書目》分成 14 卷，記載宣德四年編定；再者，清鮑廷博爲便於眾人清楚使用，遂按書目編號分成 20 卷。由於鮑氏分卷乃依書目分類編次，較爲後人接受及便於使用，昌彼得，《中國目錄學》一書亦沿用之，故參考各家分法，將書目依二十卷載錄。現存《文淵閣書目》版本最佳者，乃係鮑氏將四庫全書本參以家藏本校訂而成，而收錄於顧修輯刊《讀畫齋叢書》中，後來的《叢書集成初編》、《國學基本叢書》，或《明代書目題跋叢刊》本，皆以鮑氏校定，顧氏輯刊的版本爲收錄本。

〔註74〕楊士奇，名寓，以字行，江西泰和人。幼孤力學，建文初用王叔英薦入翰林，與編纂事，尋試吏部第一。成祖即位，累官左春坊大學士，進少傅。宣宗崩，皇太子方九齡，內廷頗有異議，士奇請見皇太子於文華殿，頓首稱萬歲，浮議乃止。正統初，進少師，憂子稷下獄，感泣卒，年八十，諡文貞。士奇雅善知人，居官廉能，爲天下最。

〔註75〕參楊士奇撰，〈文淵閣書目題本〉，引自袁詠秋、曾季光編，《中國歷代圖書著錄文選》，頁125。

〔註76〕同前註。

〔註77〕千字文爲民間流行的啓蒙課本，文皆編爲四字韻語，以便記憶。

書廚號之下再按書籍性質分門別類。從天字開始到往字結束，共分成 20 號，分藏於 50 廚之中，總計約有 7,297 種，43,200 餘冊，計有十萬卷以上。

此部書目，未依傳統的七分法、四分法，而以千字文爲編號，將藏書依書籍類別區分，且各類書目之下，只記書名、部次、略記存闕概況，其下不記作者（部份則是將作者記於書名之上，如子雜類記「應劭風俗通」）、卷數，亦無提要、小序。

探究其分類及編纂方式，從分類上來說，打破以往對於編目多以四部做爲分類方式的成規，而自創部類；然而，從書目著錄的內容看來，似乎又過於粗略，使人難以藉由此部書目對文淵閣藏書概況深入瞭解。因此歷來諸家探討此部書目時，大多僅將其視爲記錄明初文淵閣藏書的清冊看待，若將其與劉向父子創立的七略分法，或鄭默、荀勗的四部分法相爲比較，此部書目的著錄實不及劉向父子，或鄭默等目錄學家，對圖書目錄編製的嚴謹態度與撰述水準。

2. 以功能導向為分類原則

事實上，以楊士奇身爲少師兵部尚書兼華蓋殿大學士的身份，難道不瞭解劉向父子的七略分法，或鄭默、荀勗的四部分類法？仔細觀看此部書目的分類方式，便不難發覺或許楊士奇一開始便是出於有意，欲以自創分類法以示與前人有所區隔。

首先，楊士奇以按千字文標號、分廚的方式，幾未見於歷史上著名書目記載，可見這種想法不管是出自於楊士奇本人或眾人集思廣益而得出的結論，都是相當大膽的；再者，從書目標示的書籍類別看來，似乎可以發覺此種分法乃依書籍類別來標以題目。周彥文主張這種分類方式，是按標題類分的，〔註78〕他說：

> 我們若能破除傳統分類法的觀念障礙，當可發現這部書目其實是以一種接近標題目錄的編目法所編成的。……這部書目已有許多類別是以研究主題來制定的，例如把後世禮書和隸屬於經書觀念之下的

〔註78〕周彥文提出的標題法，乃是得自於西方「標題目錄」的概念，將其運用於本書目錄，即「以研究主題爲思考焦點，它只採用一級分類法爲其轄屬結構。所以標題並不強調類別之間的關聯性，它彰顯的是在一個研究主題之下，有那些書籍資料是應該被放置在一起，而這些研究主題又往往是跨越一個以上的學術門類。」，詳參周彥文，《中國目錄學理論》（台北：學生書局，1995年9月），頁 107。

三禮類互相區隔，另立禮書類。〔註79〕

然而，筆者認為大學士楊士奇在面對文淵閣紛雜繁多的圖冊書籍時，不免仍會參酌傳統經、史、子、集的四分法，然而在分類上，他又急欲提出不同於前人的創新分法，因此在書目的分類上，便在以往分類法的基礎上，加上屬於他個人主觀認定。而這些特出的情形，表現在幾個方面：

（1）國朝類置於各類之首。

此類主要收錄明朝列代帝王的實錄、寶訓、御制、禮制、律令等書籍，而將此類圖書獨自別立一類，有表示尊崇明朝王室的意味。

（2）經部類目不以「經部」為名，而是按經書所屬類別各立標目。

自孔子以下的經學著作，包括孔、孟、顏淵、曾子等，一直到宋朝的朱熹、陸九淵、二程等人，凡論及經世、性理勸說的著作或語錄者，皆歸於「性理」一類，別置收錄。

（3）把「經濟」別出一類。

凡攸關經濟政策或論述的奏議、訓典、詔令、典章等文章，置於此類，為少數楊士奇所自創的類別。

（4）史部及子部下再做細分。

史部下僅分史、史附、史雜，並未將政書、方志等列於史部之下，而是別立一類，其中志書還依其性質，分成古今志、舊志及新志；子部雖亦分子書、子雜、雜附，但類書、法帖、兵算、陰陽、醫書、佛道等書亦不置於子部之下，而是各自獨立成類。

從以上所述，我們大概可以看出楊士奇此部書目的分類分式，主要按書籍主題加以分類。此種分類方式，除了國朝類是基於尊崇御製文典而獨立別分之外，其餘的分類，可說極為功能導向，也即是說文淵閣書籍分櫃置放的原則，乃基於便於閣臣使用，而性理、經濟，以及其他各種細分類別，自然也是為了便利閣臣搜尋或查找圖書之故。

至於楊士奇整理文淵閣藏書，並編纂成書目，不僅可使人清楚文淵閣藏書的概況，進而瞭解公藏圖書的種類、部數、數量，及存闕，以此記錄明朝公藏圖書保存狀況；另一方面，透過書籍編目的成果，又可達到便於查找及使用的目的，可謂一舉兩得。

〔註79〕參周彥文，《中國目錄學理論》，頁115。

（二）《秘閣書目》

《秘閣書目》二卷，成化二十二年（1486）由錢溥〔註80〕編纂。

正統六年，在楊士奇編纂《文淵閣書目》之前，錢溥已由進士身份，受詔入文淵閣爲史官，嘗因閱覽閣中秘書，深知文淵閣藏書之富，多所未見。根據錢溥《秘閣書目》書前序所稱：

> 溥自舉正統己未（四年）進士，明年詔選入東閣爲史官，日閱中
> 秘書，書凡五十餘大廚，森然如檢武庫兵，而目不暇接也。浩然
> 如望洋海，而芒無際涯也。雖欲盡之，恐皓首不能。於是僅錄其
> 目，藏以待考。近吾子山自京授職回，又未收書目，芟其重複，
> 併前爲一集。〔註81〕

錢溥於正統五年（1440）時入選東閣爲史官，因見文淵閣五十餘大廚的藏書，知其浩瀚可觀，或已先著錄閣中部份書目，然於隔年楊士奇等編纂《文淵閣書目》，其動員浩大，編目急速，於是錢溥遂先將原先載錄書目擱置，藏以待考。直至成化間，其子自京授職回鄉，欲完成其父心願，便把錢溥原先載錄的書目，加上《文淵閣書目》一書中所未收的書目，去其重複，併爲一集，即此《秘閣書目》。

1. 分類仿《文淵閣書目》

本書目分類大抵按楊士奇《文淵閣書目》，然於部類名稱或細目上稍有變動。書目前無總目，僅記書名及冊次，分別依本朝、易、書、詩、春秋、周禮、禮書、樂書、諸經總集、四書、性理、經濟、史、史附、史雜、子書、子雜、雜附、文集、詩辭、大明詩選、類書、韻書、姓氏、法帖、畫譜（諸譜附）、政書、刑書、兵書、算法、陰陽書、醫書、農圃、道書、佛書、古今通志，分成三十六類；其後又有「未收書目」，只記書名，不記冊次，分經、史、子書、兵書、醫書、雜藝、文集、詩集、奏議及總集計十類。

2. 著錄的不足與缺失

視其著錄，多與《文淵閣書目》相同，但不論是書目或冊數，皆明顯偏

〔註80〕錢溥（1408-1488），字原溥，號九峰，一號瀛州遺叟，松江華亭人。正統四年（1439）進士，稱旨授檢討，遷左贊善兼檢討。天順六年（1462）使安南，封黎灝爲王，返出知廣東順德縣，成化間掌南京翰林院事，後累官至南京吏部尚書，致仕卒，年八十一，諡文通。

〔註81〕參馮惠民、李萬健等選編，《明代書目題跋叢刊》，頁 639。

少不足；另在書目著錄上，除了較《文淵閣書目》更為疏略之外，此書目或因手寫稿之故，筆誤出現的頻率亦多，常見書名抄寫錯誤，像是道書類《靈寶諸品經》寫作《靈寶請品經》、子雜類《葉澤卿西湖紀逸》作《葉澤鄉西河紀逸》、雜附類《侍兒小名錄》作《侍小兒名錄》等等，此種情形不勝枚舉。

從上述情況看來，筆者推測此部書目可能是錢溥因於職務之便，得以載錄文淵閣內藏書若干，但並不完整，後《文淵閣書目》撰成，更難以得見天日，幸其子匯聚此目並出版，然由於著錄不全，加以疏略錯誤處仍多，不論在書目完整性與嚴謹度皆嫌不足，故而甚少受到後人重視。

（三）《內閣藏書目錄》

《內閣藏書目錄》八卷，又名《新定內閣藏書目錄》，為萬曆三十三年（1605）由大理寺副孫能傳、中書舍人張萱等奉敕編撰，係於《文淵閣書目》成書後約一百六十四年，依據文淵閣當時最新的藏書情形所編纂而成的公家圖書目錄。

孝宗弘治五年（1492），內閣大學士丘濬有感於內閣藏書較之前代，已不能什一，又恐藏書經年日漸損耗，遂上疏奏請將內閣儲匱逐廚開盤，將書目與目前閣中藏書一一比校，並分經、史、子、集四類，及雜書、類書兩類，每類若干部，每部若干卷，各類總數共若干，明白開具奏報。當時孝宗雖認為此提議甚佳，只可惜納而未行。其後書籍散佚日漸嚴重，至世宗嘉靖時，御史徐九皋再次上疏請求訪購遺書，以充秘府，然仍未能獲得施行。到了神宗萬曆三十三年時，中書舍人張萱等始請於閣臣，將文淵閣內所藏圖書重加檢校，親自分部編次，編成此目。

1. 融合傳統四分法與楊士奇分類法

書目編排方式，並非完全依照傳統的七分法或四分法，亦非按千字文編號方式，而是在受到傳統四分法影響下，既不願完全捨棄，但又希望仿楊士奇自創部類的方式，故而此本《內閣藏書目錄》將文淵閣內的藏書分成八卷十八部，分別為卷一聖制部、典制部；卷二經部、史部、子集；卷三集部；卷四總集部、類書部、金石部、圖經部；卷五樂律部、字學部、理學部、奏疏部；卷六傳記部、技藝部；卷七志乘部；卷八雜部。

每卷部下各書著錄，載書名、冊次、書籍完闕與否，其下部份記撰述者官職及姓名，撰述時間，有些還會將鈔本或是舊本標出，或有略述該書內容、

編纂目的；同一書若有數部，便會記以「又一冊」，予重複列出，並且詳記其全闕情形。但並非每部皆有著錄，視其資料詳闕與否。

2. 呈現文淵閣藏書散佚嚴重

此部書目記載內容，係《文淵閣書目》成書後約一百六十四年之時，根據當時文淵閣藏書情形所爲之記錄，因而與舊目相較，朱彝尊說「四部之書，十亡其九」；〔註82〕張均衡則認爲書目所錄大概已十不存一，而新增書目乃是後來又加入明朝以後歷代編撰之書。據張均衡〈內閣藏書目錄跋〉一文所述：

> 至萬曆三十三年，已閱一百六十四年，方命能傳等重編此目，較正統書目十不一存，又加入歷朝編撰之書，書後略記撰人姓氏、原始，亦不詳備。比宋之《崇文總目》，本朝之《四庫提要》殊爲減色。〔註83〕

另外，梁啓超先生同樣贊同此種看法，他說：

> 正統六年至萬曆三十三年，閱年已一百六十四，始爲第三次之校理，明廷之怠於此業可想。而正統目所載，此目已十不存一，秘籍散亡之速，可慨也。王士禎《古夫子亭雜錄》云：『國初曹貞吉爲內閣典籍，文淵閣錄散失殆盡，貞吉檢閱，見宋槧《歐陽修居士集》八部，無一完者』。〔註84〕

從《文淵閣書目》到《內閣藏書目錄》編纂完成爲止，其間文淵閣藏書存佚情形究竟如何，無人清楚知道，僅能推測得知，故而推測說法各有不同，像是王國強先生參酌各家說法，認爲文淵閣藏書散佚計約十無二三，故保守估計約有十分之一強保留下來，即有三萬八千多冊圖書佚失，十分驚人的數字。〔註85〕不過，此目成書時間既距離《文淵閣書目》成書有一百六十四年之久，閣中所藏圖書大多雜亂散佚，圖書數量的銳減雖是可以想像，但也令人不勝唏噓。

3. 具有指引著作內容的功能

此本書目的著錄，除了在編目上已具有圖書分類的觀念之外，另在各書著錄內容上，也較楊士奇撰述《文淵閣書目》時，有更爲詳細的說明，顯然

〔註82〕 參〔清〕朱彝尊，《曝書亭集》（台北：世界書局，1964年2月），卷44，〈跋重編內閣書目〉，頁540。

〔註83〕 參〔清〕張均衡，〈內閣藏書目錄跋〉，引自馮惠民、李萬健等編，《明代書目題跋叢刊》，頁603。

〔註84〕 參梁啓超，《圖書大辭典·簿錄之部：官錄及史志》，引自袁詠秋、曾季光編，《中國歷代圖書著錄文選》，頁423。

〔註85〕 參王國強，〈明代文淵閣藏書考述〉，《圖書與情報》，2002年，第2期，頁37。

在書目著錄上，不再僅限於只是記錄文淵閣藏書的簿帳而已，反而期能在書名及冊次記錄之外，或能詳其始末，或能略述書籍內容概要。舉例來說，經部《櫟齋禮記集說》及《九經治要》書名下，便分別有這樣的說明：

> 《櫟齋禮記集說》四十二冊，全。宋寶慶間，武進令衛正叔湜進取鄭注、孔義、陸釋，以及百家嘗講者，粹爲一書，凡一百六十卷，各記論説姓名，以聽學者自擇。魏了翁有序。

> 《九經治要》五冊，全。元皇慶間，歐陽長儒采九經之要輯爲一書。自君臣以至朋友，自治心以治天下，分爲六門，凡七百九十三章，共十卷。〔註86〕

此時的公藏書目，已不再受限於前人的編目觀念，而是逐漸在傳統編目方法之下，一方面嘗試創新分類的方式；而另一方面，或許深覺自漢劉向、劉歆父子以來的目錄概念，有其存在的價值，不可偏廢，遂視資料詳闕，說明著作之內容大要，以便閱者。

（四）《行人司書目》

《行人司書目》，又稱《行人司重刻書目》，爲萬曆三十年（1602）行人司司正徐圖編纂。最早在萬曆二十三年（1593）之際，行人司某官黃怡堂曾編刻過《行人司書目》（現佚），七年之後，司正徐圖〔註87〕有鑒於行人司藏書紛雜，原舊書目所著錄的圖書散佚漸多，而新貯圖書則仍未著錄，爲求檢閱之便，遂重新編刻《行人司書目》。

1. 編目按六部分類

《行人司書目》一冊，書前有序，首爲萬曆壬寅（三十年，1602）九月徐圖撰〈行人司書目敍〉，其次爲行人司行人賀燦然〈行人司重刻書目序〉；序後有凡例五條，主要爲敍述及規定行人司圖書的借閱及管理規則；凡例後有編者各敍分部源流，分別敍說行人曾守身編敍典部、行人王孟震編敍經部、行人周達編敍史部、行人張國儒編敍子部、行人程嘉賓編敍文部、行人翟師雄編敍雜部等事；其後有左司副任弘道撰〈行人司書目跋〉，以及萬曆壬寅五

〔註86〕 參〔明〕孫能傳、張萱等編撰，《內閣藏書目錄》，引自馮惠民、李萬健等選編，《明代書目題跋叢刊》，卷2，頁480。

〔註87〕 徐圖，字君獻，又字明宇，山東掖縣人。萬曆癸未年（十一年，1583）進士，初授武進知縣，擢御史，視鹽兩淮，終養起調行人司正，後又升戶部郎中。圖操守廉潔，治才明敏。

月右司副吳中偉撰〈行人司書目跋〉各一篇。

　　書目將行人司藏書分成六大部、二十類。典部第一，凡諸典故、諸奏疏皆入焉；經部第二，凡十三經、諸說經、諸儒著述入焉；史部第三，凡正史、稗史、雜記著類、前朝書疏、地志入焉；子部第四，凡諸子、道、釋、兵家入焉；文部第五，凡類書、古今詩文入焉；雜部第六，凡書畫、農圃、醫卜入焉。著錄方式為各部類下記書名，書名下載本數，或套數，不記作者、卷次及版本，由此可知這本書目應係行人司內部自用，便於查檢的簡要目錄，如是而已。

　　根據上述敘述，我們大約可看出徐圖編纂此部書目，不僅動員許多行人官共同來完成，同時在分部及類別上，同樣未依四部分類方式，而是按照典、經、史、子、文、雜六部分法。此種分類方式，首部為典部，為依循楊士奇《文淵閣書目》「國朝類」而來，至於經、史、子部的分類，則與四部分類方式相同，而另將雜部自子部分出，集部則改成文部。至於部下所分各小類，其分類列位不一，推測可能是因為各部分別交由不同的行人官負責，故除了經部、雜部未分列之外，其餘四部分列各有所執，代表著每個人在分類上所呈現的方式皆各不同。

2. 圖書部類的蒐集特色

　　雖然《行人司書目》一書所著錄的圖書種類及數量，遠不及《文淵閣書目》，但若就中央所轄各官署內的藏書情形相較，則行人司藏書數量僅次於國子監及司禮監而已。而行人司因其職務之便，藏書性質則與其他官署不盡相同。

　　從書目著錄的圖書種類上來看，在行人司收書類別中，以地志類居所有書籍數量之首（除了書目明文記載的二百五十八種之外，原書目下還殘闕有三十六行空白行，可見原來此類藏書當遠超出書上所列的二百五十八種之多），超過其他類型的書籍甚多；其次，在各種文集及詩集類別的蒐羅上，國朝（明朝）詩文集同樣超出元朝以前（包括元朝）的古詩文集甚多。根據統計，國朝文集著錄約有230種，而蒐集的古文集則只有35種，相比之下，整整超出六倍之多；國朝詩集則收有135種，也比古詩集的58種，多出二倍以上。

　　而造成此部書目收書的類別與數量多寡的差異，顯然受到行人司工作性質的影響。行人司，既為皇帝派往各地往來的外交使節，既因工作之便出使四方，故而蒐羅的各種書籍中，自然以各處地方志，及當朝文人著述的詩文

集最爲便利，所以此類藏書甚富，有其來由。至於書目所列圖書數量，雖非全面，然由其記載，至少有一千五百十五種之多，與其他官署相比，實少有能與之匹敵者。故而近人王大隆重印跋語即稱：「此則當爲明代官署藏書之最富者。」〔註88〕

（五）其 他

有些爲雖非書目形式，然附載於某書之中；或爲私人撰著書目，然係依國家藏書大概爲之載錄。凡可略窺明朝公家藏書之梗概者，皆置於此。

1.《國史經籍志》

《國史經籍志》六卷，爲明焦竑編撰。焦竑，字弱侯，號澹園，江寧人。萬曆十七年（1589）狀元，授爲翰林院編修。萬曆二十二年（1594）時，大學士陳于陛建議修國史，推薦焦竑主持其事，焦氏於是自二十二年至二十五年間（1594～1597）編成經籍志六卷，後國史雖未能修成，但因經籍志係爲國史纂修，故仍以國史爲名。

本書以鄭樵《通志·藝文略》爲底本，參採諸家書目而成，所以嚴格來說，書目記載的圖書內容並非當時明朝公藏圖書的眞實情況，然記錄許多明朝以前出現過的藏書，仍可作爲公藏研究的參考。

全書分成六卷，首卷收御製書類，卷二爲經部，卷三爲史部，卷四爲子部，卷五爲集部，卷六則收糾繆，書中除列各書書名、卷次之外，並條舉漢、隋、唐、宋等各朝史志，及唐《四庫目》、宋《崇文總目》、鄭樵《通志·藝文略》、馬端臨《文獻通考·經籍考》、晁公武《郡齋讀書志》等諸家部次的錯誤而糾之。書前有大序，而自卷二至卷五，收四部四十七類的書籍，各類之後皆有小序一篇，子部則多出一序，另在卷一御製類下亦有小序，總計小序四十九篇。

書目著錄採取通代收書方式，所收圖書除了原鄭樵著錄的書名之外，並新增自宋朝以迄明朝的著作，然新增圖書數量並不多。根據李文琪《焦竑及其國史經籍志》一書論及此書所收書籍時，直指：「《國史經籍志》將鄭氏著錄之書百分之九十五以上均收入其中，並另增宋迄明人之著作。然分析焦竑著錄之書，與鄭略比較，所增者實有限。」〔註89〕其後論其書體例之失時，更認爲「《國史

〔註88〕參王大隆重印行人司書目跋語，引自馮惠民、李萬健等編，《明代書目題跋叢刊》，頁638。

〔註89〕參李文琪，〈焦竑及其國史經籍志〉（台中：東海大學中國文學研究所碩士論

經籍志》以鄭樵藝文略爲藍本，雖有增刪，然於宋明之書收錄甚少，又因考核不愼，使著錄之書常有實亡而著錄之誤，且排次先後混亂，糾繆之體雖有價值，但不合史志著述之體，此四點爲其體例上之缺失。」〔註90〕

故而可知，焦竑此本《國史經籍志》在目錄學上雖有其地位，然對於認識明代公藏圖書的眞實情形卻無幫助，僅能提供參考，無法將其視爲明朝主要的公藏書目。

2.《南雍志・經籍考》

《南雍（又寫作廱）志・經籍考》二卷，〔註91〕分上、下兩篇，係嘉靖二十二年（1543）冬至二十三年（1544）五月，南祭酒黃佐在撰述《南雍志》期間，委助教梅鷟代爲查校南雍書板之記載。其中〈經籍考〉上篇爲黃佐所撰述，記「官書本末」，至於梅鷟撰述部份，則爲〈經籍考〉下篇，〔註92〕載「梓刻本末」，詳錄當時南京國子監的藏書及刻書概況。

（1）藏書來源始末

《南雍志・經籍考》上篇載「官書本末」，書目前有序，稱：

> 《金陵新志》所載，集慶路儒學官書有宋御書石經本，且多諸家奇
> 書，卷帙以數千計，經兵火後，元人收購亦略全備，及改國子學，
> 而元書皆不存。今本監所藏乃我累朝所頒，及遞年所積之書也。正
> 統末祭酒陳敬宗、嘉靖中祭酒費寀所奏請賜者皆在焉。〔註93〕

據此段所述，元書自從集慶路儒學改成國子學以後，大多已不存，而當時南京國子監內的藏書，主要是來自於明洪武年間御賜，及洪武至嘉靖間歷朝積累存藏之書。這些積存久遠冊籍的存放情形，據書目前序稱：

> 舊志有總目，有給六堂，數目皆重複。書之歲久逸者過半，或名存
> 而實亡。今獨貯於彝倫堂之東西，及東堂東廡者，即舊總目之遺也，

文，1987年5月），頁116。

〔註90〕同前註，頁122。

〔註91〕〔明〕黃佐，《南雍志》一書，共24卷，其中卷17、18，即爲〈經籍考〉。關
　　　　於《南雍志》一書的詳細論述，可參酌林銘宗，〈黃佐《南雍志》研究〉；若
　　　　欲得知黃佐生平及著作，亦可參考高春緞，《黃佐生平及其史學（1490-1566）》
　　　　（高雄：高雄文化出版社，1992年6月）。

〔註92〕參〔清〕邵懿辰，《四庫簡明目錄標注》，卷8，〈史部〉，十二，〈職官類〉：「《南
　　　　雍志》二十四卷，嘉靖二十三年刊本，內〈經籍考〉下卷，係助教梅鷟所撰，
　　　　論述經史源流，頗有發明，又詳列梓刻完缺本末。」頁330。

〔註93〕參〔明〕黃佐，《南雍志》，卷17，〈經籍考〉，上，頁1389。

六堂所貯，則近年請於工部新印二十一史而已。今考其顛末，著其
存亡，於下以備觀者，得有所考焉，其分給六堂數目者，既貯於彝
倫堂，今不復重書云。嘗見天順年間官書往往筆其後曰：某堂失亡
某書，令鈔寫陪（賠）補若干篇。〔註94〕

從敘述可知，到了嘉靖年間以後，南京國子監藏書的散佚情形十分嚴重。彝
倫堂，係南雍太學正堂，原為會講之地。彝倫堂後來增加興建東、西書庫，
以及東堂東廂，做為藏書之所，乃是因為弘治四年（1491），祭酒謝鐸因見
南雍各廳及廂房年久倒塌，遂奏請修葺。書庫分成上下兩層，上層庋藏書籍
及板片，下層則為刊刻圖書的地方。至於六堂，則是屬於南雍支堂，為學子
肄業之所，分成率性、修道、誠心、正義、崇志、廣業等堂。當時六堂僅貯
放有新刻的二十一史，而主要的藏書仍是置放在南雍彝倫堂的東、西書庫之
內。

　　南雍所藏梓刻書板的由來，據《南雍志‧經籍考》下篇「梓刻本末」小
序稱「金陵新志所載，集慶路儒學史書梓數，正與今同。則本監所藏諸梓，
多自舊國子學而來也，明矣！自後四方多以書板送入。」可知南雍書板除了
有來自元末遺留之外，還有四方所送書板，數量應為不少。然即使如此，到
了成化年間，南雍所藏書板的散佚損壞數量，仍然超過二萬篇之多，主要原
因還是由於管理不善，書板多為刷印匠竊去，用以刊刻他書，謀取利益，故
而書板修補速度遠遠不及散佚流失的快速。

　　（2）著錄與編次
　　《南雍志》〈經籍考〉上篇記載官書本末，前有小標題「天順年間官書」，
說明典藏的官書年代。書目著錄不分類，記書名、部套、卷次、本數之外，下
有小字記各書完缺情形，及每書版本，包括書籍刊刻年代、序跋概況、內容大
要，部份記該書置放各堂及存置情況等等，甚為詳備。至於目錄所載的書籍，
據筆者統計約有 156 部，每書則不限 1 部，每部少則 1 套，多至 6 套。根據任
繼愈統計，到了嘉靖年間，南雍藏有 141 種書，其中，彝倫堂藏 53 部，東廂藏
91 部，與天順年間比較，已亡佚 3 種 15 部。〔註95〕
　　《南雍志》〈經籍考〉下篇載梓刻本末，書目前無標目，但有分類。分成
九類，一曰制書類，二曰經類，三曰子類，四曰史類，五曰文集類，六曰類

〔註94〕同前註，頁 1390。
〔註95〕參任繼愈，《中國藏書樓》，頁 938。

書類，七曰韻書類，八曰雜書類，九曰石刻類。〔註96〕每類下記書名、卷次，其下小字記各書板存缺情形、刊刻始末，部份甚至著錄該書撰者及篇章內容，儼然將刊刻書板視為南京國子監內藏書中的一部份。

3. 《明太學經籍志》

《皇明太學志》卷二〈典制〉下「經籍門」，為嘉靖三十六年（1557）郭鏊所撰，主要為著錄當時北京國子監藏書及藏板的概況。

《皇明太學志》「經籍門」，簡稱為《明太學經籍志》。書目著錄，記書名、部數、本數，部份下另記參酌舊志之殘闕概況。

北京國子監將藏書分成五廚，書目遂依五廚之先後，予以標目別分。首為中紅廚，收聖制類圖書六部（首部原闕書名，僅記本數）；次左一黑廚，多收經部類圖書；次左二黑廚，收錄包括四書、性理、周禮、史記，及子部類圖書若干不一；次右一黑廚，所收多為史部類圖書；次右二黑廚，僅收典禮、字帖書籍；再者為東廂書廚及西廂書廚，大抵收經部集註、四書大全之類的圖書，參雜少數性理、史部類圖書。

書目後另記有「堪印書版數目」，約 23 部。各書按書名記錄書板數目，部份依舊志記載比對書板的詳闕與否，及刊刻者官職姓名，刊刻書板舉凡敕諭監規、新官到任須知、會約、敬一箴等等都有，其他像千字文體、山海經、儀禮圖解等書也在刊刻之列。其後又有「殘缺不堪印書板數目」，約 40 多部，後並註明「右書板亦有舊志數少而今稍多者，由後來補刻也，然補於此，又缺於彼多矣。」可見補刻事宜乃陸續進行，且散佚亦極嚴重，所以才有此「殘缺不堪印書板數目」。除此之外，書目後另補有零散學規、序版各一至二塊，數量不多，顯然又係後來補入。

根據書目前小序，可以看出明弘治年間到嘉靖年間，北京國子監的圖書來源及藏置的大略情況：

> 按本監書籍，自頒賜者則出御府，其餘諸書則取自南雍，及來自四方者也，其各書板刻，亦多由四方移集本監，間有自刻者，但年久朽蠹殘缺者多搜補不宜（易）。後舊志載弘治十四年始置五廚於載道所，中藏制書，而以經、史、子、集列度之書板，則別廚以藏。至嘉靖三十六年重修五廚，復增置五架，而書籍版刻庶無散逸之虞矣。〔註97〕

〔註96〕參〔明〕黃佐，《南雍志》，卷18，〈經籍考〉，下，頁1411。
〔註97〕參〔明〕郭鏊，《皇明太學志》，卷2。

據此敘述，可知北京國子監所藏圖書主要是延續自南京國子監而來，另外增加的部份，包括御上所賜，或得自於四方的書籍及書板。而先於弘治十四年（1501）置五廚，以藏經、史、子、集各書，到了嘉靖三十六年（1557），因見書籍增加趨多，又重修五廚，並增加五架，以容納日趨增加的藏書。即使如此，北京國子監內的典藏圖書，雖按經、史、子、集爲類別分，然藏書多錯置參雜，且未加管理，以致時日一久，「年久朽蠹殘缺者多搜補不易」、「書籍版刻庶無散佚」，可見嘉靖年間以後，北京國子監內藏書缺損情形想必極爲嚴重，且管理亦甚疏略。

二、後代對公藏書目的評價

（一）自創部類的變革

楊士奇等奉詔編纂《文淵閣書目》完成後，後代對於此部書目大多有正負兩面的評議。清朱彝尊論及此目時曾說道：「《文淵閣書目》，編自正統六年六月，著錄者少師兵部尚書兼華蓋殿大學士楊士奇、翰林院侍講學士馬愉、侍講曹鼐也。其目不詳撰人姓氏，又不分卷，俾觀者漫無考稽，此率率之甚者。」〔註98〕根據朱彝尊的說法，顯然他對於少師兵部尚書兼華蓋殿大學士楊士奇及馬愉、曹鼐等人所編的書目成果，十分不滿意。至於原因，從他《經義考》一書所述內容，或可看出些梗概：

> 按古書著錄未有不詳其篇卷及撰人姓氏者，故其卷帙寧詳無略。殷淳《四部書目》三十九卷，毋煚《古今書錄》四十卷，王拱辰等《崇文總目》六十六卷，陳騤《中興館閣書目》七十卷，而殷踐猷等《群書四錄》多至二百卷，昔之人豈好騁其繁富哉？蓋以述作者之意，俾論世者知其概焉。迨明正統六年，少師楊士奇、學士馬愉、侍講曹鼐編定《文淵閣書目》，有冊無卷，兼多不著撰人姓氏，致覽者茫然自失。其後藏書之家，往往效之。〔註99〕

由此可知，朱彝尊乃是按前人編目的角度來看楊士奇等編纂《文淵閣書目》，認爲以眾人學識實不應編纂出這般簡陋書目，因此語多帶有批判及不滿。另外，錢大昕對此目看法，則是以寬容的態度視之，他說：「則此目不過內閣之簿帳，初非勒爲一書如《中經簿》、《崇文總目》之比，必以撰述之體責之，

〔註98〕參〔清〕朱彝尊，《曝書亭集》，卷44，〈文淵閣書目跋〉，頁540。
〔註99〕參〔清〕朱彝尊，《經義考》，卷294，〈文淵閣書目考略〉，頁1506。

未免失之苛矣。」〔註100〕然而，清朝四庫閣臣對於此部書目看法又是如何？據《四庫全書總目》的撰述看來，對於此目的歷史意義與文化價值，基本上仍抱持著稱許的態度；然在論述到楊士奇等人的纂輯態度時，則多有不滿及責備，以致於出現兩極化的評價：

> 今以《永樂大典》對勘，其所收之書，世無傳本者，往往見於此目，亦可知其廚度之富。士奇等承詔編錄，不能考訂撰次，勒爲成書，而徒草率以塞責，較劉歆之編《七略》，荀勗之敘《中經》，誠爲有愧。……今閱百載已放失無餘，惟藉此編之存，尚得略見一代秘書之名數，則亦考古所不廢也。〔註101〕

由此可見，從書目的歷史意義與價值判斷，清朝閣臣們顯然是給予正面的肯定，但論及楊士奇等編纂書目的態度及成果，則認爲實在不如劉歆及荀勗編目那般認眞與盡責。

除了上述看法之外，近人昌彼得先生對於楊士奇分類編目的觀念及做法，雖有不滿意的地方，但對於楊士奇自創部類的部份，仍以持平觀點加以評論，他認爲：

> 自晉以來，歷代秘閣的書目都以四部分類，相沿成習。自此目出，打破了往例，故明代的私家藏書編纂書目，頗多引爲護身符，任意新創部類，不再遵守四部的成規，在中國圖書分類史上，實爲一大解放，故論者以爲《文淵閣書目》有衝鋒陷陣之功。〔註102〕

此外，王國強先生在〈《文淵閣書目》試探〉一文中，則將書目優缺點分別列出後，總結說道：「總之，《書目》類例有得有失，但綜觀全目，其類例的變革之得，遠遠大于其凌亂之失。」〔註103〕從以上諸家評價看來，楊士奇等人編纂《文淵閣書目》，雖認爲在著錄內容及體例方面，有過於疏略、草率的缺失，然在分類方面，亦有著自創部類的變革之得，加上此目乃是記錄明初自太祖立國以來，以至英宗正統年間文淵閣藏書，最爲清楚及完整的一部書目，故而仍有其歷史價值及意義。

〔註100〕參錢大昕，《潛研堂文集》，卷29，〈跋文淵閣書目〉。
〔註101〕參《四庫全書總目》總675冊，史部類，第433冊，〈目錄類〉，頁113。
〔註102〕參昌彼得先生，《中國目錄學》，頁178。
〔註103〕參王國強，〈《文淵閣書目》試探〉，《圖書館研究與工作》，1986年，第4期，頁31。

（二）典藏罕祕不傳之本

在公藏書目之中，以隸屬行人司《行人司書目》一書，較少受到重視，因此後代留意的人並不多，對於此目優劣評價亦少。不過，從近人王大隆重印跋語的評論看來，似乎偏向正面角度觀之，他說：「今案其目雖不著撰人姓氏及卷數，僅爲便於查檢之簿錄，而罕祕不傳之本，往往而有。」〔註104〕另外，近人孟昭晉更注意到此目著錄圖書的數量豐富，尤以史部地理類，以及文部的國朝文集、詩集類，皆不下於今日所見《明史‧藝文志》著錄，對於此部書目亦極稱許，說道：「總之，細究《行人司書目》所收書籍名目，一定會對研究明代圖書與思想文化的人帶來不少啓迪，激發濃厚的興趣。」〔註105〕

另外，公藏書目著錄的圖書之中，有許多罕見之本，而這些罕見稀少的圖籍，流傳到後世，尤其經過後人的詳細查考，始更能得見其珍貴特性。根據吳師哲夫教授〈故宮藏書鳥瞰〉一文，提到過故宮珍藏的觀海堂藏書之中，有不少的稀世善本，其中有一部《類編秘府圖書畫一元龜》，不僅書籍本身便極珍貴罕有，而且幾未見於各古今書目，僅僅出現於《文淵閣書目》一書著錄，他說：

> 宋建安余仁仲萬卷堂刊本《類編秘府圖書畫一元龜》一書，歷代藏書志中除了明《文淵閣書目》著錄外，都沒有記載過，這本書在國內可能久已佚傳，要不是楊氏從日本購回，我們無法知道此書的面貌。〔註106〕

從圖書著錄情形看來，公藏書目實居功甚偉，而世人對於公藏書目的看法，也多因其具有廣泛且完備的著錄內容，而予以褒過於貶的評價。

（三）提供明代內府藏書概況

明代公藏書目之中，以《文淵閣書目》及《內閣藏書目錄》爲得知明朝公家藏書概況最重要的二部書目，其正負評價亦十分引人注目。楊士奇等編纂《文淵閣書目》一書的評價，前多有提及，此處便不再贅述。至於孫能傳、張萱等奉敕編纂《內閣藏書目錄》，評價如何，則見仁見智。根據張均衡先生跋語內容說道：「此書四庫不收，罕見刻本。今得人月雙清閣持靜齋兩鈔本，梓以行世，

〔註104〕參馮惠民、李萬健等編，《明代書目題跋叢刊》，頁638。
〔註105〕參孟昭晉，〈有趣的明代《行人司書目》〉，《圖書館雜誌》，1988年，第2期，頁49。
〔註106〕參吳哲夫，〈故宮藏書鳥瞰〉，《故宮文物月刊》，1986年10月，頁42-51。

以見明代藏書大略云。」另外，梁啟超先生提到此目缺失時，則是認為：「分部不明流別，歸類動多錯迕，弊亦正與正統楊目同自也。」〔註107〕另外，昌彼得先生亦有同感，他說：

> 大抵依文淵閣書目省併而來，部類參差，無甚條理系統。如太常、大僕寺諸志，列於史乘，與地志並載；江南經略歸入集部；至於雜部尤為冗亂，幾乎各類書籍都有。自目錄學的標準而論，殊無足道，僅能藉此目略窺明末內府藏書的情形而已。〔註108〕

可見孫能傳、張萱編《內閣藏書目錄》，欲仿楊士奇編撰公藏書目的方式，雖其弊端亦與《文淵閣書目》相同，然其優勢則同樣可藉此公藏書目以窺明代內府藏書情形。

第三節　公藏的管理成效與文化特色

　　明代公家藏書文化，雖說受到藏書機構建置、藏書目錄編纂的影響深遠，然而若欲深入瞭解明代公藏文化的得失優劣，或許從公家藏書管理成效的良窳與否，可以更清楚看到問題，進而深入瞭解公藏文化的特色與轉變，以為學習或借鏡鑑戒之參考。

一、藏書機構的管理成效

　　明太祖對於公家藏書的積極態度，不但表現在圖書的搜羅與訪求上，另在公藏處所的建置也相當用心，像建立大本堂、文淵閣；然在管理機構的建置上，初期沿襲自前朝設秘書監，後廢秘書監併於翰林院，自此之後，明代藏書發展的興衰，便隨著藏書機構的省併，而有了不同的命運。

（一）藏書機構省併之缺失

　　洪武十三年（1380），太祖以翰林院「典籍」取代秘書監職責。秘書監，早在漢朝即已設置，一直發展至元朝，其間改稱秘書省，然職責皆為掌理典籍之事，為自漢朝以來專門的圖書管理機構。然而，到了明朝，太祖卻廢秘書監，併其職於翰林院，交由典籍官執守。政策執行用意為何，今無從考查，

〔註107〕參梁啟超，《圖書大辭典・簿錄之部：官錄及史志》，引自袁詠秋、曾季光編，《中國歷代圖書著錄文選》，頁 423。

〔註108〕參昌彼得，《中國目錄學》，頁 178。

然此一舉動，卻對日後明代藏書發展及管理成效影響甚大，值得深入探討。

首先，從管理機構的獨立性來說，自漢迄元，秘書監皆為掌理圖書的專門機構，甚至到了明初，太祖也曾設立秘書監，可見設置秘書監掌管圖書典籍的作法，實淵源已久。然而，太祖後來廢除整個秘書監的機構，將此一機構內的所有職務改交由翰林院底下的典籍官掌管，自此之後，秘書監（省）不復出現，意即明朝以後，秘書監便在中國官制史上正式劃下句號。

對於太祖而言，廢除秘書監併入翰林院的考量，或許是基於考慮到公家機構發展過於龐大，加以館職眾多，遂有精簡機構及人事的決策，才會下此決定。從立意上來看，這也許是正確的方向，不過，在執行上，卻缺乏完善的規劃及長遠的眼光。對於國家文化發展來說，圖書事業是重要的文化呈現，如此一來，藏書的管理機構就顯得重要。既而太祖省併秘書監，則應將此一重責大任委以適任機構負責，其後雖轉而交付翰林院，然卻由翰林院眾多職等之下的「典籍」一職來掌理文淵閣所有藏書，不免太過於輕忽此項工作，更糟糕的是，「典籍雖屬翰林院，但是翰林院對藏書管理並未作任何努力，僅僅委任于典籍，便撒手不管了。」〔註109〕由此得見，藏書管理本由獨立的專門機構負責，後轉至翰林院下，其職權不再獨立，亦不再如同以往受到重視，以致日後明代藏書管理日漸走向衰敗沒落，這或許是明太祖朱元璋當初所始料未及的吧！

（二）管理不彰造成藏書散佚

從翰林院典籍官等來說，由於典籍是從八品官，此一官職只比最低職等的從九品官，高出二級，相當於以往秘書監制度的秘書郎職位。由於官階不高，因此對於擔任此一職務官員的要求也不多，由他們來掌管文淵閣內所有藏書，就官品及能力上，顯然難以勝任。典籍既然官品不高，在面對朝中閣臣或官員刻意借用，或因故取走文淵閣藏書時，不僅無力阻止，到了最後，更容易陷入同流共污的勾結；再者，典籍原為辦事官員，對於圖書典藏的重要性及價值，並無明確的認知及使命感，加上部份擔任典籍閣員的素質不佳，常有監守自盜，以致文淵閣藏書日漸耗損。

明中葉以後，文淵閣藏書在「典籍」的管理之下，閣中所存竟不及原來什一。自萬曆至明末崇禎年間，文淵閣藏書在部份不肖閣臣及宦官手中更加耗竭

〔註109〕參王國強，〈歷代政府藏書管理機構考略〉，《河南圖書館學刊》，1988年，第4期，頁45。

衰敗，散佚缺損冊籍已然過半，此實不得不謂先時交由翰林院典籍管理時已是經營不善，待宦官大權攬握後，文淵閣藏書管理制度便如同山崩瓦解，隨時朝夕不保。此種現象，在曾主陶〈翰林院制度與明代圖書文獻管理〉〔註110〕一文中，便將其歸諸於明代翰林院作爲國家圖書文獻的主管部門「由於無專門職守，使國家藏書管理不善」的不足或弊端之一。

　　文淵閣雖然是明代最重要的公藏建築，然而不論是在建築內部的設備上，還是在管理藏書的官員方面，都呈現出一種破落衰敗的現象，造成這樣的原因除了跟君主對文淵閣藏書不加重視之外，還有另一個主要原因，即是管理藏書官員的素質不佳。根據沈德符《萬曆野獲編》一書提到負責管理文淵閣藏書的翰林院典籍時，便說：「但掌管俱屬之典籍，此輩皆貲郎幸進，雖不知書，而盜取以市利者，實繁有徒，歷朝所去已強半。」〔註111〕從沈德符用語之深切與嚴厲看來，顯然到了萬曆年間，翰林院典籍的管理藏書情形，已多爲人所詬病；此外，王肯堂在看到文淵閣內部的藏書及管理情形時，也不得不發出莫名的感慨，說道：「今所存僅千萬之一，然猶日銷月耗，無一留心保護者。不過十年，必至於無片紙隻字乃已，甚可歎也。」〔註112〕文淵閣藏書在翰林院典籍的管理之下，竟無一書得到留意保護，雖看來有些誇大，但也不免反映出文淵閣藏書頗受輕忽的情況，難怪有識之士見此情景，恐怕只能徒生感慨。

（三）官署藏書的管理疏失

　　除了文淵閣之外，其他公藏機構的藏書情況又是如何？劉若愚《酌中志》提到司禮監的藏書時，便說道：

> 自神廟靜攝年久，講幄塵封，右文不終，官如傳舍，遂多被匠夫廚
> 役偷出貨賣，拓黃之帖，公然羅列於市肆中，而有寶圖書，再無人
> 敢詰其來自何處者。或占空地爲圃，以致板無晒處，溼損模糊甚，
> 致劈毀以禦寒，去字以改作，即庫中見貯之書，屋漏沮損，鼠嚙蟲
> 巢，有蛀如玲瓏板者，有塵徽如泥板者，放失虧缺，日甚一日，若
> 以萬曆初年較，蓋已什減六、七矣。〔註113〕

〔註110〕參曾主陶，〈翰林院制度與明代圖書文獻管理〉，《文獻》，1993年，第4期，頁154。

〔註111〕參〔明〕沈德符，《萬曆野獲編》，卷1，〈先朝藏書〉，頁28。

〔註112〕參〔明〕王肯堂，《鬱岡齋筆塵》（明萬曆壬寅王懋錕刊本），卷2，頁43。

〔註113〕參〔明〕劉若愚，《酌中志》，卷18，〈內板經書紀略〉，頁453-454。

若劉若愚所見爲眞，那麼萬曆末年的司禮監藏書及管理，堪稱嚴重至極。監中藏書尚稱完好的，多被偷取盜賣，公然羅列於市肆；而遺留下來的書板若非蛀蝕，便是塵黴如泥板，甚至連貯藏圖書及書板之書屋，亦多因漏水而浸蝕書籍，還有鼠嚙之患及蟲蟻築巢之災，如此一來，欲書完好無損，幾無可能。司禮監藏書及管理如此鬆散，顯然與負責此一職務的官員脫離不了關係，故而劉若愚又說：

> 既無多學博洽之官，綜核齊理，又無簿籍數目可考，以憑銷算。蓋內官發跡，本不由此，而貧富升沉，又全不關乎貪廉勤惰。是以居官經營者，多長於避事，而鮮諳大體，故無怪乎泥沙視之也，然既屬內廷庫藏，在外之儒臣，又不敢越俎條陳。〔註114〕

見此陳述，便可知道司禮監藏書及管理的疏失問題實出於居官經營者，其長於避事，視書籍爲泥沙般輕忽，以致司禮監藏書放失虧缺，日甚一日。簡而言之，由於人謀不臧，導致監中藏書散佚、管理鬆散的後遺症日趨嚴重。

除此之外，官署中以行人司藏書數量堪稱豐富、種類亦極多樣見稱，但是到了明中後期，仍有藏書管理的問題產生，根據右司副吳中偉〈行人司書目跋〉述說，正足以說明當時行人司內部藏書管理概況：

> 署中舊有藏書，先是某公梓目一編。今按而檢之，大半烏有，究其故，僉曰：「借閱者多或不返。」良可嘆也。明宇先生握篆復檢所存梓爲目，永貽典守。不佞請列亡書于中，而查註某某假去，冀久假者知歸。乃先生笑曰：「返者自必返，不返者自必不返，梓不梓何益哉！」〔註115〕

由此可知，由於行人司內負責管理藏書者的疏忽，使得行人司長期積累而來豐富圖書，在不經意間逐步散佚流失，卻毫無所覺，這種情形好比行人司圖書雖大量由前門入藏，卻不斷地從後門流失散去一般，終至失而難以復返。

不論是文淵閣藏書，從明初百萬卷之多，至嘉靖、萬曆以後存僅什一；還是司禮監庫中見貯圖書遭竊牟利、板損蟲蛀；抑或行人司藏書因借閱不返，致大半烏有，究其責任歸屬皆不得不歸咎於明代居官者過於輕忽圖書管理之重要，不僅無專門機構負責，且在品級不高的翰林院典籍執管之下，人謀不

〔註114〕同前註，頁454。
〔註115〕參吳中偉，〈行人司書目跋〉，收入馮惠民、李萬健等編，《明代書目題跋叢刊》，頁637。

藏，遂而造成明中後期藏書的衰頹與沒落。

（四）管理規則之建立

　　雖然在明中後期，藏書管理疏略，管理人員的問題也十分嚴重，然而令人寬慰的是，在徐圖《行人司書目》一書中，除了呈現官署藏書的豐富成果外，也擬定一套圖書管理規則。對於一般書目而言，圖書著錄多僅有書名及冊數，部分會有作者、卷次、版本等相關記載，然徐圖此目除了著錄圖書之外，還是首部具有借閱及管理規則的書目。《行人司書目》前列有凡例，所述內容不僅僅是徐圖針對行人司內部所擬的圖書借閱規則，同時也包含了徐圖對行人司藏書的期許與要求，這五條凡例，分別敘述如下：

　　一、署中每使竣還朝，必從四方購書二三種，歷年以來，幾至充棟。
　　　　因循既久，散佚滋多，考之書楔之題，大半徒挂壁耳。請自今
　　　　隨篆交查，倘借出者，前視篆者，一一索還交割，猶如郡邑倉
　　　　庫錢穀交盤故事。蓋清曹散吏，既無簿書之困，獨此架上之藏，
　　　　猶貽出枏之誚，竊自媿之，願諸君毋子毋忽。
　　二、署中諸僚丈觀書止宜於公署，不得攜出；偶有借出查檢，務須即
　　　　還，不可又復轉借於人。今後立一借書文策，用印鈐縫，交火房
　　　　收掌，借書還書，隨即登記。上書某年月日某位從某廚中借某書，
　　　　于某年月日還迄，其未還者，於某位將行當該吏先期走索，務須
　　　　取還，其當該滿日，澂查文冊，並無借出未還者，方准滿呈。
　　三、昔以藏書棼雜，不便檢閱，特臚列其目，而繡之梓，意甚善也。
　　　　迺書目流傳縉紳間，自二三同寅外，多有借觀者，不免蹈三癡
　　　　之誚。書本公署中物，僅供署中披攬，非私藏者比，自查交後，
　　　　非二三同寅，不得借出。
　　四、茲署每使畢藏書，蓋古採風遺意，習爲故事。每隨便塞責有入
　　　　都門始覓者，似失初意。今後購書，須閱書目中所未有者爲上，
　　　　若其鉅麗，即一部亦可，不必多也。
　　五、書目成後，某位視篆畢，即將所收之書續刻於各類之後。每位
　　　　出差回日，送到書即封入續收廚中，不可交火家之手，致有他
　　　　故。〔註116〕

〔註116〕參〔明〕徐圖，〈行人司書目〉凡例，引自馮惠民、李萬健等選編《明代書目
　　　　題跋叢刊》，頁620。

由此觀之，可看出行人司的圖書來源，乃是署中每使竣回朝，從四方購置回來；次知，司中圖書必因年久而散佚嚴重，故擬此借閱訪購規定。凡例第一至第三條，與圖書借閱及管理方式有關，第四、五後二條則為採購及日後典藏所需注意的事項。可見行人司藏書的最大問題，還是在於借閱管理上，這也是所有藏書單位的困擾，至於採購圖書及書籍典藏原則，則是要留意的部份。徐圖在萬曆年間編纂《行人司書目》時，便能留心到此圖書借閱及管理規則的制定，由小可以窺大，可見問題應已逐漸浮現，而且也到了值得重視的時候。

二、公家藏書的文化特色

明代公家藏書體系所建構出來的文化特色，大概有以下幾種：

（一）重藏輕用之觀念

中國古代自有藏書觀念以來，便極注重圖書典藏的功能，這種觀念發展到明朝，形成明代公藏主要特性之一。朱元璋未登基之前，便「命有司訪求古今書籍，藏之秘府，以資覽閱」，〔註117〕待洪武元年（1368）即位後，即命令大將軍徐達取元朝秘書監藏書，盡載運往明朝首都南京，此外，並下令建置大本堂、文淵閣等藏書樓閣以典藏圖籍。可見朱元璋建國之初已清楚圖書典藏之必要性，從正面角度觀之，其深知冊籍於一國文化之重要性，為重視圖書文化的表現；然從另一角度來說，這些搜訪前朝及四方遺書的作法，主要是為將全國圖書盡藏諸秘府之中，供王室諸子覽閱之便，其目的在於典藏，而供使用的對象也僅限於王室皇子，及少數朝廷學士大夫。

基於此種藏書觀念，成祖朱棣即位後，或許覺得文淵閣藏書雖浩翰琳瑯，然不論覽閱或使用，均為不便，遂命翰林學士解縉等編纂類書一部，以便覽閱，此為繼太祖之後第二位注意到文淵閣藏書，並加以運用使其所藏得以充份發揮的皇帝，然而自此之後，仁宗即位不到一年、宣宗偶來視察，至於其下的英宗、代宗、憲宗、孝宗、武宗多半不甚關心，文淵閣藏書遂在這些皇帝藏而不用的政策下漸被疏略忽視，以致日後文淵閣在無人用心管理的情形下，不斷遭至毀損散佚的厄運。

究其原因，除了在位者不再如同明初般重視圖書典籍的原因之外，另一重要的原因則跟皇室公家到了後期只重典藏而不重實用的藏書觀念有密切相

〔註117〕見〔清〕谷應泰，《明史紀事本末》卷14，頁133。

關，這也就是說多數圖書搜訪目的只在於儲藏，而非以使用為考量，書籍藏而不用，容易造成圖書不再受到重視，而無人使用的結果，關於圖書切身的管理問題也容易產生疏略鬆散。

再者，從明代公藏書目著錄的情況看來，我們可以發現書目著錄多半依其所收圖書類別及性質分類，至於藏書管理及借閱規定的記載則少之又少，但從史料記載中得知明後期的公藏圖書已什滅六七，或可略知公藏圖書不斷陷入散佚荒廢的嚴重局面。明朝自萬曆年間以後，直至天啓及崇禎年間，由於在位者的疏略輕忽，實則其時的公家藏書文化已接近至終結的末期階段，可惜在位者始終不察，而終至殘存殆沒的結局。

（二）具教化功能之傳承

公家藏書的最初立意，除了前述指稱「藏之秘府，以資覽閱」之外，另外還有一項意義，即具教化功能的傳承意義。由於太祖朱元璋於立國之初，便提出「惟治國以教化為先，教化以學校為本。」又說：「古先聖賢立言以教後世，所存者書而已。」〔註118〕可知藏書用意主要在於教化民心，而運用的方法便是賜書于欲教化對象，如內廷妃嬪、朝中諸臣、諸藩親王，或者學校士子等等。

（三）文獻編纂之所需

公家藏書文化的另一項特色，乃是為了因應王室編纂文獻大成之所需。永樂初，成祖朱棣諭示翰林侍讀學士解縉等人編纂類書，以供其平日覽閱。書初編成，成祖賜名為《文獻大成》，待成祖進一步覽閱後才發覺仍多缺略，於是命解縉等人重修此書。

而在解縉、姚廣孝等奉詔於文淵閣纂修期間，成祖曾在視朝之暇，至閣便殿閱覽圖書，在問及文淵閣藏書情況時，解縉對以尚多闕略。成祖遂命禮部尚書鄭賜遣使訪購，並說：「惟其所欲與之，勿較值。」〔註119〕從成祖此句話看來，顯示出其此時務求文淵閣藏書豐富無缺，主要原因乃是由於當時纂修類書的需要，故而不計代價令使搜訪圖書。由此可見，公家藏書可充份運用政府資源，以達到其搜訪圖書的效果，目的則是因為編纂文獻圖書的需要。

（四）公藏走向之由盛而衰

自明初到明末的公家藏書發展，如果以線圖表示，便會發覺隨著明代帝

〔註118〕參〔清〕張廷玉等撰，《明史》，卷69，志第四十五，〈選舉一〉，頁1686。
〔註119〕參〔清〕張廷玉等撰，《明史》，卷96，〈藝文一〉，頁2343。

王的不斷更迭，藏書文化發展的走勢也不斷往下滑落，呈現出由盛轉衰的走向。這種走勢發展，代表著公藏體系到了中後期，顯示出明朝中期以後，公家藏書體系在運作過程中積累下來的問題已一一浮現，據筆者推測主要的原因可能有以下幾種：

1. 輕忽藏書使用及管理

自成祖、宣宗以下的君王對公藏圖書採多藏少用，甚少使用公家藏書，故不但不清楚文淵閣及各藏書處所的典藏情形，對於管理機構及人才亦極輕忽。造成這樣的情形，或許是因為明代君王對圖書乃國家文化根本的觀念並未深植，表現在政策上亦無提及關於圖書典藏、管理與維護的方針擬定，顯然中期以後的君王並不重視公藏圖書的發展，如此一來，上行而下效，使得明朝公藏體系發展到後來，從中央到各官署藏書機構在藏書的質與量上終至損佚衰敗的局面。

2. 公藏書目未能發揮效能

除了上述問題之外，編纂公藏書目無法發揮藏書效能，以致公藏書目僅被視為藏書帳簿之功能，而無辨章學術、考鏡源流的功用，也是造成明代公藏體系走向衰敗的成因之一。自楊士奇編纂《文淵閣書目》、錢溥《秘閣書目》，到孫能傳、張萱等奉敕編撰《內閣藏書目錄》，多數公藏書目僅記書名及本數，其卷次、版本、存缺情況偶有記載，但甚罕見，且多未詳述藏書源流及書籍載錄內容等等，以至後來的管理人員無法依此書目完全查考及核對藏書的真正狀況，難以達到對藏書的完全掌控及管理。

3. 制度及人員的疏略

公家藏書體制下，最大的問題之一，便在於制度上的不明確，以及執法上的不完備。這種情形充分表現在文淵閣的典藏上，不但圖書借閱登錄與歸還原則，並無明確規定，而且管理人員的執行不嚴，導致公藏圖書無法可管，弊端頻生。由於明初撤併藏書機構歸於翰林院典籍，而典籍職低權輕，同時並無圖書管理的概念，使得圖書在他們的管理之下疏失頻頻，若適管理人員的心術不正，將公藏書籍竊取以牟私利，積習日久，公藏圖書便如同滴水日滲，一去不返。

第四章 蓬勃發展的私家藏書體系

第一節 私家藏書的發展與分布

明代私人藏書的興盛，遠超過以往宋、元兩朝。根據葉昌熾《藏書紀事詩》記載，有明一代的私人藏書家，從明初宋濂算起，至明末譚應征、錢謙益等人為止，約計有 232 人。〔註1〕另外，根據周少川的統計，見於史料的明代藏書家，則不少於 400 人。〔註2〕此外，吳楓《中國古典文獻學》統計出約 427 人。〔註3〕然在翻閱相關資料之後，發現范鳳書統計的私家藏書人數，應為目前最多的數字：「光是有明一代的私人藏書家數量，便多達 897 人，近似宋、元兩代的總合。」〔註4〕這 897 人的數字，係目前為止計算明代私家藏書人數最多的一次。

不論是葉昌熾列述的二百多位私人藏書家，還是近人周少川、吳楓及范

〔註1〕 這裏的統計數字，不包括宗藩藏書家的 15 人（放在下一章討論），以及延續到清朝以後的藏書家子孫。參〔清〕葉昌熾，《藏書紀事詩（附補正）》（上海：上海古籍出版社，1999 年 12 月），卷 2-3。

〔註2〕 參周少川，《藏書與文化：古代私家藏書研究》，頁 66。周少川乃是依據清葉昌熾，《藏書紀事詩》所記藏書家（包括宗藩藏書家）237 人，又據吳晗，《江浙藏書家考略》（北京：中華書局，1981 年）、聶光甫，〈山西藏書考〉，《中華圖書館學協會報》，第 3 卷，第 6 期；何多源，〈廣東藏書家考〉，《廣州大學圖書館季刊》，第 1 卷，第 2-4 期；劉尚恒，〈安徽藏書家考略〉，《圖書館工作》，1986 年，第 3 期等各篇論文所述，又得 168 人，加起來超過 400 人。

〔註3〕 吳楓，《中國古典文獻學》（濟南：齊魯書社，1982 年 10 月），頁 210。

〔註4〕 參范鳳書，《中國私家藏書史》，頁 166。

鳳書等統計出來的四百到八百多人不等，這些為數眾多的私人藏書家，在明代藏書史上確實佔有重要地位，同時也是帶動民間藏書發展的強大力量。

　　有明一代的私人藏書家，雖然眾多，卻非一時一地的成果。按照時間先後，可將明代私家藏書發展分成四個階段（詳見下文）。在這四個階段的發展過程中，我們發現私家藏書人數在比例上，隨著不同的發展歷程，呈現出增減的變化，代表著私藏風氣的盛衰，有一定的轉變過程；另外，在不同階段，私藏的分布區域也會有所差異，從分布區域上的移轉，則可看出社會經濟發展與藏書文化相互影響的關係。因此，本節重點，擬透過不同階段藏書人數的統計，觀察藏書風氣的轉變，並從其分布區域的集中分散，驗証藏書文化與社會經濟的關係。

　　儘管前述包括周少川、吳楓，以及范鳳書三人，在統計私家藏書的人數方面，多達有 400 人以上，到 800 多人之間，較諸〔清〕葉昌熾列述的 232 人，足足高出二至四倍。然而，三位先生僅列數字，對於藏書家姓名及生平，皆未詳盡列出，不若葉氏清楚列出。因此，本節擬就葉昌熾《藏書紀事詩》列述的明代私人藏書家（不含宗藩藏書家，及間雜元朝或清朝之前後世代祖孫）計約 232 人，參酌范鳳書將明代收藏萬卷以上的藏書家予以列表簡述的藏書家，約有 225 人，〔註5〕並就沈振輝〈明代私人收藏家百例辨析〉一文中找出的 107 藏書家，〔註6〕相為比對，綜合整理，去其重複，得出明代藏書家約有 402 人，為之析分，探討明代私人藏書家的發展歷程及分布概況。

一、私家藏書的發展階段

　　明代私家藏書的風氣，雖說是沿續宋、元兩朝藏書遺風而來，然初期並無許多私人藏書家；一直要到明中葉前期，大約是在成化年間以後，私家藏書風氣及藏書數量，才有顯著增加的趨勢。從明初到明末的私家藏書，可略

〔註5〕　參范鳳書，《中國私家藏書史》，「明代收藏萬卷以上藏書家簡表」列 231 人，去除宗藩藏書家 6 人，得 225 人，頁 168-187。

〔註6〕　沈振輝，〈明代私人收藏家百例辨析〉，《東南文化》，1999 年，第 2 期一文，乃依據三份明代收藏家名錄整理而成，此三份名錄分別是張應文《清秘藏》記明代書畫鑒賞家 30 人；其二出自孫從添，《藏書紀要》，記明代藏鈔本書籍宏富的藏書家 47 人；其三出於姜紹書，《韻石齋筆談》，記明代富有著述的藏書家 54 人，三份名錄剔除重複者，共計 107 人。然文中列出之藏書家近百分之九十與葉昌熾及范鳳書列出之藏書家重複，或超出明代藏書家範圍者，皆不取，僅取未重複者約 15 人。

分成以下四個階段：

（一）初期階段

這一階段大約是從洪武初年到天順年間（1368-1464）。明太祖即位後，開始著手在政治、經濟上進行整頓，對於圖書的蒐羅，更是不餘遺力，這段時間為政府勵精圖治的時期。在政府刻意的蒐購下，民間藏書多歸入公藏，尤以永樂年間成祖敕命編纂《永樂大典》期間為甚。明初在政府重視公家藏書的政策下，民間私藏觀念並不興盛，私人藏書風氣未見盛行。

這時期的私人藏書家，自宋濂開始，到正統年間進士的葉盛、邢用理、劉昌等人為止，前後大概有四十七、八人左右，在總數 402 人之中，佔有百分之十二的比例。此時不論在藏書人數或圖書數量上，都還沒有到興盛繁榮的階段，為明代私藏發展的初期。

而此時較為著稱的私人藏書家，像宋濂、徐達、楊榮、楊士奇、陸容、葉盛等人，都有一個共同特點，即這些私人藏書家們，雖然是以私人的身份藏書，然多數皆具有官職身份，或為官宦世家的後代子孫，只有極少數的二、三個藏書家，不具有官職身份，僅為一般知識份子。可見初期著稱的私人藏書家，其在朝為官，或是具備世宦家世的身份背景者，所佔比例甚高，而民間出身的私人藏書家，雖然也有，但是數量不多，名聲亦不盛。可知此一階段的私人藏書風氣，主要還是集中在政經地位較高，或家世良好的子弟身上，換句話說，具備充份的藏書能力者，較易積聚圖書，因此藏書風氣並未普遍及於民間的知識份子。

（二）擴增階段

這個階段為成化到正德年間（1465-1521）。此時私家藏書風氣，有脫離官方色彩，向民間擴大的傾向。這一階段的私人藏書家，總計有 55、56 人左右，約佔總人數的百分之十四。

這些私人藏書家，包括著名的書畫家沈周、其子沈雲鴻，父子二人不論是在書畫作品，或者是圖書方面的典藏，都極為富厚可觀；另有畫家文徵明，在當時與沈周齊名，歸於吳門畫派，其不僅工詩文，善書法，尤擅繪畫，藏書更是豐富；以及工詩畫文詞，喜藏書、校書的唐寅；再者，家藏萬卷，著述《懷星堂集》的畫家祝允明。除此之外，還有成化年間進士的陸容、吳寬、王鏊、徐源、楊循吉、邵寶等人，這些藏書家們不但酷愛藏書，其中不乏藏

書多達萬餘卷者，或有家藏圖書多至編目，以備存考者。或者是像朱存理、朱凱二人，興味一致，「聞人有奇書，輒從以求，以必得爲志」。〔註7〕其他有喜藏宋、元刻本及當代名人書畫的都穆；文章著稱於時的陸深，其不但建綠雨樓藏放圖書，並編纂《江東藏書目錄》；藏書宏富可觀的黃標，其輯有《古今說海》一百四十二卷，著稱於時；以及精於鑒賞、喜好藏書的朱承爵等人，皆爲此一時期有名的私人藏書家。

此一時期的私人藏書家，人數增多，已不若前期藏書家，多集中於在朝爲官，或世宦子弟，開始普及到民間的文人。更重要的是，這些民間的私人藏書家，不但在藏書數量上，豐富可觀，在藏書種類上，更是隨著藏書家興趣的廣泛，呈現出多元特色。如明四大家的沈周、文徵明、唐寅、祝允明等人，不但在繪畫藝術領域上，各有所長，獨領風騷，其在書畫及圖書方面的典藏，亦旗鼓相當。以唐寅爲例，雖然他在弘治年間得鄉試第一之後，便未曾仕進，然由於唐寅酷愛詩文，同時致力於書畫藝術，故而家中處處可見藏書，後更建以「夢墨亭」以藏置書畫圖冊。另有朱存理、朱凱兩人，博學好書，然皆不喜仕進，而家中藏書，舉凡群經諸史、稗官小說，大抵無所不有，堪稱豐富。再者，文學領域中，同樣也產生不少的私人藏書家。像是累官至禮部尚書兼文淵閣大學士的李東陽，不但爲前後七子擬古派的先導，而且家中藏書甚富；其他，還有以李夢陽爲首的前七子，包括何景明、王廷相、邊貢、徐禎卿等人，皆是主張復古文學，提倡「文必秦漢，詩必盛唐」，這些人在文學上有所堅持，在藏書的成就上，亦不遑多讓。

藏書家們在文學及書畫領域相繼崛起，顯示此時私人藏書家已漸擴展；另外，藏書家人數較前一階段增加，則是意味著到了成化、弘治年間，民間私人的藏書風氣漸趨流行。

（三）繁榮階段

這個階段爲嘉靖初到萬曆年間（1522-1620），爲私人藏書風氣的興盛發展期。隨著社會經濟繁榮，坊間刻書業蓬勃，藏書風氣開始盛行。這時的私家藏書人數不僅超出前面二個階段甚多，同時擁有自明朝以來最富盛名的一群藏書家。

根據估算，這一階段的私人藏書家大約有 230 人左右，佔所有人數的百

〔註7〕 參〔明〕文徵明，〈朱性甫先生墓誌銘〉，引自〔清〕葉昌熾，《藏書紀事詩（附補正）》，頁133。

分之五十七。這些私人藏書家，自郡中稍有藏書名氣的施大經、宋懋澄等人算起，[註8] 其後有李廷相、王寵、彭年、豐坊、李贄、楊儀、鈕石溪、唐順之、李開先、范欽、茅坤、陳師道、錢穀、晁瑮、劉鳳、王世貞、朱大韶、吳岫、項篤壽、項元汴、歸有光、趙用賢、趙琦美、胡應麟、焦竑、祁承㸁、高儒、陳第、陳繼儒等人，皆著稱於時。

　　由於這段期間長達近百年，正好適逢明代社會經濟的蓬勃發展，在社會風氣的帶動，個人經濟能力允許，藏書人數日益增多。特別的是，這一時期的私人藏書家，不論是在朝居官，還是民間文人，在數量上開始呈現出均衡的現象；而藏書家的身份，上至東閣大學士、刑部尚書、國子祭酒、翰林學士等官員士紳階級，下則有書畫文人、隱逸處士、富商、書賈等文人百姓身份，顯示私人藏書風氣並不僅限於某一種階層而已，而是自上而下，普遍存在。

　　再者，藏書家涉獵的嗜好或興趣，也遍及各種領域。有些藏書家本身是著名的文學家，像是以李攀龍爲首，包括王世貞、謝榛、徐中行、吳國倫等後七子的崛起；主張復唐宋之古的唐宋派，諸如唐順之、茅坤、歸有光等人；還有公安派的袁宏道，竟陵派的鍾惺等等，皆爲明代文學史上重要文學家。部份藏書家則是專注於書畫領域，像項元汴的書法及繪畫，便獨具一格，被視爲嘉興畫派的代表人物；董其昌、陳繼儒等人，擅長書畫，超越當時諸家之上，名重海內，爲松江畫派的代表性人物；盛時泰爲江寧畫派的代表，以及被歸類於吳門畫派的王寵、陳師道、錢穀等人，家中藏書皆甚富厚，既是書畫家，亦是藏書家。

　　除了上述領域，還有專心致力於藏書及刻書事業，同樣被歸於藏書家。此種藏書家分成二類，一種爲坊肆書賈這類的印刷出版家，如無錫的安國，便是繼華燧之後，爲著名活字銅版印的出版家；龍游的童珮，則爲浙江著稱的書賈，家藏二萬五千卷書。這類既是書賈、出版者，又具藏書家的雙重身份，通常對於書籍的感情，大概不是只有商業方面考量而已，想必還有一份對於圖書的喜愛；另一種，則是由藏書興趣轉而刻書，而且刻書規模通常不小，如嘉興的項篤壽 [註9]、長洲的陳仁錫、餘姚的聞人詮、金陵的盛時泰，還有晁瑮、袁褧

〔註8〕　據〔清〕葉昌熾《藏書紀事詩（附補正）》引《上海縣志》稱：「萬曆間，郡中藏書之富者，王洪州圻、施石屏大經、宋幼清懋澄、俞仲濟汝輯四家爲最。」頁148。

〔註9〕　根據繆詠禾，《明代出版史稿》（南京：江蘇人民出版社，2000年10月）提到〈嘉興府刻書〉時，稱「項篤壽，嘉興人。……刻過海鹽鄭曉的三部著作，《鄭

等等，〔註10〕皆以刻書聞名。這類藏書家多半自幼即出身於藏書世家，對於藏書的熱衷，其來有自，在私家藏書發展中，多佔有重要地位。

（四）尾聲階段

這一階段自從天啓初到崇禎末年（1621-1644）為止，為時間最短的一個時期。承續著嘉靖、萬曆年間繁盛的藏書風氣，到了天啓初年，猶未衰退，依然持續流行，然受到明末政治紛亂、社會經濟衰退的影響，藏書家人數已不再增加，反而呈現出停滯減少的現象。到了明末，私家藏書人數約僅有 69、70 人左右，佔所有人數的百分之十七。這段時間的藏書家，像耿震國、許元溥、陸寶、陳煌圖、黃翼經、毛晉、金俊明、馮舒、陸貽典、黃虞稷、譚應明、錢謙益等人，皆是明末著稱的私人藏書家。

這些私人藏書家所處年代的範圍，實介乎前一階段與這一階段之間，在界定上也就顯得特別難以區分。由於這個階段的藏書家大多承續前面階段而來，所以若將第四階段藏書家人數併入第三階段，亦無不可，如此一來，自嘉靖初到萬曆年間，再到明崇禎末的私人藏書家人數，至少高達 300 人以上（可能還超過這個數字），在明代的私人藏書家數量中，佔了近百分之七十五的比例。這個比例相當可觀，可以看出私家藏書風氣從明中葉以後整個邁入繁榮發展的階段。直至明末清初，這些為數不少的私人藏書家仍有其難以割捨的藏書事業，可見私藏風氣的盛行及影響，不但延續到明末，甚至到清初，仍持續進行。

從初期階段的百分之十二，擴增至第二階段的百分之十四，而以第三階段的百分之五十七達至鼎盛巔峰，即使到了第四階段，仍延續著前期的繁榮，有著百分之十七的比例。由此看來，明代私家藏書人數從初期以後，開始呈現向上延伸的曲線，爾後有越來越多藏書家的產生，代表私人藏書風氣，到了明末依然不減繁榮的盛況。

二、私家藏書的分布地域

明代私人藏書家的分布情形，根據統計，並非平均分散各省，而是有集中部份省份或地區的現象。上述按時間先後，將私人藏書家的發展歷程分成

端簡公奏議》十四卷、《今言》四卷、《古言》四卷。自編自刻的書有《全史論贊》八十卷、《今獻備遺》四十二卷」，頁93。

〔註10〕參宋原放、李白堅，《中國出版史》（北京：中國書籍，1991 年 6 月），頁 151。

四個階段，每一個階段私人藏書家集中的省份或地域，皆略有不同，因此筆者打算依照不同階段私人藏書家的集中地域予以統計，列出前三名私人藏書家最多的省份，就時間及空間上的比對，加以分析，藉此探討社會經濟的發展與藏書風氣的形成，彼此相互影響的關係。

（一）各省分布

初期的私人藏書發展，雖不能算是興盛，但藏書家的分布卻遍及十多個省，最遠的北到遼寧，南至海南省，東到山東，西到西安，都至少會有一至二個藏書家。其中藏書家人數最多的省份，以江蘇省居冠，有 15 人之多；其次為浙江省，有 11 人；再者為安徽省，也有 5 人，其他像是江西省、上海、福建省、湖南省，都有三到四個不等的藏書家。這些私人藏書家的分布，主要集中在江蘇省蘇州附近的吳縣、昆山等地，以及浙江省的鄞鄮、淳安等地，顯示藏書家的形成與經濟發展開始有些互動關係，不過大抵分布還算平均。

到了第二階段，私人藏書家分布的省份較前期多出江西、廣西、河南、南京等地，顯見藏書風氣正在向外逐漸擴展；然而在分布密度上，卻有了重大的變化。根據統計，此一階段藏書家有集中於江蘇省的傾向，此時光是江蘇省藏書家的人數就有 39 人之多，佔這階段藏書家人數的七成左右，主要集中在長洲、吳縣、太倉、江陰等地；其次為上海，有 5 個藏書家；再者以浙江省、安徽省並列，各有 4 個藏書家。這一階段的藏書家人數，除了江蘇省大幅增加之外，其他省份變化都不大，很少有超過 5 人以上的藏書家。

從嘉靖到萬曆以後的第三階段，甚至延續到天啟、崇禎年間的第四階段，則是自明初以來藏書家人數擴增最為快速，分布地域也是最廣的時期。第三階段的私人藏書家，在分布省份上，較前期又增加甘肅、雲南、四川、陝西等較為偏僻或內陸地區，顯示在私人藏書的傳布上，開始由中原地區向外擴增至其他各省份，顯然藏書風氣的擴展與普及，是從嘉靖年間以後才有明顯的轉變。至於在分布省份上，仍以江蘇省居於首位，約有 91 人之多，大多集中在常熟、長洲、無錫等地；其次為浙江省，有 48 人左右，集中在海鹽、錢塘等地；再者，為上海的 21 人；其他像是福建省，也有高達 16 人，山東省亦有 10 人左右，而河南、安徽、山西等各省，則至少有 5 至 7 個的著名藏書家。

發展到第四階段，在前一階段私人藏書風氣興盛的影響之下，藏書家仍

多數集中在長江流域附近的江蘇省，這時的藏書家人數約有 33 人；其次為浙江省，仍有 17 人；再者為福建省，約有 7 人左右，其他像北京、江西省、河北省、河南省也都有一些藏書家，不過數量並不多。

從上述所列各階段藏書家分布的情形看來，自明初到成化年間以前，私人藏書風氣尚未盛行，藏書家雖有偏向集中於江浙地區的現象，然各省分布差異不致過大；而自成化以後到正德年間，蘇州地區藏書家人數似乎突然暴增，從原先 10 多人，擴增到三、四十人之多，在比例上佔了當時藏書家人數的七成左右，也就是說，明代私人藏書的崛興，最早是從蘇州地區開始的，時間則大約是從成化以後。至於私人藏書真正開始盛行，則是以嘉靖到萬曆年間最為繁榮，這個階段的私人藏書家多集中在江浙地區，主要是在江蘇的常熟、長洲、無錫等地，其次為浙江的鄞縣、海鹽、錢塘等地，可見此一時期私人藏書風氣受到經濟繁榮發展的影響深遠，加以文人間時有互為往來，因而人文薈萃，多集中江浙地區。天啓、崇禎年間，雖然藏書人數明顯減少，然藏書風氣與習性仍延續前期，並未有大變動。

另外，若統計明朝所有私人藏書家分布的省分，便可以跟前述統計出來的結果，相為比對，找出其共性與特性。據周少川《藏書與文化》一書有明代藏書家分布省分的總計，其結果以江蘇省居於首位，約有 128 人；其次為浙江省，約有 80 人左右；再者為安徽省的 60 人；以下分別為福建、山西、山東、廣東等各省。〔註 11〕從周氏估計出來的結果，可以發現在藏書家人數的統計上，與前述用四個階段的統計結果，或許多少有些誤差，然在現象的反映上，卻呈現出相近結果。即從明初到明末，私人藏書家分布各省的情形，皆以江蘇省居首，其次為浙江省，再次的省份就隨時間轉變而有所差異，初期以安徽省藏書家較多，到了中期嘉靖以後，便被福建省、山東省超越過去，直至明末，仍以福建省藏書家人數為多。

（二）區域背景

根據上述結果，得知明代私人藏書家的形成與集中，與社會經濟的發展背景，確實有密切關係。明初，太祖朱元璋認為唯有社會經濟安定，則國富民安，足食乃為治國先務，立國根本，故而十分著重農業生產，提倡經濟作物的種植，尤其是麻、棉、桑、棗、漆樹等栽培。由於這些經濟作物的種植，

〔註11〕參周少川，《藏書與文化：古代私家藏書研究》，頁 191。

提供手工業生產的原料，並帶動日後絲、棉織業的商業發展，奠定明中期以後的經濟繁榮發展。當時生產麻、桑、棉等經濟作物，以江南地區為盛，尤其是松江產棉，湖州蠶桑，蘇杭地區以絲織業聞名。在工商經濟快速發展之下，蘇杭、江浙等地成了繁榮發展的地域，富賈輩出，坊肆匯聚，文人雅士雲集，連帶影響到藏書文化的崛興發達。

從經濟快速發展的時間看來，大抵是從成化年間以後。成化以前，由於中央政府的政治勢力漸趨腐敗，皇室宗藩、縉紳地主與民爭利，不僅擅行土地兼併，且私役軍士耕種，違利向貧民取息，使得人民無家可歸，流民四起。正統到景泰年間，僅南直隸六府的流民人數，竟高達一百零三萬五千多戶，三百六十二萬餘口，許多地方更是「千里一空，良民逃避，田地拋棄，租稅無徵」。〔註12〕到了成化以後，政府見流民情形日益嚴重，遂將其招撫安置，命開墾荒地，有些流民則至繁榮都市從事手工業生產，或商業性活動，使得成化到正德年間的工商經濟有更進一步的發展。當時社會經濟正處於興起階段，隨著經濟富庶及娛樂文化的發達，造紙與印刷技術也有很大的進步，將圖書刊印活動推向日後繁榮的盛況。

到了嘉靖、萬曆年間，都市繁榮，工商業發展到達極盛階段，私人財富積累快速，私人開始有能力購置坊間書籍，而坊肆在購置圖書的人數增加之後，更加擴增刻書版圖，在相互的帶動及影響之下，圖書刊刻成為當時流行的重要商業活動之一。然而，不僅坊間書肆有刻書活動，就連私人藏書家也在財力許可下進行刻書。這些私人藏書家及坊肆刻書業者，大多集中在經濟繁榮的地域，人數較多的省份，首為江蘇省，像是吳縣、長洲、常熟、南京等地；其次為浙江省，以杭州、吳興等地較為著名；再者以安徽省的新安，與福建省的建安地區並列，都是當時著名的藏書及刻書活動盛行地域。

江蘇省的私人刻書家及刻書坊肆，早期有長洲的顧元慶，藏書之餘，亦喜刊刻圖書，所刻書籍以《文房小說》四十二種最富盛名；其次有吳縣的袁褧，家有石磬齋、嘉趣堂，以校讎摹刻為事，刻書之精品，以仿宋刻《大戴禮記》、《世說新語》、《六臣文選注》著稱於時；另有吳縣的沈與文，家有野竹齋與繁露堂以藏書刻書。後期從萬曆末至天啟、崇禎年間，則以常熟虞山的毛晉最富盛名，他不僅好藏書，對於難得的珍貴善本，更是不惜代價購入，

〔註12〕 參傅衣凌、楊國楨等撰，《明史新編》，第 5 章，〈正統到正德年間的社會變遷〉，頁 198。

建有汲古閣，藏書達 84,000 餘冊之多，在他有生之年，刻書 600 餘種，書板更是高達十萬多片，為歷代私家刻書最多者。至於坊間刻書，多集中於金陵，即今天的南京地區，著名的書肆有唐富春的富春堂、唐晟的世德堂、唐振吾的廣慶堂等等，刻書以小說、戲曲作品為主，書籍多附刻版畫，以繪刻精美聞名，引起藏書家的喜愛，間接帶動藏書家收藏意願，造就出另一種藏書風氣。

浙江省的杭州吳興地區，不但文人薈聚，藏書家眾，刻書風氣及其成就，毫不遜於其他地區。居住於錢塘的胡文煥，博學多才，好藏書刻書，建文會堂專門刻書，一生刻書達 600 多種，1,300 餘卷；杭州的坊肆刻書，則有容與堂、玄覽閣、白雪齋、曼山館等知名坊肆；吳興的刻書事業，主要是以凌、閔二家為主，這二家刻書的時間並不長，自萬曆末到崇禎初，約莫二十年期間，由於朱墨套印技術成熟，從雙色套印到四色套印，多清爽秀麗，不但帶動當地刻書風氣的興起，進而促使士人產生藏書動機。

至於安徽省新安（古稱歙縣）地區的刻書風氣亦盛，歙縣的吳勉學，畢生致力於編校刻書事業，刻書坊取名師古齋，所刻圖書內容廣泛，經、史、子、集並重，校勘精審，刻工細究，其子吳中珩，繼承父業，父子刻書總數超過三百種，逾三千卷；出生於休寧的汪廷訥，既藏書又刻書，家有環翠堂，刻書重版畫繪刻，多精工華美。

福建省的建安刻書，則是自宋、元以來便是著名的刻書業集中地。明初，有劉宗器的安正堂書坊、劉弘毅的慎獨齋；明中葉以後，則以余象斗的三台館，余文台的雙峰堂，熊大本、熊龍峰的忠正堂等坊肆著稱。一般來說，建安地區的刻書風格以古樸稚拙聞名，種類遍及經、史、子、集各類圖書，而以醫書、文集、通俗戲曲小說作品，及日常用書居多。

總而言之，藏書家集中的省份及區域，多為經濟繁榮的城市都會地區，可見社會環境的發展對藏書文化的形成，確實帶來正面影響。而藏書文化在發展歷程中，與刻書活動互為依存，缺一不可，同樣為私家藏書體系的一大特色。

私家藏書體系發展及其分布區域表

時　間	洪武初-天順末（1368-1464）	成化初-正德末（1465-1521）	嘉靖初-萬曆末（1522-1620）	天啟初-崇禎末（1621-1644）	備　註
發展時期	初期階段	擴增階段	繁榮階段	尾聲階段	嘉靖及萬曆年間為私家藏書人數擴增為最快速的時期
私家藏書人數	48	55	230	69	總計402人
佔總人數比例	12%	14%	57%	17%	總計100%
分布省分排行	1.江蘇省 2.浙江省 3.安徽省	1.江蘇省 2.浙江省 3.安徽省	1.江蘇省 2.浙江省 3.福建省	1.江蘇省 2.浙江省 3.福建省	藏書家七成集中於江蘇省，而自嘉靖之後，藏書家分布區域漸由江浙二省擴展至沿海福建。

第二節　私家藏書的整理與編目

　　明代私人藏書風氣盛行，藏書家在累積圖書到一定程度後，予以分類整理，並編纂成書目，以備藏書記錄，及平日查找之便，是很自然的現象。按照文獻著錄，范鳳書找出計 167 種的私藏書目。其中確知有刻印本或抄本流傳存世者，為 48 種，幾近全部的三分之一，〔註13〕其列述私藏書目如此，可謂完備。另據張雷、李豔秋〈明代私家藏書目錄考略〉一文考察結果，明代私家藏書目錄（不論存佚）僅有 132 種，其中藏書家生平事蹟可考者 82 種，雖知姓名而生平事蹟無可考，或者只知書目名稱，而不知藏書者姓名有 41 種，另有偽造、誤記和疑莫能明者 9 種。〔註14〕

　　由於本節討論的明代私家書目，並不包括宗藩府藏書目（放在下一章討論）、刻書目錄、佛道藏經書目，以及另錄或續錄的藏書題跋，在筆者的比對下，將范氏所列的宗藩藏書目錄、重複目錄、佚名目錄，及藏書題跋，分別去之，

〔註13〕 參范鳳書，《中國私家藏書史》，頁 263。此數字為范鳳書論及明代藏書家的編目時，所得的統計資料，然統計出來的數字除了一般私家書目之外，還包括宗藩藏書目錄、重複目錄、佚名目錄，及藏書題跋，嚴格來說，範圍太過廣泛。

〔註14〕 參張雷、李豔秋，〈明代私家藏書目錄考略〉，《書目季刊》，第 33 卷，第 1 期。

得到的私家書目僅有 132 種，此與張雷、李黡秋統計出來的結果，恰巧相同，然而若扣掉散佚未見的書目，得到的現存私藏書目實不到范氏所稱的 48 種。

一、重要的私家藏書目錄

目前所能見到私藏書目，扣掉宗藩書目、諸家題跋、佚失，以及未見，或不確定的書目，據計僅有 22 部左右。這些流傳迄今的私藏目錄中，其中有幾部私藏書目在明代私家藏書的研究中，尤其佔有舉足輕重地位，以下遂按書目編目及成書時間先後，分別列述之。

（一）依照傳統四部分類

1.《百川書志》

《百川書志》二十卷，高儒撰。世宗嘉靖十九年（1540）時，高儒〔註15〕就先世以來儲積的家藏圖書編成此目。

書目按經、史、子、集四部，分為四志，其中經志三卷，其下又分 16 類目；史志三卷，其下分 21 個類目；子志五卷，分成 30 個類目；集部則多達九卷，分成 27 個類目。書目前有高儒自序，其著錄方式，主要為記書名、卷次，及撰者姓名，部份書籍下方另有該書內容大要之敘述，或闡述作者意旨。

根據高儒書前自序，可清楚看出高儒編目之源由，乃是有感於天下至樂，莫過於讀書，而讀書則必先藏書，他說：

> 蓋聞至樂，莫逾讀書。典籍流散，見遇人間者，不校乏力。故雖贏賣金之厚，聚非一日，雖有萬軸之儲，讀可一時乎，此重積書之功，書目所由作也。……書無目，猶兵無統馭，政無教令，聚散無稽矣！閒居啓先世之藏，發數年之積，不啻萬卷，各以類從，少著大意，條目昭明。〔註16〕

從此目著錄源流及用意看來，高儒既是累積先世藏書，聚書原本便極宏富，加以其治學嚴謹，編目有序，使得這部《百川書志》頗得後世讚譽。葉德輝校刻此目時，還題序稱贊該書：「此書久為當時士大夫所推重也。」〔註17〕

〔註15〕〔明〕高儒，字子醇，自號百川子，河北涿州人。出身於將門之家，曾任武官。其父高榮，先任尚寶丞，後轉錦衣，至鎮國將軍。高榮崇武尚文，喜蓄圖書，曾誡勉高儒勤奮讀書。高儒以父言為訓，歷經六年考索，三易成編，終成書目。

〔註16〕參〔明〕高儒，〈百川書志序〉，收入《叢書集成續編》，第 3 冊，《百川書志》（台北：新文豐出版公司，1989 年 7 月），頁 472。

〔註17〕參〔清〕葉德輝，〈校刻百川書志序〉，收入《叢書集成續編》，第 3 冊，《百

　　至於此本書目著錄內容，較諸於其他書目特出之處，乃在於以下幾點：

　　（1）著錄作者及提要，俾便考訂：此目著錄，除了書名之外，其在作者載錄方面，則儘量列述。凡遇書有撰者、註者，或為之釋文、正義、集解者，悉以著錄，像是：

　　　　經部《周禮疏》十二卷，其下題「唐弘文館學士賈公彥等奉敕撰，鄭氏註，陸德明釋文音義。」

　　　　經部《春秋穀梁傳註疏》二十卷，下題「唐國子四門助教楊士勛撰，陸氏釋文，范甯集解。」

另外，若作者身居官職，或知撰述時間，則與作者相關之官階、謚號、別號、撰述時間，及內容大要等資料，亦皆詳述列出。例如：

　　　　史部《大明輿地指掌圖》一卷，下註「少保兼太子太傅吏部尚書武英殿大學士臣桂萼纂進。天下土地，分為十七圖，各具敘記，府、州、衛所之額，王府之制，戶口、錢糧、軍馬之數，四夷附末，以見大一統之義也。」

　　　　集部《莊昶詩》一卷，下註「明南安知府東海居士松江張汝弼，翰林檢討石齋新會陳公甫，行人木齋金陵莊孔易，三先生之作也。予各有其全集，此卷未詳錄出何人也。」

這樣的作者及提要撰述，較諸一般書目僅記作者人名，要來得清楚詳細。對於目錄考訂者，或者欲查詢作者生平而資料欠缺者而言，都能有一些實質的幫助。

　　（2）收錄明人著作數量豐富：根據統計，高儒《百川書志》總計收錄有2,112 種書，其中明代典籍或明人著述，便有高達 844 種，在這 844 種中，有431 種著有提要。〔註 18〕高儒撰述此本《百川書志》約成於嘉靖年間，距明朝開國不過 172 年左右。換句話說，在這一百多年期間，收錄 800 多種的明代圖書，佔其家藏書籍的四成，比例不算太低；再者，從提要內容看來，並未特別強調藏書的版本，而是著重於該書內容大要，可見高儒對於明代典籍的態度，還沒有到厚古薄今的地步，而收錄的許多明代書籍，可做為後世重要參考。

　　（3）蒐集通俗作品，反映當時流行的圖書現象：高儒《百川書志》史部類下多出「野史」、「外史」二類，然此二類所收並非史部類的書籍，而是流行於民間的通俗小說及戲曲作品。「野史」類收錄通俗小說，數量不多，僅有《三國

川書志》，頁 471。

〔註 18〕參孫永如，《明清書目研究》（合肥：黃山書社，1993 年 7 月），頁 59。

志通俗演義》二百四卷，及《忠義水滸傳》一百卷，其下皆有提要；至於「外史」類則收錄大量通俗戲曲的劇作，包括雜劇、傳奇及理論之屬，總計有五十六種之多，其中並包括宗藩周憲王朱有燉撰述的誠齋雜劇 31 種著作，提要敘說：

> 皇明周府殿下錦窠老人全陽翁著。各具四折，詳陳搬演科唱。或改正
> 前編，或自生新意，或因物生辭，或寓言警世，或歌唱太平，或傳奇
> 近事密異，或駭人心，煙花不污人志。蓋處貴盛之時，消磨日月，故
> 發此空中音耳。凡三十一種，總名誠齋傳奇，異樂府行也。〔註19〕

由此可知，高儒同樣蒐羅當時流行於民間的傳奇劇作或通俗小說，並未因其小道不入流，而排斥於外。只不過，從高儒蒐羅的圖書類型及數量多寡看來，或許由於高儒個人的偏好，也或許是當時流風所致，顯然戲曲類作品要高於小說類甚多。

2. 《紅雨樓書目》

《紅雨樓書目》四卷，又名《紅雨樓家藏書目》、《徐氏家藏書目》，〔註20〕徐燉撰。神宗萬曆三十年（1602）時，徐燉〔註21〕整理自家藏書後，編寫而成，後又撰《紅雨樓題跋》二卷，敘說部份藏書出處源流、著述旨意，或述己讀書感想、校勘情形。

書目仿鄭樵《通志・藝文略》及馬端臨《文獻通考・經籍考》之例，按經、史、子、集四部編次藏書，各部以下又分類目。經部下分十二類；史部下分十類；子部下分十八類；集部下則有九類，共四部四十九類。其著錄方式，記書名、卷次，其下以小字或註作者、校注者；或記刊刻者姓名；或為出處，記出於何地刊刻、某人藏本等等，皆甚簡略。

根據徐燉於書目前〈紅雨樓書目序〉稱，此部《紅雨樓書目》乃其積書十年而成，「合先君子、先伯兄所儲，可盈五萬三千餘卷，存之小樓，堆林充棟，頗有甲乙次第。銘橥暇日，遂仿鄭氏藝文略、馬氏經籍考之例，分經史

〔註19〕 參〔明〕高儒，《百川書志》，卷6，〈史部・外史〉，頁505。

〔註20〕 徐氏《紅雨樓書目》，根據黃虞稷《千頃堂書目》著錄為七卷；繆荃孫《藝風藏書記》著錄《紅雨樓書目》四卷；另據馮惠民、李萬健《明代書目題跋叢刊》輯錄的《徐氏家藏書目》味經書屋刊本，亦題七卷，本文則以嚴靈峰《書目類編》輯《紅雨樓書目》，題為四卷，做為討論。

〔註21〕 徐燉（1570-1645），字惟起，又字興公、慢亭，自署竹窗病叟、徐仲子、讀易圖主人、天竺山人、筠雪道人、筆耕惰農、鼇峰居士、三山老叟，福建閩縣人。萬曆中，與曹學佺主閩中詞盟，人稱興公詩派。平生勤於著述，廣求秘籍，家中積書達五萬餘卷，因建紅雨樓以庋藏之。

子集四部，部分眾類，著爲書目四卷，以備稽覽。」〔註22〕可見其於藏書投入及其對編目用心程度，已是竭盡心力所能。

即如徐𤊹對藏書如此用心專注，然書目還是有優劣互見的現象，就其優劣處簡單說明如下：

（1）具有明代著述，蒐藏豐富的優點：《紅雨樓書目》著錄明代典籍頗多，尤以集目爲是。集部下先分集類（別集），其下再按朝代分唐、宋、元、明，其中著錄到明朝集類時，另附諸家姓氏，其後又將《明詩選》列出的詩人，一一敘述其姓氏履歷，對於後代研究明代的文人資料，極具參考價值。

其次，在史部方輿類下，亦蒐藏不少方志類的圖書。方輿類下分成總志、分省、邊海、外夷、各省雜志，及各省題詠五類，自總志至各省雜志以下，幾爲明代各種方志類圖書，其蒐羅涵蓋各省通志、府志、州志、縣志、名勝志、寺志、道觀志、書院志、記遊雜志等等，數量至少400種以上，相當可觀。

最後，子部傳奇類之下，則收錄不少的戲曲作品，總計約有134種劇目，視其著錄，多爲當時流行於民間的戲曲創作。

（2）偶見分類叢雜，著錄訛誤的缺點：徐𤊹《紅雨樓書目》著錄圖書之富，雖然可觀，只可惜編目大多雜亂無章，時見訛誤。以上述提到的方志類圖書爲例，雖蒐羅極爲宏富，但著錄通通歸入大類之下，不再細分，因而各志散置，可見其時藏書置放亦亂，不僅搜找困難，後代欲查考圖書存佚，亦極不易。故而許世瑛先生責其「分類既嫌叢雜，而鉅細又復不倫」，〔註23〕而昌彼得先生則是評其「唯以韻書、字書、傳奇列於子部，頗感不倫。史分正旁，亦嫌過簡，實無足觀。」〔註24〕另外，在著錄方面，亦有不少訛誤，像是書名與作者常見互爲誤置，以《安陽集》一書爲例，作者應爲韓琦，卻誤填爲范鎭；至於《傳家集》爲司馬光所作，卻誤置爲周敦頤，諸如此種錯誤，皆是著錄時不該犯的缺失。

3.《澹生堂藏書目》

《澹生堂藏書目》十四卷〔註25〕，又名《澹生堂藏書目錄》，祁承㸁〔註26〕

〔註22〕參〔明〕徐𤊹〈紅雨樓書目序〉，收入嚴靈峰，《書目類編》（台北：成文出版社，1978年7月），第28冊，頁244。

〔註23〕參許世瑛，《中國目錄學史》（台北：中華文化，1954年8月），頁149。

〔註24〕參昌彼得，《中國目錄學》，頁183。

〔註25〕此本《澹生堂藏書目》計14卷，清光緒年間徐友蘭刊本。

〔註26〕祁承㸁（1562-1628），字爾光，號夷度，自號曠翁，浙江山陰人。萬曆三十

撰。此目著錄祁承㸁家藏圖書，書約成於萬曆四十八年（1620）年左右，然目前所能見到最早的版本，係清光緒年間徐友蘭刻本。

　　據祁承㸁自稱，家中藏書自其父祁汝霖在仕二十餘年期間，便已有遺書五七架，庋臥樓上，他每入樓取書觀閱，雖不能解書之大義，然摩挲藏書，戀不忍捨。成婚後，更沈酣典籍，手錄古今四部，取其切近舉業者彙為一書，卷以千計。藏書合於先世，超過萬卷，藏於載羽堂中。可惜於萬曆丁酉年（二十五年，1597）冬夕，家中失火，先世所遺及半生所購，無片楮存者。然他仍四處訪求異書，搜輯殘編，直至「癸丑（四十一年，1613）偶以行役之便，經歲園居，復約同志，互相裒集，廣為搜羅。夏日謝客杜門，因率兒童，手自插架，編以綜緯二目，總計四部，其為類者若干，其為帙者若干，其為卷者若干，以視舊蓄，似再倍而三矣！」〔註27〕其後又經歷數年收藏，至《澹生堂藏書目》完成之際，已收錄藏書約九千餘種，十萬餘卷。而祁承㸁於有生之年，建造曠園一處，園中建澹生堂，為藏書之庫；另有曠亭，為游息之所；而東書堂，則為讀書之所。

　　《澹生堂藏書目》一書，按經、史、子、集四部分類，各部下又分類，類下又分目，分成經部十一類，六十三目；史部十五類，六十八目；子部十三類，八十一目；集部八類，三十二目，總共有四十七類，二百四十四目。著錄內容，記書名、冊次，其下以小字題作者、卷次，出處或版本。

　　至於《澹生堂藏書目》一書在分類編目與收書著錄的呈現，則有以下幾個特點：

　　（1）編次有法，分類詳審：據劉師兆祐提到祁承㸁《澹生堂藏書目》一書分類時，認為其「大抵襲自鄭樵《通志・藝文略》及焦竑《國史經籍志》之方法，但部份子目則較鄭、焦二家為詳。」〔註28〕姚名達先生亦抱持此種

　　　二年（1604）進士，宦游山東、江蘇、安徽、河南等省，官至江西布政使司右參政。善藏書，儲書達十萬卷之多，既富且精，鈔世人罕見之書。築澹生堂以藏書，撰有《澹生堂藏書約》，分成《讀書訓》、《聚書訓》、《購書訓》、《鑒書訓》，以示子孫，其後又編有《澹生堂藏書目》，其他著作還有《澹生堂集》、《澹生堂外集》、《宋賢雜佩》及《牧津集》等書。關於祁承㸁一生著述與編纂之書，嚴倚帆，〈祁承㸁及澹生堂藏書研究〉（台北：台大圖書館學研究所碩士論文，1987 年 6 月）列出 15 種之多，可參酌之，見氏著，頁 61-69。

〔註27〕參〔明〕祁承㸁，《澹生堂藏書約》，收入《叢書集成新編》（台北：新文豐出版公司，1986 年 1 月），頁 744。

〔註28〕劉兆祐，《中國目錄學》（台北：五南圖書出版公司，1998 年 7 月），頁 312。

想法，他認為此目：「子目之分配，亦較鄭、焦二家為審慎，蓋由確有其書，故無濫入之弊。」〔註29〕視此本《澹生堂藏書目》，係採用傳統四部分類法，部下分類，各類下又分細目，其劃分之詳細，就連昌彼得先生都認為明代對於目錄學最有貢獻的，首推祁承㸁。他說祁承㸁「所編的澹生堂藏書目不僅著錄豐富，達十萬卷，而在分類上及編目方法上，有若干甚具價值的創見。」〔註30〕另據昌先生〈祁承㸁及其在圖書目錄學上的貢獻〉一文，則是進一步將祁承㸁在圖書分類上的想法與觀念，即「因、益、通、互」四法，予以介紹與闡述。〔註31〕

　　根據嚴倚帆《祁承㸁及澹生堂藏書研究》一書分析，祁承㸁圖書分類上的原則與方法，乃承襲自鄭樵提出的類、家、種三級分法，而將類例改為部、類、目三個層次，使其部次得以條理分明。〔註32〕另外，除了改變類目的分層之外，祁承㸁在類目的新增及異動方面，也有自己一套的改革想法，包括新增叢書、約史、餘集等類目，省併藏書較少的數類合為一類等等，其優劣得失互見，然而即使如此，後人對於祁氏分類上的成就，仍是褒過於貶，推崇勝於苛責。

　　（2）藏書重實用，不偏執版本：黃裳〈澹生堂二三事〉〔註33〕曾就以祁承㸁、范欽二家為主的浙東藏書家，與以毛晉、錢謙益為主的常熟藏書家，兩者不同處稍做探討，黃氏認為常熟派重視書籍的版本，而浙東派則是以實用的角度來收書。從祁承㸁書目著錄方式，以及藏書觀念來看，確實符合浙東注重實用的態度。根據祁承㸁《澹生堂書目》著錄內容看來，除了書名、冊次等基本資料之外，其下雖有以小字題作者、卷次，出處或版本，然而版本項的記錄卻十分簡單，應是仿自尤袤《遂初堂書目》與晁瑮《寶文堂書目》著錄刻本的作法，著重在記錄及區別之作用。同時，視其書目之版本記錄，並非全部著錄，其中在宋、元版本方面，數量不多，亦未有特別偏重的現象。〔註34〕

　　（3）明代典籍，蒐書豐富：祁承㸁書目著錄之藏書，以「集部別集類」圖

〔註29〕姚名達，《中國目錄學史》（台北：台灣商務印書館，1981年），頁138。

〔註30〕參昌彼得，〈中國目錄學的源流〉，收入《版本目錄學論叢》（台北：學海出版社，1977年8月），第2集，頁152。

〔註31〕參昌彼得，〈祁承㸁及其在圖書目錄學上的貢獻〉，收入《版本目錄學論叢》，第2集，頁278。

〔註32〕參嚴倚帆，《祁承㸁及澹生堂藏書研究》（台北：漢美，1991年），頁232。

〔註33〕參黃裳，〈澹生堂二三事〉，《社會科學戰線》，1980年，第4期，頁3。

〔註34〕根據嚴倚帆《祁承㸁及澹生堂藏書研究》一書，參酌各家藏書志中著錄的澹生堂藏本，其中宋版僅有3部，元刊本4部，皆不算多。

書共收錄 1,288 種居於首位，其中又以明人文集佔 802 種，10,937 卷，遠遠超過其他朝代文集，爲數量最多的藏書類型。其次，圖志類居於第二位，共收書 715 種，7,510 卷，主要爲各地郡志、州志、邑志（縣志）、山川、園林等方志圖書；再者，爲國朝史類，共收書 483 種，7,412 卷，爲第三多的藏書類型；以下則是正史類、編年史、通史類等史書，合計 82 種，7,004 卷。〔註35〕由於祁承㸁性喜史書，蒐書求其完備，故而此類藏書甚富，其他像是類書、總集、叢書，數量亦極爲豐富。尤其重要的是，在這些藏書之中，不論是文集類、方志類，還是史部類的藏書，皆以明朝圖書蒐集情形堪稱最爲完備，爲當時蒐羅明代典籍藏書最富者。

　　祁承㸁藏書之富，就連范欽、毛晉等人藏書，皆有所不及。然而，如此豐富的藏書，自祁承㸁算起，還延續三代之久。承㸁之子有五，分別爲麟佳、鳳佳、駿佳、彪佳，及象佳，皆承其父遺風，好聚書藏書，其中尤以二子祁鳳佳管理藏書最善，而四子祁彪佳聚書最富且勤。據載祁彪佳平日即喜蒐購圖書，他曾經於崇禎十年（1637）寓山園完工後，撰有〈寓山注〉一卷，其中便說：「自吳中乞身歸，計得書三萬一千五百卷，庋置豐莊之後樓，鎭日摩挲。」〔註36〕這些可觀的藏書之中，便藏有爲數不少的戲曲及傳奇作品。

　　至於祁氏藏書，包括祁承㸁及其子孫所聚，終其結果如何，大抵也如同多數藏書家的藏書命運一般，四處流散了。根據應師裕康〈讀《祁忠敏公年譜》與《祁忠敏公日記》〉一文指出：「澹生堂的藏書，在祁忠敏公（彪佳）殉節之後，慢慢地流失。」〔註37〕其後應師又進一步敘說黃宗羲、呂留良二人爲蒐購澹生堂藏書而反目，分析出其時澹生堂藏書不但已散見市肆，且所售價錢還不及當時裝訂之錢。而造成澹生堂藏書到了清初，竟以論斤秤兩賣出的原因，應師的推測並非全然因爲政治上的壓迫，或僅因家道中落所導致的，而是：

　　　　澹生堂藏書的論斤賣出，我臆測它的原因，並非是由於祁氏家境的
　　　　敗落，無法維持生計。而實在是祁氏的後代，尤其是當家的次子理

〔註35〕見嚴倚帆，《祁承㸁及澹生堂藏書研究》，頁 98-101。

〔註36〕寓山園乃祁彪佳的別墅所在地，係自崇禎八年（1635）十一月開始築園，到十年五月始完工。而〈寓山注〉一卷，則是將寓山全園四十九處的建築，分別作記，介紹說明。參〔明〕祁彪佳，《祁忠惠公遺集》（上海：中華書局，1960 年），卷 7。

〔註37〕參應裕康，〈讀《祁忠敏公年譜》與《祁忠敏公日記》〉，《高雄師大學報》，第 1 期，1990 年，頁 3。

孫，在國破家亡之餘，心灰意懶的行動。……理孫不但散佚藏書，
即使他自己的詩作，也不加保留，大約其時他覺得無一非「空」，詩
文書籍，徒染世相而已，不如散之爲快。雖然如此，但對於祁忠敏
公的那些手稿，卻不肯毀棄，相反的妥加保存。〔註38〕

這樣的見解，是有些與眾不同，也有些道理可言。理孫爲彪佳之子，承爍之
孫，身負保存藏書的重大使命，然而，由於祁彪佳乃以投池殉國來表達其反
清的政治立場，因此祁氏一家的政治動態，自然備受清廷關注。而理孫在這
樣的環境之下，心境走向心灰意冷，晚年與佛門中人交往甚密，導致部份藏
書被沙門賺去，也是不無可能。可見到了後來，即使祁氏子孫欲保全澹生堂
藏書，然在艱難環境之下，實難以繼續持守。

　　不過，眞正論及澹生堂藏書完全散出的時間，則是要到民國四十年左右。
由於民國成立後，紹興縣修志委員會協同忠敏公十一世孫允敬，整理祁氏遺
著，才發現祁氏子孫還保存一些祁彪佳的遺作，甚至於包含部份的祁承爍、
祁理孫、祁班孫等生前藏書，經過有清一代而仍未散失，彌足珍貴。只可惜，
自民國四十年以後，這些僅存的澹生堂藏書，也陸續散出，其中一部份被中
共充歸國有，另一部份則流入民間，爲藏書家購去。〔註39〕

4. 《千頃堂書目》

　　《千頃堂書目》三十二卷，黃虞稷撰。〔註40〕此書目爲黃虞稷參與纂修《明

〔註38〕同前註，頁4。另外，關於祁彪佳的研究，應裕康便有六篇相關論述，皆論述
　　　　詳盡，可供參酌，分別爲（1）〈王編祁忠敏公年譜述評〉，《中國學術年刊》，
　　　　第3期，1981年；（2）〈祁彪佳著作考〉，《木鐸》，第11期，1987年；（3）〈祁
　　　　彪佳的生平及其傳記資料〉，《高雄師院學報》，第15期，1987年；（4）〈讀《祁
　　　　忠敏公年譜》與《祁忠敏公日記》〉，《高雄師大學報》，第1期，1990年；（5）
　　　　〈自祁忠敏公奏疏看明末朝政〉，《高雄師大學報》，第2期，1991年；（6）〈祁
　　　　彪佳遠山堂「曲品」與「劇品」初探〉，《故宮學術季刊》，第9卷第2期，1991
　　　　年冬，頁75-115。
〔註39〕中共充歸國有的部份，據嚴倚帆《祁承爍及澹生堂藏書研究》一文指出，目
　　　　前大抵藏於北京、南京、杭州各大圖書館；至於流入民間部分，可參見黃裳，
　　　　《遠山堂明曲品劇品校錄》一書。
〔註40〕黃虞稷（1629-1691），字俞邰，一字楮園，先世福建泉州人。其父居中，字
　　　　明立，萬曆十三年（1585）舉人。官至南京國子監丞，遂舉家遷金陵。一生
　　　　好學，喜聚書藏書，手自鈔撮，衣食所餘，悉以購書，藏書達六萬餘卷，建
　　　　「千頃齋」，有《千頃齋集》。崇禎十七年（1644）卒，年八十三。虞稷爲居
　　　　中之仲子，十六歲補諸生，屢試不第，乃閉門讀書。承守父志，裒聚續益，
　　　　廣蒐珍書，藏書達八萬餘卷，遂擴建「千頃齋」，易名爲「千頃堂」。清康熙

史·藝文志》期間，因整理有明一代典籍文獻，欲爲〈藝文志〉初稿，後未見用，遂將此目以《千頃堂書目》行世，內容則專錄明代撰述或著作爲主。

《千頃堂書目》編次採用四部分類，而每類之下又各分小的類目，分別爲經部分十二類目，史部分十八類目，子部分十三類，集部則分成八類。每類書籍著述，以明代著述爲先，但於各類末，則補錄有宋、遼、金、元四代著作，以補史志之不足。書目著錄方式，記書名、作者，及卷次，其下或有小字註該書作者小傳，或載一書內容，或說明刊刻及流傳情形。

在明代的私藏書目中，《千頃堂書目》一書佔有極爲重要的地位，不論是在分類編目、體例，還是書目價值上，都受到後代研究者的推崇重視。目前關於黃虞稷及其《千頃堂書目》研究的單篇論文或專著甚多，像是王重民先生最早撰述〈千頃堂書目考〉，〔註41〕其後喬衍琯先生針對黃氏父子及其藏書及其《千頃堂書目》，一連撰述若干篇論文，〔註42〕後來則有周彥文先生《千頃堂書目研究》，直至今日，關於黃虞稷及其《千頃堂書目》之相關研究仍多，可見其於圖書館及目錄學方面的重要性及價值。

探究此本書目，其不論是在編目體例，或書目價值方面，多受後代推崇讚揚，然亦有不足處，稍做整理，可得以下幾點：

（1）體例承襲前代書目：由於黃氏撰述此目，在形式上可謂謹守四部分類原則，雖其下各類細目，略有變動，然就分類原則而言，仍是依循四部觀念來別類，因此在許世瑛先生《中國目錄學史》雖將之歸於「四部分類法目錄之別派」，然仍肯定的說：「觀其分類，大體與隋志以後正統派四部分類目錄無殊。」〔註43〕後來，昌彼得先生在撰述《中國目錄學》時，則是直接將此目歸於「私家遵循四部之目錄」一類之中，視其爲依循四部分類的私家目錄。

至於後代對《千頃堂書目》分類體例的評價，《欽定四庫全書總目》稱其：

二十八年（1689），左都御史徐元文薦修《明史》，合撰《藝文志》，並兼《一統志》纂修官。所著除了《千頃堂書目》之外，還有《楮園雜志》、《我貴軒集》、《朝爽閣集》、《蟬窠集》等書。

〔註41〕 參王重民，〈千頃堂書目考〉，《北京大學國學季刊》，第 7 卷，第 1 期，1950 年。
〔註42〕 喬衍琯撰述關於黃虞稷及其千頃堂藏書之論文，分別有〈晉江黃氏父子及其藏書〉，《文史季刊》，第 1 卷，第 2 期，1971 年；〈經義考所引千頃堂書目彙証〉，《書目季刊》，第 6 卷，第 3 期，1972 年；〈論千頃堂經義考與明志的關係〉，《國立中央圖書館館刊》，第 10 卷，第 1 期，1977 年；〈千頃堂書目校証〉，《中國圖書館學會會報》，第 29 期，1977 年等。
〔註43〕 參許世瑛，《中國目錄學史》，頁 162。

「其簿錄一門，用尤袤《遂初堂書目》之例，以收錢譜、蟹譜之屬，古來無類可歸者，最為允協。……其別集以朝代科分先後，無科分者，則酌附於各朝之末，視唐宋二志之揉亂，特為清析，體例可云最善。」〔註44〕似乎仍有部份可取。然據周彥文〈千頃堂書目研究〉一書析討此目分類的結論，則是認為其分類「多承襲前代書目，並綜合截取而成，獨創之處，可謂寥寥無幾。」〔註45〕

　　（2）明人著述，資料最富：此部《千頃堂書目》，是黃虞稷蒐羅典籍載錄或所見所聞的明代著作列述而成，其著錄明代書籍共計有一萬五千四百零八條，為歷來記載明代文獻最廣博者。〔註46〕故而此目問世後，後代學者欲考明代著作，則多徵引此目，像是清朱彝尊撰述《經籍考》、《明詩綜》，杭世駿撰《兩浙經籍志》，以及《四庫全書總目》等書，多有採用《千頃堂書目》資料。《四庫全書總目》在提到此目時，並稱說：「然焦竑《國史經籍志》，既誕妄不足為憑，傅維鱗《明書經籍志》、尤侗《明史藝文志稿》，尤冗雜無緒。考明一代著作者，終以是書為可據。」〔註47〕可見在明人著作資料的蒐羅上，後代多抱持肯定的態度。不過，由於此目並非黃虞稷私人藏書的目錄，而是知見目錄，因而或許有許多未見圖書，故而稱其資料最富，而不說蒐書最富。

　　（3）書目著錄，偶有缺失：即使《千頃堂書目》受到後代頗多讚揚，然而仍有其缺失存在。其一，此目收錄以明代著作為主，而補以宋、遼、金、元前四朝書籍，其收錄雖廣，然補志僅止於宋代，不及於唐朝以前，於學術傳承之連續性上，不夠清楚完備；其二，所錄諸書不考存佚，使得目錄學中原有明存亡，辨真偽之功用，未能達到；其三，在圖書的分類置放上，偶有誤置錯放，或不明歸類的情形出現，像是「史部‧地理類」之中，收錄有吳承恩《西遊記》，似不當放入史部，而應置於子部小說類較為恰當；又如「集部‧別集類」下著錄有高啟《扣舷集》一卷，下註「詞」，或為詞曲集，歸於詞曲類或更切近些；楊朝英《太平樂府》一書，入於禮樂類，然亦應歸於詞曲類。諸如此類的缺失，或可稱說因黃虞稷蒐羅廣博，或因其知而未見，訛

〔註44〕見〔清〕永瑢等奉敕撰，《欽定四庫全書總目》（台北：藝文印書館，1997年9月），史部類，第434冊，〈千頃堂書目提要〉，頁1。

〔註45〕見周彥文，〈千頃堂書目研究〉（台北：東吳大學中國文學研究所博士論文，1985年6月），頁185。

〔註46〕見周彥文〈千頃堂書目研究〉，頁248。

〔註47〕見〔清〕永瑢等奉敕撰，《欽定四庫全書總目》，史部類，第434冊，〈千頃堂書目提要〉，頁2。

誤在所難免，但仍爲此目之缺憾。

（二）不按傳統四部分類

1.《菉竹堂書目》

《菉竹堂書目》六卷，〔註48〕葉盛撰。〔註49〕自葉氏先人起，即已積累藏書，迨葉盛整理彙聚，編書目，書目約成於憲宗成化年間。

書目下分成六卷，卷一收聖制、易、書、詩、春秋、三禮（周禮、儀禮、禮記）、禮書、樂書、諸經總錄、四書、性理；卷二收經濟、史書、子書；卷三收子雜、文集；卷四收詩集詞；卷五收類書、韻書、姓氏、法帖、畫譜、政書、刑書、兵法、算法、醫書、農圃；卷六收古今通志、陰陽卜筮書、道書、佛書。

編目不按傳統四部分類，類目雖未按千字文編次，然而仿楊士奇《文淵閣書目》分類系統加以編排，清楚可見。至於著錄內容，僅記書名及冊次，是書若知作者姓名，則在書名上方註記。收書約計 4,600 冊，22,700 卷。

書目前有葉盛序，謂此目著錄源流，乃因有感於「夫天地間物，以余觀之，難聚而易散者，莫書若也，如余昔日之所遇，皆是也。今吾書之所以爲目，此也，吾後之人不可不知也。」〔註50〕由此可知，葉盛作此目主要是希望讓後世子孫知圖書匯聚不易，不應輕忽待之。序後又有「書廚銘」一條，載「讀必謹，鎖必牢，收必審，閣必高。子孫子，惟學斆，借非其人亦不孝。」〔註51〕從短短警語之中，便可看出葉盛對圖書典藏的謹慎與愛惜，乃出於內心之眞實情感。

2.《寶文堂書目》

《寶文堂書目》三卷，晁瑮撰。〔註52〕此目成書時間不詳，推測當於嘉

〔註48〕 根據〔明〕葉盛《菉竹堂書目》序稱：「葉氏書目六卷，敘列大率本鄱陽馬氏，其不同之大者，經、史、子、集外，制特先之，曰尊朝廷，且賜書所在也。」參氏著，《菉竹堂書目》自序，收入《叢書集成新編》，私家書目第 2 冊，頁 12。

〔註49〕 葉盛（1420-1474），字與中，江蘇崑山人。正統十年（1445）中進士，授官兵部給事中，官至吏部左侍郎。其間曾任山西參政，協贊軍務，又曾巡撫兩廣、宣府等。平生嗜書，手自讎錄至數萬卷，藏書之富，甲於海內。卒諡文莊。著有《葉文莊奏疏》、《水東日記》、《菉竹堂稿》、《涇東稿》等書。

〔註50〕 參葉盛，《菉竹堂書目》，頁 12。

〔註51〕 同前註。

〔註52〕 晁瑮（1506-1576），字君石，號春陵，直隸開州人。嘉靖二十年（1541）進士及第，官至國子監司業。其子晁東吳，才學優長，嘉靖三十二年（1553）進士，選翰林院庶吉士。晁氏父子兩人情趣相同，俱潛心經術，雅好刻書、藏書。惜晁東吳不幸早逝，年僅二十三，未能與其父共同編定《寶文堂書目》。參孫永如，《明清書目研究》，頁 61。

靖末，甚至晚至隆慶年間，才纂輯成書，爲晁氏家藏圖書的簡明記錄。

　　書目分上、中、下三卷，每卷標有小目，卷前無序，末亦無跋。上卷分諸經總錄、易、書、詩經、春秋、禮、四書、性理、史、子、文集、詩詞十二類目；中卷分類書、子雜、樂府、四六、經濟、舉業六類目；下卷分韻書、政書、兵書、刑書、陰陽、醫書、農圃、藝譜、算法、圖志、年譜、姓氏、佛藏、道藏、法帖十五類目。書目共分成三十三類目，收書計約 7,829 種。而著錄內容，主要以書名爲主，部份書籍於書名下另有小字著錄刊刻冊次、內府刻本、宣德刻、宋刻、元刻等等，關於版刻的年代、時間、處所，或殘闕概況的記載，不過此類詳註的圖書數量並不多。

　　書目分類，並不按傳統四部的架構編目，而是按各圖書性質分定類目，不過在類目順序上，仍是參酌先經後史，其後再按子部類、集部類，及其他細目分別列述。若論此本《寶文堂書目》與其他書目不同處，在於此目有些特點，未見於其他書目。其特點如下：

　　（1）著錄版刻，俾於考見版本源流：明代私藏目錄之中，晁瑮《寶文堂書目》爲首部於書名下方註明版刻的書目。雖然此目著錄版本的書籍，佔所有書籍數量不多，然而開啓書目版刻著錄風氣之先，對於圖書版本的考訂，確實有初步的幫助。不過，其對於版刻方面的著錄，載錄稍嫌簡略，且圖書數量不多，並非全面性的著錄，對於版本方面，僅能作爲參考。

　　（2）戲曲小說，蒐藏豐富：眾多私藏書目之中，以晁瑮《寶文堂書目》一書蒐羅戲曲小說等通俗作品，最爲宏富。書目編目，將小說歸於子雜類，收錄小說話本約 244 種；戲曲則歸於樂府類之中，蒐集約有 354 種的劇作，數量豐富，向來爲後代的目錄學家或藏書家所推崇。趙萬里〈跋晁氏寶文堂書目〉一文，便稱此目「其中子雜、樂府二門，所收元明話本小說、雜劇、傳奇至多，爲明代書目中所僅見，至可貴也。」〔註53〕

　　3.《世善堂書目》

　　《世善堂書目》二卷，又名《世善堂藏書目》、《世善堂藏書目錄》，陳第〔註54〕撰。書約成於萬曆丙辰（四十四年，1616），爲陳第過世的前一年。

〔註53〕參趙萬里，《北平圖書館善本書目》，目錄類，〈跋晁氏寶文堂書目〉，1933 刊。
〔註54〕陳第（1541-1617），字季立，號一齋，福建連江人。原爲諸生，設帳清漳，
　　　　教學有方，生徒雲集。曾得俞大猷賞識，薦於名將譚綸，命其出守古北口關。
　　　　歷官游擊將軍，居薊州鎮（明九邊之一，今河北邊西縣）十年，慨然有長驅
　　　　遠略之志。後爲督府所忌，不得展其長才。平生游歷，幾遍天下。嘗至金陵

　　書目分上、下卷，上卷收經類、四書、諸子百家類，及史類；卷下則收集類及各家類。書目編目方式，先分以六大類，即經、四書、諸子百家、史、集，及各家，每類下再詳細別分各類目，其中細類共分成，實極鉅細靡遺。然其著錄內容，則僅記書名及卷次，部份書名下另有小字記作者姓名。卷前有陳第序，敍說其蒐書原則與編目方式，據其序稱：

> 吾性無他嗜，惟書是癖。雖幸承世業，頗有遺本，然不足以廣吾聞
> 見也。自少至老，足跡遍天下，遇書輒買，若惟恐失，故不擇善本，
> 亦不爭價值。……今歲閒居西郊，伏去涼生，課兒僕輩晾晒入籢，
> 粗爲位置，以類相從，因成目錄，得便查檢。〔註55〕

從陳第此番敍述看來，這本書目可說是在他有生之年藏書的全記錄。雖然他的蒐書標準並不嚴格，遇書輒買，故不擇善本，但也因此蒐羅不少各類圖書。從陳第《世善堂書目》所著錄圖書看來，

　　後世對陳第此本書目的評價，多著眼於其藏書之富，但也同時因其日後藏書散佚嚴重，而感到不勝噓唏。清著名藏書家鮑廷博將此目編入《知不足齋叢書》，並爲之題跋時，說此本《世善堂書目》「即其家元本，予從趙氏購得之，內經谷林先生圈出所稱斷種秘冊者約三百餘種。余按其目求之，積四十年，一無所得，則當時散落，誠可惜也。特刊其目，附叢書以行，庶與海內藏書家共留意焉。」〔註56〕由此可知，陳第藏書雖冠絕於一時，然後世孫不復能守，故其書多已散佚不存，實極可惜。

4. 《脈望館書目》

　　《脈望館書目》不分卷，趙琦美撰。〔註57〕成書時間不詳，爲著錄趙氏家藏圖書的簡明目錄。

　　書目不分卷，依廚標號。廚按千字文編目，自天字號至調字號，共31廚。書目前有「書廚字號總目」，各字號下註明該書廚置於書房的所在位置。書目

焦竑處，夜宿書樓，秉燭閱藏書，得未曾見書。自謂積書三、四十餘年，至萬有餘卷。

〔註55〕　〔明〕陳第，《世善堂藏書目錄》，「序」，收入《叢書集成新編》（台北：新文豐出版公司，1986年1月），私家書目第2冊，頁52。

〔註56〕　參〔清〕鮑廷博，〈世善堂書目跋〉，收入《叢書集成新編》，私家書目第2冊，頁52。

〔註57〕　〔明〕趙琦美（1563-1624），原名開美，子元度，自號清常道人，江蘇常熟人。自幼生長於藏書世家，其父爲趙用賢，官至吏部左侍郎，卒謚文毅。趙用賢性喜藏書，精於校勘。趙琦美繼承其父藏書事業，以網羅古今典籍爲志。

編目雖以千字文爲號，然順序仍依經、史、子、集四部排列，各部下再細分類目。以千字文分廚編號方式，顯然仿自楊士奇《文淵閣書目》編排，然在類目細分的部份，則又回歸於傳統經、史、子、集四部分類，即此《脈望館書目》，雖在形式上採用楊士奇自創的千字文編次，但在類目排列上仍以四部類目爲基礎，以此達到兼備兩者的分類目的。至於書目著錄內容，主要爲列書名及本數，其下偶有小字記重複本數、作者，及書籍存佚。

　　除了編目方式的特出之外，此部書目在編目及藏書性質方面，還有一些特色，表現在以下幾點：

　　（1）在四部基礎下，自創類目：類目雖依四部類目細分，然也有別出心裁的類目出現，像是「史部」之下，除了一般正常的正史、雜史、職官、起居注、編年、史評、傳記之外，還另創有「僞史霸史」一類，視其著錄，有《大金國志》、《華陽國志》、《江南野史》、《平蠻錄》等等，推測此類目下所收史書，大多是因其著述性質，或內容不歸於正統史書範疇，故而別創一類。另外，在「子部」樂書類，附有一類「大西人術」，此類在其他書目中皆未嘗有過，顯然自創無疑。凡關於西洋奇人事宜，或者由西洋傳來的哲學、宗教、術數等智識書籍皆置此類，如《畸人論》、《泰西水法》、《天主教要》、《幾何原本》、《天主寶義》等。

　　（2）明代方志，蒐書豐富：此目所收書籍之中，關於方志類圖書的數量可說相當豐富，且分類十分詳細。在「史部‧總志類」下，按其地域及各省分成南直、北直、南京各衙門、北京各衙門、南九邊志、北九邊志、山東、山西、河南、陝西、四川、雲南、貴州、福建、廣東、廣西、湖廣、江西、浙江等十九門，著錄圖書從中央政府到地方各府、州、縣所刊刻的地方志書。

　　（3）無法歸類的類目，放在後面：這裏所指無法歸類的類目，是指趙琦美將無法歸類，或有其他因素難以歸入經、史、子、集者，皆置於集部圖書之後，另設他類。這類包括有「不全宋元版書」、「舊板書」、「佛經」（未錄其目）、「墨刻、書畫、古玩雜物」、「碑帖」，後附「續增書目」，共佔五廚之多。這些舉凡明版以外的版本圖書、舊版本書、及墨刻廟碑圖畫、書畫文物、古玩雜物、碑帖等等，以及後來於萬曆四十六年（1618）九月二十六日著錄的「續增書目」等等，其無法歸類的原因，推測可能一則因趙琦美著錄藏書之際，先著錄以全本，版本亦以明版居多，而宋、元刊本數量不多，加以多數殘缺不全，故通通置於後面書廚置放，俾便查考；二則因墨刻廟碑圖畫、書

畫文物、古玩雜物、碑帖此類，既不完全歸於書籍之屬，又雜以物品，遂將其置一類；至於續增書目，其下則未分經史子集，順序錯亂，其後又註有「本年十一月十二日兩兒從常州帶回續增書目」及「本月二十日衛奎帶歸續增書目」等字，當爲見增一書便錄之，故應是按入書時間先後著錄。

二、私藏書目的纂輯特色

上述所列藏書目錄，爲明代較具代表性的私藏書目。這些私藏書目，不論是在編目體例、分類原則，或者是在圖書性質方面，雖各有特性，然亦有屬於私藏書目的共性，而針對這些私藏書目呈現出來的共同特色，列述如下：

（一）編目體例

根據上述所列私家藏書目錄，大抵可以簡單分成二種：一種便是「依循傳統四部分類」的方式，即是在形式上完全按照經、史、子、集四部來加以分類的。這類的書目，像是高儒《百川書志》、徐𤊹《紅雨樓書目》、祁承㸁《澹生堂藏書目》、黃虞稷《千頃堂書目》等等。這類書目，在編目分類上多數依循四部舊規，甚少有自己獨創的新意出現，偶而在四部之下的類目，會針對蒐書性質予以增刪，不過變化幅度通常不大。

第二種分類方式，多數在形式上「不按傳統四部分類」，或仿楊士奇千字文分廚編次，或自創類目，或將四部分類拆開分類，不論以何種方式分類，都歸於參酌各家而自成體類。這類有晁瑮《寶文堂書目》、陳第《世善堂書目》、趙琦美《脈望館書目》等等。然而，在分析各類書目的分類原則之後，發現各書目雖在形式上傳不依四部，但在細目上，仍是以四部分類的概念加以細分，像晁瑮《寶文堂書目》，視其類目，雖不題四部，然仍是取自四部以下部份各類，再將其分散及先後錯置；而陳第《世善堂書目》在部類上分成經類、四書、諸子百家類、史類、集類，以及各家類，共六大類，其中有四類同於四部，另外二類則是自經部及集部別出；至於趙琦美《脈望館書目》，在形式上則仿楊士奇《文淵閣書目》，以千字文編次，然其下類目順序係依經、史、子、集先後排列。

私藏書目的分類原則，顯然深受四部分類觀念的影響。從上述幾部書目，可看出部份私人藏書家極欲自創新意，設計出更爲特別，或更具開創性的分類方法，但似乎僅能在各部以下的類目或細目稍做變動。這或許是因爲傳統的四部分類，大抵已能涵蓋整個中國古代圖書的範圍，所以不管如何分類，

也脫離不了四部範疇，只能在細部類目方面，嘗試作更完善的修改與調整。

（二）蒐書特點

私藏書目與公藏書目的差異，除了撰述者與使用對象的不同之外，最大的不同點，便在於蒐羅圖書及著錄方式的自由度。一般說來，私人藏書目錄在蒐書的範圍上較不受限制，通常也不須顧慮到雅俗的觀點，端看藏書家個人的喜好與興趣而定。雖然書目各殊，然仍有其共同普遍性，因此根據現存私藏書目的著錄內容，探究私藏書目的幾個特點：

1. 以明代著述為主

明代私人藏書家的興起，自成化年間以後始盛，而著名的私家藏書，更是集中到了嘉靖、萬曆年間才發展蓬勃。也就是說，除了少數藏書家出身家學淵源，所藏圖書原本便極豐富，而家藏圖書之中或有宋、元善本之外，其餘多數私人藏書家大概皆自明中葉以後始為形成。因此，藏書家們眼目所見，手中所購，多為明代刻本，而蒐羅最易者，亦莫過於當代的圖書典籍。所以明代的私人藏書家蒐書，便多為明代的著述作品，而版本方面，也以明本為多。這項特色在上述所舉八部書目中，皆可見到，為明代私藏的共同特性之一。

2. 廣納通俗文學作品

目前所見私藏書目之中，多收錄有小說、戲曲等通俗文學作品，只有少數藏書家如葉盛，以正統文人自居，視小說、戲曲之作為鄙俗雜書，理應當禁，不過一般私人藏書家較無此種想法。由於私人藏書家在蒐書的過程中，對於日常隨處可見的書肆刻本，流行於民間的小說、戲曲書籍等等，多半會基於個人興趣，或者容易蒐購的原則而購置，因此藏書中出現這類圖書的機率大為提昇。

這些蒐集來的通俗文學作品，多為當時流行的小說、戲曲著作，藏書家各依所好，像是洪楩、高儒、晁瑮等藏書家，偏向小說蒐藏；〔註58〕對戲曲方面有興趣的藏書家更多，主要有楊循吉、高儒、臧懋循、徐燉及祁承㸁、祁彪佳等藏書家，蒐羅的戲曲作品豐富多樣，尤以元明雜劇最受藏書家的喜

〔註58〕 參傅璇琮、謝灼華編，《中國藏書通史》（寧波：寧波出版社，2001 年 2 月），文中論述明代私家藏書，在提到藏書家的小說書籍收藏時，便舉出洪楩及高儒為例，說明二人對於小說收藏之喜好。然據筆者視高儒的家藏書目《百川書志》，似乎關於戲曲方面的蒐藏較小說為多，可見高儒對於不論是小說，還是戲曲的蒐藏，皆有相當的積累。

愛。像是臧懋循爲此編纂《元曲選》，收錄元雜劇一百種；另外，趙琦美家藏元明雜劇多達二百四十四種，並擇優編成《脈望館抄校古今雜劇》一書，都顯示出私人藏書家們對於通俗作品的喜愛，以及蒐藏興趣的廣泛。

3. 方志蒐藏豐富

明代方志，上承宋、元餘緒，不論在數量還是質量上，皆甚豐富。根據沈達偉統計，目前現存的明代方志圖書約有 984 種，12,554 卷，這個數量是現存宋、元方志的 20 倍。〔註59〕雖然明朝方志的數量絕不僅止於此，然可大略看出當時方志的撰述盛況。

由於明代方志圖書的編纂，以嘉靖、萬曆近百年之間的數量最多，約佔所有方志數量的十分之七。在這麼豐富的圖書資源下，私人藏書家在蒐書過程中，自然極易蒐羅到方志類圖書，而這種情形在萬曆年間以後始編成的私藏書目中尤其明顯，像是徐𤊼《紅雨樓書目》收錄方志圖書，多達四百種以上；祁承㸁《澹生堂藏書目》著錄的方志類圖書，居於藏書類型的第二位，收書 715 種，7,510 卷；趙琦美《脈望館書目》方志圖書，蒐羅豐富，分類亦十分詳細，爲重要的藏書特色之一。從私藏書目著錄的情形看來，顯然明代方志類圖書在編纂數量已達一定規模，而私人藏書家們或在基於保存史料的觀念下，或因個人興趣所好，或單純因爲蒐羅容易的理由，而蒐藏爲數不少的方志圖書，無形中也爲後代方志學奠定了良好的根基。

（三）著錄缺失

即使私人藏書目錄，不論是在藏書史上或目錄學史上，皆佔有極重要的地位，然而在書目著錄上，仍有一些不完善的缺點值得深討，主要集中在編目分類及著錄方面。

1. 分類不夠嚴謹

雖然私藏書目的編目分類，多依襲自公藏書目或舊例而來，然而在細目分類上，仍有自己的觀點或想法，因此在編排分類上，便會隨著藏書家的個人主觀意識而定。或許是因爲藏書家們蒐書過多，加上並非每個人都是事必躬親，因而在書目分類的編排上，便常出現錯置、贅設等現象。以趙琦美編《脈望館書目》爲例，雖然蒐書宏富，然分類上的訛誤亦不少，有些應屬於集部類的書籍，便被誤置於史部類之下，或者明明爲同一類的書籍，卻被分

〔註59〕參沈達偉，〈明代方志存佚目考〉，《津圖學刊》，1984 年，第 3 期，頁 86。

置二處，然並非互見；至於黃虞稷《千頃堂書目》，依照《四庫全書總目》的
評論，雖提及該目體例清析，然於經部分十一門，既以四書爲一類，又分論
語、孟子二類，另外將《大學》、《中庸》等書入於三禮類中，其分合殊爲不
當，而史部於典故類之外，又立食貨、刑政二門，頗爲贅設。〔註60〕由此可
看出，私人藏書家雖欲自增刪修訂類目的分合，可惜仍不免有錯。

2. 著錄過於簡略

目前仍存的明代私藏書目雖然不多，然從幾部重要的私藏書目之中，大
概可看出藏書家撰述書目的簡略。一般來說，私藏書目的著錄方式，多僅著
錄書名、冊次或卷次；部份藏書家會針對藏書的狀況，於書名、冊次下以小
字附註作者、版本、出處源流，或提要，然而皆十分簡略，同時並非全面著
錄，故而僅能視書目之載錄爲私人家藏圖書的清冊記錄，實難看出其於目錄
學的價值與功用。

第三節　私家藏書的文化意蘊

明代私家藏書文化的形成，承續宋、元而來，發展到明代，部份藏書特
性，經過融合吸收，甚至發揚光大，遂而轉變成明代私家藏書文化的特色之
一；也有部份藏書特性，並非原來就有的，而是在明代藏書歷史發展過程中
逐漸形成，成就獨特的藏書文化，進而對當時及後代私人藏書家造成某些影
響。透過明代私人藏書家對於藏書的表現、心態及觀念的分析，可以進而探
究私藏體系的文化特色，以及其蘊藏的文化涵義。

一、藏書家勤力於蒐書

一般來說，私人藏書若被稱以藏書家，其於蒐書方面必然積極，若進一
步以藏書名家稱之，那麼以勤力二字來形容他們對於藏書的態度，實不爲過。
明代私人藏書家對於圖書蒐藏的心態，可以表現在下列幾個方面：

（一）致力蒐購

藏書家們爲了蒐羅圖書，多不惜財力多寡，即使家貧，凡有餘力，皆以
購書。根據史料，這些藏書家蒐購圖書的類型，依照藏書家蒐書的特性，大

〔註60〕 參〔清〕永瑢等奉敕撰，《欽定四庫全書總目》，史部類，第434冊，〈千頃堂
　　　　書目提要〉，頁1。

略分成以財力購書，以及行千里路蒐書兩種類型。

1. 不惜重貲購書

這類的私人藏書家，多半愛書成癡，其對於圖書之蒐藏，已視爲生命中不可或缺的一部份。楊循吉、項篤壽等，便是這類見到喜愛典籍，不惜重貲蒐購的藏書家類型。此外，黃虞稷的父親黃居中，雖平生積蓄有限，然對蒐書亦十分積極。有一次，黃虞稷去找錢謙益，聊天之餘，黃氏述及父親聚書情形，說道：「虞稷之先人，少好讀書，老而彌篤。自爲舉子，以迄學官，修脯所入，衣食所餘，未嘗不以市書也。……藏書千頃齋中，約六萬餘卷。余小子裒聚而附益之，又不下數千卷。」〔註61〕這種凡有積蓄，悉以購書，甚至不惜以己身所有財力購之的父子藏書家，對於一般人而言，或許難以理解，然看在同是愛書人的錢謙益眼中，實心有戚戚焉。

在不惜重貲購書的藏書家之中，要以常熟毛晉最爲出名。毛晉性嗜卷軸，嘗榜示於門曰：「有以宋槧本至者，門內主人論葉酬錢，每葉出二百；有以舊鈔本至者，每葉出四十；有以時下善本至者，別家出一千，主人出一千二百。」於是，湖州書舶雲集于迎春七星橋毛氏之門。當時諺云：「三百六十行生意，不如鬻書于毛氏。」〔註62〕可見毛晉蒐書，必有強厚財力作爲後盾。而從這一點，除了可以看出毛晉對於天下藏書務在必得，不惜財力蒐書的心態；另一方面則可知毛晉財力富厚若此，以其豪氣蒐書的作風，可知其蒐書代價必然不小。

2. 廣納各地圖書

爲了蒐羅圖書，這類藏書家們大多四處訪求圖書，足跡遍及各地，只爲尋求珍藏善本。他們的蒐書興致及志向，有些是奠基於自幼出身藏書世家，在耳濡目染下，培養出的藏書興趣，待長大之後，或因其職務之便，宦游四方，或因個人興致所趨，故而行千里之遠以蒐書。

福建陳第爲了蒐書，曾訪求遍及各地。根據《世善堂書目》前序敘述，他說：「自少至老，足跡遍天下，遇書輒買，若惟恐失，故不擇善本，亦不爭價值。」〔註63〕另外，著名藏書家胡應麟也有此種經驗，在胡氏自述藏書經歷時，便曾說道：「余自髫歲，夙嬰書癖。稍長，從家大人宦游諸省，遍歷燕、

〔註61〕 參〔明〕錢謙益，〈黃氏千頃齋藏書記〉，收入《牧齋有學集》，第26卷，頁994。
〔註62〕 參〔清〕葉昌熾，《藏書紀事詩（附補正）》，卷3引滎陽悔道人，〈汲古閣主人小傳〉，頁311。
〔註63〕 〔明〕陳第，《世善堂藏書目錄》，「序」，頁52。

吳、齊、趙、魯、衛之墟，補綴拮据三十載，大率竊搜委巷，廣乞名流，尋之故家，求諸絕城。」〔註64〕

另外，謝肇淛則是因其職務變動之故，來往宦游南北各地。每到一處，便銳意搜羅古籍，後竟聚書至數萬卷。至於，山陰祁承㸁爲訪求異書，搜輯殘編，遍遊南北，「癸丑（四十一年，1613）偶以行役之便，經歲園居，復約同志，互相裒集，廣爲搜羅。」〔註65〕其後又經歷數年收藏，待《澹生堂藏書目》完成，已收錄藏書約九千餘種，十萬餘卷，極爲豐富可觀。

總而言之，藏書家不論是以何種方式蒐購圖書，其對於藏書的態度，可以說是幾近乎沈迷。在徐㶍《筆精》一書中，提到他的好朋友謝兆申對於藏書一事的執迷，說道：「予友邵武謝兆申〔註66〕好書，盡罄家貲而買墳籍，兀坐一室，四面皆書，僅容一身。……予與謝君極稱臭味交，謝君藏書蓄幾盈五六萬卷，又多秘冊，合八郡一州未有能勝之者。」〔註67〕藏書至此，似已成癮。

（二）繕抄秘本入藏

中國古代印刷技術發展到明代，已達成熟階段，然而許多的私人藏書家仍喜愛以鈔錄來獲致典籍。其主要原因據范鳳書看法，其主要原因有三：一爲世人著述未爲盡刻，部份只有抄稿本；二爲世間罕見之秘本，須靠抄錄；三爲抄書乃讀書之一法，精抄本尤具藝術價值，鑒賞情趣。〔註68〕然除此三點之外，藏書家鈔錄圖書的理由，筆者認爲還可以增加二點：

第一爲向他人借書，或有歸還時限，或興起感懷，故以鈔錄爲之。藏書家馮舒於手抄《汗簡》後，撰跋敘說其鈔書源由，提到崇禎十四年（1641）借之山西張孟泰氏，久置案頭未及鈔錄，後因避兵入鄉，無書可讀，架上偶攜此本《汗簡》，「便發興書之，二十日而畢。家人笑謂余曰：世亂如此，揮汗寫書。近聞有焚書之令，未知此一編者，助得秦坑幾許虐焰。予亦自笑而已」〔註69〕

〔註64〕 參〔明〕胡應麟，《經籍會通》（北京：北京燕山出版社，1999年5月），卷4，頁56。
〔註65〕 參〔明〕祁承㸁，《澹生堂藏書約》，頁744。
〔註66〕 〔明〕謝兆申，字保元，號耳伯，又號太弋山樵，建寧人。萬曆貢生。爲文幽暗，有《耳伯文集》。
〔註67〕 參〔明〕徐㶍，《筆精》（福建：福建人民出版社，1997年5月），卷7，〈藏書〉，頁29。
〔註68〕 參〔清〕范鳳書，《中國私家藏書史》，頁235。
〔註69〕 參張金吾，《愛日精盧藏書志》（台北：文史哲出版社，1982年3月），卷7，頁231。

馮舒思及該書乃借他人書，不論是否有歸還的一天，但興懷有感，遂鈔此書而成。

第二則爲書癖之好，鈔書乃興味所至，唯當事人能知之。以楊循吉爲例，史載其聞某人有異本，必購求繕寫之。自述〈鈔書詩〉，可謂深切表達出此種鈔書癖好與興味所在，詩云：

> 沉病已在躬，嗜書獨不費。每聞有奇籍，多方必羅致。手錄兼貿人，
> 恒報衣食費，往來繞案行，點畫勞指視。

> 成編亦艱難，把玩自珍貴，家人怪我癖，既宦安用是。自知身有病，
> 不作長久計，偏好固莫捐，聊爾從吾意。〔註70〕

從這首詩內容看來，顯然當事人對於鈔書癖好之興味所在，心知肚明，惜家人不解，所以他只好藉詩以寓懷。不過，即使如此，我們卻也不能不承認鈔書實爲藏書家對於書籍情感的一種寄託方式。

至於明代喜好抄書的私人藏書家，數量不少，根據葉德輝《書林清話》一書敘述，至少有十數家，分別爲吳鈔（吳寬叢書堂）、葉鈔（葉文莊公賜書樓）、文鈔（文徵明玉蘭堂）、王鈔（王肯堂鬱岡齋）、沈鈔（沈與文野竹齋）、楊鈔（楊儀七檜山房）、姚鈔（姚咨茶夢齋）、秦鈔（秦四麟致爽閣）、祁鈔（祁承㸁澹生堂）、毛鈔（毛晉汲古閣）、謝鈔（謝肇淛小草齋鈔本）、馮鈔（馮舒兄弟空居閣）、錢鈔（錢謙益絳雲樓），後又提到其他各家，〔註71〕算起來可能超過十多家，而這些都是明代著稱的私人藏書及鈔書家。

二、藏書原則的建立

明代私人藏書家的藏書方法或原則，除了承襲以往經驗之外，部份藏書的觀念或作法，則多是在原先舊有的基礎上加以調整，進而發揚光大，甚至形成日後藏書家依循的通則或理論。這種藏書觀念的承襲或轉變，對於後代私家藏書理論的建構，可謂提供重要的參考及借鏡。

（一）蒐書認知的因應方法

關於蒐書的認知，早在南宋之時，鄭樵便已提過「求書之道有八法」，這八個方法主要是根據書籍來源的不同而提出的因應之道；到了明代，不論

〔註70〕 參〔清〕朱彝尊，《靜志居詩話》，收入周駿富輯，《明代傳記叢刊》（台北：明文書局，1991年1月），頁722。

〔註71〕 參〔清〕葉德輝，《書林清話》，卷10，〈明以來之鈔本〉，頁545。

是公家藏書，或者私人藏書，在蒐書的過程中，也開始體認到求書之難。公藏方面，有丘濬〈訪求遺書疏〉提出圖書典藏的困難，及預防書籍散佚的必要與方法；私人藏書方面，則有高濂《遵生八箋》、張萱《西園聞見錄》分別提出關於這方面的論述。然而，敘說求書之難，主要的目的乃是為了闡明蒐書的重要性。謝肇淛《五雜俎》一書中，曾提出的「求書五難」，此五難分別為：

> 子集之遺，業已不乏，而經史之翼，終泯無傳，一也；漢唐世遠，既云無籍，而宋元名家，尚未表章，二也；好事之珍藏，靳而不宣，卒歸蕩子之魚肉，天府之秘冊，嚴而難出，卒飽鼠蠹饕食，三也；具識鑒者，厄於財力，一失而不復得，當機遇者，失於因循，坐視而不留心，四也；同心而不同調者，多享敝帚而晒夜光，同調而不同心者，或厭家雞而重野鶩，五也。〔註72〕

上述五難，簡單來說便是古書難求的原因，或因泯滅無傳，或尚未表章，或藏書家秘而不宣，或厄於財力坐失良機，或因藏書家眼光不同而未能訪求。既已知求書之難，則應有原則或方法來克服此難，其後明確將蒐書原則或方法訴諸文字的藏書家，則以祁承㸁為第一人。

在祁承㸁〈澹生堂藏書訓略〉一文中，他首先針對購書一事，提出三項原則，而這三項原則不但是第一個有系統的蒐書理論，同時後來更成為清代迄今藏書家蒐書的重要參考。第一為「眼界欲寬」，第二為「精神欲注」，第三為「心思欲巧」。〔註73〕所謂的眼界欲寬，即學識要博，知識要廣，絕不可只見眼前一兩種書，便沾沾自喜；至於精神欲注，則是主張應專心致力於求書之道，所謂「古今絕世之技，專門之業，未有不由偏嗜而致者」〔註74〕便是認為求書亦應如此；心思欲巧，則是主張在鄭樵求書八法的基礎上，更加靈活運用，除了原先的八法之外，祁承㸁還增加了「三說」。此三說，總括而言即為輯佚法、分析法，以及利用書目、書序求書法。然不論是鄭樵的求書八法，還是後來祁承㸁提出的三說，總之運用各種求書之法，觸類旁通，以心思之巧來求書，必有所成。

除了購書原則之外，書籍的鑒別也是求書的重要關鍵。祁氏亦就圖書的鑒

〔註72〕〔明〕謝肇淛，《五雜俎》，卷13，頁1088。
〔註73〕參〔明〕祁承㸁，〈澹生堂藏書訓略〉，頁747。
〔註74〕同前註。

別方面，提出五項原則，他說：「夫藏書之要在識鑒，而識鑒所用者在審輕重、辨眞僞、覈名實、權緩急而別品類，如此而已。」〔註75〕從這五項原則看來，祁承㸁對於藏書的看法，不僅只在於求書而已，還要針對眼前所見圖書予以鑒別，才能蒐羅到眞正的善本好書。祁承㸁《澹生堂藏書約》，對於購書及鑒書皆有較爲清楚的理論立說，對於喜愛蒐藏圖書的藏書家來說，不啻爲珍貴的經驗法則。而祁承㸁論說的這套蒐書原則，不但是當時最早有系統且全面性論述藏書理論的著作，後來更是成爲清代藏書家總結藏書理論的重要參考。

（二）佞宋心態的出現

私人藏書家的心態，除了上述列出的傾資購書及鈔書嗜好之外，部份藏書家對於某些特定版本喜愛的程度，已近乎狂熱，甚至不惜任何代價，這種現象尤其容易表現在對宋本圖書的偏愛，也就是所謂的佞宋心態。

明代中期以前的藏書家，對於蒐書版本的要求並不太講究，也不會特別蒐羅宋、元兩朝的圖書版本，這原因或許一方面跟當時宋、元本數量不多有關，另一方面則可能跟當時藏書家仍無明顯的崇古輕今觀念，所以不會刻意的輕忽或貶抑明本。但自從嘉靖年間以後，由於刊刻風氣的興起，藏書家們對於宋、元版本也開始注意及重視起來。當時的藏書家爲了得到宋刻本，偶有不惜任何代價的情形出現，根據吳翌鳳《遜志堂雜鈔》記載：

> 嘉靖中，華亭朱吉士大韶，性好藏書，尤好宋時鏤版。訪得吳門故家有宋槧袁宏《後漢紀》，係陸放翁、劉須溪、謝疊山三先生手評，飾以古錦玉籤，遂以一美婢易之，蓋非此不能得也。婢臨行題詩於壁曰：「無端割愛出深閨，猶勝前人換馬時，他日相逢莫惆悵，春風吹盡道旁枝。」象元（大韶字象玄，玄避諱爲元）見詩惋惜，未幾捐館。〔註76〕

這則朱大韶「以美婢易宋版書」之記載，或許當時已經出現「以宋爲古」的厚古觀念，也或者僅是因爲到了明中葉以後，宋、元版本實在太過罕見，於是在物以稀爲貴的情形下，留下了這則朱大韶願意割捨美婢，以換取一部宋版《後漢紀》的故事；然從朱大韶後來的惋惜之情看來，顯然此人仍眷戀舊情，只不過因愛書成癖，而捨棄佳人，卻也留下深深遺憾。

〔註75〕同前註，頁748。
〔註76〕吳翌鳳，《遜志堂雜鈔》，收入《叢書集成續編》（台北：新文豐，1989年），第18冊，庚集，頁775。

不過，從明代藏書發展歷史看來，雖然到了明中葉以後，宋、元版本極為罕見，逐漸為藏書家所看重，然而應該還沒有到「佞宋」的地步。嚴格來說，若論及佞宋風氣的真正形成，應該要到明朝末年才有明顯的佞宋現象出現。據葉德輝說法：「自錢牧齋、毛子晉先後提倡宋元舊刻，季滄葦、錢述古、徐傳是繼之，流於乾嘉，古刻愈稀。」〔註77〕可見佞宋風氣的形成，大概是從明末的毛晉、錢謙益等人始為正式風行，而這股風氣也延續到清初。

（三）保存管理的注重

私人藏書家既重視藏書，自然會對圖書的保存與管理有所留意，尤其極欲避免書害的產生。書害的因素，可簡單分成自然與人為兩種書害，所謂的自然書害，舉凡水災、火災、蟲蛀鼠蟻、書黴等來自於自然界的干擾破壞；而人為災害則是指盜賣、兵燹、禁毀等人為的管理疏失。

1. 防水火之患

對圖書而言，水火尤其無情，可謂承平時期書籍的最大災厄。明代私人藏書家遇水火之災者，數量不少。其中遭祝融之災，便有浦陽鄭瀷，其家藏書八萬卷，盡毀於火；吳江史鑒，好藏古器物及秘籍，藏書積至數千百卷，後家毀於火；歷城邊貢，癖於求書，搜訪金石古文甚富，蓄書至數萬卷，後毀於火；山陰祁承㸁，先是家中藏書合於先世，超過萬卷，藏於載羽堂，惜於萬曆丁酉年（1597）冬夕，家中失火，先世所遺及半生所購，無片楮存者。〔註78〕而遭遇水患的藏書家，則有建安楊榮，因遭陽侯之變，巨室所藏，蕩為魚鱉矣；〔註79〕王損中，則家藏圖籍，盡沉於汴京之水。諸如此類，藏書家畢生藏書，多因水火無情，終至灰滅。

因此，藏書家對於家中藏書可能遭遇的災患，便特別慎重，其中又以防火為甚。雖水火防不勝防，然藏書家們仍會試圖尋求最好的防範方法。最常見，同時也是最簡單的方法，便是先從藏書樓的所在位置，以及藏書樓的設計空間著手。

明代藏書建築中最具代表性的，保存也最為久遠的，當為浙東四明范欽的天一閣藏書樓。根據史籍記載，范欽大約是在嘉靖四十年（1561）至四十

〔註77〕參〔清〕葉德輝，《書林清話》，卷10，〈藏書偏好宋元刻之癖〉，頁574。

〔註78〕見〔清〕葉昌熾，《藏書紀事詩（附補正）》。

〔註79〕〔明〕謝肇淛，《五雜俎》，收入《筆記小說大觀》，第8編，第6-7冊，卷13，頁1091。

五年（1566）之間興建天一閣，〔註80〕當時建造的想法，是先在藏書閣附近鑿一水池，蓄水備用。閣的周邊建有圍牆，以隔絕火舌的竄燒。後來〔清〕阮元提到對此樓設計的評價，他說：

> 余聞明范司馬所藏書，本之於豐氏熙、坊（豐熙、豐坊父子）。此閣構於月湖之西，宅之東。牆圍周圍，林木陰翳。閣前略有池石，與闤闠相遠，寬閒靜闊，不使持煙火者入其中，其能久一也。〔註81〕

除了對藏書建築周遭環境的講究之外，另外，天一閣的取名，主要是以《易經》「天一生水」〔註82〕說法，取以水制火的意思，種種做法，務使能做到避免祝融肆虐的防範。

自明中葉迄今，范欽的天一閣依舊完好，始終無火災之厄，主要原因在於范欽一開始便對入閣者定下限制用火的嚴格規定。阮元甚至認為，天一閣之所以能長久以來，皆無火災之厄，乃在於其能嚴格執行「不使持煙火者入其中」，故能如此久長。可見，除了在建築方面的防範設計之外，真正能夠達到避免火災的不二法則，還是要從人為方面著手。事實上，對於入閣者制定規範，要求其出入皆能不持煙火，並不困難，困難的是應該如何嚴格去執行，在這一點上，范欽對天一閣的看管，確實達到說一不二。

2. 防霉蟲蛀之法

除了水火之患，書籍還會因為藏置時間日久，而產生發霉蟲蛀的現象。通常這類的書厄，比起水火的無情，尚且還有防範與修補的機會。一般來說，藏書家為了防範霉蛀現象，多半會採取幾項做法，分別利用染紙、藥物以避蠹，治糊以防蛀，曝書以去霉，以及翻閱透風等方法。

（1）藥物避蠹

首先在染紙及藥物避蠹方面，即是利用紙張，事先做好防蠹工作。若是

〔註80〕關於天一閣興建時間，眾說紛云：或認為天一閣于嘉靖四十年開始動工，至嘉靖四十五年始建造完成；或有說天一閣建於正德十一年（1516），然不論何種說法，根據駱兆平研究指出，天一閣開始建造時間不會晚於嘉靖四十年，而完工時間不會超過嘉靖四十五年。詳參氏著，《天一閣叢談》（北京：中華書局，1993 年 3 月），頁 16。

〔註81〕參〔清〕阮元，《揅經室集》（台北：台灣商務印書館，1967 年 3 月），2 集，卷 7，〈寧波范氏天一閣書目序〉，頁 515。

〔註82〕參鄭康成注，《周易》，〈繫辭〉：「天一生水于北，地二生火于南，天三生木于東，地四生金于西，天五生土于中。陽無耦，陰無配，未得相成。地六成水于北」；又見〔明〕江慎修：「天以一生水，而地以六成之。」

尚未抄錄或刊刻的紙張，多半先浸以黃檗汁，由於黃檗汁乃由黃檗樹皮蒸煮出來的汁液，含有各種生物鹼，具有毒性，有殺蟲的功用，或者以花椒染紙，都可達到防蟲的作用；若是書籍已經付梓，則在書冊前後襯以俗稱「萬年紅」紙，其特點是將鉛丹塗在紙上，由於毒性極強，亦可防蛀避蠹。

此外，還有些藏書家則是於書葉中夾芸草、書架下方置英石，以避蠹蟲。相傳范欽天一閣藏書，便是在書葉內夾芸草，﹝註83﹞並在書架底置浮石（英石），免於潮溼，以達到防蠹功用。〔清〕袁枚有詩云：「久聞天一閣藏書，英石芸香辟蠹魚。」，其下並注：「廚內所存宋版秘抄俱已散失。書中夾芸草，廚下放英石，云收陰溼物也。」﹝註84﹞便說明了此種現象。

（2）治糊防蛀

至於治糊防蛀，則是因為黏貼書葉的漿糊，日久容易乾裂，遂須視其情形修補，而漿糊中多含澱粉及膠質，為蟲蟻最愛，因此便會在製糊過程中，加入少量的楮汁、明礬、白芨等物，調和以防蠹。此在〔明〕周嘉冑《裝潢志》及高濂《遵生八箋》中皆有詳細的敘述，如此一來，對於書籍防蠹的作用，則又更加嚴密。

（3）曝書防霉

最後利用曝書，以去蟲防霉。自古以來，便有曝書習俗。早在西周之際，人們便已懂得利用曝書來防止霉氣產生；漢唐之際還設有曝書會的活動，至宋朝真正盛行，到了明朝，藏書家們在前人的基礎下繼續延續這種習慣。一般來說，曝書的時間，隨時代差異與各地風土習慣的不同，而略有分別。一般都是在天清氣朗之日，季節則選在六月過後，根據李家駒推算，一般來說曝書的時間，大約是以芒種或未梅雨之前，而以伏暑及秋初時為最好。﹝註85﹞

不過在曝書的要求上，明代的私人藏書家顯然並沒有進一步的說明，似

﹝註83﹞ 據〔宋〕沈括，《夢溪筆談》（台北：台灣商務印書館，1956年4月），卷3：「古人藏書辟蠹用芸。芸，香草也，今人謂之七里香者是也。葉類豌豆，作小叢生，其葉極芬香，秋間葉間微白如粉污。辟蠹殊驗，南人採置席下，能去蚤蝨」。頁16。

﹝註84﹞ 參〔清〕袁枚，《小倉山房詩文集》，詩集，卷36，〈到西湖住七日即渡江游四明山，赴克太守之招〉，收入《傳世藏書》（海口：海南國際新聞出版中心，1996年12月），頁277。

﹝註85﹞ 參李家駒，〈我國古代圖書典藏管理的研究〉（台北：中國文化大學史學研究所碩士論文，1986年6月），頁124。

乎還是在承襲前人作法的基礎上進行，至於曝書的方法或成效如何，則是未見任何文獻提及。反而到了清朝以後，孫從添《藏書紀要》針對曝書一事，有著極為清楚詳盡的說明及要求，為目前所能見到最清楚完備的記載。

（4）翻閱透風

除了曝書可去蟲防霉之外，根據謝肇淛的說法：「書中蟲蛀，無物可辟，惟逐日翻閱而已。置頓之處，要通風日，而裝潢最忌糊漿厚褙之物。」〔註86〕可見欲書不蠹不蛀，必常開看，常透風，這樣亦可去蟲防霉。唯日曬火培後，必須除冷，而後藏之，若是熱而藏之，還是免不了會生蟲。

3. 防子孫不肖

藏書家辛苦藏書的結果，最害怕的莫過於藏書的散佚殆盡。若是天災，則多防無可防，然而人為的禍害，仍可儘量避免，因此藏書家尤其重視子孫取書覽閱的管理，深恐日後子孫不肖，或借閱不還，或鬻書謀利，以致辛勤藏書無故散佚。

明代私人藏書家中，規範子孫最為嚴厲，首推范氏天一閣。據說范欽晚年考慮到天一閣藏書將來可能面臨到分散各地的狀況，於是在與長子范大沖商量後，其子因體察到父輩心情，自此後便立下「代不分書，書不出閣」的規條，天一閣藏書歸子孫共同所有，共同管理。凡閣門和書櫥門鎖鑰分房掌管，非各房子孫齊集，不得開鎖，這樣便可以防止子孫個人獨占，避免書籍的分散。此項做法，在阮元〈寧波范氏天一閣書目序〉一文中，有更詳細的說明：

> 又司馬歿後，封閉甚嚴。繼乃子孫各房，相約為例，凡各廚鎖鑰，分房掌之，禁以書下閣梯，非各房子孫齊至，不開鎖。子孫無故開門入閣者，罰不與祭三次；私領親友入閣及擅開廚者，罰不與祭一年；擅將書借出者，罰不與祭三年；因而典鬻者，永擯逐不與祭。
>
> 其例嚴密如此，所以能久，二也。〔註87〕

阮元認為所訂條例，所以能持續久長，乃因范氏子孫「以不與祭為辱，以天一閣後人為榮」。〔註88〕這種榮辱觀念的施加，使得范氏子孫不敢違背，以致日後天一閣藏書得以保存久遠。

除了范氏針對後代子孫所定的管理規則之外，山陰祁承㸁同樣為了能安

〔註86〕參〔明〕謝肇淛，《五雜俎》，卷9，頁783。
〔註87〕參〔清〕阮元，《擘經室集》，2集，卷7，〈寧波范氏天一閣書目序〉，頁515。
〔註88〕同前註。

然保存澹生堂藏書，也制定一些規則，根據祁承㸁〈澹生堂藏書約〉一文中，祁氏與子孫們提出藏書的約定，他說：

> 子孫能讀者，則以一人盡居之，不能讀者，則以眾人遞守之。入架者不復出，蠹啃者必速補。子孫取讀者，就堂檢閱，閱竟即入架，不得入私室；親友借觀者，有副本則以應，無副本則以辭，正本不得出密園外。書目視所益多寡大較，近以五年，遠以十年一編次。
>
> 勿分析，勿覆瓿，勿歸商賈手，如此而已。〔註89〕

依祁承㸁所定規則看來，這些要求並不嚴苛，至少書可視有無副本而借觀；其正本不得出密園外，意即若副本則不限；另外，亦無嚴格規定圖書必須經眾人遞守共管，而是視子孫之賢與不肖分別處理。其後又說：「吾豈能必爾輩之善讀，讀而且饒於辭哉！蓋有味于黃魯直之言也，四民皆當世業士大夫家子弟，能知忠信孝友斯可矣！然不可令讀書種子斷絕，有才氣者出便名世矣！」〔註90〕可見祁承㸁在歷經千辛萬苦的蒐書及藏書過程之後，雖然對藏書的保存與管理方式同樣立下規定，不過並無嚴格執行，這項規定顯然是提醒子孫的成份居多。而對於往後藏書是否能如常保存，反而抱持著淡然處之的態度，子孫能否善讀、藏書，亦無強求，似乎對於日後藏書的散佚流失，已經有心理準備了。

（三）藏用觀念的實踐

一般來說，私人藏書家對於藏書的態度，大抵上可分成二種：第一種為力主圖書乃私人所有，秘不示人；第二種則採開放態度，認為藏書當公開於世。這二種看法，在明代藏書家中皆可見到，以下分別列述之。

1. 秘而不宣

追本溯源，秘而不宣的藏書態度，濫觴於漢魏，而在隋唐之際漸趨形成。漢以前私人藏書不易，故珍秘之心，油然而生；魏晉之時，冊籍流傳漸廣，私家聚書甚富；到了唐代，相傳杜暹聚書萬卷，然於每書卷後題：「清俸買來手自校，子孫讀之知聖教，鬻及借人為不孝」〔註91〕等語，顯示出秘而不宣的藏書想法已逐漸形成；到了宋、元時期，這種保守的藏書觀念發展自成一派，主張這類觀念的藏書家越來越多，像是〔宋〕杜元凱教子「書勿借人」，另有呂希哲

〔註89〕參〔明〕祁承㸁，〈澹生堂藏書約〉，頁744。

〔註90〕同前註。

〔註91〕參吳翌鳳，《遜志堂雜鈔》，庚集，頁774。

說道：「余幼時有教學老人，謂余曰：借書而與人，借人書而歸之，二者皆痴也。」〔註92〕由於這種看法影響到後人，使得藏書秘不示人的心態越來越盛行。

明代認同此種看法的私人藏書家，不過是將這種心態發揮得更加淋漓盡致，主張藏書要秘不示人的藏書家，謝肇淛《五雜俎》提到虞守愚藏書，便指稱：

> 胡元瑞書蓋得之於金華虞參政家者，虞藏書數萬卷，貯之一樓，在池中央，小木為杓，夜則去之，榜其門曰：「樓不延客，書不借人。」〔註93〕

虞守愚這種「樓不延客，書不借人」的藏書觀念，顯然是明代許多藏書家的共同想法。另外，還有武康的唐堯臣，構樓五間，藏書萬卷，書上有印曰：「借書不孝」〔註94〕；萬曆間呂坤在藏書印中，題刻「呂氏典籍，傳家讀書，子孫共守，不許損失借讀，違者塑祠除名」〔註95〕；晁瑮寶文堂藏書之富，計有六千餘種，然猶恐子孫不孝，散其藏書，故刻以楷字章，警示子孫，其文云：「曹誠廣舍，真廟賜名。丁顗聚書，子孫緜興。匪學胡成，非《詩》胡學？蓄斯貽後，珍如渾璞。龜蒙緝借，張公卻鬻。咨我同志，遵此軌躅。鬻為不孝，借亦一痴。咨我後昆，戒之敬之。春陵晁瑮藏書銘。」〔註96〕從此銘內容看來，晁瑮亦是主張書不可借人，更不可鬻之，否則便是不孝。

這種秘而不宣的藏書態度，雖是自古流傳下來的風氣，然而對於典籍存佚，功過究竟如何評斷？在陳登原《古今典籍聚散考》針對於此種藏書觀念，則是毫不留情的予以批判，他說：

> 蓋藏書者往往秘惜為藏，不肯借貸與人，以致書入藏家，正如鳥入籠中，主人以外，無以得鑒賞之懽。書之流傳既難，則書之絕跡自易。其後子孫裂之以籍物，盜賊資之以爇火，秘笈之絕，未始非藏書家秘惜而不廣流傳之故也。〔註97〕

〔註92〕 參程煥文，〈私人藏書秘而不宣之濫觴及其發展〉，《圖書館研究與工作》，1987年，第1期，頁26。

〔註93〕 參〔明〕謝肇淛，《五雜俎》，卷13，頁1091-1092。

〔註94〕 參鄭元慶、范聲山，《吳興藏書錄》，收入《叢書集成續編》，第5冊，頁701。

〔註95〕 轉引自周少川，《藏書與文化：古代私家藏書研究》（北京：北京師範大學出版社，1999年5月），頁278。

〔註96〕 參〔清〕葉昌熾，《藏書紀事詩（附補正）》，卷3，引莫伯驥五十萬卷樓藏明鈔《大明實錄》殘本，晁氏藏書章楷字章，頁208。

〔註97〕 參陳登原，《古今典籍散佚考》，收入嚴靈峰編，《書目類編》（台北：成文出

顯然藏書家過度私秘已藏的結果，一旦遇到各種書厄，或是子孫不肖，便如覆水之收，散佚無存，亦非書籍之善。

2. 公開示人

有一派則是主張藏書應公開示人，並借閱與人，具有這種寬大胸襟的私人藏書家，以江蘇李鶚翀（字如一）、海鹽姚士粦，及明末清初曹溶較具代表性。根據〔清〕黃丕烈《蕘圃藏書題識》提到李如一，說他：

> 江上李如一之性情意氣，亦頗可敬可愛。見圖籍，則破產以收；獲異書，則焚香肅拜，其與人共也；遇秘冊，必貽書相問；有求假，必朝發夕至；且一經名人繙閱，則書更珍重。〔註98〕

由上述內容可知，李如一對於辛苦得來的藏書，不僅十分珍惜，更難能可貴是他對於這些藏書「其與人共也」的態度，顯然是採取開放而不藏私的。他曾說過：「天下好書，當與天下讀書人共之！古人以匹夫懷璧爲有罪，況書之爲寶，尤重於尺璧，敢懷之以賈罪乎？」這種主張「天下好書，當與天下讀書人共之」的想法，在這個多數認同秘藏不宣的時代風氣中，反而成爲罕見的藏書家氣度。

另外，徐㶿《筆精》書中引海鹽姚士粦說過的一段話，此亦顯示姚士曾經提出「以傳布爲藏」的觀念。根據文中所述：

> 海鹽姚叔詳有言：「今藏書家知秘惜爲藏，不知傳布爲藏，何者？秘惜，則緗中自有不可知之秦劫；傳布，則毫楮間自有遞相傳之神理。」
> 〔註99〕

姚氏又指出世間藏書家不願傳布藏書之理由有四：第一，先人立言不可傳，故子孫爲家族門戶考量，而不敢傳；第二，鬥奇炫博，我知而人不知，故寶秘自好，而不肯傳；第三，卷軸相假，無復補壞刊謬，慮借鈔，而不樂傳；第四，舊刻精整，或手書研妙，則懼翻摹致損而不忍傳。由於這四種原因，而造成藏書之不傳，此乃藏書家們不知世變無常，聚必有散，一旦災禍興起，其藏反倒加速亡佚，豈不更加可惜。

到了明末清初的曹溶，則是直言斥駁藏書家珍秘其書之非。他認爲：

版社，1976年7月），第96冊，頁296。
〔註98〕參〔清〕黃丕烈，《蕘圃藏書題識》，收入《清人書目題跋叢刊》（北京：中華書局，1933年1月），第6冊，《黃丕烈書目題跋》，〈草莽私乘跋〉，頁36。
〔註99〕參〔明〕徐㶿，《筆精》，卷7，〈藏書〉，頁237。

> 書既出門，舟車道路，遙遙莫定，或僮僕狼籍，或水火告災，時出
> 意料之外，不借未可盡非。特我不借人，人亦決不借我。封己守株，
> 縱累歲月，無所增益，收藏者何取焉？〔註100〕

曹溶對於私家藏書將圖書秘不示人的做法，十分不認同，因此又提出藏書家
彼此之間，互為借鈔的想法。只不過，這個解決之道，仍僅及於藏書家之間，
並不及於一般文人大眾，此或許是曹溶基於自身藏書缺撼而提出的建議，倒
不一定是因為藏書觀念的開通所致，由此可見先人對於藏書秘而不宣的心
態，自是根深蒂固，甚難消除。

三、藏書文化的意蘊

私家藏書體系文化的呈現，大略上可分成二部份：一為藏書樓的設計及
其美學，二則為藏書章的意義與文化蘊涵。

（一）藏書樓的設計概念

私人藏書家興建藏書樓以藏置圖書，自東漢曹曾「積石為倉以藏書」〔註101〕
開始，到了明代以後已是極為普遍的現象。明代私人藏書家建造藏書樓既多，
對於藏書樓的設計，一方面牽涉到藏書家的要求與期待，另一方面則是呈現出
藏書文化的深層涵義。

明代私人藏書樓的設計，以范欽天一閣最為有名。幾乎凡論及明代的藏
書樓者，必言天一閣。不過，除了天一閣之外，另外還有一些著名的藏書家
及其藏書樓，大多盛極一時，像是葉盛的菉竹堂、鈕石溪的世學樓、李如一
得月樓、何良俊的清森閣、晁瑮的寶文堂、項篤籌的萬卷樓、項元汴的天籟
閣、王世貞的小酉館、高濂的妙賞樓、趙用賢及趙琦美的脈望館、胡應麟的
二酉山房、祁承㸁的澹生堂、徐𤊹的紅雨樓、黃虞稷的千頃堂等。這些藏書
樓由於未嘗留下關於建築設計之相關資料，加上歷經改朝換代的變革，入清
以後幾無完好，僅有天一閣建築依然如舊，所以歷來研究明代私家藏書樓者，
皆奉天一閣為藏書樓建築之圭臬。

藏書樓的設計重點，首要為安全上的考量。由於圖書最忌火燒，因此許

〔註100〕參〔明〕曹溶，〈流通古書約〉。
〔註101〕參周少川，《藏書與文化：古代私家藏書研究》一書提到文獻中對私人構建藏
　　　　書處的記載，最早見於東晉王嘉之《拾遺記》，記載東漢曹曾石倉藏書的故事。
　　　　見氏著，頁237。

多藏書樓都會顧慮到防火設施，其防範的方法，不外乎有以下幾種：

第一為藏書樓外多圍以磚牆。由於藏書樓多為木造建築，而在藏書樓外圍以磚牆，一來有保護作用，二來則具有隔絕功能，為了與平日家居的火源阻絕，並有防範他處火苗延燒至藏書樓的作用，故圍以磚牆。

第二為藏書樓外多建有水池，或靠近水池邊，或築於水池中央。浙江藏書家虞守愚將書樓築在水池中央，若欲登樓，則以小舟為渡，故樓始終未被火焚，後因其子孫不能守，書遂轉讓至胡應麟手中；另外，范欽天一閣雖未築於水池中，然將樓置於月湖邊，主要目的同樣是為了防範火災。

第三藏書樓多為上下二層建築，然下層多不置書，以免潮溼生蠹，書則置於上層，樓上下皆有窗戶，以利通風。以范欽的天一閣為例，下層分成六間，上層則為打通隔間，中間以書櫥隔而為六，書櫥則為兩面開門，以便通風，可除溼除蠹；另外，胡應麟的二酉山房藏書樓，則是屋凡三楹，上固而下隆其阯，使其避溼，而四敞之，可就日庋藏。

從明代藏書家設計藏書樓的概念看來，基於安全考量的設計，顯然是藏書家首先顧及到的問題，其次才是美觀。事實上，藏書保存與管理的成敗，實端視其安全考量是否完備，而執行是否確實，這樣的安全考量對於私人藏書家而言，或許正代表著他們對藏書的看重與珍惜。

（二）藏書樓命名的美學意涵

藏書樓的取名，實寓含文化與美學。一般來說，藏書家的堂室齋館，除了具有宣示藏書所有人的意味之外，另一方面則有藉堂室齋館名以顯藏書家的特出不凡，或風雅情韻的呈現。葉盛藏書樓取名「菉竹堂」，此菉竹二字，乃取自《詩經・衛風・淇澳》：「瞻彼淇澳，綠竹猗猗」，寓有學問自修之意；祁承㸁「澹生堂」，則是參考《文子・上仁》其中二句話：「非澹泊無以明德，非寧靜無以致遠。」〔註102〕故取澹生堂為名，以表達其澹泊明志的藏書志向。

另外，有的藏書樓取名，則是基於期盼或期許的概念。范欽天一閣的取名，便是依照《易經》〈繫辭〉：「天一生水，地六成之」說法，取以水制火的意思；另有鈕石溪的世學樓，或有期許自己及子孫世代皆志於讀書學習的念頭。

〔註102〕參〔周〕辛妍著，〔宋〕杜道堅注，《文子》，收入《諸子百家叢書》（上海：
　　　上海古籍出版社，1989 年 9 月），頁 85。

（三）藏書章的文化意蘊

藏書章，又稱藏書印、藏書印記，最初為藏書家表示書籍所有的標記。藏書家鈐記藏書章的風氣，至少從唐朝以後便開始，〔註103〕當初可能只是藏書家為了表達所有權的觀念，然到了明代以後，藏書章的內容及其含義越來越豐富，已經超越以往單純的意義，增加許多藏書家表達個人意念，與藏書志向等功能，甚至於隱含一些文化涵義。

由於私人藏書家的藏書印記，種類甚多，含義各有不同，歷來學者對此雖研究甚富，然視其論述，多縱觀從自宋、元以來至清代的藏書章，〔註104〕或專論一代的藏書章，〔註105〕很少論及明代的私人藏書章及其意涵，而對於藏書章的探究，也從藏書章的性質及種類析論，故此處擬就印文內容，探討私人藏書章隱含的文化涵義。

1. 意寓顯揚門楣

明代的私人藏書章中，凡刻有姓名字號、生卒行第、家世門第、功名官爵等印文，大多都寓有期能揚名於時，顯名於世的意味存在。私人藏書印記中，刻有姓名字號的類型，有單純只刻姓名或字號者，如吳岫「吳岫」、「方山」；文嘉「文嘉」、「文氏休承」；姚咨「潛坤居士」、「茶夢散人」；毛晉「毛晉之印」、「毛晉字子晉名鳳苞字子久」等。亦有在姓名前冠以郡望、籍貫，後或綴以藏書、家藏、珍藏等字，如楊儀「吳郡楊儀夢羽收藏圖書之記」；唐寅「吳郡唐寅藏書」；高濂「古杭高氏藏書印」；潘允瑞「雲間潘氏仲履父圖書印」；朱孔兆「蟠龍主人朱六江圖章」；或有前冠以臣字，如毛晉「臣晉」；王賓「臣賓」。

部份藏書章上則是刻有藏書家的生卒行第，不過這類數量不多，像是王獻臣「己丑父印」，推測應是指生於成化己丑（五年，1469）；文徵明「惟庚寅吾以降」，即有生於成化庚寅（六年，1470）；馮舒「癸巳人」，即指生於萬曆癸巳（二十一年，1593）。

〔註103〕參〔清〕葉德輝，《書林清話》，卷10，〈藏書家印記之語〉，頁568。

〔註104〕縱論中國古代藏書章的專著或論文，以林申清，《中國藏書家印鑑》（上海：上海書店，1997年11月）；另單篇論文則有王竟，〈藏書印與版本鑒定〉，收入《版本學研究論文集》（北京：書目文獻出版社，1995年11月）；劉尚桓，〈古代私家藏書印鑑〉，《江蘇圖書館學報》，2000年，第3期。

〔註105〕專論一代的藏書章研究，像是賴福順，《清代天祿琳琅藏書印記研究》（台北：中國文化大學出版社，1991年）。

另有藏書印刻家世門第或功名官爵者,這類的藏書印記寓有彰顯自己或家族的意味甚為濃厚,數量也相當多。像是晁㻈藏書印刻有「昭德後人」,指其為宋晁公武之後;潘允瑞「唐室分封肇姓皇明科甲世家」、「御史大夫章」,聲稱潘氏家族自唐室即分封,至明朝則家族科甲連第,而他本人則官至御史大夫;項篤壽「聖師苗裔」、「師孔」,言其為春秋時七歲神童項橐為孔子師之後裔,而師孔則指項橐,另一印刻「浙西世家」,則有彰明其家族係浙江秀水世家大族之意;另有王鏊「震澤世家」、「三槐之裔」、「大宗伯章」等等,皆是宣示其世家大族的優良傳承與個人成就。

2. 闡明藏書志向

藏書章類型之中,若是寓有表明藏書家與藏書之間的關係,或記藏書源由、整理、校讀等事,或記有訓戒後人之意,或記書籍版本者,皆可視為藏書家為表明藏書志向而為之刻章。

記有藏書源由、整理、校讀的藏書章,像是沈率祖「沈率祖奉守遺書之印」;另有吳岫藏書章刻「姑蘇吳岫堂外軒讀過」;秦四麟,則是藏書之外,尤喜鈔書校書,其鈔書板心多題「又玄齋」,故其藏書章鈐「又玄齋校閱過」,顯示此本係經校閱過後;黃翼經,字子羽,故藏書章有「黃子羽讀書記」;此外,周良金「毗陵周廷相氏裝演印識」,則是說明該書乃經過重新裝演整理的圖書;馮舒「馮己蒼手校本」,則是出於馮舒手校。

另,亦有刻訓戒後人語的藏書印記,像是史鑑的藏書章有「子孫寶之」鈐記;邵寶的「性命可輕至寶是重」,這裏的至寶二字,自然是指藏書而言;王獻臣藏書章「王氏圖書子子孫孫永寶之」。另有一種同為訓戒後人語的藏書章,但字數極多,如姚咨《談助》卷二後有一小印,刻有「《顏氏家訓》:借人典籍,皆須愛護,先有缺壞,就為補治。此亦士大夫百行之一也。皇山人述」,此印記內容顯然是在勸示子孫,當愛護典籍;至於毛晉除了常刻「子孫永寶」這類印文之外,也曾刻過一朱文大方印,文曰:「趙文敏公書卷末云,吾家業儒,辛勤置書,以遺子孫,其志何如,後人不讀,將至于鬻,頹其家聲,不如禽犢!若歸他室,當念斯言。取非其有,無寧舍旃」。〔註106〕這類的訓示語,在於表達藏書家們憂慮後代子孫的不知愛惜書籍,恐辛勤藏書的結果散佚無存。

〔註106〕參〔清〕蔣光煦,《東湖叢記》(台北:廣文書局,1967年8月),卷6,〈藏書印記〉,頁389。

3. 申明版本鑒別

有些印文則是記書籍版本，或是蒐藏得來圖書的品質好壞。像是王世貞藏書若遇秘本，其藏書上多鈐有「伯雅」、「仲雅」、「季雅」，〔註107〕以示區別版本之等級。

另外，高濂喜藏書，更善鑒別。其藏書印記刻有「高氏鑑定宋刻版書」，表示此書乃經高濂鑒定過之版本，理當無誤。

毛晉喜藏書刻書，蒐藏圖書若為宋、元刊本，便鈐以「宋本」、「元本」橢圓式印；若為善本，或精刻本，則以「甲」字鈐印于首。〔註108〕其餘藏印，則若經過毛晉鑑定，或刻以「毛晉秘篋審定眞蹟」、「毛氏藏書」等等，以示其審定之確實。

4. 展現風雅情趣

明代私人藏書章中，凡刻有堂室齋館、收藏鑒賞、志趣逸興等印文，則大多有展現風雅，或表明情趣的刻章用意。

一般來說，藏書家將堂室齋館之名刻為藏書章，除了具有宣示藏書所有人的意味之外，另一方面則有欲藉堂室齋館名以彰顯藏書家的特出不凡，或風雅情韻的呈現。藏書家們家中建有堂室齋館者，幾乎都會有這類的藏書印記，而這些堂室齋館的名稱，有些寓含深義，像是葉盛「菉竹堂」、「葉氏菉竹堂藏書」藏書章，便有學問自修之意；〔註109〕唐寅藏書章有「夢墨亭」印，據葉昌熾《藏書紀事詩》敘述，此夢墨亭乃唐寅「乞夢仙游九鯉神，夢惠之墨一擔，因而作亭」，〔註110〕就連藏書室館取名都極富傳奇色彩；有些則因其取名清雅而饒富意緻，如文徵明「玉蘭堂」、「辛夷館」、「翠竹齋」、「梅溪精舍」等等；華夏「眞賞齋」、「眞賞齋印」；徐𤊹「鰲峰徐氏宛玉樓藏」、「徐氏汗竹巢珍藏本」等等。

再者，鈐有收藏鑒賞的藏書章亦多，像是安國「桂坡安國賞鑒印」、「錫山安氏西林秘玩印」；莫雲卿「莫雲卿賞識印」等等，則是表明藏書實具有賞

〔註107〕據〔明〕毛晉，《晉書》跋一文云：「此書為王弇州先生所藏，貞元本唐德宗年號，印恰符先生名字，故其秘冊往往摹而用之，下必繼以三雅印。」，所稱三雅，即「伯雅」、「季雅」、「仲雅」，見〔清〕葉昌熾《藏書紀事詩》（北京：北京燕山出版社，1999年12月），卷3，頁193。

〔註108〕參〔清〕蔣光煦，《東湖叢記》，卷6，〈藏書印記〉，頁389。

〔註109〕葉盛藏書處所為「菉竹堂」，而此菉竹二字，係取自《詩經·衛風·淇澳》：「瞻彼淇澳，綠竹猗猗」，有學問自修之意。

〔註110〕參〔清〕葉昌熾，《藏書紀事詩（附補正）》，卷2，頁143。

鑒、秘玩、賞玩的功能。

　　另外還有一種藏書章，則有表達藏書家個人的志趣逸興，或是自比風雅的興味存在。這類的藏書章多爲取材自古人書名、詩詞、文句、典故、箴言等，少數爲藏書家自創或隨意取材。像是王鏊有「吳趨」一印，便是取自《樂府‧吳趨曲》之曲名；而毛晉「汲古得修綆」印，推測當出自於韓愈〈秋懷詩〉之五「歸愚識夷塗，汲古得修綆」詩句〔註111〕；至於高濂「五岳眞形」印，則出自於《抱朴子》一書。相傳佩帶《五岳眞形圖》，可召所在之山神，取其可御不詳之意〔註112〕；此外，項篤壽印章中有「馬生角」，〔註113〕係出自於《燕丹子》一書。

　　另外一種自創或隨意取材，像是項篤壽「桃花村里人家」藏書印，推測可能典出陶潛〈桃花源記〉一文，寓有隱逸閑居之意境，而「杏花春雨江南」藏書印，由於此類詩句甚多，則可能取自宋陸游〈臨安春雨初霽〉：「小朝一夜聽春雨，深巷明朝賣杏花」這類詩詞中的意境；另外，還有袁袠「研北閑情」、「高山流水」；王世貞「乾坤清賞」、「默然守吾口」；項元汴「神遊心賞」等等，多爲藏書家個人心境或情趣上的抒發。

〔註111〕參〔唐〕韓愈，《韓昌黎全集》（台北：新文豐出版公司，1977 年 9 月），卷 1，〈秋懷〉，頁 20。

〔註112〕參〔晉〕葛洪，《抱朴子》（台北：新文豐出版公司，1998 年 3 月），內篇‧卷 19，〈遐覽篇〉，曰：「道書之重者，莫過於《三皇（內）文》、《五岳眞形圖》也。」頁 117。

〔註113〕所謂「馬生角」，與「烏白頭」一樣，皆是形容世界上不可能達成的事情。參見燕太子丹撰（一說作者不詳），《燕丹子》，收入《諸子集成》（台北：世界書局，1955 年），第 1 集，頁 1。

第五章　特殊成就的藩府藏書體系

第一節　藩府藏書的形成與圖書來源

　　明代的宗藩分封制度，定於洪武二年（1369）四月，太祖「定封建諸王之制」。〔註1〕而於隔年夏四月首度分封皇子朱棣等九人，及從孫朱守謙爲親王。自此之後，明代封王建藩之制遂行。光是洪武一朝，先後便有三次分封諸子爲王，分別在洪武三年（1370）、十一年（1378）及二十四年（1391），分封的諸王則總共多達二十三位。從洪武十一年（1378）起，首封諸王逐陸續就藩。

　　明初首封藩王的分布地域，多集中在西安、太原、開封、武昌、青州、長沙、兗州等西北邊陲地域，以藩王駐守邊防，其目的乃爲了防禦外敵入侵。到了洪武後期，這些受封的藩王雖然仍有部份是被派往大寧、雲南等北方或西南的邊塞地區，然而此時，更多受封諸王則是分布鎮守在內地各重要城市。可見到了洪武後期，太祖已經不再是爲了防禦外患而分藩，原因之一，自然是跟當時北方異族的殘餘勢力，已經受到一定的消滅與控制，但最主要的原因，還是因爲太祖此舉，乃是爲了鞏固國家的政權與統治權，於是封藩給朱氏子孫，藉由各地諸王負起鎮撫地方，藩屏王室的重責大任。

一、藩府藏書的形成背景

（一）政治因素

　　這些受封於各地的藩王，出身於王室，身份特殊，不僅地位備受尊崇，

〔註1〕參〔清〕張廷玉，《明史》，卷2，〈太祖本紀二〉，頁22。

又因其於擔任防禦邊防重地之職責所需，故在兵權方面，更是具有絕對權力及雄厚兵力。根據《明史‧諸王列傳》所稱：

> 明制，皇子封親王，授金冊金寶，歲入萬石，府置官屬。護衛甲士少者三千人，多者至萬九千人，隸籍兵部。冕服車旗邸第，下天子一等。公侯大臣伏而拜謁，無敢鈞禮。〔註2〕

從敘述看來，藩王權大勢強，兵力雖因其鎮守地方不同而略有差異。然而，兵力少則三千人，多至萬九千人，且其地位僅下於天子一人，可謂位高權重。

在此種情形下，太祖一方面賦予藩王們較之公侯大臣更加崇隆的地位、優厚政治特權，及強大的兵權；但另一方面，又恐藩王據此作亂，因而制定許多規定，並載錄《皇明祖訓》一書之中，頒予諸王以永誌不忘。在《皇明祖訓‧首章》，太祖不僅諄諄告誡諸王要安份守己，恪守藩輔之禮，並強調「自古王侯妄窺大位者，無不自取滅亡，或連及朝廷俱廢。」〔註3〕此外，還隨時不忘藉由各種方式提醒諸王，其中賜贈圖書施以無形教化，便是方式之一。洪武二十四年（1391）六月，太祖便「命禮部印《通鑑》、《史記》、《元史》，以賜諸王」；〔註4〕另於二十六年（1393）十二月時，命撰《永鑑錄》成。「其書輯歷代宗室諸王為惡悖逆者，以類為編，直敘其事，頒賜諸王」，〔註5〕以達至教化及警示的作用。

建文帝即位後，分據各地的藩王反成了建文帝莫大的威脅。於是，建文帝聽從臣子黃子澄建議施行削藩政策，首要對象為燕王朱棣。然而為免燕王起疑，先以「剪燕手足」方式一連削去周王、齊王、代王、湘王、岷王五個藩王，不料仍然引起燕王叛變，舉兵「靖難」，變成後來的成祖。

由於成祖朱棣以藩王身份及權勢奪取帝位，在得大位後，深知宗藩分封制度對皇權的危害，於是表面上繼續維護太祖封藩政策，實質上則不斷地削減藩王的軍事力量與行政權力，以減低藩王們擁兵自重或叛離為亂的機會。另一方面，成祖也承襲太祖賜書予諸王的政策，不斷地頒賜各類圖書給予諸王，像是永樂七年（1409）時，便命司禮監刊印《聖學心法》，以君臣父子分成四卷，頒賜臣子及諸王；永樂二十二年（1424），又刻印《祖訓》賜予諸王

〔註2〕 參〔清〕張廷玉，《明史》，卷116，列傳第四，〈諸王一〉，頁3557。
〔註3〕 參《皇明祖訓》，明洪武間內府刊本，〈首章〉。
〔註4〕 參《明太祖實錄》，卷209，頁3122。
〔註5〕 參《明太祖實錄》，卷230，頁3370。

及王室子侄。而藩王們也大多深知成祖心意，部份藩王以交出護衛軍權來降低成祖的猜疑，也有部份藩王則因應皇帝賜書，而順勢沈迷於圖書的刊刻與典藏，因此奠定了日後藩府刻藏圖書的特殊成就。

（二）環境促成

由於明成祖不斷對藩王實施削權減兵的措施，同時陸續將鎮撫北方的藩王調整內遷，並賜予豐厚的食祿與土地，使得藩王們逐漸從鎮守一方、擁兵自重的霸主地位，慢慢地變成坐食祿米的皇族地主。李國華在〈明代的宗藩〉一文中便指出：

> 燕王朱棣即位以後，堅決實施削藩及進一步加強專制主義中央集權的政策。永樂以降，藩王政治、軍事特權大減。隨著漢王高煦、安化王寘鐇、寧王宸濠之反先後發生，宣德以來，歷代皇帝在政治、軍事上對於藩王嚴加防範，藩禁愈來愈嚴密。但在經濟上仍然以人民的脂膏滿足宗藩的揮霍。〔註6〕

可見藩王們的軍事力量雖被削減，但財富與地位則仍然優渥崇高。於是藩王們接受著優厚賞賜，「下焉者以聲色狗馬自娛，上焉者則修學好古」。〔註7〕而這些修學好古的藩王們，人數雖然不多，根據昌彼得先生〈明藩刻書考〉一文所稱：「明藩刻書，今可知者，無慮三十家。」〔註8〕然而，由於藩王們大多坐擁財勢，資源不虞匱乏，因而當時其所刊刻及典藏的圖書，不論在質與量方面，均為上選，反而造就出特殊的藩府藏書文化。

部份藩王的修學好古，顯然與太祖初時分封藩王，不時賜予藩王圖書，施以教化有密切關係。所謂上好之則下效之，因此第一代的藩王，一方面享受著崇高的政治地位，優渥的經濟環境；另一方面又在太祖期待與關注下，好古敏學、嗜書藏書。然而，在這種期待與環境之下培育出來的藩王，究竟占了多少比例，而經過代代相傳，後來子孫是否仍可持續著以往良好的傳承，或者朝向一代不如一代的凋零衰敗？這個問題不曾有人統計過，因而若將明代史料載錄的藩王行事予以析分，將好學敏求，或是致力書籍的著述刻藏的藩王及子孫列出，便可看出彼此之間的關係。

茲根據《藩獻記》、《國朝徵獻錄》、《明詩綜》，及《明史·諸王列傳》諸

〔註6〕　參李國華，〈明代的宗藩〉，《江西師範大學學報》，1985 年，第 1 期，頁 20。
〔註7〕　參昌彼得，《版本目錄學論叢》，〈明藩刻書考〉，頁 39。
〔註8〕　同前註。

書敘述，凡論及受封藩王爲好學博古，或藏書或著述，經分別爬梳整理後，得到一個有趣的現象。明太祖分封諸子爲藩，總共分封二十三子，其中的七位藩王，足以稱爲好學敏求。此七位藩王分別爲太祖第五子周定王橚（好學，能詞賦）；第八子潭王梓（英敏好學，善屬文）；第十子魯荒王檀（好文禮士，善詩歌）；第十一子蜀獻王椿（孝友慈祥，博綜典籍，帝嘗呼爲蜀秀才）；第十二子湘獻王柏（性嗜學，讀書每至夜分，日事校讎，志在經國）；第十六子慶靖王㮤（好學有文，忠孝出天性）；以及第十七子寧獻王權（嘗構精廬，鼓琴讀書其間，晚年日與文學士相與還，著述數十種）。

分封的二十三位藩王中，有七位藩王稱得上修學好古，約佔三成的比例。事實上，這個比例並不算高，這意謂著明初藩王們在崇高地位與優渥環境下，仍有高達七成的藩王藉此優勢，或聲色以自娛，或汲汲以爭權，或無心於書籍之上，僅有近三成藩王好學博文，致力詞賦冊籍，甚至有些還專注於圖書刊刻。然而從另一角度來說，即使初期只有三成左右的藩王嗜學讀書，然由於藩王們享有先天環境的優勢，依然在明代藏書的歷史中，營造出極爲特殊的藩府藏書文化。

至於這二十三位藩王以下的世代子孫中，稱得上嗜學好古，或博通經史者，在傳承與數量上皆有所區別，謹按整理資料所得，分別依太祖之子排行的先後，列出其博文篤學的事蹟：

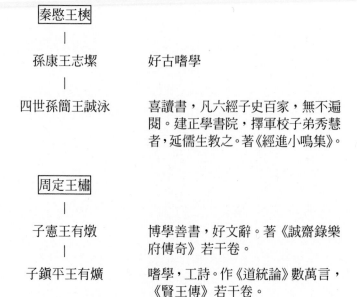

秦愍王樉	
孫康王志𡎂	好古嗜學
四世孫簡王誠泳	喜讀書，凡六經子史百家，無不遍閱。建正學書院，擇軍校子弟秀慧者，延儒生教之。著《經進小鳴集》。
周定王橚	
子憲王有燉	博學善書，好文辭。著《誠齋錄樂府傳奇》若干卷。
子鎮平王有爌	嗜學，工詩。作《道統論》數萬言，《賢王傳》若干卷。

|

四世孫博平恭裕王安㳠　勤讀書，輯《貽後錄》、《養正錄》
　　　　　　　　　　諸書。
|
六世孫鎮國中尉朱睦㮮　訪購圖書冊籍，建萬卷堂藏之。

楚昭王楨
|
子莊王孟烷　敬慎好學。著《勤有文集》、《勤有
　　　　　詩集》。
|
孫憲王季㙔　事母至孝。著《東平河間圖贊》，
　　　　　爲士林所誦。

魯荒王檀
|
五世孫奉國將軍健根　博通經術，能文詞。
|
六世孫觀㷼封鎮國中尉　嘗繪《太平圖》一卷上獻，世宗賜
　　　　　　　　　　承訓書院名額，并五經諸書。
|
世代孫安丘王　以孝聞，其曾孫頤堀又好學秉禮，
　　　　　　年七十餘，猶手不廢書。

蜀獻王椿
|
孫定王友㙉　嗜學善書，能文章。著《文集》十
　　　　　卷。
|
三世孫惠王申鑿　尤警敏，好文。著《惠園集》若干
　　　　　　卷。
|
六世孫成王讓栩　賢明喜儒，遵禮法，創義學。

代簡王桂

子靈丘王遜烇　　　好學工詩，尤善醫。

五世孫俊格　　　能文善書。嘉靖時，獻〈皇儲明堂〉二頌、〈興獻帝后挽歌〉。

慶靖王栴

子安塞王秩炅　　　性通敏，善古文。著《隨筆》二十卷。

寧獻王權

五世孫輔國將軍拱概

六代孫奉國將軍多煋

七代孫鎮國中尉謀埠

三世皆謹端自好。尤以鎮國中尉謀埠，貫串群籍，通曉朝廷典故，暇則閉戶讀書，著書百十有二種，皆手自繕寫。其子八人，皆賢而好學。五世孫奉國將軍拱橋，請建宗學，捐田白鹿洞書院贍學者，其子多熅、多熯，多購異書，校讎以為樂，奉國將軍多煌，孝友嗜學。

瀋簡王模

四世孫輔國將軍勳漣，從子（五世孫）允杉、允柠、允析，及鎮國將軍恬烷（六世孫），與諸子珵圻（七世孫）等，以能詩名，時稱瀋藩多才。

五世孫德平王允　　　梃負雋才。

六世孫宣王恬烋　　　好學，工古文詞，審音律。

七世孫沁水王珵堦　　　工詩喜士，名譽藉甚。

孫清源王幼㘯　　　博學能文詞。

```
            ┌─────┐
            │唐定王桱│
            └─────┘
               │
  孫三城王芝垜、蕩陰王芝坅    好學通經，有令譽。
               │
    三世孫成王彌鎬        作〈憂國詩〉，上疏以用賢圖治為
               │           言。
    三世孫文城王彌鉗        有學行，孝友篤至。
               │
    四代孫輔國將軍宇浹      五歲失明，從師畫掌識文字，耳授
                           書，久之博通群籍。


            ┌─────┐
            │靖江王守謙│
            └─────┘
               │
    六世孫安肅王經扶       好學有儉德，嘗為《敬義箴》。
```

　　上述所列這些藩王以下，包括其兄弟子孫及世代孫，皆有明載博學孝行事蹟，其中除了太祖第八子潭王梓、十二子湘獻王柏兩人膝下無子可述之外，其餘五位藩王的後代，皆有才人備出。除此之外，則多出秦愍王樉、楚昭王楨、代簡王桂、潘簡王模、康定王桱，以及靖江王守謙等六位藩王府中的好學子孫。由此可見，藩府優越的先天環境對後代子孫影響，確實存在，第一代藩主若喜博學嗜書，後代子孫多受其影響；然若無長者開先端風氣之帶領，藩府子弟在此優渥環境，加以社會風尚，或同儕因素影響之下，仍有可能形成好學嗜書的藩府風氣。

　　自成祖以下，各朝皇帝陸續分封藩王。成祖即位後，封第三子高燧為趙簡王，簡王之子康王厚煜，性情和厚，便曾構「思訓樓」，獨居讀書，其文藻亦甚贍麗。到了仁宗，分封諸子為藩王凡九人，其中第五子襄憲王瞻墡讀書通《詩》，尤長於《春秋》，其曾孫棗陽王祐楬，善文章，博涉星曆醫卜之書；另，第六子荊憲王瞻堈，勤學好古，曾延攬文學之士，影響所及，其孫端王厚烇，性謙和，銳意典籍，與弟永新王厚熿以能詩善畫名；以及第十子衛恭王瞻埏，孝謹好學，以賢聞。至英宗封藩，第七子為吉簡王見浚，曾刻《先聖圖》及《尚書》於嶽麓書院，以授學者。到了憲宗即位後，封第六子祐檳

爲益端王，其好書史，愛民重土；所封第七子衡恭王祐楎之孫爲新樂王載璽，不僅博雅善文辭，且嘗索諸藩所纂述數十種，梓而行之，又其從父高唐王厚煐、齊東王厚炳，亦皆以博學篤行聞。

這些稱得上好學敏求的藩王們，以太祖分藩子孫人數較多，總計多達有三、四十人，其中以周藩朱睦㮮、寧藩朱謀㙔，以及瀋藩德平王朱允榳諸子弟，著書藏書較著稱於時；然成祖以下至憲宗所分封諸藩子弟，僅有十多人堪稱好學，在人數上顯然有所差異，成就亦極罕見；至孝宗以下所分封的藩王，稱得上好古嗜學者，則更爲難得，幾乎未見。而造成此種情形，可能有二種意涵：

第一：太祖分封諸藩時，雖在政治權勢及經濟能力上，儘量予以優厚禮遇，但同時對於藩王們亦施以嚴格要求，並時時教化提醒，部份藩王立身謹慎，研習德業以示遵守規範。而自成祖以下，分藩諸王人數漸少，加以成祖對藩王態度則防範多過於信任，藩王多未能得到政治上的重用，故轉而汲汲於私權牟利，以至宣宗、英宗以下，也就越來越少見有嗜學好古的藩王。

第二：由於明中葉以後，政治趨於紛亂，經濟民生亦不如以往，受此影響，藩府政治地位及經濟優勢皆受到影響，尤其自神宗萬曆年間以後，黨亂紛爭嚴重，加以外患頻生，諸藩便有趁機爭權爲亂，或致力於擴張營私，使得此一時期藩王有些便多專注於兵禍戰亂的防範或政治擾亂，無暇顧及文化層面，再者爲了謀奪藩府權勢的擴張與鞏固，其子孫囂張驕矜，所在多有，此種情形不斷延續下去，故而自孝宗以下以至熹宗，分封的諸藩及其子孫，於學於書幾無可述，再也不復見到明中期以前藩府藏書的繁榮盛況。

二、藩府藏書的圖書來源

從血統上來說，藩府子孫出於王室，太祖一開始注重藩府教化，其中讀書學習就是最好的培育，故而藩府之內，必有圖書典藏。一般而言，藩府藏書來源，大抵有以下幾個來源：聖上頒賜、藩王奏請賜書、搜訪購置，以及自行刊刻。而經由上述方法獲致的圖書，以搜訪購置，及自行刊刻兩種，數量最多，而以御賜圖書寓含政治意味最爲濃厚，至於奏請賜書，則爲藩府藏書來源中最少的一種。

（一）主動頒賜

明朝御賜圖書的風氣，起於太祖朱元璋。明初，天下雖已平定，然太祖深知國家創建及守成的不易，又恐藩王勢大權重，危及政權，其間利害，得

失難計，遂防範於未然，賜圖書予諸王，施以教化。因此，自太祖以下，諸藩時常得到御賜圖書。故藩王們的藏書來源之一，便是來自皇帝的賜書。

洪武六年（1373）三月，太祖先是命禮部尙書陶凱等，採摘漢唐以來藩王善惡行爲，可爲勸戒者，收集爲書。後未成，又召王僎等續修，方成《昭鑑錄》，以頒賜諸王。七月，命學士宋濂搜萃歷代奸臣之蹟爲《辨姦錄》，又分別賜予太子及諸王。〔註9〕另外，在分封楚武昌之地給予楚昭王楨之時，則賜以經、史之書。〔註10〕到了洪武二十四年（1391）六月，太祖又「命禮部印《通鑑》、《史記》、《元史》，以賜諸王」。〔註11〕二十六年（1393）十二月，太祖命輯錄歷代宗室諸王爲惡悖逆事例的《永鑑錄》一書撰成，頒此書賜予諸王。〔註12〕

成祖即位後，承襲太祖賜書風氣，不僅致力於編刊圖書，同時亦將所刻圖書賜予諸王大臣。永樂十七年（1419），命撰《善陰騭孝順事實》書成，其書內容爲摘錄歷史上行善獲報，以及孝順等事蹟，頒賜諸王、群臣及國子監、天下學校。

由上述可知，自太祖起，開始有賜書藩王的風氣，而所賜圖書多用以昭明鑒戒藩王，或以行善孝順事蹟教化諸王群臣，其用心不言可喻。然而此種藉由賜書以勸戒及教化藩王的良意，自宣宗以下卻甚罕得見。及至嘉靖年間，世宗見奉國將軍健杴之子觀熰事親至孝，賜予承訓書院名額並五經諸書，〔註13〕以示嘉勉，始又有賜書諸藩之舉。

藩王得到御賜書籍，除了上述原因之外，另有一種情形也會獲得賜書，即君主爲了調解諸王間的紛亂，或警示藩王不得爲亂時，便會有賜書的舉動。

成祖朱棣於靖難一役成功後，見岷王楩與西平侯交惡，恐兩者藉此出兵作亂，遂賜書以示昭戒；其後於永樂元年（1403）二月，又賜代王桂書，用意即在警示代王縱殺戮，取民財物之舉，其罪當殺，宜審思之；至永樂三年（1405）九月時，見周王橚擅調官軍，用箭鏃燒烙無罪之人，凌駕有司，虐害百姓，遂賜予周王橚等人《皇明祖訓》一書，而周定王橚其子孫眾多，還特賜十本，且

〔註9〕　參〔明〕徐學聚編，《國朝典彙》（台北：學生書局，1965年1月），卷22，〈編輯諸書〉，頁411。
〔註10〕　參〔清〕查繼佐，《罪惟錄列傳》，卷4，〈諸王列傳〉，收入周駿富輯，《明代傳記叢刊》（台北：明文書局，1991年1月），第85冊，頁1214。
〔註11〕　參《明太祖實錄》，卷209，頁3122。
〔註12〕　參《明太祖實錄》，卷230，頁3370。
〔註13〕　參〔清〕張廷玉，《明史》，卷116，〈諸王一〉，頁3577。

同時賜書予齊王榑，一併戒之；到了八年（1410）十月，又見周定王橚於國中作殿，奉祀太祖朱元璋，成祖遂賜書以戒斥其禮之不宜。〔註14〕由此可知，成祖由於當初並非經由正當管道取得王位，係藉由藩王身份舉兵靖難而成，恐其他藩王有心仿效，遂一方面暗中施行削藩政策，另一方面則賜書以教化及警戒諸藩不得妄動，其防止藩王為亂之用心，可謂深切。

在藩王眾多的藏書之中，御賜圖書雖非數量最多，但卻是政治意味最為濃厚的一種。最早賜書給藩王們，是太祖朱元璋，其賜書並非隨意分賜，而是在深謀遠慮之後，所下的決定，具有強烈的政治目的。若非用於勸戒或遏抑藩王們的野心，便是用來做為教化及獎賞的作用，目的皆在防範藩王們藉機作亂，以維持政治上的長治久安。到了成祖以後，雖仍承續太祖的分藩政策，但無時不在注意諸藩的動作，此時的賜書諸藩，則多以警告及勸戒功能為主，雖仍有基於獎勵勸善而賜書的情形，但屬少見。可見成祖賜書的目的，主要在於希望能以此明確警告，或有抑制不肖藩王謀奪皇位的野心，而非緩慢的教化成效。

（二）奏請賜書

除了聖上主動御賜圖書給藩王之外，還有一種情形，乃是由藩王自行奏請賜書。一般而言，藩王們向皇上奏討請求的對象，除了官位、俸祿之外，便是土地。而向皇上奏求圖書，不僅極為罕見，而在明史上的記載，只有憲宗成化年間時，發生過一次。

明初太祖分封第十四子朱　為肅莊王，其世代孫恭王貢錝嗣位後，改封為汾川王。憲宗成化十七年（1481）七月時，貢錝曾上書奏求書籍，憲宗則以勸善書《為善陰騭書孝順事實》一書賜之。根據《明憲宗實錄》著錄內容，僅有「汾川王貢錝奏求書籍，上以勸善書《為善陰騭書孝順事實》與之。」〔註15〕數語，從史料著錄的簡略，實難看出汾川王貢錝奏求圖書的最初用意，然從其奏求圖書一事看來，顯然深切寓含有政治上的示好意味。

（三）搜訪購置

除了御賜及奏請得來的書籍之外，藩府主要的圖書來源，仍以來自於各地購置為多。以藏書為富的周藩為例，周定王朱橚，本身好學，又喜詞賦，不僅

〔註14〕參〔明〕徐學聚，《國朝典彙》，卷13，〈宗藩上〉，頁255-257。
〔註15〕參《明憲宗實錄》（台北：中央研究院歷史語言研究所校印，1966年9月），卷217，頁3766。

作《元宮詞》百章，又因國土之內種植草株可佐饑饉者，約有四百餘種，遂將其繪成《救荒本草》一書。除了喜好著述之外，亦購書、藏書，影響後代，其子憲王有燉博學善書，第八子鎮平王有爌嗜學工詩，其後六世孫朱睦㮮自幼受家風影響，亦嗜搜書藏書。根據他在自敘〈萬卷堂家藏藝文自記〉一文中指稱：

> 余垂髫時即喜收書，然無四方之緣，不能多見多致。……間或假之中吳、兩浙、東郡、耀州、澶淵、應山諸處，或寫錄，或補綴，蓋亦有年，所得僅此，信積書之難也。〔註16〕

另外，根據明張萱《西園聞見錄》一書提到周府鎮國將軍睦時，亦說道：

> 海內藏書家推江都葛氏、章丘李氏，盡購得之，起萬卷堂，日諷誦其中。〔註17〕

由此可知，周藩朱睦㮮府中藏書，有極大部份便是搜購自於民間藏書家，並因購得大量圖書，遂建專門藏書樓，名「萬卷堂」以藏之。

　　一般來說，藩府藏書較諸尋常百姓容易許多，其不外乎由於藩府諸王在經濟條件上較為優渥，掌握資源亦較豐富。藩王若博學嗜書，依其喜好購書而藏書，則極平常。然而，另外有一種特殊情況，則是記載藩王們因某種原因而去購置特殊性質的圖書。如正統初，慶靖王　被告以「閱兵，造戎器，購天文書」，〔註18〕言其有叛亂之心，遂上書欲徙國，得英宗之慰，不許。姑且不論慶靖王是否真有叛心，然史載「購天文書」，既然還將天文書特別標出，可見此種類型圖書的購置並不常見，否則不會特別提出，可見購書的目的，也不再僅止於個人興趣所好，而是為了某些特殊目的，刻意為之。

（四）自行刊刻

　　明藩眾多藏書之中，另有一種圖書來源，其雖非藩府藏書來源的首位，但若稱其具有相當重要的地位，則絕不誇張，此便是經由藩府自行刊刻印製而成的書籍。根據〔清〕葉德輝曾經稱讚藩府刻本，說道：「惟諸藩時有佳刻，以其時被賜之書，多有宋元善本，可以繙雕，藩邸王孫又頗好學故也。」〔註19〕即

〔註16〕參〔明〕朱睦㮮，〈萬卷堂家藏藝文自記〉，收入馮惠民、李萬健編，《明代書目題跋叢刊》，頁1065。

〔註17〕參〔明〕張萱，《西園聞見錄》，收入周駿富輯，《明代傳記叢刊》，第116冊，卷8，頁709。

〔註18〕參〔清〕王鴻緒等撰，《明史稿列傳》，收入周駿富輯，《明代傳記叢刊》，第95冊，卷109，頁105。

〔註19〕參〔清〕葉德輝，《書林清話》，卷5，〈明時諸藩府刻書之盛〉，頁244。

說明了藩府諸王由於府中多藏御賜圖書，所賜之書又多宋元善本，加以藩邸王孫頗好學故，因此在一般明刻本之中，藩刻本還算得上是佳刻善本。

後代評價藩本多佳刻精本，雖然，以當時而言，藩府刻書風氣究有多興盛，今日難以確知，然從後代書目對於藩刻本的著錄及評價，仍可略窺諸藩刻書的梗概。根據昌彼得先生撰述〈明藩刻書考〉一文，對於明代宗藩刻書考證之周全與詳贍，可備參酌瞭解。

明初則有周、蜀、慶、寧、楚諸府，周府自洪武間刻千金方，以迄萬曆，屢經傳刻，金丹正理，其著者也。其支裔博平，亦有刻本傳世。蜀府恒多賢王，自明初迄萬曆，傳本不絕，四部之籍，皆曾槧雕，尤為著稱。慶藩纂刻，皆在明初，多屬總集。寧藩多獻王權所自纂刻，自洪武以迄正統，據其目所載，凡百餘種，今傳世亦最夥。楚府刻書，自明初以迄萬曆，說苑新序，至今傳誦。支裔武岡，亦有詩集傳世焉，成弘以降，槧雕尤廣，淮南諸府，多刻總集；吉府多刻子書，以迄萬曆；益府多刻小學譜錄，迄於崇禎，活字印書，媲美蜀藩。秦府史記，魯府抱扑子，咸稱善本；遼藩昭明文集，人爭寶之。嘉靖間當推晉趙二府最著，晉府多刻總集，卷帙為諸藩之冠；趙康王於四部之籍，無不繙雕，尤為淹雅。他如德藩之漢書，瀋陽之易林，徽藩之萬花谷，崇府之包公奏議，靖江之李杜集，並為士林所重，而萬曆間鄭藩之通音律，所刻樂律全書，尤為審音家所推重，不獨以雕版著聲藝苑也。其他諸藩如：漢、衡、伊、榮、襄、潞、代、岷、汝等府，或繙雕舊籍，或自刻詩文。〔註20〕

從昌先生這段內容看來，明代諸藩刻書現象可謂相當盛行普遍，且諸藩所刻圖書性質各有千秋，顯見藩王們多半各有所好，其自主性亦強。至於刊刻最盛的區間，則大多自洪武到萬曆間。而到了天啟、崇禎間的藩府刻書數量則明顯減少許多，此與國家處於政局紛亂，政經漸趨衰敗有必然的關係。而藩府勢力於明末此時也接近尾聲，自無暇顧及刻書藏書之事。

第二節　藩府藏書目錄的編纂與特色

一、重要的藩府藏書目錄

明代藩府著錄書目者，實並不多，留傳至今則更為罕見。根據〔清〕黃

〔註20〕參昌彼得，《版本目錄學論叢》，〈明藩刻書考〉，頁93-103。

虞稷《千頃堂書目》所著錄的藩府書目，較為明確的有：「《寧獻王書目》一卷、《徽府書目》一卷、《衡府書目》一卷、《江寧王府書目》一卷，以及《西亭中尉萬卷堂書目》十六卷，下小字註朱勤美編」；〔註21〕再者，張鈞衡《適園藏書志》著錄的宗藩藏書，僅有朱睦㮮《萬卷堂藝文記》（即《萬卷堂書目》）一卷，〔註22〕餘皆未見；另外，丁丙《善本書室藏書志》一書中，亦僅著錄朱睦㮮《萬卷堂藝文記》一卷，題舊鈔本；〔註23〕此外，據黃虞稷、周在浚編《徵刻唐宋秘本書目》中記載，至朱睦㮮書目時，則是著錄作「《西亭萬卷堂書目》四卷，明周藩宗正朱睦㮮家藏書也，經學最備。」〔註24〕其餘諸藩書目則未見。

由後代各家書目著錄情形看來，明代諸藩書目多已不存，僅有周藩鎮國中尉朱睦㮮《萬卷堂書目》流傳最為廣泛，仍可見到。其餘的藩藏書目則僅能從相關資料推知，以下就重要的藩府藏書目錄，分別論述之。

（一）《萬卷堂書目》

《萬卷堂書目》，為朱睦㮮及其子朱勤美於明隆慶四年（1570）中秋以後編纂成書。

朱睦㮮，字灌甫，號西亭、東陂子、東陂居士，為太祖朱元璋第五子周定王朱橚的六世孫。幼端穎，郡人李夢陽奇之。及長，被服儒素，覃精經學，從河洛間宿儒游。年十五，封鎮國中尉，二十歲通五經，尤邃於易、春秋。呂柟嘗與論易，歎服而去。益訪購古書圖籍，得江都葛氏、章丘李氏書萬卷，作萬卷堂藏之。萬曆五年（1577）為周藩宗正，領宗學。撰有《五經稽疑》六卷、《授經圖傳》四卷、《韻譜》五卷，又作《明帝世表》、《周國世系表》、《建文遜國褒忠錄》、《河南通志》、《開封郡志》諸書。至於其生卒年，多數史書均未詳載，甚至稱其生卒年不詳。然據王興亞〈朱睦㮮藏書及著述〉一文推算結果，朱睦㮮可能生於正德十二年（1517），而卒於萬曆十四年（1586），

〔註21〕參〔清〕黃虞稷，《千頃堂書目》（上海：上海古籍出版社，1990年5月），卷10，〈簿錄類〉，頁294。

〔註22〕參〔清〕張鈞衡，《適園藏書志》，收入《書目續編》（台北：廣文書局，1967年），卷5，〈史部三・目錄類〉，頁262。

〔註23〕參〔清〕丁丙，《善本書室藏書志》，收入《書目續編》，卷14，〈史部十四・目錄類〉，頁87。

〔註24〕參〔清〕黃虞稷、周在浚編，《徵刻唐宋秘本書目》，收入《書目五編・觀古堂書目叢刻》（台北：廣文書局，1967年），第5冊，頁1459。

享年七十。〔註25〕

1. 撰述動機

至於朱睦㮮其人，一生藏書豐富，而此嗜書之好，不但從年輕時便已開始，而且用力甚厚，遍足各地，務求善本圖書之積聚。根據他在書前序文〈萬卷堂家藏藝文自記〉中所稱：

> 余垂髫時即喜收書，然無四方之緣，不能多見多致。大梁又自金元以來屢經兵燹，藏書之家甚少，即有亦皆近代之刻，求唐以前則希矣。間或假之中吳、兩浙、東郡、耀州、澶淵、應山諸處，或寫錄，或補綴，蓋亦有年，所得僅此，信積書之難也。〔註26〕

由此可知，朱睦㮮以身爲藩王子孫的身份，嗜喜購書聚書，本屬不易，況其能利用出巡四處的機會，至吳中江蘇、浙江、山東、陝西耀縣、澶淵、湖北應山等地，遍尋圖書。若求之不得，亦能以寫錄、補綴方式補其不足，實爲難得。所收書籍，則將「海內藏書富者，推江都葛氏、章丘李氏，灌甫傾貲購之」，〔註27〕其收書若此，難怪堪稱諸藩之中藏書最富者。而以其收書聚書之勤，猶尚言「所得僅此，信積書之難也」，實令人不得不讚嘆其嗜書之切與藏書之勤。而搜訪得來的藏書，主要集中放置於周藩府宅之西的書堂之中，該堂有五楹，以所儲書環列其中，並編有《萬卷堂書目》，以爲當時藏書之大略。

2. 版本不一

《萬卷堂書目》，根據後來各家書目記載，不論是在書名，或是卷次著錄上，皆分歧不一。在書名方面，其著錄便有以下幾種：有將此目稱作《西亭中尉萬卷堂書目》者，如清黃虞稷《千頃堂書目》；有作《萬卷堂藏書記》者，像是丁丙《善本書室藏書志》；張鈞衡《適園藏書志》、莫伯驥《五十萬卷樓藏書目錄初編》則作《萬卷堂藝文記》；此外，另有題作《聚樂堂藝文目錄》、《聚樂堂藝文志》者，如余嘉錫〈聚樂堂藝文目錄考〉一文，便引「朱氏彝尊《靜居堂詩話》：世所傳《萬卷堂書目》，不列卷數撰人，非故籍也。予家

〔註25〕 王興亞，〈朱睦㮮藏書及著述〉，《河南圖書館學刊》，1989年，第2期，頁18。

〔註26〕 此序置於書目前，題爲〈萬卷堂家藏藝文自記〉，見馮惠民、李萬健編，《明代書目題跋叢刊》，頁1065。

〔註27〕 〔清〕朱彝尊，《明詩綜》，收入《歷代詩文總集》（台北：世界書局，1962年2月），第14冊，卷85，頁5。

藏有《聚樂堂藝文志》四冊，俱詳列卷數撰人，係陂上鈔本。」〔註 28〕又引蔣光煦《東湖雜記》及邵懿辰《四庫簡明目錄標注》二書所言，稱朱睦㮮《萬卷堂書目》一書，又名《聚樂堂藝文志》，或《聚樂堂藝文目錄》；另外其他像是《朱西亭王孫萬卷堂家藏藝文目》、《萬卷堂家藏藝文目》等書名亦是指此目。故而光是此目的書名，除了《萬卷堂書目》書名之外，至少還有《西亭中尉萬卷堂書目》、《萬卷堂藏書記》、《萬卷堂藝文記》、《聚樂堂藝文目錄》、《聚樂堂藝文志》，以及《朱西亭王孫萬卷堂家藏藝文目》、《萬卷堂家藏藝文目》等七個不盡相同的書名。

　　至於卷次方面，則因其版本差異而有不分卷本、一卷本、四卷本、五卷本、六卷本、八卷本，甚至有十六卷本之分。首先，題不分卷者，有陸漻《佳趣堂書目》、《國立中央圖書館善本書目》著錄〔清〕勞氏鈔本《萬卷堂家藏藝文目》不分卷，及〔清〕正文齋鈔本《萬卷堂書目》不分卷；〔註 29〕著錄為一卷者，有丁丙《善本書室藏書志》、張鈞衡《適園藏書志》，以及莫伯驥《五十萬卷樓藏書目錄初編》等書；著錄為四卷者，則有錢曾《也是園書目》，以及黃虞稷、周在浚撰注《徵刻唐宋秘本書目》；另有五卷本，即《國立中央圖書館善本書目》所著錄〔清〕明辨齋紫格鈔本《朱西亭王孫萬卷堂家藏藝文目》五卷四冊；至於錢謙益撰、陳景雲注《絳雲樓書目》，及邵懿辰注《四庫簡明目錄》則皆著錄為六卷；另外，蔣光煦《東湖雜記》則是著錄為《萬卷堂藝文目》八卷；另外還有黃虞稷《千頃堂書目》的十六卷本等等。由其卷次分歧狀況看來，可見傳世的《萬卷堂書目》流傳版本，當非僅止於一本。

3. 目錄編排

　　本書目係按經、史、子、集四部分類，用各色牙籤識別，每類之下另分子目。經部下分易、書、詩、春秋、禮樂、孝經、論語、孟子、經解、小學十一類，凡 680 部，6,120 卷；史部分正史、編年、雜史、制書、傳記、職官、儀注、刑法、譜牒、目錄、地志、雜志十二類，凡 930 部，18,000 卷；子部分儒、道、釋、農、兵、醫、卜、藝、小說、五行十類，凡 1,200 部，6,070 卷；集部分楚辭、別集、總集三類，凡 1,500 部，12,560 卷，總計藏書有 4,310

〔註 28〕余嘉錫撰，《余嘉錫論學雜著》（台北：河洛圖書出版社，1976 年 3 月），〈聚樂堂藝文目錄考〉一文，頁 560。

〔註 29〕見《國立中央圖書館善本書目》（台北：國立中央圖書館特藏組，1986 年 12 月增訂版），〈史部・書目類〉，頁 384-385。

部，42,750 卷。書中著錄則分別依其部類子目別之，除了標示書名、卷次之外，少數不分卷者則標以冊次，書名下有小字注作者姓名。

　　根據葉德輝〈刊萬卷堂書目序〉一文所稱，朱睦㮮原先即依四部編目，葉氏重刻本便依其四部分以卷次。根據葉序指出：

> 明宗室朱睦㮮藏書最富有，《萬卷堂書目》傳世，官庫未收，亦未入存目，蓋彼時各直省未經採進故也。……余就四部分爲四卷，於字之顯然謬誤者隨手校改，其他缺文與字，在疑似間無從據正者，悉仍其舊。〔註30〕

由上所述，書目的編排方式，係先按傳統經、史、子、集四部分類，而各部之下又按圖書性質，再加以別分。從朱睦㮮編排書目的方式，以及經部首類先從易經開始這點看來，似乎並未受到楊士奇編纂《文淵閣書目》創以千字文編次的方式影響，而是依循傳統分類，可見傳統四部分類方式仍有其支持者，也或許朱睦㮮是因爲不願附隨當時公藏書目潮流而刻意反其道而行；再者，由於明中葉以後，公藏圖書體系漸至衰敗沒落，楊士奇所創的分類方式，也不見得適用於各家書目的著錄，加以後來公藏書目不僅編撰未詳，各類所收書目亦不齊全，故而朱睦㮮《萬卷堂書目》成書之後，各省又未能及時採進，以致此書目的流傳僅止於私人手中，而未見存於明代的公藏書目之中。

4. 藏書流向

　　自朱睦㮮《萬卷堂書目》成書之後，歷經萬曆、天啓、崇禎三朝，藏書愈趨豐富，而這些藏書最終究竟流落何處，恐難知曉。不過，據曹溶於書後序指稱：

> 有明宗室文藝者，莫多於隆萬，而灌甫宗正爲之最。……孫北海少宰初令祥符，猶就其第鈔經注二百餘冊，載歸京師。崇禎壬午，賊決河隄，書堂付之巨浸，徒其目存耳。〔註31〕

此處所提孫北海少宰令即指孫承澤，因此可知孫氏必曾見過周藩朱睦㮮府內藏書，並曾借鈔經注約二百餘冊，載歸京師，而後周藩藏書則於崇禎壬午（1642）河決間浸蝕損毀，僅存其目，而不復見其書。

〔註30〕〔清〕葉德輝，〈刊卷堂書目序〉，收入《書目五編·觀古堂書目叢刻》（台北：廣文書局，1972 年 7 月），第 5 冊，〈萬卷堂書目〉，頁 1221。

〔註31〕〔明〕曹溶，《萬卷堂書目》，卷末，〈跋〉，見《國立中央圖書館善本序跋集錄》（台北：國立中央圖書館特藏組，1992 年），〈史部·書目類〉，頁 249。

另外，據孫承澤《五經翼考証》書前序指稱，就其所見家藏書籍日後情形說道：

> 曩時，海內藏書家稱汴中西亭王孫，予官汴時，西亭已歿，與其孫永之善，因得盡窺其遺籍約十餘萬卷，尤重經學，中多秘本，世所鮮見。借其經學一類，課兒孫輩抄錄之，攜歸京師。壬午河決，王孫書盡沉洪流中，賴余家獨存其十一。至甲申之變，余家玉𪉩堂積書七萬餘卷，一時星散無復片紙存者。是歲秋冬僵臥城東藻池上，書賈荷書來售，多余家故本，封識宛然，泫焉欲涕。〔註32〕

按孫氏所說，當時任官汴中之際，聽聞汴中西亭藏書名聲最盛，然其時西亭已沒，故未能得見本人，然因與其孫善，遂得見周藩遺籍約十餘萬卷。可見至明萬曆中後期，甚至於到了天啟年間，周藩藏書較之隆慶間《萬卷堂書目》編成後的 42,750 卷，又增益了不少圖書，所增加的書籍之中，經學類的圖書當爲不少。後孫氏又提及時崇禎壬午河決，王孫書盡沉於洪流之中，即周藩西亭所藏書籍後來多盡付黃流，再難得見，現在僅能從他遺存下來的書目中，略窺其當時藏書概略。錢謙益對朱睦㮮畢生藏書的結局，則是萬分感慨說道：「汴亡之後，陂上之充棟插架者，漂蕩於洪流怒濤，未幾年而秘館內府之書，劫火洞然，與之俱燼。」〔註33〕

（二）《寧獻王書目》

《寧獻王書目》一卷，又名《寧藩書目》，〔註34〕爲寧獻王朱權所纂輯及刊刻的書目，現今已佚。

朱權（1378-1448），爲太祖第十七子，受封寧王，諡獻，世稱寧獻王，自號大明奇士、涵虛子、臞仙。幼年負氣好奇，神姿秀朗。洪武二十四年（1391）受封，踰二年，就藩大寧。權以善謀稱，帶甲八萬，所屬騎兵亦皆驍勇善戰。靖難之役，曾助燕王，並受允事成後當分天下，然事成後不許。永樂二年（1404），改封南昌，此後日與文學士相往還，好學博古，諸書無所不讀，又好藏書，嘗奉敕輯《通鑑博論》二卷，又作《家訓》六篇，《寧國儀範》七十

〔註32〕參〔清〕孫承澤，《五經翼考証》，〈五經翼序〉。
〔註33〕參〔明〕錢謙益，《列朝詩集小傳》，收入周駿富輯，《明代傳記叢刊》，第 11 冊，頁 816。
〔註34〕根據〔明〕晁瑮，《晁氏寶文堂書目》，〈史部·類書〉，著錄爲《寧藩書目》，見馮惠民、李萬健，《明代書目題跋叢刊》，頁 748。

四章，《漢唐秘史》二卷，《史斷》一卷，《文譜》八卷，《詩譜》一卷，其他註纂數十種。

縱觀寧獻王朱權一生，前半生多爲戰事戎馬生涯，至成祖即位後，在政治上逐漸喪失實權，始開始關注於文學，寄情戲曲。根據錢謙益的說法：

> 王博學好古，諸書無所不窺。旁通釋老，尤長於史文。皇踐祚改封南昌，恃靖難功，頗驕恣，晚年深自韜晦，搆精廬一區，蒔花藝竹，鼓琴著書其間。志慕沖舉，自號臞仙，令人往盧山之顛，囊雲以歸，結小屋曰雲齋。障以簾幙，每日放雲一囊，四壁氤氳，裊動如在巖洞。注纂經、子、九流、星曆、醫、卜、黃冶，諸術皆具。凡群書有秘本，莫不刊布國中，古今著述之富，無逾王者。〔註35〕

由此可見，寧獻王是在晚年受封南昌之後，始深自韜晦，致力於文學及冊籍之中。其於文學及戲曲創作方面的才能，一生著作傳諸於世者，甚爲可觀，〔註36〕然此非本文探究重點，此處暫先不述。而對於其畢生藏書及刊刻書籍情況，除了錢氏所稱「凡群書有秘本，莫不刊布國中」之外，關於所藏秘本及刊刻書籍數量究有多少，今實難完全查考得知，即如《四庫全書總目》，也僅餘存目，已未見其書，根據該「目錄類存目」首條即爲《寧藩書目》，其著錄一卷，下小字題「浙江范懋柱家天一閣藏本」，以下略述此目提要：

> 不著撰人名氏。初寧獻王權以永樂中改封南昌，日與文士往還，所纂輯及刊刻之書甚多。嘉靖二十年，弋陽王世子多焜求得其書目，因命教授施文明校刊行之，所載書凡一百三十七種，詞曲院本、道家煉度齋醮諸儀俱附焉。前有多焜序及啓一通，後有施文明跋。多焜啓中所稱父王者，乃弋陽端惠王拱樻，以嘉靖初受命攝寧府事，多焜後亦襲封諡曰恭懿。〔註37〕

據提要所述，此書目當爲寧獻王朱權纂輯及刊刻圖書之目錄。到了嘉靖二十年（1541）時，爲寧藩子孫弋陽王世子多焜取得，該書目約記錄有 137 種圖書，內容包括詞曲院本、道家煉度齋醮諸儀等，可見寧獻王嗜好，除了上述

〔註35〕參〔清〕朱彝尊，《明詩綜》，收入《歷代詩文總集》，第 13 冊，卷 1，引錢謙益語，頁 3。

〔註36〕關於寧獻王朱權戲曲方面研究，參車美京，〈寧獻王的曲學及其劇作研究〉（台北：師範大學國文研究所碩士論文，1994 年 6 月）。

〔註37〕參〔清〕永瑢、紀昀等奉敕，《四庫全書總目》，卷 87，〈史部・目錄類存目〉，頁 792。

所稱的詩文戲曲之外，對於道教齋儀亦有極大興趣。另外，從書目所載有百餘種圖書種類看來，顯然此目不僅記錄了寧獻王朱權所纂輯刊刻的圖書而已，同樣地，我們可由此窺知其藏書嗜好的偏向。

（三）其他藩藏書目

從清代黃虞稷《千頃堂書目》著錄的藩府書目看來，除了上述《萬卷堂書目》及《寧獻王書目》之外，還另外著錄有《徽府書目》一卷、《衡府書目》一卷，及《江寧王府書目》一卷，由於此三部書目現今皆已不傳，因此實在難以得知其眞正藏書內容，但是，從其他相關資料，或可稍做討論。

1.《徽府書目》

關於《徽府書目》一卷，此應爲徽藩的府藏書目。「徽藩」二字，據史料所載，僅有英宗第九子徽莊王見沛，故可初步推知此《徽府書目》當爲徽莊王見沛或其徽府子孫所纂輯而成。徽莊王見沛以下，有子簡王祐檯、孫恭王厚爝，及曾孫浦城王載　嗣位，後載　至嘉靖三十五年（1556）因罪廢，國除。另外，又據目前可見出於徽藩的刻本，則大多著錄爲徽莊王之子恭王厚爝梓印刻本，因而此本《徽府書目》可能即記載恭王厚爝在位期間府內所藏圖書。至於書目載錄內容究爲如何，由於目前書已失傳，未能得見，故難以確知。

2.《衡府書目》

所載《衡府書目》一卷，當是指衡藩所藏的圖書目錄。據載受封衡藩而好學敏求者，僅憲宗第七子衡恭王祐楎及其後代受封子孫。根據昌彼得先生〈明藩刻書考〉一文推測「按明史諸王傳載衡府新樂王載璽：『博雅善文辭，索諸藩所纂述，得數十種，梓而行之。』衡府書目一卷，當即指此。」其後又說：「由此例之，千頃堂目所載各藩書目，殆皆刊刻之目，而非藏書之目也。」〔註38〕以昌先生看法，認爲此《衡府書目》當即爲衡藩新樂王載璽索取諸藩纂述圖書共數十種編爲一目，且爲刻書之目，而非藏書之目。

新樂王載璽，爲恭王祐楎之孫。據焦竑《國朝徵獻錄》一書所載錄的生平傳記，稱其：「博雅善文辭，敦尙德行，汲汲然以著述詞賦爲勳業。嘉靖三十六年（1557）冊封。著《丁巳同封錄》一卷，思欲表見宗藩有才藝者，走書天下，索同姓所纂述，得數十種，會梓而傳之，謂之《綺合繡揚集》，又撰《洪武聖政頌》、《皇明政要頌》、《樓居稿》、《田居稿》、《夢觀仙閭神覽滄溟》

〔註38〕參昌彼得，《版本目錄學論叢》，〈明藩刻書考〉，頁41。

各一卷。」〔註39〕由此可見，衡府之內，以新樂王載璽著述最富，刊刻最多，極有可能即爲編撰《衡府書目》之人。

故而此《衡府書目》一書，成書於新樂王載璽，當無可議之處。然據昌先生推測，此目係爲刊刻之目，而非藏書之目，此種推測由於未見其書，實難判定。不過，若按焦氏載錄新樂王載璽生平，便可發覺載璽除了索同姓纂述著作數十種合纂爲一集之外，另外又撰述圖書若干，可見載璽手邊當不止有諸藩著述圖書數十種而已，理應還包括載璽自行編纂的書籍若干，甚至包括府內搜羅而來的罕見圖書，皆有可能。意即此本《衡府書目》中的著錄內容，或許不單只有刻書的書籍名稱，亦有可能涵蓋府中難得的珍貴藏書，以及載璽自行纂集的書籍，所編成的藏書之目。

另外，較爲特殊的是，朱睦㮮《萬卷堂書目》在著錄書目類別時，還記載有其他藩府的藏書目錄，分別爲《周府書目》及《衡府書目》二種。此處所著錄的《衡府書目》，與上述所稱衡藩新樂王載璽的府藏書目，推測當爲同一本，主要是因爲《衡府書目》成書時間雖未能明確得知，然從載璽受封期間約於世宗嘉靖年間，較之受封於神宗萬曆初的周藩朱睦㮮爲早，在朱睦㮮編纂《萬卷堂書目》的同時，可能《衡府書目》書目便已編成，而藩王彼此之間互爲交換流通，亦不無可能，故極有可能順便將《衡府書目》編入其中。

然而，另一本《周府書目》，便極難查考，顯然並非指朱睦㮮當時所編的《萬卷堂書目》而言，按筆者推測較有可能的是，此本《周府書目》應指周藩早先編纂的簡略書目。由於周藩自周定王橚受封以來，每一世代皆有好學求古者，其長子憲王有燉，勤學好古，留心翰墨；八子鎮平王有爌（朱睦㮮爲其諸孫）嗜學工詩，好爲著述，而與朱睦㮮關係較爲密切者乃鎮平王有爌，因而推測此目或爲鎮平王於受藩期間所編的府藏書目，〔註40〕流傳至朱睦㮮編書目之際，遂編入。而自鎮平王朱有爌至朱睦㮮以前的府藏書目之藏書內容與情形，雖未能得知，然此《周府書目》爲周藩自家早期書目之傳承，自然有此可能。

二、藩府藏書的典藏特色

由於目前所能見到的藩藏書目甚罕，因此若論及諸藩的藏書特色，實難

〔註39〕參〔明〕焦竑，《國朝徵獻錄》，卷2，〈新樂王載璽〉，頁92。

〔註40〕據〔清〕張廷玉，《明史》，卷116，〈諸王一〉載鎮平王有爌：「嗜學，工詩，作《道統論》數萬言，又採歷代公族賢者，自夏五子迄元太子眞金百餘人，作《賢王傳》若干卷。」頁3568。

遽斷，僅能略從流傳至今，尚稱完整的朱睦㮮《萬卷堂書目》，兼以各藩刻書偏好，略為推知諸藩藏書的特色。

（一）藏書動機多因興趣

由於受到政治因素的影響，從最初太祖的刻意分封及厚賜尊崇，到成祖漸行削藩政策以抑制藩王們勢力的擴充，藩王們雖然有著充裕優渥的經濟條件，然在政治實權上卻日趨削損減少。為了排遣不再掌握軍事大權的生活，因此部份藩王日以聲色犬馬自娛，極盡繁奢浮誇；然亦有部份的受封藩王選擇悠遊於圖書冊籍之間，尤其熱衷於圖書的纂輯及刊刻，這類的藩王多半不但嗜學好古，於工於詩文之餘，且對於圖書的纂述、典藏及刊刻有著高度興趣。

目前所知藩府藏書最富為周藩宗正朱睦㮮，他曾經在自序〈萬卷堂家藏藝文自記〉一文中提到自己喜好藏書的因緣，他說：「余垂髫時即喜收書，然無四方之緣，不能多見多致。」〔註41〕所謂垂髫，即為兒童於未束髮的時期，可見朱睦㮮對於藏書的興趣自小即已萌生，然因年幼，無法至四方隨意搜求，故感歎不能多見而多致圖書。而這樣的興趣，延續到朱睦㮮長大成年，也成了他遊歷四方各地最為掛心的事情，因而他走遍各省各處，僅為求書一事。據他繼前述之語後，又稱說：

> 大梁又自金元以來屢經兵燹，藏書之家甚少，即有亦皆近代之刻，求唐以前則希矣。間或假之中吳、兩浙、東郡、耀州、澶淵、應山諸處，或寫錄，或補綴，蓋亦有年，所得僅此，信積書之難也。隆慶庚午（1570）秋日，余（齋居）多暇，值積雨初霽，命童出曝，因取而觀，其內或有丹鉛圈點，或有校勘題評，平生心跡，歷歷在目，亦足以自鏡矣。本余所好，或資記述，若云蓄德，則吾豈敢。
> 庚午八月中秋日，東陂居士睦㮮書。〔註42〕

上述所描述朱睦㮮歷年來的求書心得，同時顯示出他對於藏書的熱愛與積極，不僅深刻體會出積書之難，且書中「或有丹鉛圈點，或有校勘題評」，皆為其平生所積累而成。再者，閑暇之餘，亦已注意到書籍的曝曬與保管的必要，最重要的是這些藏書之事，據他自己所講，乃「本余所好」，故稱其自小即已萌生藏書興趣，則一點也不為過。

〔註41〕〔明〕朱睦㮮，〈萬卷堂家藏藝文自記〉，見馮惠民、李萬健選編，《明代書目題跋叢刊》，頁1065。

〔註42〕同前註。

而除了周藩朱睦㮮喜愛藏書之外，寧藩獻王朱權，以及其七世孫朱謀㙔皆是愛好藏書的藩王。寧獻王著述繁多，而其世代孫朱謀㙔也不遑多讓。根據明錢謙益《列朝詩集小傳》敘述寧藩中尉貞靜先生謀㙔時，便說道：「謀㙔，字鬱儀，以中尉攝石城王府事。……著書百有十二種，皆手自繕寫。稿至數易，未嘗假手小胥。」〔註 43〕從這段敘述中，得知朱謀㙔因其嗜學好著述，因此藏書不少，而這百有十二種的著書，雖無詳細資料以確知著書性質，然從常理推斷，若非在興趣支持之下，實難達成，可見藩王們自身興趣的驅使，確是促成藩府藏書的重要因素之一。

（二）藩主愛好影響藏書

根據目前所能見到最完整的藩藏書目，即朱睦㮮《萬卷堂書目》。此目著錄圖書的種類及數量，為當時藩藏最富者。除了依經、史、子、集四部分類，各類下並按圖書性質加以標目。所收書籍類別不僅較為全面，且可見識到其蒐書之豐富與用心之深切。至於其他諸藩府藏圖書，雖未能得見書目，然從諸藩親王個別的著述作品，仍可看出藩府藏書受到藩王個人因素主導的傾向與影響。

據周藩朱睦㮮《萬卷堂書目》著錄情形看來，其於蒐書之際或許並未特別偏重於某一類的藏書，然從他的著作方面，還是可以看出朱睦㮮對於某些類別的用心與喜好。以其書目著錄來說，經部部數雖不若其他各部，圖書數量也非最多，然從朱睦㮮的著述之中，包括《五經稽疑》、《韻譜》等等，皆為經部類圖書，尤以其撰述的《授經圖》一書，更是被視為重要的經學專科目錄。

除了對經部圖書的重視之外，朱睦㮮由於藩府子弟的身份關係，得以遊覽各處，對於各地府志、縣志，及其他雜志的取得容易，也因而增益不少史部類的藏書。加上他自己對於歷史的喜好，也撰寫了不少史部類的著作，像是《明帝世表》、《周國世系表》、《建文遜國褒忠錄》、《河南通志》、《開封郡志》等等。雖然朱睦㮮對於經、史類圖書情有獨鍾，然而他在蒐書時卻並未因偏好某類而偏廢其他類別的書籍，反而因為視野開闊而得以蒐羅到各種不同類型圖書，使藏書越趨豐富，益顯其難得。

至於其他藩王的著述偏好，也多少影響到對圖書類別的喜好。寧獻王朱權關注於文學，尤鍾情於戲曲。根據清查繼佐《罪惟錄列傳》提到寧獻王權時稱：

權白皙美髯，負氣好奇，嗜學博古，自其齠齔時，自稱大明奇士，

〔註43〕 參〔明〕錢謙益，《列朝詩集小傳》，頁 816。

老號臞仙，弘獎風雅。高帝時奉敕輯《通鑑博論》三篇，他又作家
訓國範，垂示子孫。所論著旁及卜筮脩煉琴奕諸書，手製博山爐及
古瓦硯，皆極精緻。〔註44〕

另外，從他所撰述的戲曲著作中，包括雜劇十二種（今存二種，餘僅有存目
而未見傳本）、戲曲理論《太和正音譜》、《務頭集韻》、《瓊林雅韻》（今存《太
和正音譜》，後二本佚）等書，以及散曲數首，則可看出朱權對於戲曲的喜愛
與偏好極為濃厚。至於朱權其他著作還有《通鑑博論》、《寧國儀範》、《漢唐
秘史》、《史斷》、《文譜》、《詩譜》、《太古遺音》、《異域志》、《神隱》、《肘後
神樞》等等，可謂遍及各種經史、星曆、醫卜、黃冶諸術，可見其興趣之博
雜與範圍之廣，故而《四庫全書總目》稱其藏書刻書乃「詞曲院本、道家煉
度齋醮諸儀俱附焉」。〔註45〕

　　至若其他藩王，如周定王的長子憲王朱有燉，自小即喜愛各種詩文、書
法及劇曲等藝術領域的作品，他曾於親書的《黃庭內景經法帖》跋文中，自
謂其「予自髫齡之年，嘗臨之數百遍。」〔註46〕可見其對於書法之熱愛。再
者，他對於詩詞歌賦也有著濃厚的興趣，著作包括有《誠齋集》及《誠齋樂
府》；〔註47〕另外，秦簡王誠泳著《經進小鳴稿》、唐成王彌鍗撰《甕天小稿》、
文城王彌鉗《謙光堂詩集》、岷靖王彥汰撰《雪峰詩集》等等。其他嗜學工詩
的藩王們，由於他們多喜好詩賦文集一類，故而其藏書偏好也就極易偏向詩
文詞賦相關的蒐藏。

第三節　藩府藏書體系的發展與成就

　　明代藩府藏書體系的特殊性，在於諸藩生來便迥異於平民的出身。由於

〔註44〕參〔清〕查繼佐，《罪惟錄列傳》，卷4，〈諸王列傳〉，頁1235。

〔註45〕參〔清〕永瑢、紀昀等奉敕，《四庫全書總目》，卷87，〈史部‧目錄類存目〉，
頁792。

〔註46〕參〔明〕朱有燉，《東書堂集古法帖》，明永樂十四年（1416）勒石，翻刻烏
金拓本，卷3。

〔註47〕〔明〕朱睦楔，《萬卷堂書目》，見馮惠民、李萬健選編，《明代書目題跋叢刊》，
〈集部‧宗室〉，著錄周憲王著有《誠齋集》一卷及《誠齋樂府》七冊，頁1102；
另，黃虞稷，《千頃堂書目》著錄有《誠齋新錄》三卷及《誠齋遺稿》一冊；
而國立中央圖書館編《國立中央圖書館善本書目》〈集部‧別集類〉則著錄有
《誠齋牡丹百詠一卷梅花百詠一卷玉堂春百詠一卷》一書。

藩王血統出自於王室，故擁有的政治地位與經濟供給來源與王室關係密切，其圖書來源與刻書經費可以說多是由公家支付提供，故論及藩府刻書時，多將其視爲官刻本；然就藩王實際政治權力而言，則並無足以代表國家的執行力，而其藏書也歸於個人所有，不需提供眾人觀看閱讀，故論其藏書，則又可視爲私人所藏。此一矛盾情形，自然爲藩府藏書體系提供其獨特性，然此種藏書體系下所表現出來的轉折變動、好壞優劣，不僅屬於文化層面的發展與成就，也是整個明代藏書文化中重要的一部份，故有深入探討之必要。

一、藩府藏書體系帶動藏書文化的多元發展

明初太祖建國以來，藩王分封政策隨即制定，所有藩王在太祖分封之下，獲得僅次於天子的政治地位與經濟特權，當時各藩王擁有的行政權力與軍事勢力，皆相當強大。然而，自從成祖靖難之役之後，在成祖的刻意壓抑下，漸被削減，部份宗室子弟在喪失政治實權下，飲醇酒，近婦人，玩樂一生。當時宗藩子弟多喜與海內名人，相與交遊，每當佳辰，便召呼宴集，彈琴對奕，飲酒賦詩，對於宮室苑囿聲伎狗馬之樂，尤其擅喜。或有自恃風流好文，通音曲詞章，以博美譽。

部份藩王則爲了擺脫政治上的失意，故務學好古，或閉門讀書，或博雅好文，精通文墨詞賦，甚者還能致力於不同領域的圖書撰述、刊刻、典藏之事，以期能達博學能古，修文自適目的。不論藩王們的表現爲何，然而他們在文化方面的各種成就，卻是不容置疑的。事實上，藩王們在藏書文化方面的表現，實與其本身興趣偏好有莫大關係，由於藩王興趣各有不同，因而在無形中也帶動藏書文化的多元發展，其表現大概有幾個方面：

（一）經史圖書

明宗藩喜好經學史籍的人數頗多，且多有相關著述。經學方面，周藩朱睦㮮著稱於時，根據錢謙益《列朝詩集小傳》載錄：

> 灌甫被服儒素，覃精經學，從河洛間宿儒遊。奉手摳衣，執經函丈，
> 受禮於睢陽許先，章分句釋，辨析疑義，達旦不寐，三月而盡其學，
> 年二十通五經，尤邃於易、春秋。〔註48〕

他除了有經部類的撰述《五經稽疑》六卷之外，還著述許多史部類的圖

〔註48〕參〔明〕錢謙益，《列朝詩集小傳》，頁816。

書，像是《明帝世表》、《周國世系表》、《建文遜國褒忠錄》二卷、《河南通志》、《開封郡志》等諸書，以及《聖典》二十卷、《鎮平世系記》二卷、《謚苑》二卷等等。〔註49〕

　　較爲特殊的是，在他撰述經學類書籍中，有一部《授經圖》，爲著錄經學授受源流（世系圖）、經家諸儒列傳，並羅列經注書籍的重要經學目錄。朱彝尊《經義考》在提到此書時，便說：「朱睦㮮《授經圖》，諸儒經解。周漢而下至金元，作者凡一千一百三十二人，國朝三十九人，經解凡一千七百九十八部，二萬一千七十一卷。」〔註50〕而《四庫全書總目》更推崇此本乃是在「朱彝尊《經義考》未出以前，能條析諸經之源流，此書實爲嚆矢。」〔註51〕

　　除了朱睦㮮之外，其他藩王們對經、史方面亦各有所好。像是寧藩朱權在史學方面的論述，便有《通鑑博論》二卷與《漢唐秘史》二卷，前者論歷代史事大略，後者錄進講漢唐之事，以類次成編；而潞藩朱常淓撰《古今宗藩懿行考》十卷，其內容「所采皆歷代宗臣之賢者，自周迄明，凡百餘人，各著事蹟梗概，加以評論。」〔註52〕皆爲史學類的專門論著。

（二）詩詞文賦

　　據史料所載，喜愛詩文詞賦的藩王或將軍，也爲數不少。按〔清〕陳田《明詩紀事》一書所載錄明代宗室傳世有詩集或文集者，統計出大約有83人，99部之多，〔註53〕其中像是周定王橚著《元宮詞》百章；〔註54〕秦簡王朱誠

〔註49〕參孟昭晉，〈「明代劉向」朱睦㮮〉，《圖書館雜誌》，1986年，第2期，頁60-63。

〔註50〕參〔清〕朱彝尊，《經義考》（京都：中文出版社，1978年8月），卷294，頁1506。

〔註51〕參〔清〕永瑢、紀昀等奉敕，《四庫全書總目》，卷85，〈史部・目錄類一〉，頁764。

〔註52〕參〔清〕永瑢、紀昀等奉敕，《四庫全書總目》，卷62，〈史部・傳記類存目四〉，頁380。

〔註53〕據〔清〕陳田，《明詩紀事》，收入周駿富輯，《明代傳記叢刊》（台北：明文書局，1991年1月），第12冊，卷2上，「前言」所稱：「田按明史藝文志集部，稱各藩及宗室自著詩文集，已見本傳不載，及檢本傳，良不盡然。……今將明史所載宗藩集名，及史所未載，而見於史稿，並四庫總目、各家書目、總集、專集、雜載所述，備列於此，以待參考。」所列藩王及將軍計有83人，詩集、文集共95部；編爲總集者，則有中尉朱觀𣹟、新樂王載璽，及中尉朱謀埠三人，共編有4部。

〔註54〕此《元宮詞》一書，據《明史》卷116列傳，〈諸王一〉題爲周定王橚所作；另，何喬遠，《名山藏》卷36也說定王作《元宮詞》百章。然而，任遵時，《明代劇作家周憲王研究》（台北：自版，1974年3月）則認爲此書當爲周憲王朱

泳則詩名最盛，嗣位後日賦一詩，積三十年，錄成《經進小鳴稿》（又名《賓竹小鳴稿》）十卷。《四庫全書總目》稱其詩「古體清淺而質樸，近體諧婉可誦，七絕尤爲擅場」。〔註55〕

寧獻王朱權其下六世孫朱多炡、朱多熲、朱多煃、朱多炘等，亦皆有詩名，據王世貞所說：「國朝宗藩之詩，寧府爲盛，諸王孫以詩鳴者，多炡、多熲其著者也。多炡絕句清逸，多熲屬對精工。」〔註56〕周藩朱睦㰓善古文詞，文尤典雅可誦，著有《陂上集》二十卷；唐藩朱彌鉗，著有《謙光堂詩集》八卷；其他像是朱顯槐、朱厚煜、朱珵堨、朱珵圻等宗藩子弟，亦皆以詩文傳名。

另外，部份藩王在好文善詩之餘，對於所擅詩類亦有各有所偏，像是肅靖王眞淤，詩調高古，言邊塞事，尤感慨有意，著有《星海集》；潘憲王胤杉，自號南山道人，便嗜談禪詩，亦時有妙悟，著有《清秋唱和集》、《保和齋詩》五卷。

而除了單純的詩、詞、文集之外，部份藩王還對詩文的訓釋、考證，以及評論方面產生興趣，所以此類圖書多少會隨著藩王自身的著述或刊刻喜好而予以典藏。像是寧藩中尉朱謀㙔著有《詩故》十卷，即是以小序首句爲主，略同蘇轍《詩傳》之例，而參用舊說以考證之的作品，〔註57〕另著有《駢雅》七卷，則是取古書文句典奧者，依《爾雅》體例，分章訓釋。〔註58〕另外，周弘祖《古今書刻》及黃虞稷《千頃堂書目》在著錄到寧獻王朱權的著述作品時，則載有《臞仙文譜》八卷、《臞仙詩譜》一卷、《江西詩法》一卷，推測應爲詩文韻譜及詩評方面的著作，只可惜今皆已失傳，不復得見。

（三）戲曲音律

明代宗室通曉音律、戲曲特別著稱者，以寧獻王朱權、周憲王朱有燉，以及鄭世子朱載堉爲是。

有燉所著。

〔註55〕參〔清〕永瑢、紀昀等奉敕，《四庫全書總目》，卷171，〈集部·別集類二十四〉，頁526。

〔註56〕參〔清〕陳田，《明詩紀事》，卷2，下，頁486。

〔註57〕參〔清〕永瑢、紀昀等奉敕，《四庫全書總目》，卷16，〈經部·詩類二〉，頁344。

〔註58〕參〔清〕永瑢、紀昀等奉敕，《四庫全書總目》，卷40，〈經部·小學類一〉，頁827。

　　寧獻王朱權是明初著名的戲曲家，他所撰述戲曲著作數量之多，聲名之富，宗室之間無人能出其右。戲曲方面的著述，包括雜劇十二種，現今存〈卓文君私奔相如〉、〈沖模子獨步大羅天〉二種，餘僅有存目而未見傳本，戲曲理論方面則有《太和正音譜》、《務頭集韻》、《瓊林雅韻》（今僅存《太和正音譜》，後二本佚）等書，以及散曲數首。其中《太和正音譜》記載了元明初的雜劇名目，並對作家作品加以評述。較爲特殊是，此本收集了北雜劇曲譜 335 支曲牌，爲現今所存最古老的北雜劇曲譜，爲後代研究北曲提供了良好的史料；《務頭集韻》是對周德清《中原音韻》作詞法之五「務頭」的研究；《瓊林雅韻》則是根據當時北曲用韻情況，對於《中原音韻》曲韻部份的修定。

　　此外，周憲王有燉也是一位多才多藝的藩王，在他的興趣中，除了文辭書畫之外，對於音律雜劇等戲曲創作也相當地熱愛。錢謙益《列朝詩集小傳》說他：「王遭世隆平，奉藩多暇，勤學好古，留心翰墨。……製誠齋樂府傳奇若干種，音律諧美，流傳內府，至今中原絃索多用之。」〔註59〕而沈德符《顧曲雜言》則是認爲：「周憲王所作雜劇最夥，其刻本名《誠齋樂府》，至今行世，雖警拔稍遜古人，而調入弦索，穩叶流麗，猶有金元風範。」〔註60〕而關於《誠齋樂府》一書，則收錄雜劇 31 種，最早自永樂二年（1404）開始創作，並且以宣德年間的作品最多，直至正統四年（1439）止，前後撰述時間長達 36 年。此本雜劇的特色，據任遵時《明代劇作家周憲王研究》一書所稱：「他所作的諸劇，除《繼母大賢》、《黑旋風仗義疏財》等劇外，大部份的劇作幾乎都是仙佛度世劇，這証明憲王的晚年是如何參破人生而遊戲於音律了。」〔註61〕

　　至於鄭世子朱載堉，爲鄭王厚烷之嫡長子，靖王瞻埈之六世孫。他一生著述，凡 18 種，33 部，101 卷；現存 7 種，69 卷。其中關於戲曲、音樂方面的論述，便有《樂律全書》四十八卷（其下包含十五種專著）、《律呂正論》四卷、《律呂質疑辨惑》一卷、《瑟譜》十卷等書。〔註62〕在陳萬鼐《朱載堉研究》一書中，認爲朱載堉音律方面的成就，在於提出其發現十二平均律的理論，乃是運用一系列的算學方法，「用不同的長、徑律管來尋求律音正確的

〔註59〕參〔明〕錢謙益，《列朝詩集小傳》，頁 8。
〔註60〕參〔明〕沈德符，《顧曲雜言》，清道光十一年六安晁氏活字本。
〔註61〕參任遵時，《明代劇作家周憲王研究》，頁 170。
〔註62〕參陳萬鼐，《朱載堉研究》（台北：國立故宮博物院，1992 年 1 月），第 8 章，〈朱載堉著作書目解題〉，頁 213-235。

結果，這是不可思議的成就，值得我們對他欽佩。」〔註63〕除了音律以外，朱載堉對於音樂、樂器與舞蹈藝術，也有他獨特的見解與運用。所撰述《樂學新說》一卷，便是專門研究《周禮》大司樂的著作；而在《樂律全書》中則可看出他運用十二平均律在製作樂器及創造樂譜上的用心；在舞蹈學方面，撰述的《律呂精義外篇》二卷、《六代小舞譜》一卷、《小舞鄉樂譜》一卷、《二佾綴兆圖》一卷，以及《靈星小舞譜》一卷，皆為創作或改編舞蹈所使用的舞譜或歌譜，其用心之切，實令人讚嘆。

（四）書法繪畫

明代宗藩著迷於書畫藝術領域者，多半都有不錯的成績。

周憲王有燉，據載「恭謹好文，兼工書畫」，〔註64〕而朱謀垔在《續書史會要》一書則是記載：「周憲王有燉，國開封王，恭謹好文辭，兼工書法，集古名跡十卷，手自摹臨，勒石傳世，名曰《東書堂法帖》。」按此東書堂，據傳即為其父定王橚特地在王府內闢一「東書堂」，作為憲王朱有燉的讀書處所。

《東書堂法帖》一書，又名《東書堂集古法帖》，曾經歷過四次以上的翻刻，〔註65〕內容為彙歷代諸家法書，編為十卷。是書不僅版面巨大，且書前有序文及凡例，其對於中國文字與書法見解之博精深刻，皆表現於序文之中。待《東書堂法帖》刻完後第二年，憲王又刻一冊法帖，為《蘭亭修禊序帖》。此帖先收錄蘭亭序五種本子，後為倣李伯時刻的「蘭亭觴詠圖」，其後又載錄諸家之說，共為一卷。〔註66〕可見周憲王於書法方面的喜好與珍藏，以及自身書寫的書法成就，可謂冠絕一時。

另外，擅長於書法之藩王，還有晉莊王朱鍾鉉，其「好博古，喜法書。嘗以絳帖歲久斷脫，令世子奇源采舊，所傳名人墨跡摹刻以傳，號曰《寶賢集古堂法帖》，遒麗可觀」。〔註67〕

〔註63〕參陳萬鼐，《朱載堉研究》，第3章，〈朱載堉十二平均律的實際〉，頁98。

〔註64〕參〔清〕徐沁，《明畫錄》，收入周駿富輯，《明代傳記叢刊》，第72冊，卷1，頁22。

〔註65〕此四次以上的翻刻記錄，分別是在明成化前續翻刻本，一為成化永寧王翻刻本，一為陝西翻刻本，而另一次則是清光緒年間摹刻。

〔註66〕參任遵時，《明代劇作家周憲王研究》，頁125；另外，關於周憲王於藝術方面的成就，任遵時，《明代劇作家周憲王研究》，第六章，〈周憲王的文藝成就〉，研究甚為詳實仔細，可供參酌。

〔註67〕參〔清〕朱謀垔，《續書史會要》，收入周駿富輯，《明代傳記叢刊》，第72冊，頁349。

　　周憲王雖在書法上名冠一時，然而他在繪畫方面的成就，也不遑多讓。根據史料，憲王留傳下來的繪畫作品不多，僅在清《十百齋主書畫錄》有這麼一條記載「桃花流水，明周憲王朱有燉繪。」〔註68〕此圖現已不傳，僅知該圖至少到清初仍流傳於民間。而憲王所擅長的畫作類型，在朱謀垔《續書史會要》則是題「周憲王朱有燉，畫瓶中牡丹最有神態。」〔註69〕由此可知憲王精於繪事，且善畫花卉。而善畫花卉者，還有鎮平王朱有爌「嗜學工畫，有《菊譜圖》」；富順王厚焜，為荊王第二子，「工詩，尤耽繪事。偶畫蜀葵數幅曝日中，蜂蝶叢集花上，拂之即來。」〔註70〕而除了擅長繪畫花卉者，其他藩王亦有善繪人物、鳥獸者，像是湘獻王朱柏，便善畫嬰兒；遼簡王朱植及鍾陵王，皆善畫人物；衡陽王，則善於畫鷹。

（五）自然科學

　　此處所指的自然科學，包括醫學、植物學、算學、物理學，及曆學天文等領域，而明代宗藩子弟中對此有興趣者，以周定王橚、鄭世子朱載堉、朱遜烇較為著名。

　　周定王朱橚，其興趣廣博多樣，在醫學及植物學方面，則因其撰述《普濟方》，及《救荒本草》二書而得名。《普濟方》一書，為取古今方劑，彙集成編，分成 2,175 類，收 778 法，61,739 方，並附圖 239 張，是目前所能見到最完備的一部古代方劑學著作；〔註71〕《救荒本草》一書，共記錄 414 種野生植物，見於李時珍《本草綱目》者 138 種，其中 276 種是過去本草所未見，皆詳核可據。

　　而朱載堉於科學方面的成就，則是廣泛表現在算學、物理，及曆學方面。在算學方面，他的著述便有《算學新說》一卷、《嘉量算經》三卷、《圓方勾股圖解》一卷、《古周髀算經圖解》一卷，以及《算經秬秠詳考》卷數不詳（佚），這些著述內容即是利用數學方法來改進開方、求積等方面的問題，他不但是最早提出不同進位制的小數換算法，而且還運用算盤來進行開方的計算；另外，他還思考利用嘉量（多功能的量具）研究出度量衡制度的變遷。

〔註68〕參福開森，《歷代著錄畫目》，上冊，頁 83。

〔註69〕參〔清〕朱謀垔，《續書史會要》，頁 349。

〔註70〕〔清〕徐沁，《明畫錄》，卷 1，頁 22。

〔註71〕參〔清〕永瑢、紀昀等奉敕，《四庫全書總目》卷 104，〈子部・醫家類二〉，頁 236。

　　在物理學方面，則是利用嘉量算經精準地計量水銀密度，與今日測定水銀密度值誤差甚少，其精確度令人驚訝。此外，朱載堉還有曆學天文方面的成就。萬曆二十三年（1595）六月時，他爲了響應中樞獻書之號召，進呈《曆學新說》三種，包括《聖壽萬年曆》二卷、《萬年曆備考》三卷，以及《律曆融通》四卷附音義一卷。《聖壽萬年曆》一書，爲敘述曆法數據及計算方法，而參以更加詳實《律曆融通》的輔助，便成爲研究中國曆法天文的重要論著，故而諸家評價其曆學成就時，多予肯定，認爲其爲研究授時曆最爲成功的學者，並視其曆學三書，爲明代官曆之外，學術價值最高的著作。〔註72〕

　　至於靈丘王朱遜炓，則是對醫學方面特別有興趣，《明史》稱其「好學工詩，尤善醫，嘗施藥治瘟疫，全活無算。」〔註73〕可見其於藥物學及醫學之專研與擅長。

二、藩府藏書體系的特點與成就

　　上述所敘藩府圖書因藩王興趣的差異，而造就出多元的發揮空間，不僅帶動藩府藏書文化的發展，同時也在無形中變成藩藏體系的重要成就之一。這樣的發展與成就，與藩府藏書體系的某些特點有必然關係，以下略分成四點：

（一）以府爲組成單位的藏書體系

　　一般而言，明代的宗室多以府爲組成單位，而宗室子弟多會受藩府風氣的好壞而影響到日後發展。由於每個宗藩王室多爲各自獨立的系統，而宗室子弟日後的造化好壞，因此受到前面受藩親王行事作風的好壞影響，雖說有時也會產生像俗話說的「壞竹出好筍」，然多數情形則仍是符合家族遺傳。因而首次分封藩王如好學博文，則其子弟亦多能謹守禮法，人才也多會出現在此一藩府之間。據《明史》所載，蜀藩「自椿以下四世七王，幾百五十年，皆檢飭守禮法，好學能文。孝宗恒稱蜀多賢王，舉獻王家範爲諸宗法。」；〔註74〕瀋藩自簡王模以下，其後世代孫宣王恬烄，好學，工古文詞，審聲律，弟安慶王恬㸅、鎮康王恬焯，穆宗時皆以孝義旌，沁水王珵堦，簡王七世孫，工詩喜士，又清源王幼㙉，博學能文詞，其後輔國將軍勳潓，從子允杉、允析，及鎮國將軍恬烷與

〔註72〕以上參酌陳萬鼐，《朱載堉研究》，第4章，〈朱載堉算學新說的研究〉及第五章，〈朱載堉曆學新說的研究〉，頁103-164。

〔註73〕參〔清〕張廷玉，《明史》，卷117，列傳第五，〈諸王二〉，頁3584。

〔註74〕同上註，頁3580。

諸子埕坅等，並能以詩名，時稱潘藩多才，皆顯示出藩府家族關係之影響深遠。

　　而此種因藩府風氣使然所形成的家學淵源，在鄭世子朱載堉身上可以更清楚地看到。明萬曆三十四年（1606）七月時，朱載堉曾進律書奏疏一則，說道：

> 臣父恭王厚烷存日，頗好律曆。……臣父昔年居鳳陽時，懲艾之餘，琴書自適。偶閱〈學記〉有云：不學操縵，不能安弦。操縵二字，先儒解爲雜弄，遂悟今琴家調弦所彈月朗風清者，蓋即操縵之遺意也。又閱宋儒朱熹《儀禮經傳通解》，所謂散聲、疊字之説，遂悟古人弦歌與今彈唱，大率相類，禮失求諸野，其斯之謂歟。琴家顏回等曲，與夫太常雅樂，皆以弦之一聲，而配歌之一言，弦聲短促，非所謂依永也，失其傳也，明矣。又閱何瑭所著《樂書》，其解舜典：依永、和聲，引今證古，斯理益明。彼時親寫操縵譜稿，藏諸篋笥，還國出以示臣，且諭臣曰：爾宜再潤色之，爲我著成一書，以便觀覽，及有口授指示甚詳。臣既受教，乃於暇日采古今傳記，及先儒舊説，續以新聞，附以愚見，著成琴瑟操縵、旋宮等譜啓進。臣父覽之，頗以爲然。〔註75〕

從此段敘述內容看來，似乎可想見當年鄭王府在恭王厚烷喜好音律曆算的影響之下，使得世子朱載堉從小便耳濡目染，日久薰陶，遂而青出於藍。從今日的眼光看來，就如同音樂世家般，自小培育養成，在其父恭王厚烷的指導下，朱載堉不但彈得一手好琴、瑟，也能歌唱古代雅樂曲，作歌譜、樂譜，音樂成了他生活中不可或缺的重心，也造就出他在音樂及其他領域的驚人成就。

（二）藩府藏書種類多樣豐富

　　明代藩府藏書的數量、性質與種類，從朱睦㮮《萬卷堂書目》載錄內容，以及諸藩各自喜好與著述作品的情形看來，實爲相當可觀。雖說迄於今日，藩府藏書究竟原有多少，流傳至今又餘多少，難以清楚算出，然而從朱睦㮮《萬卷堂書目》著錄藏書，多達 4,310 部，42,750 卷，概括所有經、史、子、集四部看來，其後又陸續積累到天啓、崇禎初。其時，周藩藏書之富，在宗藩間無人能出其右，確實在整個藩藏體系之中奠定藏書居首的地位。

　　然而藩藏體系的成就絕對不止於此，除了藏書數量的優異成果之外，其他

〔註75〕參陳萬鼐，《朱載堉研究》，第 2 章，〈朱載堉十二平均律的理論〉，頁46。

在藏書性質與種類的多樣，也是藩府藏書的重要特色之一。這些藩王們的著作，分別散見於「經部」以下，有易類、春秋類、樂書類、經總義類、小學類；「史部」以下，有奏議類、政書類、雜史類、別史類、紀傳類、編年類、史鈔類、地理類、目錄類；「子部」以下，有道家類、雜家類、小說家類、藝術類、醫家類、天算類；以及「集部」以下，多為別集一類。其著述性質涵蓋經、史、子、集四部，種類多樣，也可見藩王們興趣遍及各領域，廣泛若此。

（三）藩刻本受到後代藏書家肯定

由於藩府具有先天優勢，藏書來源則上自王室宮廷，下達各地四處，所獲御賜書籍版本原多宋元善本之屬，兼以經濟條件的優異，藩王們可以用動充份的經濟資源來進行蒐書，甚至於刻書事業，因此經由藩府所刊刻出來的圖書大多版本精良、刊刻謹嚴。在這些藩府親王之間，博學好文者甚多，他們對於所刊刻圖書的品質亦多注重，版本校勘精審、刊印精良，因而得到不少後代學者的讚賞。

清代著名藏書家黃丕烈在他《蕘圃藏書題識續錄》一書中，曾著錄其蒐集到明代趙藩居敬堂刊《法藏碎金錄》十卷時的得書源流：

> 頃，坊友收濮院沈姓書，余檢得鈔本《法藏碎金錄》，有嘉靖字樣，知從明本出，索番餅六金。因憶向年曾蓄鈔本，已贈潘理齋農部，遂往借對勘，而理齋復有一十卷明刊本，一併借歸校之。適兒孫輩整理書籍，於舊藏中檢出一部與坊收沈本無二，余本乃趙府居敬堂刊，真嘉靖本也。坊本猶從刻本影鈔者耳，事之可笑，亦復如是。趙本舊藏季振宜家，可見明刻之書，古亦珍秘。余向年無意得之，今日有意求之，而明刻之可貴，直至歷過宋元鈔校之後，方有味乎。〔註76〕

居敬堂，為明宗藩趙康王厚煜府中堂名，又名味經堂。康王厚煜為成祖之子趙簡王高燧的五世孫，以孝聞，性和厚，嘗構一樓名「思訓」，獨居讀書，文藻瞻麗。〔註77〕而據《明史·諸王世表》記載，康王襲封於正德十六年（1521），於嘉靖三十九年（1560）薨。〔註78〕因而此本《法藏碎金錄》既為

〔註76〕 參〔清〕黃丕烈，《蕘圃藏書題識續錄》，收入《清人書目題跋叢刊·黃丕烈書目題跋》（北京：中華書局，1993年1月），卷2，〈子部〉，頁312。
〔註77〕 參〔清〕張廷玉，《明史》，卷118，列傳第六，〈諸王三〉，頁3621。
〔註78〕 參〔清〕張廷玉，《明史》，卷103，表第四，〈諸王世表四〉，頁2840。

趙府刊嘉靖本，則當爲康王所刊。黃丕烈於題跋稱「坊本猶從刻本影鈔者耳」，又說「趙本舊藏季振宜家，可見明刻之書，古亦珍秘。」便說明了明代藩刻本的刻印良善，不但爲後世藏書家所重，且亦爲坊間書肆所喜，而影鈔販售。

第六章　再度興起的書院藏書體系

第一節　書院藏書的發展與分布

　　明朝以前書院發展，以宋、元兩朝最爲繁榮，不論是在書院數量上，還是在藏書方面，都有豐富的成果。然而，進入明朝以後，初期由於政治決策的忽視與抑制，使得書院的數量與藏書發展，並未銜接著宋、元以來的繁盛，反而顯得沉寂沒落許多。這種情形從明初持續到明中葉前朝，直至成化年間以後，才有顯著的轉變。

　　明朝書院發展，初期可以說是書院的沉寂階段，這段期間相當長久，約占明朝歷史的三分之一，其間，書院數量不但有減無增，同時書院的教育功能與藏書規模更是備受輕忽。到了明中葉期間，隨著官學腐敗漸生，書院也開始受到注意，慢慢興起，然此時書院藏書數量與藏書規模，並未隨著書院漸興而有顯著增加，或擴大趨勢。一直要到嘉靖、萬曆年間以後，書院的講學風氣，在受到陽明心學興起而日漸盛行，由於遵循陽明學說的弟子門人眾多，加上此時各學派蓬勃發展，一時之間，論心談理的相關著作大量增加，間接帶動書院藏書風氣。在這些因素影響之下，此一時期書院發展繁榮，藏書活動相對也受到重視，可以說是明代書院藏書最爲繁榮的時期。

　　書院藏書的規模與分布，由於受到不同時期書院發展的影響，而造就出藏書現象的興衰起伏，以下便根據明代書院發展的歷程及其分布，分別探究書院藏書的特色與轉變。

一、書院藏書的發展歷程

（一）明初的沉寂與沒落

　　這個時期從明太祖洪武元年（1368）起，至英宗天順八年（1464）爲止。近一百年的時間，其間歷經太祖洪武、惠帝建文、成祖永樂、仁宗洪熙、宣宗宣德、英宗正統、代宗景泰、英宗天順，前後共七個皇帝，八個王朝。此一時期書院發展的情形，按照近人盛朗西的說法：「宋元之間，書院最盛，至明而浸衰。蓋國家網羅人才，士之散處書院者，皆聚之於兩雍，雖有書院，其風不盛」。〔註1〕而推測明初書院不盛，連帶影響到藏書不發達的原因，有以下幾個因素：

1. 官學及科舉導致書院沒落

　　明初剛結束元末政治混亂、社會動盪的局面，接著面臨的便是元末遺留下來的種種問題，包括政府效能不彰，社會經濟衰敗，以及民生凋敝不安等困境。太祖朱元璋爲了改善此種現象，於是在文教政策方面，採用治世宜用文的政策理念，加強重視並且致力發展官學教育，不論是中央，或是地方，在官學機構的設置與創辦的規模上，皆藉由政策制定而逐步進行。由於太祖力行「治國以教化爲先，教化以學校爲本」〔註2〕的治國理念成果，使得明朝初期官學發展的成效與規模，甚至超越宋、元兩朝。

　　除了著重官學教育之外，科舉考試制度的提倡，也是明初選拔人才與文化教育的政策發展重點之一。明洪武三年（1370），太祖下詔開設科舉，十七年（1384），定科舉之式，並「命禮部頒行各省，後遂以爲永制」。〔註3〕自此之後，科舉制度確立。同時，隨著朝廷對科舉規定的日趨繁複、制度建構的漸趨完備，科舉的重要性及地位日益提昇，科舉制度成爲士子入仕求取功名的重要管道。從明代政權的發展與轉移情形看來，太祖所以重視官學教育與提倡科舉的用意，絕對不離政治上的考量，更明確地說，此種政策施行，實是太祖爲了達到他在臣民思想上的方便管理，與統一控制的政治目的。

　　由於明初十分重視官學與提倡科舉政策的施行，使得讀書人認知到，唯有藉由科舉始能達到其施展抱負，或是飛黃騰達的目的，加以中央及各地官學亦相當盛行，因此，學子重心多不再放在書院上，亦不再熱衷書院講學，

〔註1〕　參盛朗西，《中國書院制度》，第4章，〈明之書院〉，頁77。
〔註2〕　參〔清〕張廷玉等撰，《明史》，卷69，志第四十五，〈選舉一〉，頁1686。
〔註3〕　參〔清〕張廷玉等撰，《明史》，卷70，志第四十六，〈選舉二〉，頁1696。

遂而造成此一時期書院發展相對沉寂沒落。鄭岳認為此種情形乃「迨我朝定制歸於學，而書院廢。」〔註4〕由此可知，明初書院藏書發展受此因素影響，走向沒落沉寂。

2. 宋、元著名書院無人管理

從宋、元著名書院在明朝的後續情形，也可瞭解明初書院的發展狀況。宋、元時期便已建造完備且極負盛名的書院，包括白鹿洞書院、岳麓書院、嵩陽書院、應天府（睢陽）書院、石鼓書院等，其在圖書典藏的內容及數量上亦極豐富。真宗大中祥符二年（1009），邑人曹誠在河南應天府書院學舍舊址，建書舍150餘間，聚書1,500餘卷〔註5〕；另外，根據陳谷嘉、鄧洪波編《中國書院制度研究》一書敘述，宋代書院中記載藏書數量超過上萬卷以上的，便有四間書院。分別為福建漳浦的梁山書堂、浙江東陽的南園書院、江西貴溪的石林書院，以及四川邛崍的鶴山書院，其中四川的鶴山書院更聚書10萬卷以上，規模最為宏富，居宋代各書院之冠。〔註6〕

到了元代以後，位於首都燕京的太極書院，藏書數量據稱，聚有「遺書八千餘卷」〔註7〕；此外，四川成都的草堂書院，藏書數量則高達有27萬卷之多，〔註8〕這不僅為元代各書院之最，同時亦超過宋朝著名書院的藏書數量甚多。然而，這些在宋、元時期即達到興盛繁榮高峰的書院及藏書規模，到了明初，卻呈現出沒落衰敗的景象。

元末因戰亂兵燹，以致許多書院遭受嚴重毀損。進入明初，多數書院不

〔註4〕　〔明〕鄭岳，〈立誠書院記〉：「宋元時書院領於官，賜額割田，主以直學山長。迨我朝定制歸於學，而書院廢。」見《山齋文集》，卷11，集部別集類（文淵閣四庫全書電子版）。

〔註5〕　參〔宋〕王應麟，《玉海》，卷167所載；另據〔元〕馬端臨，《文獻通考》，卷46，〈學校七〉所記則有聚書數千卷，頁431。

〔註6〕　根據陳谷嘉、鄧洪波編，《中國書院制度研究》（杭州：浙江教育出版社，1997年8月），第4章，〈書院藏書及其管理制度〉論及「宋代書院藏書業的繁榮」，頁130。另據康熙《漳浦縣志》卷9，〈學校〉及卷15〈人物〉載：「梁山書堂，宋人吳與創建，藏書二萬卷」；光緒《浙江通志》卷28則稱南園書院「聚書三萬卷」；〔宋〕曾留遠，《石林書院記》描述書院時提到其「聚古今圖書數萬卷」；至於鶴山書院藏書，則是見魏了翁，《鶴山集》，卷41，〈書鶴山書院始末〉所載。

〔註7〕　此句見《元史‧趙復傳》，由於太極書院所藏圖書皆從江淮一帶北運而來，當時仍處戰爭紛擾階段，數量上仍有八千餘卷，實為難能可貴。

〔註8〕　參〔元〕李祁，《雲陽集》，卷10，〈草堂書院藏書銘〉：「厥數惟何，廿有七萬。」（文淵閣四庫全書電子版）。

僅院屋殘破，且學子幾近零星無存，書院亦無授課講學的活動。以河南應天府書院為例，應天府書院自南宋末年被毀，至元末仍久廢不置；至於湖南石鼓書院在元季毀壞之後，直至明永樂年間才有復建的跡象。何喬新在〈重建白鹿書院記〉一文中，提到江西白鹿洞書院自「元季毀于兵燹，而書院墜廢殆盡」；〔註9〕明代的胡諡〈伊洛書院記〉在提到明初書院，也說：「然諸舊遺書院以不隷于官，如同文、嵩陽、穎谷三書院皆蕩然靡存，伊川、洛西二院間雖修葺，益日入于壞，將俾前人育才之意泯矣！」〔註10〕可見明初對於元末以來遭受毀損破壞的書院，仍多採取放任態度，任其沒落破敗，而少重建修復。

3. 明初書院以祭祀功能為主

明初在政府的主導下，仍興建少數書院，但所建書院非著重於教學或藏書，而在祭祀性質。據載太祖洪武元年（1368）時，曾立洙泗、尼山兩書院。〔註11〕然而，這二間書院興建的目的，並非在於講學或教育功能，而是著重於書院的祭祀功能，屬於祭祀式的書院。〔註12〕同年，知府徐炳文重建相江書院，書院正中建有祠堂，以祀周元公，而以二程夫子、文公朱子、宣公張子配於兩旁。〔註13〕可見相江書院與洙泗、尼山書院一樣，同屬於祭祀式的書院。

成祖永樂年間，曾下詔重建湖南石鼓書院，然而遲遲未能進行，直至弘治年間才著手興建，至於所建書院功能還是以祭祀為主，講學風氣依舊不興。

〔註9〕 參〔清〕毛德琦，《白鹿書院志》，收入趙所生、薛正興主編，《中國歷代書院志》（南京：江蘇教育出版社，1995年9月），卷12，何喬新，〈重建白鹿書院記〉一文。

〔註10〕 參胡諡，〈伊洛書院記〉，收入《中國省志彙編：河南通志》（台北：華文書局，1969年1月）卷43，頁899；或參酌陳谷嘉、鄧洪波編，《中國書院史資料》（杭州：浙江教育出版社，1998年5月），頁474。

〔註11〕 參〔明〕王圻，《續文獻通考》（台北：台灣商務印書館，1987年12月），卷50，〈學校四〉。

〔註12〕 根據李國鈞編，《中國書院史》（長沙：湖南教育出版社，1994年6月）將書院類型分成以下幾種：講會式書院、宣講式書院、考課式書院、祭祀式書院、聚徒式書院，以及以教習武學為內容的書院等等，其中祭祀式的書院，係指以祭祀學術名人為主，而完全沒有教學講課活動的書院。

〔註13〕 相江書院最早建於淳祐丁末年，後書院廢，至元間重修，到了明洪武元年，知府徐炳文重建。根據許存仁〈相江書院記略〉一文記載：「洪武元年春二月丁末，相江書院成。……中為祠堂以祀元公，而以二程夫子、文公朱子、宣公張子配焉。」，參陳谷嘉、鄧洪波編，《中國書院史資料》，頁491。

〔註14〕至永樂二十年（1422），有白思謙於廣東建立鳳山書院，此書院與前述祭祀型書院較爲不同的是，書院的興建乃基於對古代私塾講學風氣心嚮往之而建造的，〔註15〕已經不再是著重於祭祀功能的書院。

因此，就上述所舉數例可知，明初即使有興建或重修書院的記載，然就書院性質來說，還是大多以祭祀功能爲主。其次，才有欲仿古人游習經術之間的快意而建的書院。然而，不管是何種書院，講學及藏書絕非書院主要的發展重點，是無庸置疑的。而此時書院藏書環境與觀念的極度缺乏，也間接造成書院藏書與藏書風氣的薄弱不堪。

明初，書院受到元末戰亂以來所造成的破落衰敗，加上政府注重官學及科舉政策的推行，所建的書院又多著重於祭祀功能的種種因素影響之下，初期書院興建的速度與數量，可說既慢且少，顯見書院在缺乏政府的鼓勵推動，民間幾乎既無心亦無力得以興建，加上學子多轉而就官學及科舉之途，書院在失去學子及講學授課的發揮舞台後，自然其風不盛。

（二）明中葉前期藏書風氣的興起

此一時期約從憲宗成化元年（1465）開始，到孝宗弘治十八年（1505）。歷經憲宗成化、孝宗弘治，共二個皇帝及王朝，僅約四十年，爲時間最短的階段。然而卻是明朝書院邁向勃興發展的重要關鍵期，對藏書文化發展亦有正面影響。

1. 官學與科舉敗壞，書院漸興

明初自洪武到天順年間，書院的沒落衰頹，可說跟政府高度重視官學，與倡導科舉的政策有密切關係；到了成化、弘治年間，書院漸趨興起，也與官學和科舉脫離不了關係。

最初，由於太祖過度重視官學教育和科舉制度，造成書院曾經有過極度沉寂沒落的階段，經過近百年發展之後，明朝政權由於皇帝識人不明，及偏執無能的弱勢領導，逐漸爲少數人所掌控。而原先以官學與科舉來選拔人才

〔註14〕湖南石鼓書院，據明弘治間周洪謨〈重修石鼓書院記〉一文敘述：「國朝永樂中，郡守史中撤其故而新之。舊制有禮殿以奉先聖及顏、曾、思、孟像，……殿之後有韓退之、張敬夫二先生祠。」天順中及弘治間則皆有修葺。同前註，頁489。

〔註15〕鳳山書院，在樂昌縣第七區斗灣鳳凰嶺。永樂二十年白思謙建，有記，遺址尚存。另，參見白思謙〈鳳山書院記〉一文所述：「延名師益友，令予子弟日游習其中，得以沉酣經術，學業大成爲望。」同前註，頁492。

的方式，反成了權貴晉升，或鞏固權勢的重要管道。於是漸漸地，官學與科舉的地位，在知識份子眼中不如以往般崇高。一來，學子深知仕進之途困難重重，若無法進入官學就讀，遑論科考中第，多數學子無法進入官學就讀，不得不轉而尋求其他管道求得學問；二來，明初由於仍多依循程朱理學，在學問的傳授與講習上，民間書院的講學授課，亦可達到程朱之學的傳授。因此，真正有才學志氣的文人，在眼見政治日趨腐敗，又無法藉由科舉仕進之途發揮所長所學的情況下，遂尋求以其他管道來發展。在上述因素互為消長的影響之下，成化、弘治年間，書院開始崛興。主要是受到官學教育與科舉考試制度的腐敗、頹壞因素所造成的。

2. 府、州、縣官府鼓勵書院講學

明代書院的創設，一般來說有以下幾種類型：第一，由民間自行興建創辦，亦有將其稱為家族書院，或鄉村書院。〔註16〕多由家族、鄉里間部份有力人士或公家出資創建而成；第二，有由地方官府或官吏鼓勵，甚至主導興建或重修書院，而請民間學者協助講學授課的書院類型；第三，也有純粹由政府獨自興建、創設後的官辦書院。在這幾種之中，以第一和第三種的比例最少，而以第二種的書院最為普遍，即是由官府或官吏提倡創設或重修書院，而由民間協助講學的情形最多。嚴格來說，這種書院類型的興起是從成化、弘治年間才開始明顯的出現，發展到嘉靖及萬曆以後更為興盛。

根據黃晴文《中國古代書院制度及其刻書探研》論文研究，明代民辦書院約佔全部書院的百分之十五，官辦書院則有超過百分之六十以上的比例。兩者相較，得出「明代書院以官辦為主，同時，書院的發展也慢慢步入官學化」的結論；〔註17〕另外，王崇峻《明代書院講學研究》則說：「書院以官建

〔註16〕根據陳谷嘉、鄧洪波編《中國書院制度研究》，第 1 章，〈書院的類型〉，將書院分成七大類型，分別是家族書院、鄉村書院、皇族書院、少數民族書院、僑民書院、華僑書院及教會書院，其中較為符合明代民間書院的創設，即為所列的家族書院及鄉村書院。

〔註17〕參黃晴文，〈中國古代書院制度及其刻書探研〉（台北：中國文化大學史學研究所碩士論文，1984 年 6 月），頁 59。不過，根據陳谷嘉、鄧洪波編，《中國書院制度研究》一書提到：地方各級官吏創建書院，雖是明代書院得以輝煌的主要原因之一，但他們的參與並不能完全等同於元、清兩代的官學化。這些建院講學的地方官吏，在思想上傾向王、湛之學，或者本身即與中央官學意志相左，其舉動並不完全代表官方意志，而溶入比較濃厚的個人因素，頁70-71。按此說法，則此時書院的創建與重修，並非完全代表中央的政策及做

的最多，其中又以地方官創建的居首位，這是明代與宋、元兩代不同之處。」
〔註18〕

　　從上述二者的研究顯示，明代中葉以後，由民間自行興辦的書院漸少，而以官府或官吏倡辦興建的書院為主要類型，數量則有越來越多的趨勢。此與宋、元時大多以民辦書院為主，官辦書院佔少數的現象，有很大的差異。而造成此種轉變，與地方上有力人士的倡議創建，或府、州、縣等官吏的准允重建，有著密切關係。

　　由於此一時期書院的興建多在官府籌建，或是官員在有力人士的倡導之下所協助重建，故而其設學目的，多是在於傳授學子教以先聖先賢之道。根據胡謐〈伊洛書院記〉一文敘述，伊洛書院的興建，便是為彰明伊洛明道及伊川二程子、朱熹、張載、邵雍等諸君子學說。遂在河南提學吳伯通、巡撫李公衍議允下，於成化十六年（1480）擇地重建書院；另外，成化年間劉健〈百泉書院記〉及劉昌〈紫雲書院碑記〉二文，亦記載了為重振二程、朱熹等諸賢及後學弟子的學思理念，而於河南興建書院之事；〔註19〕弘治十四年（1501）秦民悅〈建龍眠書院記〉、劉作垣〈創建龍眠書院碑記〉，則是敘說其以興學育才為首務而設書院。書院既設，必本諸漢宋以來經傳所得，闡聖賢之精蘊，發為文章；〔註20〕此外，成化三年，提學李齡命南康知府何濬對江西白鹿洞書院重加修茸，並置學田、祠器、書籍；〔註21〕湖南岳麓書院於弘治年間由通判陳綱重建時，亦有增公田，儲經書之事。〔註22〕由上述種種記載可知，此一時期的書院興建，在地方官吏及有志鄉紳們的推動與倡導之下，已有初步成果，同時對於書院經籍的藏置，也開始留心注意了。

（三）明中葉以後藏書未隨書院增多

　　此一時期從武宗正德元年（1506）開始，到思宗崇禎年間（1644）為止，

　　　　法，故稱此時書院已逐漸朝向官學化的進程或較適切些。
〔註18〕參王崇峻，《明代書院的講學研究》（台北縣永和市：花木蘭文化出版社，2009 年）。
〔註19〕見陳谷嘉、鄧洪波編，《中國書院史資料》，頁 477-478。
〔註20〕同前註，頁 478-479。
〔註21〕參〔清〕毛德琦原訂、周兆蘭重修，《白鹿書院志》，收入趙所生、薛正興主編，《中國歷代書院志》，卷 3，〈沿革〉，頁 44。
〔註22〕參楊慎初、朱漢民、鄧洪波，《岳麓書院史略》（長沙：岳麓書社，1986 年 5月），頁 80-86。

共歷經武宗正德、世宗嘉靖、穆宗隆慶、神宗萬曆、光宗泰昌、熹宗天啓，思宗崇禎等七個皇帝。對於明代書院及書院藏書發展來說，可說是最爲繁榮鼎盛的時期，但同時也是政治動盪，造成藏書遭上重大禁毀的慘烈時期。在此種矛盾背景下所產生的藏書文化，便呈現出一種既背離而又特殊的發展現象。

明代書院的發展，自正德以後開始蓬勃，而在嘉靖年間達到最高峰，一直持續至萬曆年間以後猶未完全衰退。這段期間，書院數量的成長就如同雨後春筍般，各處皆有書院興建或重修，顯示出此時書院發展已從初期沒落衰敗，逐步走向復甦繁榮的盛況。對明朝政府來說，書院勢力的擴展，意味著在政治及學術上，皆對朝廷帶來不小的壓迫與隱憂。換言之，書院的繁榮興盛正代表著地方與民間勢力的興起擴展，自然不可小覷；再者，書院的興起、繁榮，與官學的衰敗有一定的關連。書院既有增長，代表著官學正走向消弱的頹勢。因此，對於明朝政治發展或學術人才的匯聚與運用上，勢必形成政府無法掌控的局面。

因此，此一時期書院的興盛發展，雖然受到政治鬥爭、朝廷權勢腐敗、官吏互爲傾軋，以致朝中自顧不暇，加上民間認同書院講學功能，遂而崛興繁榮的種種因素有關。不過，我們也可看到朝廷對於書院的壓抑與顧忌，種種對於書院的干擾迫害，皆是朝中得勢權貴，因爲恐懼書院勢興，危及自身權勢而復加的攻擊。因而，我們一方面看到書院勢力逐日增長，不僅是在書院建築的擴充與修建，同時在講學授課上，亦呈現出風行的盛況；另一方面，又看到政治上因爲宦官結黨與東林黨人的鬥爭激烈，造成書院發展在政治干擾影響下，受到莫大的毀損破壞等各種災難。在這種情景之下，書院的藏書數量與規模便難以持續成長，書院可以建了又拆，拆了又建，然而藏書毀損後卻無法完全復原，因此這一時期的書院藏書並未隨書院增加而呈現成長現象。探索成因，有下列兩個因素影響：

1. 政治上數度禁毀書院，藏書無法保存

明正德、嘉靖年間，政治上黨爭傾軋、官僚互相勾結鬥權；地方上則民不聊生、紛亂頻傳，爲朝野皆處於動盪不安的時期。於此之時，書院講學風氣正當盛行，加以繼宋朱熹、陸九淵以來，明代也出現像陳獻章、王守仁、湛若水等著名思想家，在他們的倡導與影響之下，書院講學成了士子學習知識的管道之一。當時，王陽明、湛若水等人四處講學授課，流風所被，傾動朝野，顯然有直接帶動書院成長與繁榮的功效。然因樹大招風，朝中部份官

員對王陽明、湛甘泉等人提倡之心學理論與學術思想，極盡斥責與厭惡，並多次上疏詆毀。〔註23〕朝廷方面對王學的刻意毀謗與壓抑的現象，直至王陽明過世後，依然存在，只是將焦點轉移到湛若水身上，並將湛若水視為與陽明同一理路，因此有嘉靖年間第一次禁毀書院的事件。

　　明季有數度禁毀書院的事件。〔註24〕而這幾次的禁毀書院，都對書院發展造成重大的影響。第一次是發生在嘉靖十六年（1537），御史游居敬上疏論劾南京吏部尚書湛若水私創書院，倡導邪說，故奏請毀之。此舉受到世宗的准予，裁示道：「若水已有旨諭留，書院不奉明旨，私自刱建，令有司改毀，自今再有私刱者，巡按御史參奏。」〔註25〕可見世宗雖慰留湛若水，然對於私創書院的行為，仍然抱持反對的態度，因此准游居敬的禁毀書院之請。

　　第二次發生在隔年，即嘉靖十七年（1538）時。吏部尚書許讚上奏禁革八則，其中禁建書院即為其中之一。其理由為，部份撫、按兩司對於朝廷學校廢壞多不修建，反而別立書院，故請禁止私建書院，世宗亦准其旨。〔註26〕但在此二次禁建書院的詔令下，書院卻是禁而不止。令人覺得諷刺的是，嘉靖年間書院興建正是明代最為盛行的時期。

　　第三次則是發生在萬曆七年（1579）。內閣首輔張居正因見常州知府施觀民，科歛民財，私創書院。又見是時士大夫皆競相聚徒講學，空談廢業，居正惡之，遂下令「詔毀天下書院」。並自應天府以下，凡六十四處，盡改為公廨。由於此次禁毀書院的規模較嘉靖年間更為廣大，且更嚴格，其結果使得書院受到嚴重損毀，直至張居正死後，各地書院才漸次稍稍恢復生氣。

　　第四次發生在天啟五年（1625）。宦官魏忠賢與東林黨人引發黨爭，造成

〔註23〕關於此部份詳細史實描述，可參考王崇峻，〈明代書院講學研究〉，第4章，〈嘉靖以後書院的毀禁〉，其論述明嘉靖年間禁毀書院的因素，約有以下幾個因素：（1）程朱之學仍盛，王守仁心學思想在當時被視為異端；（2）政治上遭受排擠與詆毀；（3）認其私辦學院、廣收門徒，恐惑亂人心，危及程朱正統學術地位。此種排斥與除惡心態，至陽明過世後猶存。

〔註24〕明代禁毀事件，有稱四毀，亦有稱三毀。這是因為第一次與第二次禁毀時間皆在嘉靖年間，而且僅隔一年，時間過於接近，因而有部份學者將之合為一次加以說明。

〔註25〕參《明世宗實錄》，卷199，頁9。

〔註26〕參《明世宗實錄》卷212，頁2；另見《皇明大政記》，收入《古今圖書集成》，〈選舉典〉，卷16，頁15：「嘉靖十七年五月，申毀天下書院。吏部尚書許讚上言，近來撫按兩司及知府等官，多將朝廷學校廢壞不修，別起書院，動費萬金，徵取各屬師儒，赴院會講。」

禁毀書院的事件。天啓年間由於顧憲成、高攀龍、鄒元標、馮從吾等東林黨人分別講學於無錫東林書院、江西江右書院、陝西關中書院，以及北京首善書院等地。這些人同時又在朝中擔任重要職務，因看不慣魏忠賢專權亂政之事，故上疏論政，招致魏忠賢忌恨，遂大興黨獄。於天啓五年七月，毀首善書院。八月，並下令拆毀「天下東林講學書院」。致使各地書院遭受打擊，甚為嚴重。黨爭紛亂亦延續至明末，禍害不絕。

明代幾度禁毀書院的事件，造成許多書院的建築及藏書樓閣，在這段期間受到波及而遭到拆毀殘破的命運。書院藏書更因受此災厄，耗損難以計數。直至禁毀事件稍歇，或漸被遺忘，才得以重新修建增添。但書院及其藏書情況已受到嚴重打擊，難以完全平復。

2. 陽明心學的倡導與風行，不重冊籍

宋朝書院在程朱理學及陸學的倡導下興起。至於書院藏書，則因受到學術派別影響而有所不同。以強調「道問學」的程朱學派、湖湘學派、浙學各派的書院，都十分重視圖書的收藏；而主張「六經皆我注腳」的陸九淵，則向來不以經史圖書為重，因而少藏圖書。到了明代，初期書院所以不受重視，乃是由於朝廷重視官學與科舉管道取士。而循正統管道學習的知識份子，多以程朱理學為依歸。且日後憑官學與科舉管道，進入朝廷任職為官者亦不少，這就形成朝中持守程朱理學思想的官員居多。然而，書院的發展，主要是受到明中期後王守仁、湛甘泉等人的思想影響，較為偏重於陸學思路及理論，以開創倡導心性良知的探尋為講學重點。書院的講學、會講，則是他們傳授學問的主要方式。因為重悟性而輕積累的認知，使得他們認為，書籍文字的著錄，即使有其述說與傳播上的功用，但更重要的是心性的真實體悟。王陽明在〈稽山書院尊經閣記〉一文中提到：

> 故六經者，吾心之記籍也。而六經之實，則具于吾心，猶之產業庫藏之實積，種種色色，具存于其家，其記籍者，特名狀數目而已。而世之學者，不知求六經之實於吾心，而徒考索于影響之間，牽制于文義之末，硜硜然以為是六經矣。〔註27〕

如上述所說，筆者以為陽明先生主張六經等書籍記載，乃是前人將種種知識與體驗記錄下來，做為提醒後人之用。並非要人照本宣科、一昧奉行，旨在

〔註27〕參〔明〕王陽明，《陽明全書》（文淵閣四庫全書電子版），卷7。

告知學子勿拘泥文字表義，而應將六經視爲身心悟道之記錄或驗証。既是如此，那麼經史書籍不需多，夠用即可。

在此主張之下，陽明學派及門下浙中、江右、南中、楚中、北方、粵閩、泰州等系統所建設之書院，雖然亦有圖書收藏，但並未特別注重或加強蒐羅增益，也因而使得明中後期書院建築與規模在隨著陽明心學理論的擴展，而大量興起的同時，藏書數量反而未呈現正比的成長。更遑論造就明代書院藏書文化繁榮發展的願景，自然難以達成了。

二、書院分布及藏書規模

（一）書院數量及分布上的轉變

從宋、元以來書院的發展盛況，與明初、中期，以至明末，就書院的數量及分布地域上相爲比較，我們可以發現一些有趣的現象。

1. 明初書院未承續元朝盛況

根據曹松葉的估算，宋代的書院總計約有 397 所；到了元代，書院數量計有 227 所（另根據何佑森〈元代書院之地理分布〉一文，則統計約有 407 所之多〔註28〕）；而明代的書院，則總計高達 1,239 所。〔註29〕雖然從書院數量統計的準確度而言，上述數字與實際狀況可能會有些落差，但仍可由這些統計數量上的變化，看出不同朝代之間書院的發展概況。從明代興建書院的總計數量看來，顯然超出宋、元兩朝甚多。但是，如果分階段探討，便會發現自太祖洪武年間到英宗天順年間創設、興復、改造書院的數量，卻只有 69 所左右，或許實際數量可能較曹氏所估更多，然就整個明朝書院數量的比例來說，實在不到十分之一，此不僅顯示出明初並未延續元朝時書院發展的盛況，書院數量竟從元朝盛時的三、四百所驟減到不及一百所，可見明初書院

〔註28〕關於何佑森，〈元代書院之地理分布〉一文，係將元代書院按地理省份分布情形分別列表，包括元建及未詳在內。其中江西書院總計 73 所；浙江書院總計 62 所；福建書院計 55 所；湖南書院計有 37 所；江蘇書院計 26 所；廣東書院計 24 所；四川書院計 23 所；山東書院計 22 所；河北書院計 20 所；湖北書院計有 19 所；安徽書院計 17 所；山西書院計 12 所；河南書院計 10 所；陝西書院計有 7 所，總共計有 407 所。《新亞學報》，第 2 卷，第 1 期，1956 年 8 月。

〔註29〕以上列述宋、元、明書院的數量，乃按曹松葉，〈宋元明清書院概況〉一文所統計數字，包括各省創設、興復、改造、毀亡等書院數量。詳參氏著，〈宋元明清書院概況〉，《國立中山大學語言歷史研究所周刊》，第 10 集，第 111-115 期，1929 年 12 月到 1930 年 1 月。

發展確實較前朝沒落沉寂許多。

此一時期書院地理位置的分布，基本上仍沿襲宋、元兩朝的分布狀況。雖然部分書院在元末戰亂時受到毀損荒蕪，到明初棄置未修者仍多，不過從書院的整體發展趨勢看來，明初書院的分布地域，仍在宋、元兩朝的基礎之上，不過在某些省份地域的分布上開始有了新的變化。曹松葉曾對此做過詳細記錄，可供有用參考，故參酌統計結果，〔註 30〕發現明朝書院，從明初洪武至天順年間，這一階段書院的數量及分布，與整個明代書院發展結果比較，不但書院數量最少，在分布省分及地域上也是最爲沒落的時期。據統計，明初書院分布最多的地域，首爲長江流域的江西省，此與宋、元書院發展的趨勢相同；其次爲沿海地區的福建及廣東省，此部份便與宋、元兩朝次爲浙江、湖南各省，則稍有出入；〔註 31〕其他地區雖有創設或是改建書院的記載，然於數量上並不多，少數地區如貴州、奉天等地，甚至完全沒有書院建置的記載。因此，明初書院的發展，在政府重視科舉及官學的緣故下，遭到輕忽與漠視，除了書院興建的數量不多，就連分布地區，也多局限於宋、元舊有的基礎上，很少有新增的書院。

2. 明中葉書院發展由中原向外擴展

雖然明初自洪武到天順年間書院數量，僅佔明朝所有書院的十分之一不到，但從成化到弘治年間，短短的 40 年期間，書院數量（包括創設、修復與改造）則從原來的六、七十所，增加到後來的 125 所，〔註 32〕整整將近一倍。這段時間書院數量可說比初期近百年間，所有書院數量總數加起來還多出許多。另在書院分布的省份地區上，也不再像初期僅局限於長江流域或沿海地區，一些較爲偏遠內陸地區，也開始有書院的興建。像是成化年間，甘肅省

〔註 30〕 參曹松葉，〈宋元明清書院概況〉，其分析方式乃先按朝代分成宋、元、明、清四部份，再依照各朝年號排列，分別探討每一朝代各省書院的分布情形，並將書院依創設、興復、改造、毀亡情形製成表格，再綜合歸納各朝書院的整體發展。《國立中山大學語言歷史研究所周刊》，第 10 集，第 113 期，1930 年 1 月。

〔註 31〕 按曹松葉，〈宋元明清書院概況〉的統計表格，宋朝書院分布情形，以江西省爲最多，浙江、湖南次之，福建又次之；到了元朝，其排列順序爲江西省最多，浙江次之，湖南又次之。在書院的發展順序上，元代乃依循宋代書院發展模式而進行的。明朝以後，書院發展的地理分布情形，大抵仍依照前代，或許在排序上略有先後之別，但都以長江流域的江西省爲最發達的地區。

〔註 32〕 曹松葉，〈宋元明清書院概況〉一文所列「明代書院創造興復改造總表」，以年號做單位，其中成化年間有 63 所，弘治年間有 62 所，合計有 125 所。

知州祝祥就在甘肅城隍廟西創建隴干書院；弘治四年（1491），青海省西寧市建有寧邑書院；弘治十四年（1501），雲南省知府胡光創建崇正書院（後於清同治間改名爲文華書院）；弘治十七年（1504）知府王彥奇於陝西延安市建龍溪書院等等，〔註33〕這些書院的興建顯示出此一時期書院不論在數量或地理範圍上，已擴展到更爲偏遠地區，另一方面則顯示出書院開始有走向興起的趨勢。

　　然而，明朝書院眞正邁向繁榮發展的階段，應該算是從正德以後到崇禎末，其中尤以嘉靖、萬曆年間的發展最爲繁盛。當時興建書院的風氣就如同潮浪般席捲而來，各省紛紛在建造重修。此可從書院數量上的轉變得到某些印證。據載，明正德年間，包括創造、興復及改造的書院數量總計有86所；嘉靖年間書院數量擴增至 348 所，爲正德年間的四倍之多；到了隆慶年間，由於只有6年，故僅有51所；而萬曆年間則有219所之多；至於天啓年間則爲最少，只有 10 所；崇禎末還有 56 所，總計有 770 所左右，〔註34〕爲明代各時期以來，書院數量最多、發展最爲蓬勃的一個階段。而從書院的地理分布看來，自正德以後，書院分布除了中原長江流域的省份之外，還包括沿海及內陸地區各省，都有書院的建造。根據李國鈞《中國書院史》一書，以近人統計此一時期各地所建書院的數量來看，以江西省爲各省之冠，計有 265 所；次爲浙江省的 173 所；再者爲廣東省的 129 所，其他像河南省則有 109 所、湖南有97所，皆相當可觀；此外，較晚開發的地區，像寧夏、甘肅、海南也都有書院的興建，〔註35〕可見當時興建書院風氣的盛行。

　　從明初到明末，書院數量依其階段有明顯增加的趨勢。從明初近百年期間的 69 所，到中葉前期 40 年左右的 125 所，以及中末葉 140 年的 770 所左右（其誤差值約百分之十，其中未將毀損及狀況不詳的書院包括在內），我們可以看到書院在數量上的轉變與增加，其幅度是相當劇烈的；然論及分布地域，則發現從明初到明末，書院分布除了從原先集中於中原地區的省份，擴增至偏遠地區之外。在各省書院數量多寡所佔的排名上，則多大同小異，基本上仍以長江流域的江西、浙江省爲主，其次則是向外擴增至廣東、福建、

〔註33〕參季嘯風等編，《中國書院辭典》，「附錄」，〈中國書院名錄〉，頁 738-976。
〔註34〕參曹松葉，〈宋元明清書院概況〉一文，不過此一數字並不包括明季遭毀損或不詳的書院數目。
〔註35〕參李國鈞等著，《中國書院史》，第 12 章，〈明代書院的歷史發展〉，頁 553。

河南各省。此外像是甘肅、陝西、雲南等省份雖已有書院的建置，不過數量不多，顯現明代書院的建置，仍然是由長江流域向外擴展至邊陲的模式進行，並且依然以集中在講學風氣盛行的省份為主。

（二）藏書規模及管理的進展

1. 明中後期藏書數量增加

從數字統計結果，得知明初自洪武到天順年間的書院數量並不多，分布區域亦不甚廣，因此在書院藏書部份，也呈現出欠缺困乏的窘態。這段時期根據史料記載，不但少有書院興建的記載，甚至於有關書院藏書概況的敘述也幾近闕如，僅有正統間劉儼〈桐墩書院碑記〉一文略提到桐墩書院「築室於麓，藏書若干卷」〔註36〕寥寥數語。至於書院是否增建藏書樓，或者書院內圖書典藏的大致情形，甚至於書院是否有書目的記錄等等，更少資料記載。這種現象一直到成化以後，到弘治年間才稍稍有所轉變。

成化年間，書院漸興，書院藏書也逐漸受到重視。據載，此一時期書院不僅在數量上增益許多，就連圖書數量及藏書樓的建置，也開始受到重視。成化間提學僉事李齡於白鹿洞書院「置學田、祠器、書籍等項」；〔註37〕弘治年間，長沙府同知楊茂元提到岳麓書院的修建情形，舉凡「闢道路，廣旁舍，備器用，增公田，儲經史，皆得備書也」，並建有尊經閣，以為藏書之需；〔註38〕弘治九年（1496）時，提學副使楊一清卜地重建正學書院時，大學士李東陽為之記，後又有提學王雲鳳建書樓，廣收書籍以供諸生誦覽；另外，弘治年間山西知州許侯鵬重修首陽書院時，建養正堂，以藏古今圖籍。〔註39〕由此可見，明中葉前朝書院藏書的風氣已逐漸興起，不再受到輕忽。

雖然到了嘉靖、萬曆年間，受到陽明心學風行的影響，以及書院歷經數度禁抑和毀損，造成書院盡毀，藏書亦多隨書院毀敗而散佚無存。然而，不

〔註36〕 參〔明〕正統間劉儼，〈桐墩書院碑記〉一文，可參酌清咸豐七年刊本廣東《瓊山縣志》，卷25，或見陳谷嘉、鄧洪波，《中國書院史資料》，頁495。

〔註37〕 參〔明〕萬曆間周偉，〈白鹿洞書院沿革志〉一文，載於趙所生、薛正興主編，《中國歷代書院志》，第 1 冊，輯錄明萬曆二十年田琯刊《白鹿洞書院志》，第1卷，頁529。

〔註38〕 參〔明〕楊茂元，〈重修岳麓書院記〉一文，見清光緒年間編纂，《湖南通志》，卷68；或見陳谷嘉、鄧洪波，《中國書院史資料》，頁489。

〔註39〕 參〔明〕李東陽，〈重建首陽書院記〉一文，見陳谷嘉、鄧洪波，《中國書院史資料》，頁632。

可否認的，與明初及中葉前期相較之下，此一時期書院藏書風氣實較前期興盛，藏書數量也相對增加，而書院修建藏書樓，以備藏置冊籍的記載亦不在少數。像是正德十三年（1518），浙江縣丞倪璣建思賢書院，便貯六經、子、史數千百卷，藏于清風樓；嘉靖十三年（1534），河南天中書院在汝寧知府廖自顯的建造下，則建有貯書閣三楹，以藏典籍；而嘉靖十五年（1536）江西鄒守益與知縣程文德倡議建復古書院，到了隆慶六年（1572）時，知縣李忱增建尊經閣，藏置書籍；另外，嘉靖三十七年（1558）鄒守益與劉邦采等建復真書院，並疏告學友，聚經、子、史之書，有藏書數千卷之多；〔註40〕隆慶二年（1568）河南縣令左思明改建太邱書院，亦稱堂之北建有藏書樓三間，以藏圖書；〔註41〕萬曆十七年（1589）浙江知府張朝瑞定崇正書院，建經義、治事兩堂，並另建尊經閣；〔註42〕萬曆年間，河北御史畢三才建天門書院，建諸生號舍若干間，貯經史若干卷；〔註43〕此外，還有陝西宏道書院的考經堂，有存書數千卷〔註44〕等等，都顯示出此一時期書院藏書及藏書樓的逐漸增長。

　　或許對書院藏書發展而言，藏書樓的興建速度，還比不上毀壞速度來得快，但是既然已經開始有藏書樓的興建，則意謂著書院藏書數量已有大幅增加，而藏書規模也較諸前期來的擴展許多。雖然此一時期的書院藏書數量在整個中國古代藏書發展歷史中，並不是最為豐厚可觀的時期，尤其與宋代鶴山書院的藏書十萬卷、元代草堂書院的藏書二十七萬卷相比，簡直是小巫見大巫，然而就明朝整個書院藏書歷程中，與明初及中葉前期的書院興建及藏書規模相較，便會發覺直至明中末葉以後，書院藏書發展，才算是真正進入足以稱為具有相當數量及規模，在此之前，明代書院藏書可說並無成果可言。

2. 明末藏書管理觀念形成

　　明初書院興建不盛，書院藏書及藏書規模亦未形成；到了成弘年間，各地書院雖漸有藏書，但少有書院記載院內藏書的情形，因此難以窺知各書院

〔註40〕參〔清〕王吉編，《復真書院志》，卷7載錄劉邦采〈創建復真書院後序〉一文。
〔註41〕參〔明〕李廳嵒，〈太邱書院碑記〉一文，見陳谷嘉、鄧洪波，《中國書院史資料》，頁629。
〔註42〕參季嘯風等編，《中國書院辭典》，「崇正書院」條，下，頁67-68。
〔註43〕參〔明〕楊廷蘭，〈天門書院記〉一文，見陳谷嘉、鄧洪波編撰，《中國書院史資料》，頁621。
〔註44〕參季嘯風等編，《中國書院辭典》，「宏道書院」條下，頁335。

對於所藏圖書的管理概況。目前所能見到較早刊刻的書院志，係弘治十八年（1505）來時熙編輯《弘道書院志》，然而，此本書院志中僅有編輯弘道書院學規，及平川先生類定小學規二大部份。學規後另附有王雲鳳〈建弘道書院記〉及眾人撰述詩、銘、文、記等文體。然綜觀全篇，可惜的是並無絲毫提及藏書及管理事項。

明正德至天啓年間，爲書院發展最爲興盛繁榮的階段，書院藏書的管理制度與圖書目錄的編撰觀念也在此時形成。此一時期所形成的書院藏書管理制度，對日後清代書院重視藏書樓的興建，藏書管理規則的確立，以及藏書目錄編纂完備，都有著深遠的影響。

一般來說，明代書院藏書的管理制度與方法，除了得自散置典籍中的文獻記載外，從明代撰修的書院志中，也可得知書院藏書的重要資料，包括藏書目錄及管理觀念、制度及規則。以下即根據現今見到書院志內關於書院藏書及管理記載，依其刊刻年代先後敘述如下：嘉靖四年（1525）刊刻，由李夢陽編撰《白鹿洞書院新志》八卷，記載正德以前，白鹿洞書院的建置及藏書情形；嘉靖三十三年（1554）鄭廷鵠編撰《白鹿洞志》十九卷，按其置辦年代先後，記載白鹿洞書院圖書的增減，及嘉靖年間官員贈購圖書情形；萬曆六年（1578）聶良杞《百泉書院志》，則是記錄整理萬曆初百泉書院所藏置的舊志書籍，並載錄書籍殘缺；萬曆二十年（1592）時，則有周偉編《白鹿洞書院志》，記載院中所藏經、史、子、集的書籍總目；而萬曆年間孫慎行、張鼐編《虞山書院志》，則將虞山書院所藏圖書，分成十一類目，記載書院藏書類別、書名，及冊次；另外，還有萬曆年間岳和聲《共學書院志》，著錄共學書院所藏的書籍及本次，並有刻版書籍書版及數量，其中多以經史書籍爲主；天啓二年（1622）李應升編《白鹿書院志》，則記錄萬曆末到天啓初，書院內所遺存的書籍概況；以及清康熙間嚴毅編《東林書院志》，著錄萬曆年間東林書院的藏書情形等等。

縱觀明代整理書院藏書的發展歷程，雖然一直要到明中後期嘉靖年間，書院對於書籍的藏置與著錄才開始有明確概念，然從著錄的內容記載看來，已是初步具有訪求、購置、編目與管理的觀念。這不僅代表明代書院藏書觀念的啓發已逐步發展起來，進而影響到後來的清朝，能在明朝發展的基礎下，去蕪存菁，更加精益求精，使日後圖書管理規定及制度趨於成熟完善。

第二節　書院藏書來源及重要書目

一、書院藏書來源

　　論及中國古代書院的藏書來源，歷來研究論述不少，像是近人班書閣便提出書院藏書有四個來源，分別爲御賜、官吏向官書局之徵集、官吏之捐置及私家之捐置；〔註45〕此外，楊建東在探究古代書院藏書時，則歸納書院藏書的來源有四，即書院購置、書院刻書、捐贈圖書，以及皇帝御賜圖書；〔註46〕至於陸漢榮、張炳文則是指書院藏書來源廣泛，主要有幾種形式：第一，求之公：包括皇帝賜書及政府購置；第二，求之私：爲私人捐賜；第三，因地以求：至各省及官書局求書；第四，書院刊印、抄寫圖書；〔註47〕另外，鄧洪波早期針對長沙岳麓書院做個案研究，認爲岳麓書院圖書來源大抵有皇帝賜書、地方政府撥款購置、書院自置、社會人士捐款及其他等五途，到了近年來研究中國書院藏書的五個來源，又進一步歸結書院藏書應源於：（一）皇帝賜書，（二）官府置備，（三）社會捐助，（四）書院自置，包括書院刊印，（五）建立圖書基金；〔註48〕還有嚴佐之認爲書院藏書，出於三個來源：（一）公家賜置：包括皇帝賜書，地方官府撥款，或向官書局征集（二）私人捐置：包括地方官吏與鄉紳以個人身份捐書（三）書院自置：包括書院自籌經費購書及書院刻書；〔註49〕任繼愈《中國藏書樓》一書論及書院藏書來源時，則是得出下面幾種結論：第一種爲捐贈，包括皇帝賜書、官吏贈書及私人贈書；第二種爲書院自己購置和刊刻圖書，分別有購置、刊印及抄寫三種來源。〔註50〕

　　綜觀上述各家敘述，多爲概括論述自唐以來，歷經宋、元、明至清代書院的藏書來源，皆未針對個別朝代加以析論；再者，討論到明代書院的藏書來源時，則多以一筆帶過，實在難以看出明代書院藏書來源的個別性，故而

〔註45〕參班書閣，〈書院藏書考〉，《北京圖書館館刊》，第5卷，第3期，1931年6月。
〔註46〕參楊建東，〈古代書院藏書概述〉，《四川圖書館學報》，1985年，第5期，頁69。
〔註47〕參陸漢榮、張炳文，〈古代藏書的一種重要類型──書院藏書〉，《蘇州大學學報》，1997年，第4期，頁136-138。
〔註48〕參陳谷嘉、鄧洪波，《中國書院制度研究》，頁181-185；另見鄧洪波，〈簡論中國書院藏書的五個來源〉，《江蘇圖書館學報》，1997年，第1期，頁3。
〔註49〕參嚴佐之，〈書院藏書、刻書與書院教育〉一文，收入李國鈞等編，《中國書院史》，附錄一，頁959。
〔註50〕參任繼愈，《中國藏書樓》，頁68-71。

以下就明代書院藏書的主要來源加以探究，大抵有四：

（一）公家賜書

明代書院的發展，自中葉以後始趨繁盛，然而由於政治上黨爭傾軋導致書院禍災頻生，歷來皇帝對於書院設置亦多採消極態度，以致明代書院不僅未能得到政府的支持，就連藏書來源也極少來自於皇帝御賜。雖於洪武二十四年（1391）六月時，太祖曾命禮部頒書籍於北方學校，〔註51〕據史載所賜圖書為五經四書及其他子史諸書，然卻未明言究竟賜予以何間學校或是書院。唯一明文記載御賜圖書予書院，則來自於明世宗的頒賜。嘉靖七年（1528）時，湖南長沙岳麓書院奏請賜書，并希如白鹿洞書院之例設置山長，請以御製敬一諸箴。此次請賜圖書，到嘉靖九年（1530）春正月，果真獲世宗頒御製《敬一箴》及《程子四箴》，知府潘鎰還因此特建「敬一箴亭」以藏之。〔註52〕

除了皇帝御賜圖書之外，書院藏書來自於公家賜書，部份則是由於地方州縣政府的賜贈。對於書院而言，來自於公家賜贈的圖書，尤其是皇帝御賜的圖書，可以說是圖書來源中數量最少的一種，但其代表的意義卻是最為重大，對於書院而言，獲頒御書，表示上位者對書院所賦予的鼓勵與尊崇，可以提昇書院的社會地位，對於書院的繁榮發展具有正面意義。從明代皇帝甚少御賜書院圖書的記載看來，顯然與明朝整個朝代的書院發展不盛，相為呼應。

（二）私人捐贈

私人捐贈圖書給書院，也是書院藏書的重要來源之一。私人捐贈大概有二種，一種是官紳捐助，也就是由地方官吏或鄉紳名流以私人身份捐贈圖書；另一種是師生捐贈，由負責書院講學的教師或修業的學生所捐贈的圖書。

政府官吏以私人身份購置圖書捐給書院，以成就書院藏書，陝西岍山書院藏書便是這種情況。岍山書院位於陝西隴州，書院內建有崇經閣為藏書之所，所藏圖書早先源自隴人閻氏靜樂堂，後閻氏辭世，其子欲成父志，遂因公職之便增置圖書。根據李東陽〈岍山書院尊經閣記〉一文記載：

> 崇經閣者，岍山書院藏書之閣也。院在陝之隴州，隴人靜樂閻先生
> 為教官，……建靜樂堂，藏其書以教學者。先生既謝世，其子光甫

〔註51〕 參《明太祖實錄》，卷 209，頁 3122。
〔註52〕 參〔明〕譚希思撰，《明大政纂要》（台北：文海出版社，1988 年 6 月），卷 49，頁 3527。

　　　　爲吏部考功郎中，時欲成父志，置所未備書復萬餘卷；季子參甫爲

　　　　監察御史，亦積書以益之，於是經書、子、史皆備。〔註53〕

可知岾山書院藏書多來自於閻氏父子，其子後又分別以吏部考功郎中及監察
御史的職務之便，購置圖書以捐贈書院，此類藏書來源即屬於官吏捐贈。

　　此外，江西白鹿洞書院內所藏圖書，除了部份來自於購置，也有來自於
官紳以私人名義的贈書。根據嘉靖年間陳汝簡撰經籍志序稱：

　　　　汝簡訪聞先時書籍，洞租買置居多，近得青涯胡公親送《初學記》

　　　　等三書入洞，迨篁溪鄭公脩志之時俱已亡矣。〔註54〕

序後又詳列提學胡汝霖、提學鄭廷鵠、巡按徐紳等八人捐贈圖書的書名及本
數，總計捐書六十八部，三百五十三本。可見當時官紳捐書風氣之盛，確實
是書院藏書的重要來源之一。

　　除了以上所述的捐書情形之外，還有一種情形則出於非自願性的捐書。
一般來說，書院爲了便於管理，多半會制定若干會約、約規，或者約誡等條
款，以便對受業學生執行賞罰。崇禎十六年（1643）時，劉宗周制定〈証人
社約誡〉十則三十條中，便有一項規定，稱若是觸犯約誡中罰者，便要「謝
會講二次，一次至赴會之日，仍捐古書一冊，藏小學，若因而意不赴會，皆
听。」〔註55〕此處明確提出捐書條款，凡有觸犯者，須捐古書一冊。由此可
知，雖然同樣是私人捐書，因其情形不同，還是有自願性與非自願的差異。
只不過，這種非自願性的捐書條例，畢竟無法嚴格執行，所以因爲此種方式
所得到的圖書，仍爲少數，書院圖書來源多數還是要仰賴官紳等眾人的捐贈。

（三）書院購置

　　書院最初先有藏書，多半是由書院出錢購置而來。根據正德十六年（1521）
江西南康府儒學教授蔡宗兗在奉命兼管綜理白鹿洞書院時，曾撰述〈申明洞禁
榜〉一文，文中指稱：「查照該洞書目，先期置買，聽用其書。」〔註56〕由此可

〔註53〕 參〔明〕李東陽，《李東陽集》，第 3 卷，〈岾山書院尊經閣記〉，見陳谷嘉、
　　　　鄧洪波，《中國書院史資料》，頁 804。

〔註54〕 參〔明〕鄭廷鵠，《白鹿洞志》，卷 16，〈經籍〉前序文，見趙所生、薛正興
　　　　編，《中國歷代書院志》（南京：江蘇教育出版社，1995 年 9 月），第 1 冊，
　　　　頁 489。

〔註55〕 參〔明〕劉宗周，《証人社約》所列約誡十則，見陳谷嘉、鄧洪波，《中國書
　　　　院史資料》，頁 707。

〔註56〕 參〔明〕李夢陽，《白鹿洞書院新志》，收入《白鹿洞書院古志五種》（北京：

知，白鹿洞書院除了於宋太宗太平興國二年（977）時，因江州知府周述之請，得到御賜九經圖書，以及前述提到接受官紳私人等捐贈圖書之外，主要的藏書來源還是以自行購置的圖書居多。另據陳汝簡《白鹿洞志‧經籍》撰述序文中，也稱白鹿洞書院「先時書籍，洞租買置居多。」〔註57〕同樣道出書院藏書初時大多先由購置而來，後來才逐漸增加私人捐贈或其他管道得來的圖書。

除了白鹿洞書院之外，河南百泉書院的藏書，也多是求購得來的，根據明聶良杞《百泉書院志》藏書目錄前敘述：「按舊志書籍稍全，近多殘缺，所存十之一二，今購求之，置之藏書閣焉。」〔註58〕可見百泉書院的藏書除了原有舊志著錄書籍之外，還有從外購置而來的圖書。其他像是萬曆初年時，湖北襄陽知府萬振孫將昭明書院改名為峴山書院，書院規制恢廓，棟宇嚴整，最重要的是「仍購諸經籍藏于中」。〔註59〕可見書院的藏書之中，購置而來的書籍也是主要來源之一。

（四）自行刻藏

除了御賜、捐贈、購置圖書之外，書院藏書來源還有自行刊刻以藏置的圖書。洪武年間，書院發展雖然呈現沉寂沒落的景象，但仍有書院記載刊刻書籍之事，像是洪武間江西藍山書院刻有藍智《藍澗集》六卷。到了成化、弘治年間，書院刊刻書籍的現象仍時有所見，如成化三年（1467）時，紫陽書院刻方回輯《瀛奎律髓》四十九卷。不過，嚴格說來，書院刻書風氣的真正盛行，則是自正德以後以迄崇禎年間。這段期間的書院刻書風氣不但盛行，所刻書籍亦多，像是正德五年（1510）宏道書院刻呂大鈞《鄉約》一卷、《鄉儀》一卷；正德十年（1515）白鹿洞書院刻司馬遷《史記》一百三十卷；到了嘉靖五年（1526）正心書院刻胡宏《胡子知言》六卷；嘉靖十年（1531）義陽書院刻何景明《大復集》二十六卷；隔年，無錫崇正書院刻吳淑撰註《事類賦》三十卷；嘉靖十五年（1536）廣東崇正書院刻朱熹《四書集註》十四

中華書局，1995 年 11 月），卷 4，頁 55。

〔註57〕 〔明〕鄭廷鵠，《白鹿洞志》，卷 16，〈經籍〉前序文，見趙所生、薛正興編，《中國歷代書院志》，第 1 冊，頁 489。

〔註58〕 〔明〕聶良杞，《百泉書院志》，見趙所生、薛正興編，《中國歷代書院志》，第 6 冊。

〔註59〕 胡價，〈峴山書院記〉一文，清光緒十一年刊湖北省《襄陽府志》，卷 13，頁 780。收入《中國方志叢書》（台北：成文出版社，1976 年），華中地方，第 362 號。

卷，同年九峰書院刻元好問《中州集》十卷、《中州樂府》一卷；嘉靖十六年（1537）廣東崇正書院刻班固撰、顏師古註《漢書註》一百卷；嘉靖二十二年（1543）芸窗書院刻趙令時《侯鯖錄》八卷；嘉靖二十六年（1547）廣東崇正書院刻陳塏輯《名家表選》八卷；嘉靖三十七年（1558）漢東書院刻章懋、董遵輯《諸儒講義》二卷；嘉靖三十八年（1559）洞陽書院刻顧可久《王右丞詩集註說》六卷；萬曆十九年（1591）籍山書院重刊唐慎微《經史證類大全本草》三十一卷；萬曆間東山書院刻陳仁子輯《文選補遺》四十卷；萬曆間瀛山書院刻金瑤《金粟齋先生文集》十一卷；萬曆末柳塘書院刻李廷機選、葉向高註《新刻翰林評選註釋程策會要》五卷；崇禎十四年（1641）松風書院刻桑拱陽《四書則》六卷等等，皆是書院刊刻的書籍。〔註60〕

　　書院刊刻書籍，固然是為了提供書院教師授課及學子讀書的借閱需要，但無形中則是增加許多圖書的來源。由於這些書籍的刊刻，大多是在書院山長監督下完成，提供閱讀對象也多為書院師生或學子，因此對於刻書質量多半相當注重，其品質也相對精良。雖然書院刊刻書籍不免有些營利成份在內，然而透過書院刻書所呈現出來的，不單只有在刻書價值的部份，其在藏書的意義上也相對重要，除了刊刻出來的書籍為書院藏書的重要來源之外，對於藏書的範圍及運用，也因擴充至講學環境，而呈現出另一種特殊形態。

二、重要的書院藏書目錄

　　明代書院藏書目錄，多載於書院志、書院錄，或其他相關文獻之中。目前所能見到明代的書院志及記載書院文獻的數量，嚴格說來並不算多，根據陳谷嘉、鄧洪波《中國書院制度研究》一書統計，至今還能輯錄到的僅有 63 種，〔註61〕其中只有很少的書院志存世，且著錄有藏書目錄。〔註62〕以下即將現今所能見到的書院志及其著錄藏書情形，分別列述如下：

〔註60〕　參曹之，〈書院刻書漫話〉，《四川圖書館學報》，1985 年，第 2 期，頁 70-71；以及樊克政，《中國書院史》（台北：文津出版社，1995 年 9 月），頁 201-202。

〔註61〕　參見陳谷嘉、鄧洪波，《中國書院制度研究》，頁 266。

〔註62〕　明代流傳迄今的書院志仍多，以台灣地區為例，國家圖書館善本書室藏有明正德間程美編，《明經書院錄》、萬曆七年李安仁重修《石鼓書院志》、萬曆間何載圖《關中書院志》，以及故宮博物院圖書館藏嘉靖三十八年金亨撰《道南書院錄》、中央研究院傅斯年圖書館藏嘉靖間來時熙撰《弘道書院志》等等，然多數書院志幾無藏書目錄，故而本節僅將載錄藏書目錄之書院志列述於下，以便更能切近旨要。

（一）《白鹿洞書院新志》

本書爲明正德六年（1511）江西提學副使李夢陽編刊，書凡八卷，現存最早版本爲嘉靖乙酉（四年，1525）補刻刊本。〔註63〕

李夢陽《白鹿洞書院新志》卷八〈書籍志第十三〉，爲著錄正德間書院藏書情形。書目按經部、子部、史部、集部分成四類，分別著錄書名、本數，遇有部數及見存殘缺情形，亦皆記載，少數則有標註「福建板」、「南昌府板」版本項目。其中經部有 11 部，存 71 本；子部 25 部，存 159 本；史部 31 部，存 456 本；集部 16 部，存 352 本，總計 83 部，存 1,038 本。集部後另標「鏤版」一項，記錄書院刻書的書籍，并刊刻者姓氏職銜，共著錄圖書 10 部，分別爲《易經》、《書經》、《詩經》、《春秋》、《禮記》，下註「以上俱提學副使邵寶刻」，另外還有《白鹿洞書院新志》、《五禮圖》、《遵道錄》、《史記》、《重修白鹿洞書院新志》，以下俱標註刊刻人職稱及姓名，書版總計 2,768 片。此外，除了書籍志第十三載有鏤刻書版之外，較爲特殊的是，在其後〈器皿志第十四〉另又記載「附刻板」一項，記錄《二業合一訓》49 片，王溱刻、《禮教儀節》235 片，高賁亨刻、《伊洛淵源》（不載板數）高賁亨刻，由於此部份所載書板與書籍志著錄圖書及書板皆無重複，可見應爲後來補入。

書目前則有小序，指稱：「凡各部書籍見在、殘失數目，蔡宗兗俱已查對明白，裝造四冊，申解提學道，討取鈐印，一留本道，一發本府，一發本學，一給付本洞庫子。」〔註64〕從這段敘述得知，此志所載書目乃是經當時綜理白鹿洞書院事務的蔡宗兗清點之後，登載存失，裝造目錄成冊，並將書目製成四冊，分置不同處，旨在備案存查。可見當時白鹿洞書院的藏書目錄，除了書院本身留存一部之外，另外像是提學道、知府及府學，皆置一部存放以備存查。

（二）《白鹿洞志》

本書爲明嘉靖甲寅（三十三年，1554）江西按察副史鄭廷鵠編刊並序，書

〔註63〕據白鹿洞書院古志整理委員會編，《白鹿洞書院古志五種》（北京：中華書局，1995 年 11 月）。前言提到明提學江西副使李夢陽撰，《白鹿洞書院新志》，共 8 卷。明武宗正德六年（1511）李夢陽寫序，八年（1513）成書，至世宗嘉靖初，書院學生繆建和、黃美，取李夢陽所修洞志「復校之以補其逸，以續其餘」，又請福建按察使周廣在嘉靖四年（1524）撰〈續修洞志序〉，最後由南康府知府張愈嚴重刊，即爲現今所見的嘉靖四年補刊本。

〔註64〕參白鹿洞書院古志整理委員會編，《白鹿洞書院古志五種》，頁 143。

凡十九卷，現存最早版本爲嘉靖四十五年（1566）知府張純等增刻本。〔註65〕

1. 白鹿書院續增書籍總目

鄭廷鵠編《白鹿洞志》卷十六〈經籍〉，即爲著錄嘉靖年間官員贈書白鹿洞書院的情形。〈經籍志〉前有序，敘述其立續增書籍總目及類分書目之緣由，稱：

> 先時書籍，洞租買置居多，近得青涯胡公親送《初學記》等三書入洞，迨篁溪鄭公脩志之時俱已亡矣。彼議欲立增置書籍一門，備見何書係何年收買，或何人送發，俾人知所由來，而不忍據至於散失也。爲懼侵梓煩瑣，乃於經部之末分註新增書目，惟深致慨惜丁寧之意而已。自時厥後，不數年間，右文諸公有事茲邦者，發到書籍，已不啻數十百本，謂之無所觀感而然者不可也。茲倣鄭公成法，備查胡公以後，凡有增置書本，悉照原來年月開載，仍爲詳考經、史、子、集類附登志。〔註66〕

序後又附舊志整書事宜一條，根據此續增書籍總目所載，按置辦時間先後，分別有提學胡汝霖、提學鄭廷鵠、巡按徐紳、提學王宗沐、南康府主洞推官吳國倫、南康府學主洞訓導陳汝簡、知府張純、南康府學主洞教授李資元 8 人，計發送增書共 68 部，353 本。每書記書名及本數，依贈書人分別條列，未按書籍性質分類，二部以上的書籍下記有部數及本數。

2. 白鹿書院類分書目

置於續增書籍總目之後，類分書目條下記有小字「原失者不載，記其見在者」，即此書目記錄嘉靖年間院藏見存之書。書目依經部、史部、子部及集部分類。其中經部下標有「聖製」二字，可見除了經部圖書外，還有御製類圖書置於經部之下；史部下標註有「附志書」；子部下記「先從祀先儒」，並附詩集，像《李太白詩》、《黃山谷詩》皆置子部；至於集部下除標「附選詩」外，還將《玉海》、《唐律類抄》等類書置於集部。根據《白鹿洞志》正文前凡例，其中就有一條記載著：「經籍以制書入經部，以類書入集部，其數悉以臨江教授范薔報冊爲定。殘缺者必曰缺幾冊，或前缺而今補者，止具見數，新增者續次於後，鏤版亦然。」由此凡例可知，以制書入經部，以類書入集

〔註65〕〔明〕鄭廷鵠編，《白鹿洞志》，見趙所生、薛正興編，《中國歷代書院志》，第 1 冊。

〔註66〕〔明〕鄭廷鵠編，《白鹿洞志》，卷 16，〈經籍〉，見趙所生、薛正興編，《中國歷代書院志》，第 1 冊，頁 489-490。

部，乃其書目分類原則，並非誤置。不過，史部下有《白鹿洞志》及《新增白鹿洞志》，而子部下又有《增補白鹿洞志》，可見置於子部下的《增補白鹿洞志》則應爲誤置無疑。

視其書目，每書僅著錄書名及本數，少數書籍會稍記部數及散佚損壞情形，根據書目所載，書院藏書總計有 176 種，1,940 本，末並附鏤版書目，載院中書版包括《易經》、《書經》、《春秋》、《禮記》、《五禮圖》、《史記》、《遵道錄》、《禮教儀節》、《二業合一訓》、《伊洛淵源》、《重修白鹿洞志》11 種，3,151 片，部份版下有註明刊刻者，其中除了《五禮圖》、《禮教儀節》及《重修白鹿洞志》不在藏書目錄之中外，餘在書目內皆可找到。

（三）《白鹿洞書院志》

本書爲明萬曆二十年（1592）白鹿洞書院主洞周偉所編，書凡十二卷，現存最早版本爲萬曆二十年南康知府田琯刻本。〔註67〕

周偉《白鹿洞書院志》卷三〈人物志〉下標註附有「經、史、子、集」書籍總目，然而視其內容，則是將書籍按聖製部、經部、史部、子集部分成四類，從著錄時間推知約爲記載萬曆初年白鹿洞書院的藏書情形。此書目下僅記書名及本數，二部以上的書籍即記錄部數及缺佚概略，所載書籍計有聖製《大明律》、《大明一統志》等書七部，經部類 35 部，史部類 40 部，子集部類 112 部，總計 194 部（扣除部數相同 3 部，爲 191 部），約 2,047 本。書目依四部分類法，然將聖製部獨立一類，子部與集部則置於同一類之中，是其與傳統四部分類的不同處。

（四）《白鹿書院志》

本書爲明南康府司理、白鹿洞書院主洞李應昇編，書凡十九卷，現存最早版本爲天啓二年（1622）刻本。〔註68〕

李應昇《白鹿書院志》卷十五下有〈藏書〉，其下不分類目，只記書名及本數，爲著錄萬曆末至天啓初白鹿書院藏書情形。由於現存本部份葉次殘缺，據所見書目記載，此時藏書至少有一百四十二部以上，超過一千六百七十七

〔註67〕周偉編，《白鹿洞書院志》。
〔註68〕關於〔明〕李應昇編《白鹿書院志》一書版本，台北國家圖書館善本書室便藏有明天啓壬戌（二年，1622）南昌官刊本；另參見趙所生、薛正興編，《中國歷代書院志》第一冊則僅著錄爲天啓二年刊本，視其內容皆大致無異。

本之多。〔註69〕各書排列雖然並未立類別分，而書目著錄順序仍多依經、史、子、集傳統四部分類，只不過似未嚴格別分，仍有不同類別書籍互爲參雜情形出現。

（五）《百泉書院志》

本書爲明嘉靖十二年（1533）河南知府馬書林等人編纂刊刻本，〔註70〕書凡四卷，後有萬曆六年（1578）聶良杞編修重訂刻本。〔註71〕

聶良杞《百泉書院志》卷一分建革志、祀典志、名賢志及學約志。其中學約志下附書籍，爲著錄萬曆初書院購求圖書情形。據所錄書籍前聶良杞稱：「按舊志書籍稍全，近多殘缺，所存十之一二，今購求之，置之藏書閣焉。」可見除了原來藏書外，還加進後來購求的圖書。其書目著錄，並未分類，僅有書名及冊次（部份書籍冊次未錄），分別爲《四書大全》、《五經大全》、《性理大全》此3部經部類及性理類書籍，另有《資治通鑑綱目》、《續資治通鑑》、從《史記》到《元史》等史部類圖書計18部，以及《文章正宗》、《大學衍義》、《文章正宗鈔》、《大學衍義補》、《六子》5部，總計有26部，313冊（其中有13部不記冊數，故未計）。視其藏書，主要以史部類圖書佔18部居首。

（六）《重修嶽麓書院圖志》

本書爲明陳論編撰，吳道行等續補，書凡十卷，現存最早版本爲萬曆二十二年（1594）刊本。〔註72〕

明陳論《重修嶽麓書院圖志》卷四〈書籍〉，係載錄明弘治年間長沙同知楊茂元所藏圖書。然此書目後另有小字註明「今散失無存」，可見書目中所著錄的藏書到萬曆年間應多已散佚不存。書目不分類，僅有七部，記書名及部

〔註69〕上述數字爲筆者根據所見存明天啓二年李應昇編《白鹿書院志》之書目計算而來。詳參該書，收入《中國方志叢書》（台北：成文出版社，1989年3月），華中地方，第778號；然在鄧洪波〈明代書院藏書目錄提要〉一文中，則記錄此書目「著錄之書凡一百九十七種，共一千八百五十五本」，頁98。

〔註70〕據台北故宮博物院圖書館藏河南知府馬書林編纂之《百泉書院志》，即係明嘉靖癸巳（十二年，1533）輝縣刊本。

〔註71〕參〔明〕萬曆間聶良杞編，《百泉書院志》，見趙所生、薛正興編，《中國歷代書院志》，第6冊；另於台北中央研究院傅斯年圖書館藏有稿本《重修百泉書院志》3卷，爲明聶良杞重修、清孫用正增修。

〔註72〕〔明〕陳論編撰、吳道行續補，《重修嶽麓書院圖志》，爲萬曆二十二年刊本，台北國家圖書館善本書室藏有刻本；另在鄧洪波〈明代書院藏書目錄提要〉一文中，則稱爲《重修岳麓書院圖志》，視其刊本及內文記載，應爲同一部書。

數，分別爲《四書大全》、《書經大全》、《易經大全》、《詩經大全》、《禮記大全》、《春秋大全》及《性理大全》，皆各一部。據其後按語稱：「按宋眞宗咸平四年，淮潭守李公垂範請，頒九經御書，藏嶽麓山書院。祥符八年，准山長周欽齋請，仍舊名賜書院敕額，增給中秘書。後此累遭兵燹，圮廢踰三百年，始興復之，亦我朝一盛事也。⋯⋯今國朝頒降書籍於天下學校以崇士習，而書院設置听有司便宜之請，士翕然向矣。使敕額，賜書諸制，有力者不請于以行，安知其久而不毀於俗而鞠爲墟耶！誠如祥符故事，復舊額，立山長，頒降御製諸書并十三經註疏，俾之講信修睦，以風勵天下，則亦未可徒視爲文治之具而已也。」〔註73〕從這段敘述，可得知當時嶽麓書院對於皇帝御賜圖書期盼之殷，故而發出此語。

（七）《虞山書院志》

本書爲明萬曆孫愼行、張鼐等編，書凡十卷，現存最早版本爲萬曆年間刻本。〔註74〕

孫愼行、張鼐《虞山書院志》卷六〈書籍志〉，將院藏圖書分成十一類，分別爲聖製、典故、經部、子部、史部、理學部、文部、詩部、經濟部、雜部及類書部，爲著錄萬曆三十四年（1606）知縣耿橘重修虞山書院以後的書院藏書情形。各類下僅著錄書名，餘皆未錄。其中聖製類有《大明會典》、《皇明詔令》等11部，典故類有《皇明政要》、《大明諸司職掌》等8部，經部類有《四書大全》、《十三經註疏》等25部，子部類有21部，史部類36部，包括《貞觀政要》及府縣志書等，理學部類共54部，多爲程朱陸王各派理學家文集，文部類23部，詩部類13部，經濟部類31部，舉凡《皇明疏抄》、《歷代名臣奏議》涉及經濟相關事務，以及各類像是武經、海防、水利、經賦、修攘等經世實用皆收於此類之中，雜部類20部，類書類亦有15部，總計257部。〔註75〕雖然冊數不詳，然視其著錄，各類圖書搜羅詳富，分類細密，每類下書籍部數相當，顯見書院訪求書籍的觀念並無特別偏執，不過「理學部」

〔註73〕〔明〕陳論編撰、吳道行續補，《重修嶽麓書院圖志》，卷4。

〔註74〕〔明〕萬曆間孫愼行等編，《虞山書院志》，見趙所生、薛正興編，《中國歷代書院志》，第8冊。

〔註75〕此統計數字係按筆者所見一一計算得來，然與鄧洪波，〈明代書院藏書目錄提要〉，《書目季刊》，第33卷，第4期及〈明清時期江蘇書院藏書目錄輯錄〉，《江蘇圖書館學報》，1996年，第1期。二文所計算《虞山書院志》藏書的265部，略有不同。

圖書較其他類別相比，幾近多出一倍，確實較為豐富可觀。由於理學部書籍乃書院因應教學功能所藏，從虞山書院致力於此類圖書的典藏，加上藏書目錄的編排有序，可見此書院不但在教學方面，同時在藏書方面，皆較其他書院具備一定的規模與成就。

（八）《共學書院志》

本書為明萬曆年間岳和聲纂修，書凡三卷，現存最早版本為萬曆年間刻本。〔註76〕

岳和聲《共學書院志》卷上〈典籍〉，書目下不分類，著錄有書名及本數。該書院為萬曆二十二年（1594）福建巡撫許孚遠改原懷安縣學而建，到了萬曆四十六年（1618）岳和聲又擴大改建。其學院志所著錄內容分成書籍及刻板二種，書籍部份包括自《易經註疏》開始的十三經註疏，計13部；次有從《史記》到《元史》的史部類圖書共20部；以及少數的文集、語錄、語義等書籍約有10部，總計共有43部，745本。至於書板部份則有《白沙緒言》、《困辨錄》、《樂舞譜》、《講堂歌選》、《共學記》、《聖學圖說》、《餐微集》、《觀生堂草》、《共學書院志》等9部，共227片，其中書版著錄與書目藏書並無重覆，書名末皆小字註「藏時習堂左邊耳房」。所藏書籍並未分類，視其內容以經部及史部類的圖書最多，子集部及性理類的書籍亦有，然而書籍數量零星不多，顯見當時的共學書院不論在藏書性質及數量、書目分類，以及教學功能上皆稱不上完善，仍有待增進的空間。

（九）《東林書院志》

本書為明嚴毂等輯，書凡二卷續志一卷附一卷，現存最早版本為清康熙年間刻本。〔註77〕

嚴毂《東林書院志》下卷〈典守〉，書目前未標類目，記書名、部數、套數及冊數，著錄《文公家禮》、《朱子冊議》、《朱子年譜》、《朱子說解楚辭》、《朱子註釋韓文全集》各一部，總計五部，共三十四冊。由於萬曆年間，顧憲成、高攀龍等曾在此講學，一時遠近風從，號稱東林學派，書院志前有十二條凡例，其中一條記載「書籍、祭器等，雖經毀滅，悉依原志載明」，故推

〔註76〕參〔明〕萬曆間岳和聲編，《共學書院志》，見趙所生、薛正興編，《中國歷代書院志》，第10冊。

〔註77〕參〔明〕嚴毂等輯，《東林書院志》，見趙所生、薛正興編，《中國歷代書院志》，第7冊。

測此書目所錄爲明萬曆時期東林書院的藏書概況。

三、書院藏書目錄的特色

明代書院的藏書目錄，幾乎未見於各地方志，明人文集中亦極難見到院藏書目的敘述。僅能從明修書院志中略爲窺見，然雖甚爲罕見，從現存書院志載院藏書目中，仍可看出明代書院藏書目錄的獨特性及其特色。

（一）不囿於傳統四部分類法

前述所列書院藏書目錄的著錄方式，可簡單分成有分類與沒有分類兩種，其中將書籍加以分類著錄，又可分成二種不同類型：第一種爲依據經、史、子、集四部分類法，而稍做變化。這種分類方式有明李夢陽編《白鹿洞書院新志・書籍志》、鄭廷鵠編《白鹿洞志・類分書目》、周偉編《白鹿洞書院志・書籍總目》等等；第二種則不依四部分類，而是參酌楊士奇《文淵閣書目》分類方式，加上自行判斷的分類觀念，如孫慎行、張鼐編《虞山書院志・書籍志》。

探究第一種著錄方式，雖是依經、史、子、集四部分類原則來區分圖書，然並非全盤適用，而是在四部分類法的基礎上，將分類順序或內容略做調整。像是李夢陽《白鹿洞書院新志・書籍志》便將子部提到史部之前，其中子部之下尤多置入程朱理學的相關著述，顯示此時依舊存在尊崇以朱熹爲代表的傳統理學風氣；另外，鄭廷鵠編《白鹿洞志・類分書目》雖是按經、史、子、集四部順序加以分類，然卻以制書入經部，以類書入集部，又將詩集置於子部之下，選詩放在集部之下。此種分類原則，顯然與傳統四部分類原則有很大的差異，可見編者在制定書目分類時，雖然是以傳統四部分類法爲基本原則，然不免加入了許多主觀意識的判斷；除此之外，周偉編《白鹿洞書院志・書籍總目》所使用的分類方式則是將聖製部獨立一類，經部、史部各自維持一類，而將子部與集部合爲一類，此種分類法雖有提高聖制類圖書地位的作用，然將書籍數量最多的子部與集部合爲一類的做法，使得聖制類圖書僅有 7 部，子集部的圖書則高達有 112 部，整體上反而呈現出頭輕腳重的不協調感。其他不標類目的院藏書目，或者係因書籍數量過簡，如聶良杞編《百泉書院志》一書中所著錄的藏書僅有 26 部；至於陳論編《重修嶽麓書院圖志・書籍》藏書更少，只有 7 部；而嚴瑴編《東林書院志・典守》所著錄藏書最少，不過 5 部，視其數目，大概無標類目之必要。另則，亦有雖不

題標目，實則暗依經史子集四部法加以分類，如李應昇編《白鹿書院志・藏書》，以及岳和聲編《共學書院志・典籍》便是雖不標類目，實則按傳統四部分類法加以排列著錄。

　　至於第二種分類法，則不完全按照傳統四部法的分類，而是在參酌楊士奇編纂《文淵閣書目》分類後，將其原先分成二十類加以刪併，保留以聖製類為首，維持經、史、子部個別一類，同樣將理學部與經濟部別出，但分成兩類，另將文集與詩集分開，雜部與類書部獨立。根據孫慎行、張鼐編《虞山書院志・書籍志》將虞山書院藏書由二十類刪減成十一類，並將編排順序重新規劃，使藏書更能各得其所，由此得知此種分類法顯然是在經過編者判斷之後，去其糟粕的結果。探究其分類原則，可發現此種分類法不再局限於傳統的四部分類法，而是依照書籍的性質再加類分，與四部分類法相較，類目顯得細密，而與楊士奇《文淵閣書目》分類相比，則又更加簡潔清楚，可見此種分類觀念已初步具備按照書籍性質分類的現代圖書分類概念，逐漸朝向完整而進步的圖書分類發展。

（二）書目著錄未臻成熟

　　目前所能見存的院藏書目數量雖然不多，而從其對於藏書的著錄方式觀察，發覺幾乎所有書院志載錄的書目，皆僅著錄書名及本數，少數有載明 2 部以上（含二部）的部數，或略提藏本散佚情形，餘如該書卷次、作者、版本、原書存佚狀況等等，幾近不曾得見。

　　從圖書目錄學觀點而言，編纂書目有考辨學術源流的作用，因而書籍目錄撰述的詳闕與否，影響學術甚鉅。根據劉紀澤《目錄學概論》提及目錄學之功用時，即清楚指出目錄學功用主要有以下幾點：一、編次圖書；二、考證典籍存亡；三、稽核私家庋藏；四、鑒別書籍真偽；五、存論書名異同、部居出入、卷帙增減、作家偽敚；六、辨章書籍版刻與謬本流傳；七、購書之便給。〔註78〕其中所列第三項到第六項，包括鑒別書籍真偽，存論書名、部居、卷帙、作家異同出入，以至辨章書籍版刻與謬本流傳，皆與書目著錄的詳闕完備與否密切相關。越是敘述詳備，越能達到書籍真偽的鑒別、書籍部次、卷帙及作家出入查驗，以及書籍版刻與謬本的辨別。然從明代書院志記載院藏書目的著錄情形看來，僅有書名與本數的著錄，顯然過於簡略，以

〔註78〕　參劉紀澤，《目錄學概論》（台北：台灣中華書局，1958 年 8 月），第 5 章，〈目錄學之功用〉，頁 41-72。

致幾乎無法達到上述所稱目錄學功用任一項。對於書籍著錄的要求而言，明代書院的藏書目錄雖已粗具基礎概念，然仍不能說是臻於完整或成熟。

（三）書板為藏書的一部份

前面提到書院藏書的來源，其中之一便是書院自行刊刻的書籍。此可由明代書院志載院藏書目，部份藏書目錄後附有鏤版書目，更清楚認知到刻書對於書院藏書的重要性。根據前述現存書院志藏書目錄的載錄，其中李夢陽《白鹿洞書院新志‧書籍志》，不僅著錄正德間書院藏書情形，書目後並附有鏤版，著錄刊刻書名及出資刊刻者的姓氏及職銜，如原刻有《易經》、《書經》、《詩經》、《春秋》、《禮記》、《白鹿洞書院新志》、《五禮圖》、《遵道錄》、《史記》、《重修白鹿洞書院新志》圖書十部，計 2,768 片書板，後又增補《二業合一訓》、《禮教儀節》、《伊洛淵源》三部；到了嘉靖年間，鄭廷鵠編《白鹿洞志‧類分書目》後同樣附鏤版書目，載錄所藏書版，包括有《易經》、《書經》、《春秋》、《禮記》、《五禮圖》、《史記》、《遵道錄》、《禮教儀節》、《二業合一訓》、《伊洛淵源》、《重修白鹿洞志》等 11 種，3,151 片，部份版下有註明刊刻者。而視其書板內容與李夢陽編書院志時所藏書板有其中十部皆相同，極有可能是自正德年間便遺留下來，直到嘉靖年間仍繼續刊刻的書板，而這些刊刻出來的書籍，在藏書目錄中依然可以找到。

此外，岳和聲《共學書院志》卷上〈典籍〉，除了著錄圖書之外，卷末亦附刊刻書板，包括《白沙緒言》、《困辨錄》、《樂舞譜》、《講堂歌選》、《共學記》、《聖學圖說》、《餐微集》、《觀生堂草》、《共學書院志》九部，計 227 片，這些書版數量雖然不多，但在共學書院志的藏書中，還是占了一席之地。其他各書院所刊刻的典籍書板，雖不見得皆會著錄於書目之中，然而只要刊刻圖書，則所刻書籍及其書板的存藏，皆應視為書院藏書的一部份。

第三節　書院藏書的管理規範與文化特色

一、藏書管理的規範及制度

明代書院藏書規模的形成與管理制度的建立，是在中後期隨著書院的繁榮發展而逐漸興起。書院發展歷程自明初的沉寂，直至成化、弘治以後方始轉興，因而藏書規範的擬定與管理制度的建構相對來說發展也晚。根據現今所能見到

的文獻，初步認定應該要到正德年間以後，關於書院圖書管理的概念與規範才開始產生，而到嘉靖、萬曆年間，才有比較明確且成文的管理制度形成。明代書院藏書的管理及規範，舉凡對藏書用途的規範、圖書保管的規定、書籍的維護與修繕，以及管理人員的職責等等，多有牽涉或論及，以下分別探討：

（一）圖書的管理規範

前述提到明代書院藏書開始有管理維護的概念，大約是自正德年間以後。根據正德年間李夢陽《白鹿洞書院新志・書籍志》前小序所稱：「凡各部書籍見在、殘失數目，蔡宗兗俱已查對明白，裝造四冊，申解提學道，討取鈐印，一留本道，一發本府，一發本學，一給付本洞庫子。」〔註79〕時南康府學蔡宗兗兼管白鹿洞書院，對於白鹿洞書院藏書清點一遍後，再將清點書籍編纂書目，裝訂一本，並另外重製三冊，分藏四處。此種作法，實際已經具備有圖書複本及分置觀念，只可惜僅限於書目，未及於圖書；另則，此書目複本分置他處的作法，推測書院藏書雖屬書院本身所有，書院擁有書籍所有權，然而提學道、府及府學於必要時亦可借覽使用，即提學道、府及府學擁有使用權，故而才會各留存一部書目以備查閱。

到了萬曆六年（1578）巡撫都御史邵銳依擬〈白鹿洞書院禁約〉〔註80〕九條，其中的第二條及第三條，則是因應當時圖書借閱情形，明確針對院中圖書的使用及管理規範提出以下規定：

> 一、本洞儲書，專以教迪士類。近年江西科場必取洞書應用，及至
> 　　領回，缺者不敢言缺，失者不敢言失，洞書殘落，大半由此。
> 　　今后江西科場書籍，布政司自備，該府毋得輒取白鹿洞書籍送
> 　　用，以致遺失。
> 一、院中書籍，考舊志所載，殘缺遺亡者，十已五六，近經兵亂，
> 　　全無冊籍查據。今後仰府設立一樣冊籍四本，明開書籍什器，
> 　　解赴本道鈐印。印過，一留本道存照，一留本府存照，一發本
> 　　府學存照，一發付書院庫子收管。本洞教授每月朔查取門庫損
> 　　失有無，執結。歲終，仍申本道查考。〔註81〕

〔註79〕 參〔明〕李夢陽編，《白鹿洞書院新志》，頁143。
〔註80〕 此〈白鹿洞書院禁約〉九條，係依擬自蔡宗兗〈申明洞禁榜〉版刻告示九條，
　　　　內容則較蔡宗兗板示稍做減刪。
〔註81〕 參〔明〕嘉靖間鄭廷鵠編，《白鹿洞志》，卷12，收入趙所生、薛正興編，《中

根據邵銳所擬禁約，指出二個重點，第一，白鹿洞書院藏書的功用，主要在
於教化啓迪學子，非專門用於科舉考試。然由於近來江西科場考試借用，使
得書院藏書散落殘破嚴重，爲防止院藏圖書散佚缺損，遂禁令不再出借。邵
銳此禁約制定的成效如何，我們無法詳知，然從禁約的要求看來，顯然書院
圖書出借頻繁及耗損情況，已危及藏書質量，而管理者對於院藏圖書的控管
已經具備相當的危機意識。第二，由於白鹿洞書院舊志原載藏書，已殘佚過
半，加上戰役兵亂，使得萬曆以前的院藏圖書全無冊籍可供查據，故編院藏
書目，並裝訂一樣四冊，解赴江西提學道鈐印。印過，分別各留提學道、南
康府及府學備查，最後發一本予書院庫子收管，並派白鹿洞教授每月查取門
庫損失。顯然這項措施是沿襲自正德年間的規定，不過較之當時，此一時期
的書院藏書管理顯然更具執行能力，也更爲明確。

（二）圖書的保管及修護

　　明代書院對於所藏圖書的管理，除了前面提到建立初步的管理規範之
外，對於書籍的保管與修繕，也開始注意及警覺到此種嚴重性。嘉靖四十五
年（1566）時，白鹿洞書院主洞李資元在〈白鹿洞學交盤冊序〉一文中便對
書院藏書的保管與脩整有這樣的感慨與想法：

> 先是，甲子歲，守道益川馮公以謁洞，慨書籍之殘缺，命主洞陳君
> 汝簡擇部帙之完在者，悉爲整脩。郡守滄江張公發金脩櫃，以愼貯
> 藏。余繼提舉洞事，通將經史子集類分先後，以聖制列于經部之先，
> 志書附於史部之後，附子部者，諸子之創作也，附集部者，諸子之
> 新選也。已經脩整者序列于前，未經脩整者附列於後，條具分明，
> 總計壹百柒拾貳部，發與門庫四役，照數收藏看守。凡于四季，遇
> 濕氣則加曝曬，有塵垢則加展拂，照類收拾，使經久不壞。在洞肄
> 業諸生，凡有考究必須取書，取時書書名于門庫，覽畢則門庫持帖
> 類收。洞主于講論之暇，時加檢查，則不啻載道有公器，而明道之
> 功亦不報矣，夫豈有高束慢藏者哉！〔註82〕

根據上述所稱，藏書保管與脩整想法的產生，乃是源於感慨書籍殘佚，遂撰
部佚完在者，悉爲整脩，並發金脩匱，以愼貯藏。其於書籍的脩整方式及情
形，雖未再加說明，然對於書籍的處理方式，則是分別依書籍情況予以曝曬、

　　國歷代書院志》，第1冊，頁440。

〔註82〕同前註，卷11，頁435。

展拂，此為藏書管理中的首要方法，只可惜文中對於書籍曝曬的原則及細節
未再說明；其次為依書籍類別收拾置放，遇有查考深究必要而必須取書者，
則先要在門庫登記書名，看完後再由門庫負責者持帖依類別收取放置。由此
敘述可知，基本上書院對於圖書管理及維護的概念已經具備，其餘的只在於
人為因素，即人的管理及執行成效如何。

　　雖然前述李資元文中已清楚提及藏書管理觀念及圖書維護原則，但對於
圖書脩整的方法或規定卻沒有再加詳細說明，幸而在鄭廷鵠《白鹿洞志・續
增書籍總目》前有著〈整書事宜〉其中一條的記載，可稍稍補此不足。此〈整
書事宜〉該條記載著：

> 脩整書籍，每五年一大脩，三年一小脩。南康府呈委主洞教官，慎
> 選博識謹篤洞生四名，查理損壞書籍若干本，動支洞租，召募書匠，
> 逐一脩整。〔註83〕

從這條規定看來，圖書的脩整必須三年一小脩，五年一大脩，而脩整的方式
則是選擇洞生四員，負責檢查圖書損壞情形，若遇有書籍損壞時，便可召募
書匠加以脩整。至於脩整與維護的方式，並未再詳加說明，較為可惜。

　　明代書院所擬定的藏書管理規範，包括對於書目撰述的要求、圖書保管
的規定、書籍的維護與修繕，以及管理人員職責規範等等，雖然還在草擬階
段，要求與規範也不盡完善，然卻是代表著明朝書院藏書已漸趨成熟的一個
重要指標。從書院發展歷史看來，這種現象在宋元時期幾不曾得見，而影響
所及，到了清朝，承明舊例而更為增益擴拓，以達到更為完備且專門的管理
條規及制度。換言之，明代書院藏書管理規範雖未至齊備，卻是影響日後清
朝書院的藏書管理更趨於完備的重要啟蒙時期。

二、書院藏書的文化特色

（一）建置藏書樓以保存圖書

　　明初書院發展沒落，不僅分布區域不廣，在藏書方面也大多呈現欠缺窘
乏的現象，故此時期書院甚少興建專門置放藏書的建築樓閣；到了成、弘年
間，書院數量與風氣漸興，藏書來源亦增加許多，為了典藏日益增多的書籍，
便開始興建專門的藏書建築。像是成化年間四川的水月寺興建子云書院，其
書院內有廳堂三間，堂後有樓五間，積書有萬卷之多，因興建者姓宋名景，

〔註83〕〔明〕鄭廷鵠編，《白鹿洞志》，卷16，頁490。

遂將此藏書樓取名為「宋氏書樓」，為書院專門設置的藏書樓；〔註84〕另外，弘治九年（1496）由邑人兵科給事王天宇建於陝西的宏道書院，書院內建有弘道堂及考經堂，其中「考經堂」有存書數千卷；弘治十四年（1501）時，雲南同知胡光建於蒙化的文華書院（原崇正書院），書院內設講堂取名「科第」，堂後則建有專門藏書的「觀文樓」，置放圖書六十餘種，為當時滇西諸學積書之冠，〔註85〕其後傾圮。到了嘉靖八年（1529）通判吳紹周修建，改名明志書院，另增建「尊經閣」藏書其間；到了弘治年間，湖南通判陳綱重建長沙岳麓書院，為了儲藏經史書籍，亦建有「尊經閣」；〔註86〕弘治十七年（1504），兵備道尹嘉言在四川瀘州鶴山書院也建了一個「尊經閣」，試圖提振當時書院講學及藏書風氣，可惜受限於政治風氣及環境影響，未能全面恢復書院規模，藏書風氣也未能明顯提昇；〔註87〕其他還有像是湖南道州的濂溪書院、安徽歙縣紫陽書院、浙江杭州萬松書院（清光緒改敷文書院）等等，圖書典藏皆極豐富，理應亦建有藏書閣樓。

明代書院興建藏書樓的風氣最為盛行的時期，是在正德年間以後，而以嘉靖、隆慶及萬曆年間最為可觀。這些興建有藏書樓的書院數量眾多，像是正德十三年（1518）於浙江興建的思賢書院，便貯有六經、子、史數千百卷，藏于取名「清風樓」的藏書樓；〔註88〕嘉靖三年（1524），紹興知府南大吉於稽山書院增建「尊經閣」；〔註89〕而江蘇常熟的文學書院，則於嘉靖四十三年（1564）重建於虞山，根據瞿景淳所作重建記一文，指稱該書院「講道有堂，藏書有樓，肄業有舍，規制宏敞。」；〔註90〕另外，四川知府張知聰興建錦屏書院完工後，書院中亦建有「尊道閣」三楹，以貯經史書；〔註91〕至隆慶二年（1568），河南

〔註84〕 參季嘯風主編，《中國書院辭典》，四川省，「子云書院」條，下，頁279。

〔註85〕 參秦健民，〈略論古代書院藏書與書院教學、學術研究的關係〉，《中國圖書館學報》，1999年，第2期，頁86。

〔註86〕 參楊慎初、朱漢民、鄧洪波，《岳麓書院史略》（長沙：岳麓書社，1986年5月），頁80-86。

〔註87〕 四川鶴山書院便有四間，分別置於瀘州、蒲江、邛崍、眉山四處，此處為建於南宋紹定年間的瀘州鶴山書院。

〔註88〕 參季嘯風，《中國書院辭典》，「思賢書院」條，下，頁64。

〔註89〕 參清康熙五十八年刊浙江省，《紹興府志》，卷18，頁1809，收入《中國方志叢書》，華中地方，第537號。

〔註90〕 參瞿景淳，〈重建文學書院記〉一文，見陳谷嘉、鄧洪波，《中國書院史資料》，頁556。

〔註91〕 參〔明〕隆慶間陳宗虞，〈錦屏書院三賢祠記〉一文：「錦屏有書院，自嘉靖

縣令左思明改建太邱書院，書院講堂之北建有「藏書樓」三間；〔註92〕隆慶六年（1572）時，知縣李忱於江西復古書院修建「尊經閣」；〔註93〕萬曆初，湖北襄陽昭明書院改名峴山書院，其規制恢廓，棟宇嚴整，購諸經籍藏于中，取名「時雨堂」；〔註94〕再者，萬曆十七年（1589）浙江知府張朝瑞定崇正書院，建經義、治事兩堂，另建「尊經閣」，以藏圖書。由此可見，此一時期書院藏書漸多，為了典藏書院儲書而專門興建藏書樓，已經是相當普遍的現象。不過比較令人覺得有意思的是，書院在興建藏書樓時所呈現出來的文化意涵，包括藏書樓的命名、書院週遭環境的要求，或者邀請名人為藏書樓作記等等，皆表現出明代書院對於書院本身及其藏書的要求及重視。

1. 藏書樓名表現藏書旨意

　　一般而言，書院興建藏書樓，主要是因為藏書的需要。然而，與其他藏書體系相較之下，由於書院另外還肩負有講學與教化的功能，故而藏書樓除了藏書之外，最重要的功能還是在於提供學子讀書，以及培育學子尊經重道的學術傳統。因此，書院在興建藏書樓時，便多會將這一層教化用意表現在藏書樓的命名上。

　　書院藏書樓的命名，大概會有幾種命名方式：

　　（1）直接就藏書功能予以命名，即取名為「藏書樓」或「貯書閣」。這類藏書樓閣的命名，不但清楚標示出藏書功能，而且也是最不容易搞錯的命名方式，清清楚楚，明明白白。

　　（2）為了強調書院的教化意義而命名，如「尊經閣」、「尊道閣」、「崇經閣」、「考經堂」等等。這類的藏書樓閣主要是著重於尊經重道的學術觀念而命名的。其在命名之初便已由命名方式，清楚告知此藏書樓閣的興建乃是為了教育學子於學當考究經義，於經道則當尊之敬之。由於書院的設立具有教化及學習的特殊功能，因此在書院藏書樓的命名方式之中，反而以這類的命

初，祠蓋太府山陰柯峰張公為之。中有尊道閣三楹，貯經史書其上。」見陳谷嘉、鄧洪波，《中國書院史資料》，第 4 篇，〈書院制度的再度輝煌〉，頁796。
〔註92〕參李廕崮，〈太邱書院碑記〉，見清光緒八年刊《河南通志》，收入《中國省志彙編》（台北：華文書局，1969 年 1 月），卷 43，頁 896。
〔註93〕復古書院早於嘉靖間知縣程文德便建有「尊經閣」，後於隆慶間又重加修建，參清康熙二十二年刊《江西通志》，卷 15，頁 1353。
〔註94〕參胡價，〈峴山書院記〉一文，見清光緒十一年刊湖北《襄陽府志》，卷 13，頁 780。收入《中國方志叢書》，華中地方，第 362 號。

名為最普遍且最為常見。

（3）為根據院主（或稱山長、院長）本身因素或個人喜好而為之命名，如「宋氏書樓」、「清風樓」、「觀文閣」、「時雨堂」等等。這類的命名方式，顯然與院主自身的因素有極為密切的關係。以「宋氏書樓」而言，命名原因乃因院主姓宋，而取此名，再進一步深究，又會發現此書院的興建乃私人所建，故其命名可隨意依山長決定；其他像「清風樓」、「觀文閣」等，雖是由當地縣丞或同知興建而成，不過因有主持或出資的成份，因而對於書院及各堂名稱的命名，亦多半擁有決定權，像是湖北峴山書院「時雨堂」的命名，便是因為書院建置時，修建者為太守萬振孫，其「徒步齋祈，不浹旬而甘澤沛，適與堂成，會即時雨化之意也。」〔註95〕此種因有感而發的取名方式，也是書院藏書樓命名趣味之一。由此可知，第三種取名方式，並無一定規則可循，純粹視興建書院之人或主事者的主觀因素而決定的。

2. 注重書院環境及建築格局

除了注重藏書建築樓閣之外，書院設置之際，對於週遭環境及建築格局上也極為講究。以外圍環境而言，其興建地點，多半位於山水林間，如江西白鷺洲書院於萬曆年間重修時，劉應秋為之作記，稱該書院所在位置：

> 洲在郡治之東，踞江中流，延袤數里，狀如游龍，青原、神岡、天瑞
> 諸峰，左右拱抱入其抱。……即洲建祠祀六君子，創書院以居諸
> 生。……閣之後植竹萬竿，洲水支流繞出其下，可濯可風，是為浴沂
> 亭。門以外為月池，環池左右翼號舍百楹，擇九邑之髦俊講學於此。
> 〔註96〕

根據文中敘述，不但書院所在位置為山川江流所環抱，就連院中閣樓前後，亦植竹萬竿、屋舍環池，可見講究之甚。這種對於週遭環境的注重，與中國人對於風水的關注與信服有著莫大的關係。多數文人相信，凡山水俊秀之處，亦多為人文薈萃之地，而書院為培育人才之所，其週遭環境尤其重要。明景泰三年（1452）廣西三元書院重建，費克忠為之作記，於〈三元書院記〉一文中說道：「余惟山川秀氣郁積之久，亦必有生于其間。」〔註97〕另則，弘治

〔註95〕同前註，頁780。

〔註96〕參〔明〕劉應秋，〈重修白鷺洲書院記〉一文，見清光緒七年刊《江西通志》，收入《中國省志彙編》，卷81，頁1796-1797。

〔註97〕參費克忠，〈三元書院記〉一文，見陳谷嘉、鄧洪波，《中國書院史資料》，頁496。

年間，王雲鳳作〈弘道書院記〉時，亦說：「仰高門之內，樹以梓，育美材也；中立門，內以檜，期棟樑也。」〔註 98〕此雖不足以說明書院的建築皆依風水為之擺設興建，然不論是書院的所在地理位置、周遭環境，抑或內院設置，皆受到此種山川地物的風水觀念影響，卻是不爭事實。

　　此外，在書院的內部建造格局上，也有著一定的要求與注重，尤以書院各房舍排列順序，多以一條中軸線來貫穿始終，而書院的藏書樓尤易置於院中建築的中軸線上。根據陳谷嘉、鄧洪波《中國書院制度研究》一書敘稱：

> 在廣東，正德十二年（1517）所建西樵山石泉書院，有沛然堂、紫雲樓、御書樓、天湖亭等；合浦尚志書院，嘉靖二十四年（1545）創建，有崇正門、克復堂、尊經閣、號舍、射圃、環翠閣等，藏書樓閣皆巍然于院舍建築的中軸線上。〔註 99〕

此種將書院各房舍及藏書樓皆置於中軸線的用意，推測可能是受到中國古代禮的文化涵意影響，也就是說，「書院的主要建築，如講堂、祠堂、書樓等都在軸線中，而齋舍及輔助設施多居兩側，這與禮所強調的『禮乎禮，夫禮所以制中也』的觀念正相吻合。而中與尊同義，尊者居中，卑者輔侍左右，書院的空間布局正體現了這種關係。」〔註 100〕

　　顯然可見，書院於內於外的建築觀念，皆有一定的規則可循，而專門置放藏書的樓閣房舍，在這樣的環境與格局之下，自然有其適當位置。一般說來，所有書院的藏書處，絕不可能建於正門進來的第一層房舍，這是由於書院並非以藏書為主要功能，而書院的設置是要用於提供談理說道的思想家或理學家講學授課的場地，同時也是學子聽講學習的環境，因而多數書院正門後的第一層堂舍為講堂或祠堂居多，其後才有可能是其他堂舍或藏書樓，而東西兩廂則多為學齋。

3. 邀請理學家為藏書樓作記

　　由於書院興建完工，實屬不易，因而多數書院在興建或修復書院完工後，都會請當時著名文人作記寫序，部份書院尤其為了表示重視藏書建築，在藏書樓建築完成後，還會特別請著名思想家或理學家為之作記，以增益該書院

〔註 98〕參王雲鳳，〈弘道書院記〉一文，見陝西，《三原縣新志》，卷 4；見陳谷嘉、鄧洪波，《中國書院史資料》，第 4 篇，〈書院制度的再度輝煌〉，頁 612。

〔註 99〕參陳谷嘉、鄧洪波，《中國書院制度研究》，頁 147。

〔註 100〕參丁鋼、劉琪，《書院與中國文化》（上海：上海教育出版社，1992 年 10 月），「附錄」，〈書院建置的文化取向〉一文，頁 202。

的名聲與價值。明嘉靖三年（1524）時，紹興知府南大吉於重修稽山書院時，增建明德堂及尊經閣，其中「尊經閣」為該書院的藏書樓，另外還請到當時著稱的思想家陽明先生王守仁為之作記。於是陽明先生寫下了〈稽山書院尊經閣記〉一文，〔註101〕敘說以經為常道，尊經之要的道理訓示學子。除了王守仁曾經為書院藏書樓作記之外，另有甘泉先生湛若水也在鄒守益創建廣德州儒學之後，寫了一篇〈廣德州儒學新建尊經閣記〉；〔註102〕此外，李東陽為了隴州岍山書院興建藏書樓「崇經閣」，同樣寫了一篇〈岍山書院崇經閣記〉，其中第一句話便說：「崇經閣者，岍山書院藏書之閣也。」〔註103〕李東陽寫此記乃是受人之託，以此彰明其建藏書樓之意義。

（二）因應教學需要而藏書

明代書院藏書特色之一，在於書院藏書係因應教學需要而藏。根據幾部重要的院藏書目看來，經部類的圖書可說是各書院絕不能少的書籍類別，占的部數及比例雖非最多，但幾乎沒有書院不收經部書籍；再者，史部圖書及性理類圖書也是多數書院的主要藏書；至於子部及詩文集類圖書，以及部份書院將所收聖製類圖書獨立一類的書籍，則明顯不若經、史、性理類圖書為多。探究此種圖書典藏差異的形成，跟書院藏書具有提供教師講學及學子授業的功能導向，顯然有密切關係。

1. 授業需求以經、史類藏書為主

以湖南長沙白鹿洞書院為例，成化五年（1469）李齡〈規示諸生八事〉其中的第三條，規定：「讀書必循序，不可躐等。先讀小學，次讀四書五經及御製書，史、鑑，各隨資質高下。」〔註104〕這裏指示了讀書的順序，應從小學開始，次為四書五經，再者才是御製書籍文集、史書、通鑑等，而學習進度則隨其資質高低調整。到了萬曆年間，按照羅輅〈白鹿洞學榜〉第三條所列：「自今明示程式，以講讀四書五經大義為主，而擴充以史傳。」〔註105〕

〔註101〕參王守仁，《陽明全書》，卷7，〈稽山書院尊經閣記〉（文淵閣四庫全書電子版）。

〔註102〕參湛若水，《甘泉文集》，卷18，〈廣德州儒學新建尊經閣記〉（文淵閣四庫全書電子版）。

〔註103〕參李東陽，《李東陽集》，卷3，〈岍山書院崇經閣記〉（文淵閣四庫全書電子版）。

〔註104〕鄭廷鵠編，《白鹿洞志》，卷12，收入趙所生、薛正興編，《中國歷代書院志》，第1冊，頁439。

〔註105〕周偉編，《白鹿洞書院志》，卷5，趙所生、薛正興編，《中國歷代書院志》，第1冊，頁566。

便知此時主要科目著重於四書五經為主，若有需要增益擴充，則參酌以史傳類書籍。由此可見，四書五經仍是書院講師授課、學子授業的學習重點，自然也是書院主要藏書的書籍內容，其次才是史書、通鑑、紀傳等類圖書。

　　除了白鹿洞書院之外，其他書院關於講學授課或學子讀書順序的要求，則又如何？根據來時熙〈弘道書院學規〉所列的二十條其中的第三條提及「誦讀」一事，便說：

> 每日讀經書，一般易、詩、書、春秋、禮記之類；四書，一般論語、大學、中庸、孟子之類；史書，一般通鑑綱目、續通鑑綱目、通鑑節要、續通鑑節要，史略、史斷之類，隨其資質高下，限以遍數多讀熟記，厥明升堂背誦。〔註106〕

學子誦讀書籍，包括經部的《論語》、《大學》、《中庸》、《孟子》四書，及《易經》、《詩經》、《書經》、《春秋》、《禮記》五經，及史部的通鑑綱目、史略、史斷之類，可見誦讀的主要書籍仍以經部及史部圖書為主。至於其他類型的圖書，則視各人喜好與否閱讀，並無強迫學子須加誦讀。

2. 性理類書籍為主要藏書

　　書院所藏的圖書，除了提供學子誦讀的經、史類書籍之外，一般來說，性理類的圖書應該可以視為書院藏書之中的重點書籍。這是由於明代儒學在發展過程中受到宋代理學家朱熹、陸九淵及二程等人影響深遠，書院在蒐羅或購置圖書時，大多會蒐購宋明理學家講述的性理類圖書。

　　根據目前所能見到院藏書目的著錄，幾乎每部書目或多或少都典藏理學著述。像是嘉靖年間鄭廷鵠編《白鹿洞志》「續增書籍總目」，便記載提學鄭廷鵠贈書《朱子語錄》，提學王宗沐贈書《二程全書》、《朱子私抄》、《象山粹言》，主洞推官吳國倫贈書《象山語要》、《胡子粹言》，主洞教授李資元贈書《伊洛淵源》、《遵道錄》等等，其後「類分書目」子部之下，首部即為《二程子全書》10 本，以下列自宋到明理學家的語錄、文集、理論等相關著述，約莫便有 20 多部，佔子部之大半；其次，明萬曆間周偉編《白鹿洞書院志》、李應昇編《白鹿書院志》所列藏書之中亦皆有《二程遺書》、《朱子大全》、《體認天理通》、《思問錄》等等諸如此類有關性理類的書籍。除此之外，其他書院藏書，像是聶良杞編《百泉書院志》著錄藏書僅 26 部，以史部類書籍最多

〔註106〕參〔明〕來時熙，〈弘道書院學規〉一文，見趙所生、薛正興編，《中國歷代書院志》，第 6 冊，頁 489。

佔 18 部，其餘 8 部之中，亦有 1 部《性理大全》；孫愼行、張鼐編《虞山書院志》，分書籍 11 類，其中 1 類便是理學部，收性理類圖書約莫有 54 部之多；另外，岳和聲編《共學書院志》藏書 43 部，所收性理類書籍雖不多，但仍有《朱夫子答問》、《四先生語錄》等與性理問答相關書籍；即以著錄最少《東林書院志》而言，萬曆末期的東林書院藏書僅有 5 部，此 5 部包括《文公家禮》、《朱子冊議》、《朱子年譜》、《朱子說解楚辭》，以及《朱子註釋韓文全集》，全爲性理類圖書，其中 4 部便是與朱熹相關之論著。

由此可知，明代書院的藏書，除了典藏供學子誦讀的經史類書籍之外，性理類的書籍同樣也是不可或缺的重點藏書之一。而這種特性的形成，顯然跟書院本身具有教育功能有極大的關係。因其所藏不論經部、史部，還是性理類的圖書，其目的皆在於使學子能藉由此種知識的吸收，達到心性理念的潛移默化，進而改變對於求取學問的觀念及態度。此種藏書立意不僅充份說明書院的教育功能，也同樣呈現出中國古代書院對於藏書懷抱著深遠的冀望，及對傳統文化觀念的重視。

第七章　宣揚教義的寺觀藏書體系

第一節　政策主導佛道藏經之纂輯

　　明代的宗教，以佛、道兩教影響最大，信徒數量也最多。明太祖朱元璋在治國期間推動的佛教政策，雖與其年輕時曾於皇覺寺出家有關，但他欲藉此達到對宗教力量的掌控與運用，應是主要原因。由於佛、道兩教是當時人民信仰的兩大主流，具有匯聚群眾的強大力量，若未能善加運用與管理，後果便不堪設想。

一、佛道政策的發展

（一）太祖的提倡與管理

　　朱元璋即位後，針對佛、道兩教，逐步制定鼓勵與管理的措施。一方面鼓勵佛、道發展，不但親自參與法會活動，而且重視經典纂刻，充份展現對佛、道事務的熱衷；另一方面則加強管理，制定規範，以防範宗教勢力的無限擴增。不過，從太祖的佛、道政策及對其關注程度看來，顯然較為偏重佛教。此種現象固然與其早年出家經驗有關，但與當時佛教的盛行，應有必然關係。

1. 鼓勵及倡導佛道

　　佛教方面，由於太祖的鼓勵措施，佛教趨於繁榮，同時表現在佛教經典的纂輯上。洪武元年（1368），首先於金陵天界寺設善世院，以慧曇為總領，管理全國佛教事務；並召集各地僧眾，將天下寺院分為禪、講、教三類，使僧眾分別修習；其間多次倡辦參加佛事法會。更重要的是，太祖相當重視佛

教經典的講習與纂修，不但常遣僧耆入宮，講論佛法，亦重用具有有佛學才能者。還曾經撰述〈拔儒僧入仕論〉、〈宧釋論〉、〈拔儒僧文〉等文，以闡述重用儒僧的重要性；到了洪武四年（1371）時，並召集四方眾僧點校《大藏經》，並於隔年敕雕藏經，歷史上稱爲《洪武南藏》，爲明朝第一部纂輯的佛教大藏經；洪武十年（1377），令宗泐等僧人重新箋釋《般若心經》、《金剛經》、《楞伽經》等，並親爲《心經》作序，闡述對佛教的觀點。從這些舉動看來，太祖對於佛教，多抱持著正面積極的態度。

　　道教方面，則表現在對道教信仰及經典撰述的重視。雖然沒有史料証明太祖曾經信仰道教，然從他對道教人才的信任，及道教齋儀的認同，可見仍然相當重視道教。首先，洪武元年設玄教院，敕封道士經善悅爲眞人，管理道教事務；洪武二十六年（1393），聞道士劉淵然能召風雷，見其召至，遂賜號高道，館朝天宮；〔註1〕此外，授龍虎山第四十二代天師張正常，授官秩正二品，使其治理道教事務。太祖雖不相信神仙長生之術，然對道教齋醮及方術，頗能接受，不但親自制定道教科儀樂章，並因天旱，祈禱齋戒三天。而在道教經典方面，則於洪武七年（1374），禦注道家始祖老子《道德眞經》，同年十一月又撰寫〈御製玄教立成齋醮儀文序〉，初步表現出對道教經典的重視。

2. 整頓管理佛道勢力

　　太祖除倡導、鼓舞佛、道兩教外，也時刻留心控制與整頓宗教勢力。針對佛、道勢力的擴增，制定各種管理政策。洪武五年（1372），太祖恐佛、道兩教深入民間太過，對於社會風氣怕有不好的影響，於是下詔：「天下大定，禮儀風俗，不可不正。……禁僧道齋醮，雜男女恣飲食，違者有司嚴治之。」洪武十四年（1381），依禮部建議，整頓釋、道二教，先設僧錄司，掌理天下僧教事務；洪武二十四年（1391），再次下詔：「自今天下僧道，凡各府州縣寺觀雖多，但存其寬大可容眾者一所，併而居之，毋雜處於外，與民相混。違者治以重罪。」〔註2〕此種採僧道一併管理的原則，顯示太祖在佛、道管理的態度上是一致的，而下令不使僧道與民相混，則是爲防範民眾受到宗教影響過大，容易滋生事端，故有此令。另外，爲了方便管理佛教僧侶，還命僧錄司造周知冊；另將洪武二十四年頒布的〈申明佛教榜冊〉，及二十七年（1392）擬定〈避趨條例〉等管理榜文，編集成書，頒示天下佛寺；除了分天下寺院

─────────────────

〔註1〕　參〔清〕張廷玉等編，《明史》卷299，〈劉淵然傳〉，頁7656。
〔註2〕　參《明太祖實錄》，卷209，頁3109。

爲禪、講、教三類，使僧眾分別修習之外，並嚴格規定各類僧侶的服色，在度牒〔註3〕及僧籍制度上，亦加以限制，以防止出家人數增多；同時禁止私創寺院，避免佛教勢力過度膨脹；經濟上，則詔令禁止寺觀土地買賣，加強對佛教的管理。〔註4〕

　　道教管理方面，洪武十五年（1382），聽從禮部建議，設置道錄司，分道教爲二，一爲全真，一爲正一，以方便管理；再者，嚴格限制州縣寺觀的設立，以及道士度牒的名額；此外，敕令天下僧寺道觀，告知僧道不得與民相混，違法亂紀，否則治以重罪等等。這些對道教制定的管理政策，大略同於佛教。由此可知，太祖雖尊崇佛、道兩教，然更重視佛道的管理。或許其鑑於元末農民起義，乃受到白蓮教之影響甚鉅，故不得不對佛、道兩教有所擔憂恐懼，爲避免宗教力量危及政權，因而在管理上不敢大意鬆懈。

（二）成祖主持藏經編纂

　　自成祖朱棣即位後，對佛、道兩教的態度雖略有轉變，然仍十分重視佛、道兩教。相傳朱棣靖難起師一役，成祖曾經得到道教術士的幫助，因此登基後，先在後宮大肆興建道教宮殿玉皇殿，以供奉道教神祇；另在道觀的修建維護上，也不餘遺力，永樂五年（1407）七月，下令修建神樂觀，並徵召天下道士至京師朝天宮修齋設醮，歷時七日而畢，備極慎重；十年（1412）大興土木，修建道家聖地武當山的宮觀，以奉祀玄天上帝（又稱真武大帝），歷時七年完工。根據王世貞《名卿蹟紀》記載：「遣使於武當山營玄武宮殿，楣柱楹髤，悉用黃金，是時天下金幾盡」〔註5〕可見當時爲了興建道觀，豪奢若此；永樂十三年（1415），又修建江西龍虎山的道教宮觀上清宮及懿真觀，使其恢復舊觀；至成祖遷都北京前，又下令在北京建真武廟及各道觀。除了重用道士及修建道觀之外，成祖也十分注重道教經籍的纂刻。

1. 道教經籍的纂刻

　　永樂四年（1406），成祖首度下旨命第四十三代天師張宇初到北京，纂校

〔註3〕　度牒制度，最早起於唐玄宗天寶年間。所謂度牒，爲百姓出家爲僧、道之前，必須經過官方批准，領受官方發給的度牒，始可成爲僧人或道人。
〔註4〕　參何孝榮，《明代南京寺院研究》（北京：中國社會科學出版社，2000 年 12 月），第 1 章，第 1 節，〈明代佛教政策〉，頁29。
〔註5〕　參〔明〕王世貞，《名卿績紀》，卷3，收入《叢書集成新編》，第 100 冊，頁594。

道教大藏經《道藏》。此部《道藏》耗時日久，其後功未就緒，而成祖崩殂，仁宗、宣宗相繼嗣位，棄置不理，直至英宗正統十年（1445）始刊版事竣，故又稱《正統道藏》，然即便如此，成祖仍是明朝第一個敕修《道藏》的皇帝。再者，因喜愛道教音樂，成祖遂編撰《御製大明玄教樂章》，爲祭祀眞武帝與靈濟眞君之用。至永樂十七年（1419）九月，成祖因閱讀道教神仙傳記，深喜有感，故命侍臣重新纂集《神仙傳》，書成，並親製序冠之。〔註6〕諸如此類，皆顯示出成祖對於道教經典纂刻的重視。

2. 佛教典籍的梓印

成祖持續太祖在位時鼓勵佛教政策的措施，不僅重用僧人道衍，命其協理政事，輔佐太子，也注意到寺院的增修重建，另不定期舉辦佛教法會。而在佛教典籍的編纂上，則更爲重視，不僅禦製佛經序文十三篇、佛菩薩贊跋十二篇，又閱釋氏書，采往昔僧功行之超卓者，輯爲一編，並將纂成之書取名《神僧傳》，付梓以廣流行。永樂十年（1412），下令重新整理洪武年間編集的佛教大藏經，重新刊印，仍沿用《南藏》之稱；遷都北京後，於永樂十九年（1421），再次下令重新編集大藏經，並於北京開雕，稱爲《北藏》。短短十年間，兩度編集卷帙浩繁的佛教藏經，明朝歷史上只有成祖一人，可見其對於宗教典籍纂刻的重視。

自成祖以下，包括仁宗、宣宗、英宗，以至憲宗、孝宗、武宗等皇帝，大多延續明初崇尚佛教的風氣，所崇尚之佛教，除了漢地佛教之外，還有藏傳佛教。仁宗、宣宗皆認同藏傳佛教，因此常封授、供奉藏僧，對於私創寺院大多寬容不毀。自正統到正德年間，藏傳佛教逐漸受到皇帝的崇信與重視。憲宗成化年間，不但大量分封藏僧爲法王、國師，並視藏傳佛教爲國教，推行全國；孝宗繼位，雖開始限制藏傳佛教的發展，然執行不嚴；至武宗在位期間，仍然大量封授藏僧，封予法王、禪師、國師名號；建寺禁中，並常身穿僧衣，與藏僧論法說道；同時聽聞西藏有活佛，常不惜時間、金錢，派人至西藏迎活佛。在明代宗教發展史上，武宗正德年間，是藏傳佛教發展最爲盛行的一個階段。

（三）世宗的崇道抑佛

明代帝王之中，世宗以崇信道教著稱。世宗對於道教近乎沈迷的崇信，

〔註6〕 參〔明〕徐學聚，《國朝典彙》，卷 135，頁 1629。

及爲求取長生不老的手段，已經到難以理喻的地步。他不但喜好各種道教方術，登基後更在宮中設齋造醮，月無虛日，耗費大量金銀；再者，相信道教陰陽採補之說，喜服仙方丹藥，並且寵信道士之言，當時道士邵元節、陶仲文等人，更以方士身份，受一品之恩。

1. 道教文學的興起

由於世宗沈迷道術，朝中政事多半不親自處理，反而全權交由大臣掌管，世宗又喜歡重用那些道教青詞寫得好的臣子，〔註7〕像是夏言、嚴嵩等人，這些大臣皆是因青詞寫得好，而入閣爲宰輔，故而有「青詞宰相」之稱。朝政在權臣的把持之下，日益腐敗，而道教文學發展卻在此種情形之下，顯得異軍突起。這一時期道教青詞作品之多，遠遠超過明朝其他君主在位期間。至於在道教經典的纂刻上，世宗並無積極的鼓勵或推動政策，僅有延續印製正統間編成《正統道藏》，頒賜各地道觀，到神宗萬曆年間，才有進一步關於《道藏》續集的編纂活動。

2. 佛教典籍的壓抑

世宗崇信道教，對佛教則採取嚴厲的禁絕政策。他一方面毀損所有佛教寺廟、器物，另一方面限制私創佛教，控制佛教信眾的衍生。嘉靖元年（1522），下令毀刮宮中供奉的佛像金身；嘉靖十五年（1536），又拆毀宮中設置的大善佛殿，毀金、銀像凡 169 座，佛頭、佛牙、佛骨等凡萬三千餘斤；〔註8〕另外，嚴禁修建、私創寺院，對於廢毀寺院，則任其頹壞不復；〔註9〕針對無度牒的僧道，則明定「自今永不許開度」的告示，並貫徹開度僧人的禁令，婦女不得出家，已遁入空門的尼姑則令其還俗。世宗在位期間，還一反明初太祖鼓勵僧人傳教說法的行事作風，分別於嘉靖五年（1526）、二十五年（1546），及四十五年（1566），三度下令嚴禁僧人設壇傳戒說法，以杜絕佛教的傳播；〔註10〕其他在經濟買賣，或者賦役的規定上，皆處處設限規範，使得此時佛教幾無發展空間，更別說是佛典的編纂、梓印及典藏。

〔註7〕 青詞是指道士們齋醮時上章之詞，由於世宗行齋設醮，月無虛日，故而青詞做得好壞，便成了能否升官的重要標準。參〔明〕沈德符，《萬曆野獲編》，卷2 提到：「世廟居西內事齋醮，一時詞臣以青詞得寵眷者甚眾。」

〔註8〕 參《明世宗實錄》，卷 187，頁 3957。

〔註9〕 參《明史紀事本末》，卷 52，〈世宗崇道教〉：嘉靖九年（1530）十二月，明令「遍查京師諸淫祠，悉拆毀之。」

〔註10〕 參《明世宗實錄》卷 64、卷 313，及卷 562。

（四）思宗消極的佛道政策

崇禎即位後，明朝開始走向衰微局面。由於當時朝廷內政腐敗，外交困頓，社會經濟蕭條，天災人禍頻生，因此思宗對於宗教態度，已非明初以政治力量施以鼓勵或管理的主導地位，而是欲藉由宗教的神蹟或力量，改變國家當前的處境的需求。

1. 軟弱的宗教政策

初時，思宗藉道教崇拜儀式，求得國家平安的現世利益，因此不斷地向祖先神靈、道教諸神等神祇祈禱；後來，他又聽聞天主教神蹟可拯救國家未來，故而求助於天主教，重用徐光啟、湯若望等人，並拆毀宮中佛道宗教神像；崇禎末年，遇皇五子慈煥病危，聽聞有九蓮菩薩現形空中，指責思宗撤佛之過，故又重新崇信佛教。在歷經道教、天主教及佛教的崇信過程中，思宗對於宗教的態度，及政策的制定，已不再具有主導的作用，所以不論是鼓勵或管理，皆已無力顧及，而對宗教的要求，變成訴諸於改善國家政局，或改變現時狀況。由此可知，明末多元化的宗教政策，並非基於宗教開放的原則，而是有現實利益的需求。

2. 未見經籍纂刻

此一時期，朝廷並未延續以往纂刻藏經的活動，因而佛道典籍的纂刻與流傳，幾乎未見。

二、佛道藏經的纂輯刻印

一般而言，佛道寺觀的藏書，大多以典藏跟自身宗教密切相關的圖書為主，尤以《佛藏》與《道藏》為寺觀藏書的重心所在。然則，《佛藏》與《道藏》的纂刻，受到明代宗教政策的影響，而呈現互見消長的情形，也連帶影響到佛、道兩教藏書事業的盛衰成敗。以下便就政策主導下佛道藏經的纂輯與梓刻，分別加以探討。

（一）佛教藏經的梓刻

明代佛教大藏經的梓刻，前後共刻有六部，其中官方刻版 3 部，民間刻版 3 部，其中民間刻版有 2 部待考。洪武四年（1371）太祖召集四方眾僧點校《大藏經》，隔年敕令雕印，史稱《洪武南藏》為最早的一部藏經；最晚的一部藏經，則從萬曆十七年（1589）開雕，直到清順治十四年（1657）才完

成，史稱《萬曆藏》。以下依據此六部佛教藏經刊印先後，分別略述如下：

1.《洪武南藏》——官刻本

本書又名《初刻南藏》。洪武五年（1372），太祖敕令在南京蔣山寺刊刻，直至洪武三十一年（1398）始刊刻完工，其後經版藏於天禧寺。永樂六年（1408）時，因寺僧本性縱火，經版與寺院俱毀，幸而印本已有流傳，故未絕版。後來，寺院在永樂十年（1412）重建，改名爲大報恩寺，又在此重新開雕《永樂南藏》。

是經分成 678 函，以千字文編次，函號自天字至魚字，共收書有 1,600 餘部，7,100 餘卷。這部《洪武南藏》，前面有 591 函，主要是以南宋《磧砂藏》爲底本翻刻的；後面 87 函，爲新編的佛教藏經，除了一部《四十華嚴》爲譯籍之外，餘皆爲中國佛教撰著。是經參酌〔唐〕釋智昇《開元釋教錄略出》分類方法，先分乘，即大乘、小乘；其下再分藏，即按經、律、論，而新編入藏的佛經著述，則參雜其中。

《洪武南藏》，現今仍存。據載於一九三四年，在四川崇慶縣上古寺發現全藏，部份略有殘缺，並雜有一些補鈔本及坊刻本，推測爲明永樂十四年（1416）蜀獻王贈與上古寺，今存於四川省圖書館。

2.《永樂南藏》——官刻本

本書又名《再刻南藏》，簡稱爲《南藏》。永樂十年（1412），成祖敕令於南京大報恩寺開雕，完成於永樂十五年（1417），刻藏地與經版收藏處，皆在南京大報恩寺。

是經總計 636 函，以千字文編次，函號自天字至石字，收經 16,10 部，6,331 卷。這部藏經是在《洪武南藏》基礎上，重新分類，略爲增刪，編次稍有不同，收經數量較《洪武南藏》爲少。然在分類上有較大調整，乃是參酌釋慶吉祥《至元法寶勘同總錄》分類方法，先按藏，即經、律、論的順序，再區別以大乘、小乘。藏經收錄的經書內容，可分成十類，分別爲（1）大乘經，204 函，533 部（2）小乘經，46 函，243 部（3）宋元入藏諸大小乘經，37 函，300 部（4）西土聖賢撰集（並附密典補遺），19 函，150 部（5）大乘律，5 函，26 部（6）小乘律，50 函，58 部（7）大乘論，50 函，91 部（8）小乘論，74 函，37 部（9）續入藏諸論，5 函，23 部（10）此方撰述，146 函，153 部。從佛經類型的比例來看，以大乘經數量最多，其次爲此方撰述。

《永樂南藏》爲梵夾本，每版三十行，折成五面，每面六行，每行十七字。現今仍存，目前濟南圖書館及山東圖書館等處皆有藏本。

3. 《永樂北藏》──官刻本

本書簡稱爲《北藏》，爲成祖永樂十九年（1421）遷都北京前後，在北京開雕的宮廷藏經刻本，完成於英宗正統五年（1440）。〔註11〕刻藏的地點皆在北京，其經版由司禮監掌管，藏於祝崇寺內的漢經廠。

此藏分成 636 函，以千字文編次，函號自天字至石字，收經 1,615 部，6,361 卷。藏經主要是根據《永樂南藏》改編而來，然蒐經數量較《永樂南藏》略增，印刷裝幀也較爲精美華麗，而由於刻藏皆爲官方負責掌理，再分賜給各地寺院，因此比起《南藏》而言，更具有權威性及代表性。

明萬曆十二年（1584），神宗因其母后施印佛藏之願，因此下令以《永樂北藏》爲基礎，續修《續入藏經》，並爲之製序。後增加《續入藏經》，共計41 函，函號自鉅字至史字，收經 36 部，410 卷，全爲中國佛教撰述，並無譯經。萬曆十二年以後，原本的正刻《永樂北藏》，加上續刻的部份，便有 677 函，收經 1,651 部，6,771 卷，比起前面刊刻的幾部藏經，在佛經蒐書的數量上，豐富許多。

《永樂北藏》，現今仍存，根據李圓淨〈歷代漢文大藏經概述〉一文指出：「南通狼山廣教寺，鎮江超岸、廣教、定慧等寺，均存有全藏。」〔註12〕另在張新鷹〈關於佛教大藏經的一些資料〉一文，則說：「今零冊多見，整部者浙江、上海圖書館均有收藏。」〔註13〕可見此部藏經的流傳，顯然較其他前面幾部更廣。

4. 《嘉興藏》──私刻本

本書又名《徑山藏》、《楞嚴寺版》、《方冊藏》，分成正、續兩藏。明神宗萬曆七年（1579），紫柏、密藏、幻餘、德清等出家眾，以及袁了凡、馮夢禎、

〔註11〕關於此部佛藏刊刻的起始時間，有三種說法，一種認爲係起於成祖永樂八年敕令雕印，始刻於永樂十七年。參陳士強，《中國佛教百科叢書──經典卷》（台北：佛光文化，1999 年 8 月），頁 580；另一種看法，則是根據明神宗〈御製聖母印施佛藏經序〉記載：「繕始於永樂庚子（十八年，1420），梓成於正統庚申（1440）。」，而認爲應始刊於永樂十八年。見張新鷹〈關於大藏經的一些資料〉，頁 37；另外，還有認爲本藏乃是成祖遷都北京後始敕令開雕的，應刊於永樂十九年，見胡孚琛、方廣錩著，《道藏與佛藏》（北京：新華出版社，1993 年 12 月），頁 112。

〔註12〕李圓淨，〈歷代漢文大藏經概述〉，《現代佛教學術叢刊》，第 10 冊。

〔註13〕張新鷹，〈關於佛教大藏經一些資料〉，《世界宗教資料》，1981 年，第 4 期，頁 37。

王世貞等在家眾，約 20 餘人，先在山西五臺山妙德庵籌劃募刻；萬曆十七年（1589），始正式開雕，其後因氣候冰雪苦寒、交通不便等因素，南遷到浙江餘姚徑山的興聖萬壽禪寺寂照庵，進行大規模的刻印；萬曆三十一年（1603）後，因資金籌措困難，經版分散到嘉興漏澤寺、吳江接待寺、吳郡寒山化城庵、姑蘇兜率閣、虞山華嚴閣、金壇雇龍山等處，至崇禎十五年（1642），又將經版匯聚集中置於徑山，待印成藏經後，則在嘉興楞嚴寺流通發行，〔註14〕故又稱《徑山藏》，或《楞嚴寺版》。而由於《嘉興藏》的裝幀形式，乃是採用方冊本，即今日所見的線裝書，故又稱《方冊藏》。

由於全藏未刊刻完全，入清以後，再繼續雕印，至於藏經真正完成的年代，則眾說紛云。根據藍吉富〈《嘉興大藏經》研究〉一文，指出總共八種說法，七個不同的時間，而以清康熙十六年（1677）時完成正藏，最為可信。〔註15〕後有續編《續藏》、《又續藏》二部併入，接著又續刻不斷，〔註16〕佛書數量可說一直在增加之中。

《嘉興藏》是宋代至清朝的官私版大藏經中，收書最多的一部。全藏總計 343 函，收經 2,090 部，12,600 卷。藏經的蒐書結構，可分成（1）正藏：共有 210 函，1,654 部，主要是以《永樂北藏》為底本，而以《永樂南藏》和宋、元版藏經為校本刊刻。（2）續藏：共 90 函，237 部，收錄後來新編入藏的中國佛教論著，然編號方面，不以千字文編次，而以漢文數序的「第幾函」來表示。（3）又續藏：有 43 函，199 部，收錄新增入藏的藏外佛教典籍。

《嘉興藏》的特點，除了為宋朝至清朝之間收書最多的一部大藏經之外，另在收書典籍中，有 512 部經書為前代藏經所未收，多為後來續編入藏的佛

〔註14〕另有一說徑山為經版集中存放處，而由嘉興楞嚴寺經坊印刷流通。參陳士強，《中國佛教百科叢書——經典卷》，頁 583。

〔註15〕這八種說法，分別為陳援庵主張福王弘光元年（1645）；《嘉興府志》載康熙六年（1667）；長穀部幽蹊主張崇禎十六年（1643）；《雞足山志》載崇禎十四年（1641）；蔡運辰，《中華大藏經》編目說明提出萬曆末年（1619 左右）；方廣錩，《佛教典籍百問》主張康熙十五年（1676）正續藏全部完成；以及《中國古書版本研究》、《中華藝林叢論》二書，皆主張康熙十六年（1677）正藏完成。參藍吉富，〈《嘉興大藏經》研究〉，《諦觀》，第 70 期，1992 年 7 月，頁 88。

〔註16〕根據雍正元年（1723）刊印的目錄記載，《續藏》從初編的 90 函，增至 95 函，而《又續藏》則由原來的 43 函，增至 47 函，連同正藏的 210 函，總計為 352 函，約 12,610 卷。參呂澂，《佛典汎論》（上海：商務印書館，1935 年）。

書。這些新入藏的經書，以明清佛教的典籍最多，其中《續藏》、《又續藏》蒐輯的典籍，包括有天臺宗、華嚴宗、法相宗、律宗、淨土宗、禪宗等各宗的章疏論著及史傳，而以禪宗典籍佔總數的三分之一以上，遠超過其他各宗，又以明萬曆以後到清雍正年間的禪宗語錄，這類典籍數量最為豐富。〔註17〕

《嘉興藏》今存，根據葉恭綽《歷代藏經考略》說：「北京嘉興寺、洞庭西山顯慶寺有正、續全部，其餘南北各寺院存者尚多，但正、續往往不齊。」；〔註18〕另在李孝友〈淺談明代刊刻的《徑山藏》〉一文，則說：「雲南圖書館藏此藏有二千五百三十七冊。」〔註19〕可見僅為少部份，並非全本；而台灣國家圖書館善本書室中，亦藏有一部《嘉興楞嚴寺方冊藏經》；至於民間二次印行的《嘉興藏》，一次收在《中華大藏經》第二輯，另一次為新文豐出版《嘉興藏》，然皆非完本。

另外，有二部民間刊刻的佛藏，由於藏經罕見，加以不詳其記載及刊刻情形，故置於後面討論。這兩部藏經，分別被稱為《武林藏》，以及《萬曆藏》。

5. 《武林藏》──私刻本

關於《武林藏》，眾說紛云。認為此部藏經確實存在的，主要有二種說法。第一種說法，乃是根據〈嘉興藏·刻藏緣起〉說：明代「浙之武林，仰承風德，更造方冊，歷歲既久，其刻遂湮。」因而認為此部《武林藏》，係嘉靖年間（1522-1566）武林（今杭州）昭慶寺所刻。〔註20〕第二種說法，則認為此部藏經乃是 1982 年發現的《楊家經坊藏》，約刻於永樂二十年（1422）以前。因其藏經內牌記刻有「杭州在城大街眾安橋北楊家經坊印行」等字，然而發現藏經時殘缺不全，僅有九部佛經的零散卷冊，殘存 17 卷，全藏經書數量難以計算，但依其千字文編次比對，推測乃按南宋《磧砂藏》複刻。〔註21〕

另外一種看法認為未必確有此藏。因自宋朝以來，民間刻經印書風氣極為普遍，寺院亦建有印經坊。若以佛經的裝幀形式來觀察，武林昭慶寺印造

〔註17〕參藍吉富，〈大藏經略說〉，《佛教圖書館館訊》，第 9 期，1997 年 3 月，頁 29；以及陳士強，《中國佛教百科叢書──經典卷》，頁 584。

〔註18〕葉恭綽，《歷代藏經考略》，1936 年，出版地不詳。

〔註19〕參李孝友，〈淺談明代刊刻的《徑山藏》〉，《文獻》，1980 年，第 2 輯。

〔註20〕參張新鷹，〈關於佛教大藏經一些資料〉，頁 37。

〔註21〕參胡孚琛、方廣錩合著，《道藏與佛藏》，頁 112；另參任繼愈主編，《宗教大辭典》（上海：上海辭書出版社，1998 年），頁 155。

的佛經雖爲方冊本，然並不確知是否印出全藏；《楊家經坊藏》則爲摺裝本裝幀，與《武林藏》是首部以方冊本刊刻的藏經說法，並不符合，可見此部《武林藏》尚有待存疑。〔註22〕目前關於此部藏經存在與否，尚未達到共識，唯一認同的是，此部藏經若確實存在，則爲私人出資刊刻而成，並非官刻本。

6.《萬曆藏》——私刻本

這部藏經的存在與否，同樣遭到質疑。一說認爲此藏乃刻於明末清初，爲萬曆十七年（1589）開雕，至清順治十四年（1657）完成，經版原藏於廣西全州金山寺，因部份卷冊內刻有「廣西全州金山寺常住」的長方形牌記，後移藏於山西寧武縣延慶寺，於1979年被發現。全藏總共678八函，以千字文編文，自天字至魚字，共收經、律、論、集、傳1,659部，6,234卷。今存660函，收經1,563部，5,997卷，少了18函，96部，237卷。經過詳細比對，全藏當爲《永樂南藏》的複刻本，而在此基礎下，增收《永樂北藏》的《續入藏經》41函，36部，410卷，最後又編入《天童密雲禪師語錄》十三卷。藏經由明惠王選侍王氏重刊，施印助刻者有陸光祖、錢謙益、周天成、吳崇宗等人，另有近四十名寫經及刻經人題名。

另一種說法，則不確知上述該藏是否爲《萬曆藏》，或有認爲《嘉興藏》因開雕時間在萬曆年間，又稱《萬曆藏》；〔註23〕還有主張《萬曆藏》實爲《永樂北藏》的翻刻，並不算是一種獨立的《大藏經》版本，〔註24〕其他有些則是在探討到明代的佛教藏經時，略而不論。其中，認同第一種說法的學者較多，即相信後來在延慶寺發現的這部藏經，應爲萬曆年間由私人自行出資刊刻的《萬曆藏》。

（二）道教藏經的刊印

道教藏經的刊刻，自從成祖即位以後才開始進行。永樂年間，成祖敕道教第四十三代天師張宇初纂校《道藏》，成祖去世，仁宗、宣宗擱置未續，一直到英宗正統九年（1444），又詔京師道教真人邵以正督校，而後正統十年（1445）始全藏刊竣，稱爲《正統道藏》。〔註25〕此部《正統道藏》刊刻完成

〔註22〕參陳士強，《中國佛教百科叢書——經典卷》，頁586。

〔註23〕參藍吉富，〈大藏經略說〉，《佛教圖書館館訊》，第9期，1997年3月，頁29。

〔註24〕參陳士強，《中國佛教百科叢書——經典卷》，頁587。

〔註25〕此部《道藏》，又稱《正統道藏》，全藏共計480函，5305卷。參見陳國符，

後，英宗下令梓印，並賜予各處宮觀以供典藏。根據《皇明恩命世錄》一書敘述：「朕（英宗）體天地保民之心，恭成皇曾祖考之志，刊印道藏經典，頒賜天下，用廣流傳。」〔註26〕可見英宗刊刻道藏的用意，欲使其廣爲流傳。此後的明代皇帝，多沿續刊印此部《正統道藏》，並頒賜各地宮觀以供典藏。以下便是道藏及其後續刻概略，分述如下：

1. 《正統道藏》──官刻本

本書簡稱爲《道藏》。永樂四年（1406），成祖敕道教第四十三代天師張宇初纂校《道藏》，其後永樂二十二年（1424），成祖去世，書遂未成，直至英宗正統十年（1445）始全藏刊峻，是爲《正統道藏》。印成後，頒賜給各地道觀。

根據陳國符《道藏源流考》敘述：「正統九年十月甲子，『頒釋道大藏經於天下寺觀』。是正統九年將刊《道藏》，乃詔邵通妙督校，故至十月即可頒《道藏經》於天下宮觀也。」〔註27〕既有正統九年頒賜一事，然觀閱現今庋藏的《正統道藏》，每函卷首刊有三清及諸聖像，卷末有護法神像，卷首並題有正統十年禦製題識，可見此部《正統道藏》當後來於正統十年增刊完工。按陳國符看法，《正統道藏》在「正統九年已先有頒賜，蓋藏經刊版於正統九年訖工，而每函卷首卷末圖版乃十年所增刊也。」〔註28〕

全藏共分成480函，收經1,426部，5,305卷。編次以千字文爲函目，自天字到英字。其編目方式，乃依傳統的三洞、四輔及十二類分目，〔註29〕收錄道書已重新分卷，原有道書短卷，則數卷併爲一卷。這部道藏，並非依據元代全眞教《玄都寶藏》殘卷纂輯，而是依照北宋《政和萬壽道藏》編纂而成，因其

　　　　《道藏源流考》，〈歷代道書目及道藏之纂修與鏤版‧正統刊道藏〉，頁176。

〔註26〕參《皇明恩命世錄》，卷六〈頒旨藏經旨〉。

〔註27〕參陳國符，《道藏源流考》，〈歷代道書目及道藏之纂修與鏤版‧正統刊道藏〉，頁176。

〔註28〕同前註，頁177。

〔註29〕這種分類方式，溯源自魏晉南北朝，即將道書劃分成三洞四輔，七大部類，其中三洞各部之下，又細分成十二小類，而四輔下不分類。現將三洞、四輔、十二類略爲說明：三洞乃指洞眞部、洞玄部、洞神部，四輔則是太玄部、太平部、太清部、正一部，而十二類則是第二級分類，按書籍性質分，分成本文、神符、玉訣、靈圖、譜錄、戒律、威儀、方訣、眾術、記傳、玄章，以及表奏十二類。關於這部份的說明，可參酌朱寅伶，〈《道藏》研析〉（輔仁大學圖書資訊研究所碩士論文，2001年7月）。

保存較多的宋代道經。而在收錄的道教藏經之中，尤以全眞教道典居多，主要是此藏多由全眞教系統的道士修纂之故。〔註30〕

　　自從《正統道藏》刊就後，印施各處宮觀甚多。目前我們見到的《道藏》，乃是 1923 年到 1929 年之間，由張元濟、康有爲等人將北京白雲觀典藏《道藏》交由上海涵芬樓影印出版的本子。可知神宗於萬曆年間必然頒賜《道藏》於各地宮觀藏存，而除了白雲觀獲賜《道藏》之外，包括江西龍虎山的上清宮、南昌新建縣的妙濟萬壽宮、建德觀，〔註31〕以及青島嶗山太清宮〔註32〕等宮觀，皆藏有御賜《正統道藏》。其後因屢經兵燹，至清朝以後，存者寥寥可數。

2.　《萬曆續道藏》──官刻本

　　本書簡稱爲《續道藏》，爲延續《正統道藏》的續刊道藏本。《正統道藏》編纂完成後，歷經英宗、憲宗、孝宗、武宗、世宗諸帝陸續印製，後來慢慢發現，當初因搜訪不周，以致缺漏仍多，加以後來道書陸續問世，因此神宗於萬曆三十五年（1607），敕命道教第五十代天師張國祥接續纂輯《續道藏》。藏經仍以千字文爲函目，而從英字以下開始接續，自杜字至纓字，分成 32 函，收經 50 部，180 卷。

　　正、續道藏，合計共有 512 函，收書 1,476 部，5,485 卷，經版 121,589 葉，合稱爲《道藏》。而此部正續道藏的梓印，可能是由內府經廠著手進行，根據劉若愚《酌中志》記載內府藏《道藏》藏板概況時，曾提到：

> 道經一藏，計五百十二函，十二萬一千五百八十九葉，共用白連四紙三萬八百九十七張，黃連四紙一百七十六張，藍毛邊紙三千十八張，黃毛邊紙五百二張，藍絹一百八十二匹一丈八尺六寸，黃絹二十匹一丈六尺，白戶油紙八千三百七張，黑墨一百六十斤八兩，白麵七百五十斤，明礬二十五斤。〔註33〕

此段敘述與正續道藏合列的函目數字完全相同，可知當爲刊刻道藏時使用書板，以及週邊油墨紙張的記錄。另外，周弘祖《古今書刻》一書，亦記內府

〔註30〕　參胡孚琛、方廣錩合著，《道藏與佛藏》，頁 62-63。
〔註31〕　參見胡長春，〈明代江西藏書述略〉，《江西圖書館學刊》，第 28 卷，第 111 期，1998 年 9 月，頁 55。
〔註32〕　參魯海，〈嶗山太清宮藏《道藏》〉，《中國人民大學書報資料中心》，1987 年 4 月，頁 53。
〔註33〕　〔明〕劉若愚，《酌中志》，卷 18。

刊有《道藏經》。由此可見,此部《道藏》,不論正、續,皆為官方刊刻,當時並未見到民間刻本。

事實上,自從《正統道藏》纂刻完工後,到了嘉靖三年(1524),及萬曆二十六年(1598),都曾經再次重印,並加以修補,然並未重新纂輯,一直要到萬曆三十五年,才又有《續道藏》的編纂。但是自此之後,直到清朝末年,便再也沒有像《正統道藏》及《萬曆續道藏》這般大規模的纂輯道藏的作法,只是不斷在舊有基礎上重加修補與刊印。因此,現在我們所能見到蒐羅最富的官刻道教藏經,即是明代編纂《道藏》及《續道藏》。

第二節　寺觀藏書目錄及其文化呈現

明代佛、道書目的編纂,可分成二種類型:一種為專錄各寺院、道觀的藏書目錄,係個別針對寺院、道觀內藏書情形的記載;另一種則為總錄佛教、道教的藏書目錄,乃記錄所有佛教或道教圖書的彙聚與整理成果。

第一種類型的寺觀書目,可視為瞭解各佛寺及道觀藏書情形的重要參考。然而從明朝以迄現今,幾乎未見完整的寺觀書目,因而這部份的資料甚為缺乏,僅能從外圍資料略知寺觀藏書的概況。即使如此,我們仍可推知明代佛、道寺觀的藏書,除了藏經之外,還有一些是屬於非佛典或道書類的書籍,或與佛道關係密切的文學著述。徐建華在〈中國佛教寺院藏書的構成及其成因〉一文提到:「在所有佛教寺院的藏書構成中,佛教圖書所佔比例應在百分之九十以上,而非佛書比例只在百分之十以內。」〔註34〕由佛寺藏書構成的比例看來,以佛教類的圖書占主要多數,是無庸置疑的;同理來說,道觀藏書集中道教圖書的情形,應該也相去不遠。既然如此,佔有百分九十左右的佛道類圖書,便為本節探討的重點之一,而另外百分之十的非佛道類圖書,則嘗試從文化角度來討論。

前述提到百分之九十的佛道類圖書,與第二種類型的佛道藏書目錄有關,也就是總錄佛教或道教的藏書目錄。由於這類圖書目錄,多為佛道圖書彙聚整理的成果,其內容實為寺觀藏書的重要組成。故而這類藏書目錄,雖非記錄所有寺觀藏書的真實情形,然從書目編纂概況,仍可瞭解寺觀藏書的

〔註34〕參徐建華,〈中國佛教寺院藏書的構成及其成因〉,《聊城師範學院學報》,1999年,第 1 期,頁 67。

構成及其文化特色。

一、佛道藏書目錄的編纂

（一）佛教書目的編纂

明代的佛教藏書目錄，數量不多，目前見到較具代表性的佛教書目，以寂曉《大明釋教匯目義門》一書，較爲豐富且完整，值得進一步探討。

《大明釋教匯目義門》，又名《法藏司南》、《釋教匯目義門》、《匯目義門》，凡四十五卷，爲萬曆四十一年（1613）寂曉〔註35〕撰成。到了萬曆四十六年（1618），寂曉將此書刪節爲簡本，編成《大明釋教匯門標目》，僅有四卷，主要目的爲便於查檢。

是書卷前有序及釋例，說明分部的源流。全書將佛經分成華嚴、阿含、方等、般若、法華、涅槃、陀羅尼、聖賢著述八部，乃是按天臺宗五時判教的順序，將明代的南、北兩藏，先後更置，分成八部。這種分類方式，與一般佛教目錄不同，乃是以天臺宗理解佛陀在世時的說法順序，爲之分門別類，與佛教目錄按傳統的經、律、論分法，有很大的不同。其中以「陀羅尼」類獨立成部，推測可能是受到《至元錄》的影響，至於依五時判教分部，而不按經、律、論分類，是本書較爲特出的分類方法。

然而有人反對此種分類，蘇晉仁〈佛教經籍目錄綜考〉一文中，便指出「但它只依五時，不分經、律、論，而把小乘阿含夾在大乘華嚴、方等之間，是不適當的。」〔註36〕通常來說，佛經目錄先分大乘、小乘，再按經、律、論加以別分。若按五時判教的方式分類，易於將大乘、小乘混在一起，所以才會有將屬於小乘的阿含，夾在屬於大乘的華嚴及方等之間的問題產生。

此部書目著錄佛典有 1,801 部，7,349 卷，著錄內容除了書名、卷次、著譯者之外，還有各經解題。每經之下註明經文大意及論疏旨趣，諸經註疏則附於同部之後，以利於檢閱。另外，擷錄各經序以說明該經內容，解題方向則偏重於義理。此書目的編纂用意，依其書目序文說明，乃有「去繁以得要，望徑而知歸」的作用。

至於萬曆四十六年編纂《大明釋教匯門標目》四卷，排列大致與《匯目義門》相同，只是加注各經分屬南、北藏某字函，並刪掉解題，稍作注釋，

〔註35〕寂曉，字蘊空，浙江秀水人，生卒年不詳。
〔註36〕參蘇晉仁，〈佛教經籍目錄綜考〉，頁 36。

以達到便於檢索的目的。

（二）道教書目的纂輯

明代道教的藏書目錄，實並不多。其中較爲值得說明的，大抵是爲配合正統十年（1445）編成《正統道藏》，及萬曆三十五年（1607）編校梓印《萬曆續道藏》而編錄的道藏目錄，分別爲《道藏經目錄》、《續道藏經目錄》。其後又有天啓六年（1626）編纂的《道藏目錄詳注》，撰述者有二人，一爲白雲霽，另一人爲李杰，解題互有詳略。

1. 《道藏經目錄》

本書又名《大明道藏經目錄》。由於明《正統道藏》纂輯完成後，始終未有目錄，故於萬曆三十五年時，第五十代天師張國祥奉旨爲《正統道藏》編校纂刻的目錄。

書目分成四卷，著錄道經共 1,467 種，4,697 卷。正文卷目前有〈道教宗源〉及凡例三則，其中〈道教宗源〉一文，概述道教源起，以及三洞四輔的分類法則。書目的編目方式，爲按千字文編號，自天字至英字。分類則按三洞、四輔及十二類分目，〔註37〕分別爲卷一爲〈洞眞部〉、卷二〈洞玄部〉、卷三〈洞神部〉，其下各分以十二類目，卷四則按四輔分成〈太玄部〉、〈太平部〉、〈太清部〉、〈正一部〉。

正文每卷首列部、類，其次爲各字號及卷數。道書著錄於各字號之後，記書名、卷數，有些爲原卷數，有些則爲《道藏》重編卷數。各書間有著錄撰人姓名，而其中若遇數種道書合爲一卷，且置於同一冊，便在最末一種道書的下方註明某幾部同一卷。

2. 《續道藏經目錄》

本書又名《大明續道藏經目錄》，係張國祥奉旨續編《萬曆續道藏》後，爲之編纂的續藏經目錄。本書與前述《道藏經目錄》同時編纂，梓刻於萬曆三十五年（1607）。根據陳國符《道藏源流考》指稱：「《正統道藏》末收《道藏經目錄》四卷，末附《續道藏經目錄》，後題曰：『大明萬曆三十五年，歲次丁未，上元吉日。正一嗣教凝誠志道闡玄教大眞人掌天下道教事張國符奉

〔註37〕三洞之下分成洞眞部、洞玄部及洞神部；從三洞又分四輔，分別爲太玄部、太平部、太清部、正一部；從三洞汎開各分十二類，其下分成本文類、神符類、玉訣類、靈圖類、譜錄類、戒律類、威儀類、方法類、眾術類、記傳類、讚誦類、表奏類。

旨校梓，靈佑宮供奉。』」〔註38〕可見《道藏經目錄》與《續道藏經目錄》這二部書目，皆刊刻於萬曆三十五年，當爲同時撰述完成。

書目僅有一卷，卷首題〈正一部〉，按千字文編次，自杜字至櫻字，共著錄書籍 52 卷，凡 180 卷。著錄方式，多依《道藏經目錄》，著錄書名、卷次，間有撰著人姓名，著錄內容則較之《道藏經目錄》更爲簡略。

3.《道藏目錄詳注》

本書有二部，一爲白雲霽撰注，另一爲李杰注。白雲霽及李杰兩人分別撰注的《道藏目錄詳注》，皆是以明萬曆三十五年（1607）刊刻《道藏經目錄》四卷爲藍本，就目錄各書加以標注要旨。

白雲霽《道藏目錄詳注》，是書約於明天啓六年（1626）編纂而成。〔註39〕卷前有道藏總目，按三洞、四輔及十二類分目。正文首卷爲〈洞眞部〉、卷二〈洞玄部〉、卷三〈洞神部〉，其下分以十二類目，卷四按四輔分成〈太玄部〉、〈太平部〉、〈太清部〉、〈正一部〉。每卷按千字文編次，自天字到纓字，其中從天字到群字，爲舊藏之目，而自英字至將字，爲明人新續之目。著錄方式，係依《道藏》舊目排列，撰述者認爲切要者，則爲之解題；著錄內容，首先以大字著錄道教經書書名，下以小字著錄卷次、註疏者姓名，及各卷經名，並說明該經內容大要。

李杰《道藏目錄詳注》，同樣爲四卷。〔註40〕卷前有清道光二十五年（1845）鄭永祥、孟至才撰述〈白雲觀重修道藏記〉，其後有〈道教宗源〉及凡例三則。正文編目與分類順序，幾同於白雲霽《道藏目錄詳注》，而兩人解題內容，相同處甚多，部份細節處，則互有詳略之別，當有後書參酌前書的情形出現。

從上述列出的佛道藏書目錄，可以發現一個特點，即書目的纂述，多爲配合藏經的纂成而編錄，並非輯錄各地寺觀或全國藏存的佛書目錄而來。這種現象，可能因爲當時佛寺道觀的藏書原本就不多，而寺觀藏書性質，多集中在宗教經書方面，除了少數寺觀留有前代遺存的佛道典籍，或者部份較大

〔註38〕陳國符，《道藏源流考》，〈歷代道書目及道藏之纂修與鏤版・正統刊道藏〉，頁 180。

〔註39〕參《四庫全書總目》，第 1061 冊，子部道家類，〈道藏目錄詳注提要〉：「臣等謹案《道藏目錄詳注》四卷，明道士白雲霽撰。雲霽，字明之，號在盧子，上元人。是書成於天啓丙寅。」頁 627。

〔註40〕參李杰，《道藏目錄詳注》（台北：廣文書局，1975 年 4 月）。

型的佛寺道觀，建有印經房舍的設施之外，主要藏書來源便是來自於皇帝賜書、私人捐贈，或民間坊肆刻經本。

因而，在佛教大藏經的纂輯，以及道教藏經的刊刻上，一來因爲這是佛、道兩教的重要盛事，相對受到眾人的重視；另一則由於藏經蒐羅典籍的豐富，幾乎涵蓋絕大部份的佛、道書籍，因此不再需要特別費心來蒐集經書，而寺觀圖書也因有藏經的典藏，而顯得藏書豐富。至於在查找經典方面，爲了檢閱便利所需，以既有的藏經爲基礎來編錄書目，相對來說是較爲省時便利的做法。

二、寺觀藏書文化的呈現

明代寺觀藏書文化的形成，跟佛、道兩教的藏書來源、藏書性質，以及藏書理念等方面，皆有很大的關係。前述提過，佛寺、道觀的藏書構成，以佛、道藏經爲主，其他類型的圖書數量甚少。而藏經的來源，不外乎御賜、捐贈、購置、自行刊刻等方式。其中因御賜而獲致得來的藏經，所突顯的皇帝宗教心態，寺觀藏書體系中宗教藏書的集中性及寺觀藏書的用意，在藏書文化的呈現具有重大意義，都是值得探討的。

（一）御賜佛道藏經的榮顯

由於寺觀藏書內容多爲藏經，因此獲賜藏經不但是寺觀藏書的重要來源，同時也是寺觀榮顯的一刻。由於佛、道兩教獲頒藏經的時間及地點，略有同異之處，因此以下先分別敘述明代皇帝頒賜佛藏、道藏的情形，再綜整討論藏經頒賜的文化意義。

1. 佛教藏經的頒賜

明代最早的官刻佛教藏經，係洪武年間刻印的《洪武南藏》，自此之後，明朝皇帝便開始了頒賜藏經予各地寺廟的風氣。明代的賜藏，以英宗、神宗在位時居多，尤其神宗之母慈聖皇太后十分信佛，爲其施印佛藏之願，因而雕造《永樂北藏》的續編《續入藏經》，而且每逢奏請必賜佛藏，更加帶動頒賜藏經的風氣。

明代最早獲賜藏經的佛寺，應是南京蔣山寺。其後，負責刊刻《永樂南藏》的大報恩寺，及後來流通印行《嘉興藏》的嘉興楞嚴寺等，在每部官刻佛藏纂輯付梓之後，多半會獲得頒賜佛藏。除了這些佛教寺院之外，許多佛寺也都有御賜藏經的記載。如鳳陽大龍興寺，原名皇覺寺，英宗在位時，獲

賜大藏經一部；〔註41〕杭州大昭慶律寺，在正統十年（1445）及萬曆三十三年（1605），兩度獲賜佛教大藏經各一部；另外，山陰柯橋禪寺，爲工部右侍郎王佑的家廟，正統十二年（1447）二月時，王佑向英宗請求賜藏，英宗許之；〔註42〕蘇州虎丘山寺，於宣德八年（1433），遭遇祝融之災，寺中藏書多被焚毀。正統二年（1437）重建山寺，至十年，英宗下詔「頒賜虎丘禪寺大藏經敕」，敕曰：「朕體天保民之心，恭成皇曾祖考之心，刊印《大藏》經典，頒賜天下。」〔註43〕此部《大藏》經典，應爲正統五年刻印完成的《永樂北藏》，而頒賜藏經的用意，則有藉此彰顯皇帝愛民保民的浩蕩恩澤。

萬曆年間，普陀山普濟禪寺、法雨禪寺，便曾分別獲賜大藏經二次以上；再者，峨眉山靈岩寺、海會堂、白水寺、慈延寺、永延寺等，皆在正統及萬曆年間分別賜得藏經；另外，揚州天寧寺、萬壽寺，萬曆三十一年（1603）十一月，得到神宗御賜的寺名匾額，及藏經各一部。〔註44〕

從朝廷角度來看，頒賜藏經給各地寺觀，代表的不僅是皇帝彰顯其愛民保民的用心，更可反映出國家安樂繁榮的盛況；而從寺觀角度，對於獲賜藏經的寺院而言，實爲極榮顯之事。

2. 道教藏經的頒賜

明朝皇帝頒賜《道藏》，也以英宗及神宗最爲熱衷。由於《正統道藏》刊峻印成於英宗正統十年（1445），印成後，英宗隨即頒賜給各地道觀，爲頒賜最多最廣的一部。歷經英宗、憲宗、孝宗、武宗、世宗諸帝，僅有修補梓印，直至神宗萬曆三十五年（1607）始有《續道藏》的編纂，刊印完成後，仍頒賜各地道觀。英宗及神宗，因爲編纂《正統道藏》及《萬曆續道藏》，對賜藏不餘遺力，可見藏經頒賜，受到當朝皇帝對藏經編纂的態度影響，亦有盛衰之別。

英宗正統八年（1443）頒賜江寧玄眞觀《道藏》一部；十二年（1447）頒賜北京白雲觀、太原陽曲縣玄通觀、貴溪縣龍虎山上清宮、江寧獅子山盧龍觀、江寧上元縣朝眞觀、江寧句容縣青元觀、茅山元符宮等，皆獲頒賜《道藏》一部。憲宗成化年間，也有幾間道觀獲頒《道藏》，像是十二年（1476）

〔註41〕 《明英宗實錄》，卷347，記載天順六年十二月，「鳳陽大龍興寺，御製碑先燬於火，至是僧肇常請樹碑重刻，上從之，並賜之藏經。」頁6995。
〔註42〕 《明英宗實錄》，卷150，頁2945。
〔註43〕 同前註。
〔註44〕 《明神宗實錄》，卷378，記載「癸亥，因兩淮鹽法太監魯保之請，與揚州天寧寺、萬壽寺額名，藏經二部。」頁7114。

江寧治城山朝天宮，二十二年（1486）湖北武當山道觀。不過，賜藏風氣最盛的時期，還是神宗萬曆年間，光是在二十三年、二十七年、二十八年、三十九年、四十一年，以及四十四年期間，歷史上都有賜藏的記載，至於那些僅記獲頒道藏，而沒有特別記載時間的的道觀，數量就更多了。

（二）宗教類藏書的集中性

寺觀藏書內容，已知約有百分之九十為佛道類的書籍，另外的百分之十則為其他類型的圖書，像是儒家經典、文學詩詞、藝術、醫學等其他方面的著述。藏書性質的特殊，與種類的集中，為寺觀藏書文化之一特色。在比例懸殊的宗教典籍中，寺觀大多典藏有《佛藏》、《道藏》匯聚的宗教經典，初步可藉由《佛藏》、《道藏》的纂輯內容，認識寺觀藏書的概況。

1. 佛經數量的豐富

佛教寺院的藏書性質，各地寺院略有差異。然佛寺多以《佛藏》為主要藏書構成，因對此稍做討論。寺院經由頒賜或購置得來的佛教藏經，自洪武年間刊刻《洪武南藏》開始，歷經正統刊成《永樂南藏》，及萬曆間刊《永樂北藏》，到民間出資刊刻《嘉興藏》，在佛教經典不斷地增加之下，到了明末清初完成正藏刊刻，收有 210 函，1,654 部佛經的《嘉興藏》，已是當時明朝數量最為豐富的佛教藏經。

《嘉興藏》正藏蒐輯的佛教經典，大體仿自《永樂北藏》，而以《永樂南藏》和宋、元版藏經為校本刊刻。其收錄佛經的結構，分為十類，分別為：（1）大乘經，其下又分般若部、寶積部、大集部、華嚴部、涅槃部、五大部外重譯經、單譯經；（2）小乘經，其下分阿含部、單譯經；（3）宋元入藏諸大小乘經；（4）大乘律；（5）小乘律；（6）大乘論；（7）小乘論；（8）宋元續入藏諸論；（9）西土聖賢撰集；（10）此土著述。分類大致依循《永樂南藏》、《永樂北藏》的分法，至於佛經數量也與《北藏》正、續藏收經 1,651 部相去不遠。經書內容，包含中外僧人對於經典的翻譯、注疏、著述，以及各宗派的經典、教義闡述、宣講教義的典籍；而大藏經之外的佛教藏書，可能還蒐羅一些經書目錄、寺刻碑文、宗教活動的文書等等。當時寺觀不論藏有官刻大藏經，或是購置私刻藏經，在經書的種類與內容上，多相去不遠。

2. 道教蒐書的廣泛

在明代道教藏經方面，由於《道藏》纂集，皆為官刻，因此道觀的藏經

來源，多由獲頒藏經而來。而《正統道藏》及《萬曆續道藏》雖非同一時間梓印，然正、續合編共有 512 函，收書 1,476 部，5,485 卷，道書數量亦十分可觀。這麼豐富的道書資源，雖未必每間道觀都能藏有，然藏有道教經書的道觀，藏書範圍皆不脫離《道藏》範圍，則一點也不爲過。

　　《道藏》的性質，通常被視爲一種宗教類的叢書，而叢書之中究竟典藏那些書籍，則是令人好奇的。一般來說，《道藏》以三洞、四輔來分類，而這三洞下又分成十二類，〔註45〕分別代表道書的不同性質。像是本文類即爲道經；神符類多爲符咒；玉訣類多爲對經的解釋，相當於傳統舊書中的注、疏、箋；靈圖類則有各種圖像，像是人體五臟六腑圖、道教山嶽圖、藥草圖、易象圖說等等；譜錄類爲道教神仙、眞人傳記；戒律類，較爲單純，有許多戒條與佛教相同或相似；威儀類記載道教徒每天必做的功課，像是三朝儀、轉經儀等儀式，或是做法事，替人消災祈福的齋儀、醮儀等儀式；而方法及眾術類，則有法術、風水等術數，及養生之類的著述；另外，像記傳類爲神仙道人傳記，讀誦類則供道教徒唱唸之用，表奏類則爲道教的奏啓文章。至於四輔雖不分類，然保存許多罕見的道教資料，對於研究道教的人，是不可不讀的重要參考。

　　事實上，《道藏》收書的種類與內容，絕不僅止於此。除了上述提到的道書之外，還有不少其他性質的圖書。柳存仁在〈《道藏》之性質〉一文中，提到《道藏》內容時，便提出一些看法：

　　　　《道藏》這一部叢書中還包含了別的叢書，如《道藏》中的《修眞
　　　　十書》，便收有南宋寧宗、理宗時，著名道士白玉蟾的《玉隆集》、《上
　　　　清集》、《武夷集》等。……《道藏》本身雖不是類書，其中卻含有
　　　　類書，如宋朝著名的《太平御覽》「道部」中的一小部份。……《道
　　　　藏》中還有《老子》、《莊子》、《墨子》，甚至《韓非子》。……《道
　　　　藏》中還有一部份材料來自佛經。〔註46〕

　　可知一部《道藏》，不但有宗教道書，還包括其他性質的圖書，少數的叢書、類書、諸子學說，以及一部份的佛經都可見到，其蒐書之豐富與廣泛，涵蓋多數的道觀藏書。

〔註45〕三洞爲洞眞部、洞玄部及洞神部；四輔爲太玄部、太平部、太清部、正一部；
　　　　三洞下分成十二類，分別爲本文類、神符類、玉訣類、靈圖類、譜錄類、戒
　　　　律類、威儀類、方法類、眾術類、記傳類、讚誦類、表奏類。
〔註46〕參柳存仁，〈《道藏》之性質〉，《中國文哲研究通訊》，第 2 卷，第 1 期，1992
　　　　年 3 月，頁 1-15。

3. 其他類型的藏書

寺觀藏書之中，非宗教類的圖書，數量原本不多，然種類卻十分廣泛。一般來說，寺院藏書中的非佛教圖書，大致有常見的經、史、子、集四部圖書，其他還有醫書、志書、字書、陰陽、法書、蒙學著作、通俗讀物、道教書籍、僧人自著詩文集，或是一些普通經濟文書、年譜、家譜等等。可見寺院典藏的非宗教類圖書，種類十分駁雜，而且佛寺中還藏有道教或其他宗教圖書。至於道觀中的非宗教的藏書，或許不如佛寺藏書的紛雜，然而，大抵上不會有太大的差異。

（三）傳承教義的藏書理念

由於寺觀藏書集中於宗教類書籍的特殊性，自然有寓含傳承教義的重要使命。不論是佛教，還是道教，寺觀藏書的興衰與否，多半與宗教未來的發展有密切的關係。

1. 宗教發展的延續

佛、道兩教，可說是中國歷史上最為久遠的宗教，到了明代，承續以往宗教發展的路線，在佛道經書的傳承影響之下，依然延續不絕。宗教發展的構成要素中，信仰是極為重要的一部份，為了要維繫宗教信仰，對於佛典或道書的整理，甚至崇拜，都成了宗教信仰的表現之一。

以佛教為例，佛教大藏經的纂集，是僧人大量翻譯、撰述、考訂、編校眾多佛經的成果，而支持他們全心投入的撰述動機，便在於他們對宗教的熱切與信仰理念。一般相信，讀誦、抄寫、弘傳這些經典，便會積累許多功德；除此之外，供養藏經、轉輪藏經、修造藏經，也都是積累功德的方式。所謂的供養藏經，即是將藏經看做佛法的代表，舉行各種宗教儀式以供養之；轉輪藏，則是佛寺將藏經置於特製書架之中，中立一柱，周開八面，最下層設轉盤，只要推動轉輪藏，就與看讀同功，轉動的圈數愈多，積的功德也愈多，這是為那些不識字，或無暇讀經的信徒提供方便；至於修造藏經，便是撰述或刊印藏經，使藏經為之流傳廣布，亦為積功德方法之一。在功德觀念的引導之下，宗教藏經的編纂越來越盛行，間接促成寺觀藏書的豐富；另一方面，由於寺觀經典的豐富，同時也帶動宗教信仰的繁榮。

2. 宣揚教義的功能

藏經纂刻的目的，既是為了宗教發展的延續，因而寺觀藏經的內容，便

有宣揚佛、道教義的功能及價值。不論是佛寺典藏的佛教經書，抑或宮觀藏
置的道教書籍，多為與宗教教義相關的書籍，而提供閱讀的對象，也多為潛
修佛道之人。雖然寺觀藏書不全為宗教類圖書，也有少部份的儒家經典、諸
子學說、醫書、志書、陰陽、詩文、通俗作品等其他非宗教類的書籍，然從
其高達九比一的懸殊比例看來，顯然在宣揚教義，或者說是宗教傳承的意義
上，是比較濃厚的。

第八章　明代藏書文化的特色及其影響

　　明代的藏書文化，從藏書體系的角度而言，可說是由公藏、私藏、藩府、書院、寺觀此五大藏書體系之構成。然而，各藏書體系之間，彼此則存在著一種看似獨立，卻又互為牽涉影響的密切關係。

　　從藏書體系的個別發展而言，每一個藏書體系皆可以自成系統，故將其視為個別獨立的、縱向性的發展來探究，當無不可；另一方面，就歷史發展的整體性而言，受到時間進程的不可切割性，因此每一藏書體系雖是各自發展，卻會因為同一時間下相同的外緣因素，產生互為帶動或牽制的關連性，而造成出整體的、綜合性的橫向影響。

　　換言之，經由這五種藏書體系所組成的明代藏書文化，雖是承傳自中國古代的藏書發展而來，然在發展過程中，卻逐漸發展出與前朝不盡相同，屬於明代藏書文化的特色。這些屬於明代的藏書特色，正是論文要進一步探究的部份。除此之外，我們知道，明朝介於宋、元兩朝與清代之間，在朝代的銜接上，具有承先啟後的傳承地位。將承襲自宋、元的文化特色，含英咀華，再將這樣的藏書文化傳承下去，甚至造成日後清朝藏書發展的深遠影響。或許，明代藏書文化的特色及其影響層面，一般學者多數知其然，而少有知其所以然者，故有深究之必要。因此，在前述各章節針對藏書體系的個別探討之後，本章擬從整體角度析理明代藏書的特色及其對後代影響。

第一節　明代藏書文化的發展特色

　　承繼宋、元藏書基礎以來，明代以後，藏書文化的發展已逐漸邁向成熟

完備。在此一發展過程之中，初期仍多沿襲前朝遺緒，直至明中葉以後，才逐漸擺脫舊有規模，開始架構形成屬於明朝藏書文化的特色。

　　一般而言，影響明代藏書文化發展的外緣性因素，除了我們所熟知的朝廷政策、經濟民生、教育文化等這些因素之外，還有一項較爲特別的因素，同樣對明代藏書文化的構成造成莫大影響，此即自明中葉以後私人刻書事業的泛濫普遍。由於明朝自嘉靖、萬曆以後，圖書刊刻不再受限於只有公家享有權利，私人亦可大量刊印書籍。確實，從圖書發展史而言，刻書跟圖書文化的發展，必然有密切關係，但若論說後人對於明代藏書文化的看法，尤其受到刻書成敗的影響深遠，實不爲過。

　　故而，本論文在探討明代藏書文化的背景成因時，不免兼而論及刻書，俾能更清楚說明藏書與刻書之間的連動性，或者是影響層面。令人遺憾的是，明人刻書之所以出名，並非因其刊刻精良之評價，相反的是，由於刻書過度泛濫，版本多良莠不齊，市面充斥版刻訛劣之書尤其嚴重，後代便多以眼見爲評，著眼於明本之訛劣，而一竿子打翻所有跟明代藏書有關之論點。

　　如此一來，不免忽略了幾個重點：首先，明本既多，對於明代藏書風氣及文化的帶動，必有絕對關連性，而這層關係的探究，並不如刻書般那樣受到注意，卻是值得深入討論的；其次，受到當時眾人偏好圖籍之書的影響，引發坊肆刻書商機，因此帶動藏書家蒐書類型的豐富；再者，除因刻書盛行帶來的私人藏書風氣之外，因爲藏書所衍生的後續活動，包括藏書分類編目、借閱管理等等活動，都對後代藏書文化的發展造成影響。這些由於明本大量增加而形成文化特色，皆是重要的研究範疇。

　　由於各種背景因素的參雜，使得明代的藏書文化，與前朝漸生不同，而逐步建立起獨特的發展特色與文化價值。不過，直至明代，不論是藏書發展，還是藏書文化的形成，部份變動在前朝已經開始出現或是形成，然而並不明顯，一直要到明代才有較大轉變；部分則於前朝不曾出現過，而從明代始有此種現象的產生，甚或影響到後來清代的藏書文化。以下便針對明代的藏書文化，就其發展趨勢及藏書特色，分別析理并綜整列述之。

一、私藏發展超越公藏

　　早在明朝建立之前，太祖朱元璋便相當重視圖書蒐藏，即位後，置大本堂及文淵閣等處以專門藏置圖書，一開始就奠定良好的藏書基礎。成祖朱棣

雖是經由政變而得到皇位，然在蒐書政策上，仍承繼太祖遺緒，積極重視藏書。不僅四處蒐購訪求圖書，同時爲了閱覽之便，還命將宮中藏書匯聚編纂，賜名《永樂大典》，纂聚諸書計約 22,937 卷，11,095 冊。到了英宗正統年間，楊士奇編纂《文淵閣書目》時，統計當時公家最大的藏書單位，即文淵閣藏書，得出藏有 42,200 多冊，約有 7,297 種圖書，這個數字較之成祖永樂年間，在數量上顯然增加有三至四倍之多。

然而，此種藏書盛況，維持不到百年。自明中葉初期的成化、弘治年間開始，一直到正德年間，公家藏書冊籍散佚、人謀不臧的現象日益嚴重。到了中葉晚期的嘉靖、萬曆年間，文淵閣藏書散佚情形，更是嚴重到無以復加的地步。當時孫能傳、張萱等人編纂《內閣藏書目錄》之時，便發覺文淵閣藏書數量，與明初相較，已十不存一，圖書尤多被盜取換置。可見自從明中葉以後，公藏圖書的質量逐漸走向衰微處境。其後到了末葉的天啓、崇禎年間，文淵閣藏書壞損缺佚情形，更是到了難以彌補的衰敗混亂。

於此之際，與公家藏書由盛轉衰情形的相反，則是私人藏書的蓬勃發展。明朝初年，在著重公藏政策的發展下，私家藏書風氣並不興盛；一直要到成化、弘治年間以後，才逐漸崛起，當時不論是在私家藏書的人數、分布地域，還是藏書數量上，都較明初增加許多。然若論及私藏風氣最爲繁榮時期，則是要到嘉靖及萬曆年間。嘉、萬之際，城市經濟興起，在民間娛樂、風雅文化催生下，刻書業盛行，間接帶動私人藏書風氣普及。此時便形成私家藏書人數最多的時期，藏書家們不但遍及文學、書畫、書商坊肆等各種領域，同時也出現不少有名的私人藏書家，像是祁承㸁、范欽、毛晉、趙琦美等等，都是在此種私藏風氣盛行背景下所形成的。私家藏書風氣的盛行，從明中葉崛起以來，一直延續到明末天啓、崇禎年間，仍未見衰微。

明代藏書體系的發展趨勢，表現在公家藏書與私人藏書的走向上，尤其明顯。很顯然的，這兩種藏書體系雖然不同性質，然在同一時空背景下，卻呈現出一種互爲交錯，逆向發展的走勢。也就是說，公家藏書體系，自明正德到萬曆年間，步入衰微沒落的趨勢；與此同時，私家藏書體系反而邁向蓬勃發展的階段。在明代中葉之際，出現這樣的逆轉，改寫了公、私藏書文化不同的命運。

相較於明代以前，我們發現多數朝代藏書文化的發展趨勢，大致上都爲公家藏書遠盛於私人藏書的現象。雖然自唐、宋以後，私家藏書風氣漸興，

然就圖書發展史而言，公家藏書的優勢一直以來仍遠超過私家藏書，卻是不變的事實。因此，明代自中葉以後，公藏轉衰，私藏卻轉而興盛的現象，確實值得深入探究。推測造成此種盛衰走勢的現象及成因，可以得到二點結論：

（一）正德到萬曆年間為盛衰轉變的關鍵期

明代公家藏書體系，從初期興盛，至中期以後趨於衰微的走向；跟私家藏書體系的發展，自初期的沈寂，其後轉為繁盛，正好形成一個交錯的走勢。而這中間的交錯點，在時間上大概是從正德年間到萬曆之間。

首先，從公家藏書的發展背景而言，明初在太祖、成祖的極力蒐訪，至宣、英兩宗之時，文淵閣藏書大致上都還保持著良好的藏書成果。由於帝王重視圖書，因此前期的公藏發展可謂興盛，文淵閣藏書的數量，更是遠超過宋、元兩朝。然而，好景不常，到了成化年間，在政治上受到汪直等宦官擅權，造成朝綱混亂，持續到弘治孝宗，在刻意整頓之下，又造成朝臣與宦官的相互爭權，在此種朝政干擾之下，文淵閣藏書漸遭漠視。

正德年間，武宗耽於玩樂，將朝政交由劉瑾等宦官掌理，朝綱更加疲弱不振。此時，文淵閣藏書在疏於管理的情形下，出現嚴重的破損散佚。其後嘉、萬年間，一方面延續先前政局的混亂，另一方面，文淵閣藏書遭人偷竊借取，盜賣私藏情形日益嚴重。至萬曆末，沈德符、謝肇淛、王肯堂等學士文官，多感慨文淵閣藏書遭竊散佚，盡付汩沒之憾。可見自正德以後，到萬曆年間，公家藏書的沒落衰敗，最為明顯。

與公藏相反的是，從正德到萬曆年間，反倒造就出私家藏書的發展趨盛。從明代私家藏書的歷史發展來說，自成化到正德年間，社會經濟日趨繁榮，民間生產消費蓬勃，為私家藏書的擴增階段，此時的私家藏書人數雖然僅佔總藏書人數的百分之十四左右，然卻是影響日後私藏繁榮發展的重要成長期。而後的嘉靖到萬曆年間，則為私家藏書的繁榮巔峰時期，這一時期的私家藏書比例，竟有高達百分之五十七左右，為明代私家藏書發展最為興盛的階段。

至於其他藏書體系，在興衰變動上，則不若公藏及私藏有明顯的起伏曲線。以藩府藏書體系而言，在前期的發展上，可以說是跟著公藏體系的走勢逐漸成長，不論是藏書數量，還是在圖書品質上，皆保有一定的水準；到了明中葉以後，受到坊間圖書刻印數量的變多，加上私藏風氣的轉興，又隨著私家藏書的走勢，而呈現出豐富的典藏成果。

此外，其他的藏書體系，像是書院藏書體系，其初期在政策的壓抑下，並不盛行，直至成化以後，書院受到陽明心學發展而逐漸興盛，對藏書發展始有正面的影響。然則，書院藏書開始略具規模的藏書成果，則是要到正德、嘉靖年間以後；至於寺觀藏書體系，因受到政治主導的影響，往往視皇帝對宗教喜好與否，來決定其興衰成敗，因此就整體來說，其他藏書體系的盛衰趨勢，並沒有像公私藏書發展那樣明顯，但也多半從正德到萬曆期間，才出現較為明顯的轉變。

（二）政策與經濟為重要的兩個因素

觀察明代藏書體系的興衰，實繫乎政策及經濟的因素。也就是說，政治決策的制定，與社會經濟的發展，對於藏書文化的走向，甚至盛衰，都會產生決定性的影響。

自漢朝以迄元朝，政府設置秘書監（省）以掌管圖書冊籍的作法，淵源已久。到了明朝以後，太祖廢除秘書監，改由翰林院的「典籍」一職來掌管國家圖書。這種作法，或許因為太祖體認到政府人事龐雜，職責過於分散，為了精簡人事，或是整併機構，因而廢除秘書監。從立意上來看，也許是正確的方向，不過，在執行上卻缺乏完善的規劃，以及長遠的眼光，以致功敗垂成。

對於國家文化的發展來說，圖書事業是極為重要的環節，尤其是管理國家圖書機構與人員的設置。太祖既決定省併秘書監，便應將此重責大任委以適任的機構負責，其後雖轉交翰林院，然卻由翰林院「典籍」官員來掌理文淵閣藏書。「典籍」一職，官品不高，僅次於最低的九品官員，在職權上，亦無實權可管。因此，在面對朝中閣臣、官員，不論是刻意借用，或者藉故取走文淵閣藏書時，實為無力阻止；更糟糕的是，由於「典籍」僅為辦事官員，對於圖書典藏的重要性及價值，並無明確認知及使命感，加上部份「典籍」的素質不佳，常有監守自盜的情形，以致文淵閣藏書日漸耗損，消失殆盡。這種現象，到了明中葉以後，尤其嚴重。

太祖、成祖在位期間，文淵閣藏書多達百萬卷，然卻在嘉靖、萬曆年間以後，僅存什一，這種變化，不可謂不大。究其原因有二：第一，太祖雖重視藏書，卻輕忽圖書管理的政策影響所致；第二，將專責機構省併為某一單位，原本便已有所缺失，又由職等過低的「典籍」一職，擔任此等重責大任，職務分配過於輕忽。由於初時政策的不當，使得日後君主多隨之忽視圖書管

理的重要性，以致日後公藏文化走向衰頹與沒落。

　　明朝從正統到弘治年間，政治漸趨腐敗，土地兼併、權豪掠奪情形層出不窮，使得更多人開始朝向商品生產行業。社會經濟結構由農轉商，為日後的經濟繁榮奠定基礎。到了嘉靖到萬曆年間，都市工商業發展活躍，民間貿易往來頻繁，沿海和運河，或江湖沿岸，尤以江南的蘇州、杭州等地，因地利之便，成了手工業及經濟作物的生產與運輸據點，造就城市型的經濟型態。

　　由於經商從賈者眾，經濟發展繁榮，人們一方面競相追逐財富，換取華麗奢侈的享受；另一方面，則有帶動通俗娛樂文化的興起。不論是宴飲之餘的戲曲表演，或是受到民間喜愛的話本講演，或者廣受歡迎的通俗小說，在商賈及士人的喜好下，書坊藉此大量印製，為圖書刻印帶來有利的商機。因而，明中葉嘉靖、萬曆年間，在城市經濟蓬勃發展的帶動下，不但造就圖書印刷業的興盛，同時更成就了豐富的私家藏書文化。

二、藩府藏書的獨樹一幟

　　中國歷史上，君主分封藩王一事，以唐朝之時最具規模，禍害也最大。唐睿宗景雲年間，為最早設節度使以封功臣，為分藩政策之前身；到了玄宗開元年間，受封節度使不但人數擴增，其權勢也日益擴張，尤以節度使招兵叛亂的野心，難以控制，以致後來安史之亂發生，造成藩鎮割據的難以避免；其後代宗即位，藩王據鎮自立，禍患最甚。終至唐朝滅亡為止，與藩鎮為亂可說是有十分密切的關係。等到宋太祖趙匡胤立國之後，因鑒於唐代的分封弊端，遂採取中央集權的政策，故而宋朝並無藩王作亂的困擾。直至明朝，才又有分封藩王之舉，可見明代並不是第一個出現這種制度的朝代。

（一）藩府藏書的耀眼成果

　　雖然歷史上分藩制度的出現，並非始於明朝，然而受封藩王，因刻藏圖書而著稱於時，卻只有在明朝才出現這種現象。或許有人會認為唐朝之際，文風已盛，藩王們附庸風雅，好文詩詞，未必沒有。然則，以唐朝文學發展之盛，固然或有文人雅士好藏圖籍，但是受到以下的限制，唐朝藩王們在圖書文化上的成就，並不突顯。首先，由於在中國圖書發展史上，唐代的圖書版印技術仍在萌芽階段，圖書仍以手寫稿本為多，書籍尚未普及，取得不易，遑論收藏；二來，唐朝受封藩王多為戰功彪炳的武官出身，其重心多著眼於政治權勢的取得，甚少顧及圖書典籍的維護，因此成就並不顯著。

與唐朝分藩制度一樣，明朝君主也有分藩之舉。然而，同樣分藩，但是因爲政治情勢的不同，加以版刻技術發展的漸趨成熟，使得明代藩王們，在圖書文化的成就上，與唐朝有很大的差異。首先，太祖朱元璋雖分封諸藩，然諸藩皆爲其直系血親，即若非親生之子，亦刻意封以同姓爲藩，排除異姓，以防叛變禍亂之心甚明；其次，除了在加強在軍事及政治權勢上的限制之外，並且頒賜圖書給諸藩，遇有行事不合宜的藩王，更隨時訓斥，賜以書籍警示教化，使得明朝藩王在太祖以官爵厚祿及圖書冊籍的軟化之下，一開始便奠定良好的基礎。

雖說明初在太祖三度分封的藩王之中，僅有三成藩王以修學好古著稱，然其聲名遠播於時，同時好學博古的觀念，也影響到其後的世代子孫。成祖即位後，持續太祖頒賜諸藩圖書作法，使得部份藩王們好古嗜學的習性，猶然未衰。特別的是，即使部份藩王好奪權謀勢，以聲色犬馬自娛，然而由於他們在政治上作亂頻繁，多半沒有很好的下場，反倒是這些喜好詩詞文賦，甚至自行刊刻、典藏圖書的藩王們，在圖書史上則留下令人讚賞的藩刻本，以及爲後世讚嘆不已的豐富藏書。

由於明代藩王在刻藏圖書的貢獻上，並非只有其中一位，或是二位而已，而是普遍發生在各藩府之間；再者，藩王們不但喜好藏書，遇有罕見或偏愛的書籍，除極力蒐羅外，更甚者更以自行刊刻方式保存下來。藩府刻藏圖書，不但自成體系，爲明代藏書體系中重要的一環，在藏書領域上，不但具有典藏及保存宋、元版本的貢獻，至於其藏書種類及內容的豐富可觀，更是藏書史上的重要成就。

（二）藩府刻藏圖書的特殊定位

明朝的分藩政策，意外成就了藩府刻藏圖書的文化貢獻。這裏所說的刻藏圖書，是指圖書的刊刻及典藏兩個部份。不過，一般研究圖書發展史的學者，甚少會注意藩府在圖書方面的表現，若有這方面的留意，也大多著眼於探討藩府的刻書，〔清〕葉德輝說：「惟諸藩時有佳刻。以其時被賜之書，多有宋元善本，可以繕雕，藩邸王孫又頗好學故也。」〔註1〕昌彼得先生則是進一步說明：「明藩刻書，尚多據舊本重雕，無明人竄亂之惡習；且藩王多好學，有招賢之力，故校勘亦較審。」〔註2〕從這些論點看來，藩府刻書由於多精刻

〔註1〕 參〔清〕葉德輝，《書林清話》，卷5，〈明時諸藩府刻書之盛〉，頁244。
〔註2〕 參昌彼得，《版本目錄學論叢》，〈明藩刻書考〉，頁41。

善本，因而尚能得到後人的認同，因此後代學者也多著重這方面的研究。相較之下，關於藩府藏書方面的探究，則顯得寂寥不少，有些學者在討論到明代的藏書時，也會略述藩府藏書的豐富與成就，不過多半將藩府藏書歸入私人藏書討論，以此誇讚明代私人藏書的榮耀成果，反而無法充份突顯藩府藏書的特色。

嚴格來說，藩府刻藏圖書既然具備一定成就，因而對於藩府刻藏圖書的定位也有討論的必要。一般而言，由於藩府是從王室分封出來，因而具備王室血統，隸屬於公家的成份居多，因此在論及藩府刻書時，多半將其歸於官刻；然又因藩府藏書，不論是皇帝頒賜，或自行刊刻、購置而來的圖書，其所有權自然歸屬於藩主，而並非公家，所以又被視為私藏的一部份。然若認真說起來，藩府的刻書與藏書，雖然是不同的兩件事，卻是在同一個地方進行，且是在同一個體系下運作，卻被分成不同的藏書性質，討論到刻書時，便歸於官刻，而論及藏書，則又說是私藏。言之似乎成理，但實際上卻是不得已之下的做法。

藩府難以判定公私定位，主要原因可能有以下幾點：第一，除了明朝以外，其他朝代並無此種現象。從歷史發展看來，藩府的分封雖不罕見，但是具有刻書及藏書成就的藩府，卻只有在明朝才有特別值得探討的價值。因此，敘述到古代圖書文化的發展歷程時，便難以將藩府藏書另立章節，獨立析討。第二，藩府因其血統及身份，原本就不易區隔或公或私，加上析究圖書的刊刻及典藏，向來多半分開探討，在不碰觸到彼此的議題時，倒也相安無事，不須另外界定或說明。

既然如此，在討論到明代藩府藏書體系的歸類時，自然可以依循以往作法，將其歸入私藏體系之中，但是這樣的定位，不僅對於藩府藏書體系的形成不予尊重，同時也無法說明藩府藏書在明代藏書文化中的價值及貢獻。對於明代藏書文化的研究而言，藩府藏書既可足以自成體系，便屬於藏書文化中的一個環節，應賦予其獨立展現的空間；再者，由於藩府藏書與刻書有絕對關連性，在討論時，不可能全然摒棄不提，因而論及藩府藏書，自然須留意到其定位上的特殊性。如此，確有將其獨立探討之必要性。

三、藏書類型的多元豐富

明代的藏書文化，除了在藏書發展歷程中形成的特殊現象之外，在藏書

性質方面，也展現出屬於明代的藏書特色。首先，明代圖書數量，可說是歷朝以來最多的一個朝代，故而除了在藏書數量上，極爲豐富可觀之外；另在藏書的種類方面，也呈現出類型的多元化。

根據不同藏書體系的藏書整理成果，我們可以發現明代藏書文化的特色之一，便在於圖書種類的豐富多元。綜整每一藏書體系下的藏書內容，我們可以發現明代圖書的種類，不僅較前朝更豐富有趣，同時在目錄編排上頗有自創變化的空間。以下根據明代藏書種類之中，幾種值得進一步探討的藏書類型，加以說明：

（一）國朝類

這類圖書，主要是收錄明朝列代帝王的實錄、寶訓、御制、禮制、律令等檔案或圖籍。一般來說，自有朝代建立以來，這類文書冊籍便已存在，且因其性質的特殊，多半置於公家藏書體系之中。只不過，自漢朝劉向父子創立目錄系統以來，這類文書典冊在歸類上多置於史部政書類之下，不曾別立一類。直到明朝，楊士奇撰述第一本公藏書目《文淵閣書目》時，首度將這類圖書典籍，或稱檔案文獻，別立一類，並且置於各部之首，以國朝類稱之。這種做法，不僅首開先例，同時也影響到日後公私書目的目錄體例。

由於明朝以前的書目著錄，不曾將國朝類圖書單獨別立，然楊士奇不但別立一類，而且置於各部之首，自然有其用意，推測他的心思，大抵出於下面二個想法：

1. 表明尊崇王室之心：由於楊士奇既身爲少師兵部尚書兼華蓋殿大學士，又承蒙主上欽點，奉命編纂國家首部公藏書目，擔此重責大任，自然有些感念之情。藉由國朝類圖書的別立一類，並置各部之首，顯然在於彰明自身忠誠明朝之尊崇意念，是昭然可見的。

2. 自創部類，意圖開創新制：從楊士奇編纂書目，不採用傳統七分法、四分法來編排目錄，而決定使用千字文編號，自創部類這點看來，顯然有自創新意的企圖。這種意圖的呈現，當然有可能是基於使用上的便利，而以功能爲導向所致，由於運用千字文編書廚號，一則在字數上絕對足夠；再則因爲抽閱使用，又以類別爲分，最易辨明清晰，而不致搞混。此種做法，同時有其便利性，又兼自創部類之新意，深得楊士奇喜愛，而成爲《文淵閣書目》一書之編目特色。

（二）史部方志類

明代公私藏書種類之中，以史部方志類圖書的蒐羅最具特色，數量也是最豐富的種類之一。從明代公私書目的著錄看來，方志類的書籍，在藏書家蒐書的範疇之中，理當佔有相當的數量及份量。公藏書目，以楊士奇編《文淵閣書目》爲例，其方志類的圖書並未列於史部之下，而是另外獨立別列，顯示出方志類圖書的獨立性與重要性；另外，方志類圖書還依其性質，分成古今志、舊志及新志等三種，乃是以年代古今爲分。至於私家藏書目錄，徐𤊻《紅雨樓書目》的方志圖書，便多達有 400 種以上；再者，祁承㸁《澹生堂藏書目》著錄的方志類圖書，收書 715 種，共有 7,510 卷，爲祁氏藏書類型的第二名；〔註 3〕另外，還有趙琦美的《脈望館書目》，其著錄的方志圖書，不僅蒐羅數量十分豐富，分類亦詳細，按其地域及省分，分成南直、北直、南京各衙門、北京各衙門、南九邊志、北九邊志、山東、山西、河南、陝西、四川、雲南、貴州、福建、廣東、廣西、湖廣、江西、浙江等十九門，從中央政府到地方各府、州、縣所刊刻的地方志書，皆包羅廣納，也是趙氏重要的藏書特色之一。

從各公私家藏書目著錄的情形看來，明代方志類圖書在數量上，應已達到一定規模。理論上，公家典藏方志類的圖書，具有國家訪求圖書之責任與必要性；然而，對於私人藏書家們而言，蒐藏方志類圖書，或許因基於保存史料的文化觀念，或者因爲個人蒐書興趣之所好，或是單純因爲蒐羅較易的理由，不論理由爲何，他們蒐藏數量如此豐富的方志類圖書，可說是無形中爲後代方志學奠定了良好的根基。

（三）小說戲曲類

小說性質的圖書，早在宋、元之際即已出現。不過當時的型態多是以話本、平話、章回小說等方式出現，圖書數量不多，內容也不算豐富。一直到明代以後，通俗小說作品才如同雨後春筍般大量出現。明代的通俗文學發展，多半集中在小說及戲曲作品，書商坊肆因利益所趨，遂而喜愛印製此類圖書，加以販售。因而，在明代的私人藏書家中，有許多藏書家，像是高儒《百川書志》、晁瑮《寶文堂書目》等書目皆典藏豐富的通俗小說作品。

〔註 3〕 參嚴倚帆，《祁承㸁及澹生堂藏書研究》（台北：漢美圖書有限公司，1991 年 7 月）指出：「承㸁藏書中方志僅次於文集類，爲藏書第二豐富的大類。」頁 100。

　　明代的私人藏書家之中，喜愛蒐藏戲曲圖書的藏書家，數量不少，甚至於蒐藏之餘，兼而著述傳奇劇作者，因此著稱之時者，亦所在多有。私人藏書家之中，以楊循吉、臧懋循、趙琦美、徐𤊽及祁承㸁、祁彪佳等藏書家，所蒐羅的戲曲作品最爲豐富，其中，尤以元明雜劇最受藏書家們的喜愛。臧懋循編纂《元曲選》，收錄元雜劇計有 100 種；趙琦美家藏元明雜劇則多達有 244 種；至於祁彪佳所珍藏的戲曲劇作，經過後人查考，更是有多達 376 種未曾經過著錄的劇曲作品，這在在顯示出私人藏書家們對於劇曲作品的喜愛，以及廣泛蒐藏的興趣。

四、藏書資源的公私運用

　　圖書典藏，除了欲達到永久典藏的目的之外，更重要的是關於圖書冊籍的運用，以及使用對象的區隔。以明代而言，依照藏書性質的差異，既分成公家、私人、藩府、書院，及寺觀此五種藏書體系，這幾種藏書體系從個別上來說，雖爲各自獨立發展，然而彼此間在藏書資源的運用上，仍有共同的特性。

（一）藏書資源運用的共同特性

　　一般而言，不同藏書體系的資源運用，多半會隨著藏書目的，及使用者的差異，而形成不同特性的呈現。不過，從另一角度來說，藏書體系雖然各自別異，然就藏書資源的運用上，仍可發現以下三種共同特性：

1. 重藏而不重用

　　明太祖朱元璋即位後，在蒐訪各地圖籍政策的引導下，不論是公家藏書體系，還是後來蓬勃發展的私家藏書體系，甚或藩府藏書、書院藏書，寺觀藏書等體系，皆深受影響，以蒐藏圖書爲藏書首要，而且唯一的任務，也因而忽略藏書的最終目的，乃是在於如何妥善運用藏書資源。

　　可惜的是，從明代藏書文化的研究過程中，我們發現，不管是何種藏書體系，大多都出現只注重圖書典藏，而不重視圖書使用的現象。也就是說，明代藏書文化發展到最後，多著重在圖書典藏的關注，而非以實用爲考量。如此一來，書籍愈來愈多，蒐羅訪購的動作便愈頻繁，反而模糊了藏書的眞正意義。這是因爲蒐書再多，若藏而不用，便容易造成圖書的不受重視，而無人使用的結果，在圖書的維護與管理方面，也會日益疏略散置；再者，將圖書蒐訪入藏的過程，便已耗費不少心思，至於入藏以後的做法，由於使用的人不多，便多半保持存放守成，不再另外花費人力及時間維護，使得圖書

藏而不用,無法發揮眞正的功效。

2. 輕忽圖書的管理與維護

雕版技術發展到明代,日益精良,因而造就出圖書出版業的繁榮盛況。因而,明代不管是公、私機構,還是坊間書肆,其出版圖書的數量,不但豐富可觀,甚至有氾濫之虞。如此一來,造成不論是何種藏書體系,在藏書來源不虞匱乏的情形下,對於圖書運用的態度,便多偏向以蒐藏爲主,至於藏書的維護與管理,反而輕忽不注重。

這種因爲書籍四處充斥,而產生不在乎圖書的管理,顯然跟圖書的過度出版有關。首先,明中葉之際,圖書出版處處可見,在這種環境之下,幾乎沒人會去擔憂書籍的不足或變少,因此圖書的管理及維護並不是當務之急;另外,還可以從這點看出明人偷懶求巧的做事心態。由於圖書從出版到蒐藏入庫的過程,並不算繁複,眞正複雜而煩瑣的過程,則是要從書籍入藏以後開始。從明人選擇注重圖書的蒐藏,而輕忽管理維護的作法看來,顯然是造成明代藏書走向衰微之重要因素。

3. 文化傳承的使命感

明代藏書文化的析究,雖然分成五種藏書體系來討論,然則在同一時代的歷史背景下,每一種藏書體系或多或少皆具備有文化傳承的特性,不論是出於自覺性,抑或非自覺性。

首先,從公藏體系談起,這個藏書體系在形成之初,即已擔負起國家圖書文化傳承的重要使命,這是無法抹去的史實,也因此,不論自覺與否,公家藏書體系明白具有肩負文化傳承的使命感,自是歷史所賦予的責任,無可遁逃;而私家藏書及藩府藏書體系,在某些部份有著極爲近似的地方,這是由於他們的藏書多半出於個人主觀意願,藏書內容也多出於個人喜好,並無深遠偉大的文化責任或使命。然則這種非自覺性的藏書文化,有時卻比自覺性的文化傳承,更爲震撼而深刻;另外,書院藏書與寺觀藏書體系,則是各自具有教育與宗教的無形壓力,由於這種文化使命的存在,鼓舞並促使藏書文化的傳承,甚至將其解讀成具有偉大的歷史意義。

從藏書體系的個別析理,顯然像是公家藏書、書院藏書,以及寺觀藏書體系,因其定位上的緣故,較具有明確的自覺性,故而在文化傳承的使命感上,表現得特別明顯,讓人一眼便可知悉;而私家藏書及藩府藏書此二體系,對於文化的傳承,並無特別的自覺性。然而即便如此,此二藏書體系於明代

藏書文化的啓承，絕不僅是參與者而已，其藏書成就卻是最具歷史意義與價值的，甚至於若稱其遠超過上述的公家、書院及寺觀藏書體系，亦不爲過。

（二）藏書資源使用對象的差異

以藏書的使用對象而言，可能會因爲藏書體系組成性質的差異，而形成局限與分別性。換言之，由於藏書體系公、私性質的不同，在使用對象的要求上，初步可簡單區隔成提供眾人使用的公藏資源，及僅爲私人所有的私藏資源兩大類型：

1. 提供眾人使用的公藏資源

這類的藏書資源，以公家、書院，及寺觀這三種藏書體系爲主。這些圖書資源，不但是公開的，而且提供給多數眾人使用，不局限於個人或極少數的人才能使用。通常這類的藏書體系，有以下幾個特點：

第一，藏書體系在形成之際，大多是爲了非私人因素而組成。以公家藏書體系爲例，除了專供皇子讀書的大本堂之外，其他的藏書機構，包括文淵閣及政府所轄官署、地方政府等機構藏書，其組成的原因，乃是具有文化傳承的使命，同時具備爲國家保存重要典籍的重要功用，皆非私人喜好的因素所致。其他的書院，或是寺觀藏書體系，同樣具有教育傳承、宣揚教義的宗旨，而藏有圖書的目的，更是希望能達到學術及宗教的普遍傳播。

第二，擁有藏書的所有權者，多半是機構，並非個人所有。一般說來，圖書的所有權，通常爲購買、受贈，或刊刻之人所有。不過，較爲特別的是，這些藏書體系下的圖書資源，即使經過上述取得圖書的方式，然由於非出於個人意顯，且資金來源也不是從個人得來。因此，圖書的所有權，便非個人持有，而多爲藏書機構擁有，屬於公有財成份居多。故在使用的對象上，多半有其公開的條件。

雖然就公家藏書、書院藏書，以及寺觀藏書而言，不見得是完全開放性的提供藏書資源，受到某些因素影響，這些藏書體系仍有部份的限制。像是公家藏書機構中的文淵閣，或者政府所轄官署藏書，多半局限於機構中的學士、官員使用，並未開放給平民百姓；再者，書院藏書除了院中的師生之外，對於有心向學的學子，仍可提供書籍閱讀，就開放性而言，較爲普及；至於寺觀藏書，由於多爲宗教經書，因此主要提供給佛寺、道觀的僧道中人，做爲研習之用。不過，由於在使用對象上並不刻意設限，故從藏書資源使用者

的角度而言，仍是屬於提供眾人使用的公藏資源。

2. 僅供個人或少數使用的私藏資源

這類的藏書資源，以私人藏書體系，及藩府藏書體系為主，另外，公家藏書體系中的王室藏書，也符合這類的藏書使用條件。以私人藏書體系而言，由於圖書的所有權，多半為個人，因此在圖書的使用權上，也受到藏書所有人的規定設限。

以私人藏書體系而言，圖書的取得，不論是經由受贈、購置、交換，抑或自行刊刻而來，皆為個人擁有，屬於私有財，而這些圖書的處置，必須經過所有權者的認可，始可成立。雖然從明代私人藏書家的藏書觀念中，我們發現可能有二種極端的看法，一種主張秘而不宣，書勿借人；另一種則認為藏書應公開示人，並借閱於人。不過，從人數比例上來說，主張第一種看法的人，遠遠超過第二種主張者。這也表示出明代多數的私人藏書家，仍停留在藏書為個人所有的藏書態度上，其藏書乃是僅供個人或少數子孫使用的私藏資源。

另外，藩府藏書體系及公藏體系中的王室藏書，情形相同。雖然出自於王室血源，書籍的來源也多半為公家提供，然而，藏書目的是基於個人因素，藏書所有權則是集中在藩主個人，或為皇帝及皇子等少數人身上。這些圖書資源不但屬於個人或少數人所有，同時也僅提供這些人使用，就使用對象而言，具有一定條件的設限，因此歸於僅供個人或少數使用的私藏資源一類。

當然，若僅以藏書體系來區隔公共使用及私人所有，不免會有些疏漏，甚或有些難以界定的部份。但是大體而言，這樣的區分方式，使我們可以初步認知到，不論何種藏書體系，其藏書資源的運用方式，於公於私，都有其成因，也有其局限性。先不判斷其好壞對錯，僅就藏書資源的使用對象來說，除了可以區別各種藏書體系的公、私成份之外，也可進一步瞭解到藏書資源運用的重要性，以及對藏書文化的永續傳承的影響。

第二節　明代藏書文化對後世的影響

明代藏書文化對於後世的影響，以清朝首當其衝，影響最大，也最為深遠。清朝立國之後，除了在部份朝政制度上，沿襲明朝舊制之外；在藏書文化的部份，亦處處可見明朝文化制度的影子，以為參考。這些傳承及影響，

表現得較為明顯的，有以下幾個方面：

一、藏書建築的依循與認同

　　清朝自皇太極建國以來，在順治、康熙、雍正等皇帝的統治下，對於前朝（明朝）制度及文化的傳承，多半抱持著觀摩學習的態度。清初，康熙皇帝敕命陳夢雷等編纂《古今圖書集成》，其搜羅圖書數量雖多，然並未受到書籍置放的困擾。直到乾隆三十七年（1742），清高宗乾隆決定集中人力物力，纂修《四庫全書》，並設立四庫全書館以為藏書之所，才開始注意到藏書的問題。為了纂修此部《四庫全書》，除了向全國各地採訪遺書之外，還要求各地官、私進呈藏書以備用。

　　然在乾隆敕命纂修《四庫全書》過程之中，發覺進呈圖書來源之中，以浙江寧波范懋柱家進獻圖書數量最多，品質亦佳。因此，乾隆皇帝一方面賞賜范氏《古今圖書集成》一部，以示嘉獎之意；另一方面，又因聽聞天一閣藏書保存久遠，自有其原因，遂而下諭命杭州織造寅著前往觀看天一閣藏書，察其所由。乾隆諭旨內容如下：

> 浙江寧波府范懋柱家所進之書最多，因加恩賞給《古今圖書集成》一部，以示嘉獎。聞其家藏書處，曰天一閣。純用磚甃，不畏火燭，自前明相傳至今，並無損壞，其法甚精。著傳諭寅著親往該處，看其房間製造之法若何？是否專用磚石，不用木植，并其書架款式若何？詳細詢察，燙成准樣，開明丈尺呈覽。寅著未到其家之前，可預邀范懋柱與之相見，告以奉旨。因聞其家藏書房至書架，造作甚佳，留傳經久。今辦《四庫全書》卷帙浩繁，欲仿其藏書之法，以垂久遠。〔註4〕

從上述內容看來，令乾隆皇帝深感疑惑的，大抵便是天一閣如何在歷經二百餘年（自嘉靖四十五年（1566）算起，到乾隆三十九年（1744）為止，計約二百零八年），以及明末的混亂戰爭之中，依舊保存完好的秘密，顯然在他的看法中，藏書樓建築是相當重要的關鍵。而天一閣的建築型式，正好可做為即將興建四庫館閣的參考。

　　事實上，浙江寧波天一閣確實是中國流傳至今最為古老，也是保存最久的藏書建築。這座藏書樓建於嘉靖四十年到四十五年（1561-1566）之間，是

〔註4〕參《大清高宗純（乾隆）皇帝實錄》，（北京，中華書局，1985 年 5 月），卷
　　　961，乾隆三十九年六月丁未，頁 1030。

由寧波范欽〔註5〕所建造的。當時范欽興建天一閣之際，爲明朝私人藏書風氣最爲盛行的時期，除了范欽之外，自然還有其他的藏書家建造的藏書樓，像是嘉靖間會稽鈕石溪的世學樓、涿州高儒的志道堂、江陰李鶚翀的得月樓、開州晁瑮的寶文堂、秀水項篤壽的萬卷樓、項元汴的天籟閣、太倉王世貞的小酉館等等，甚至較天一閣興建更晚一些的藏書樓，像是常熟趙用賢、趙琦美父子的脈望館、金華胡應麟的二酉山房、山陰祁承㸁的澹生堂、泉州黃虞稷的千頃堂等等，皆爲當時十分著稱的藏書樓閣。然歷經時代更迭，這些藏書樓也隨著主人的逝去而湮滅不存，僅有范氏家族的天一閣，依舊保存完整，此不僅難能可貴，更是極爲罕見的。這也是清乾隆皇帝看見天一閣存藏久遠，一心想深入究竟其中秘密之原因。

　　根據後代不斷研究天一閣保存久遠之謎的結果，發覺有幾個原則，包括建築方面及管理方面，確實是讓天一閣能歷經二百餘年而不衰的重要關鍵。其中在藏書建築方面，確實對後代公私藏書樓的建造觀念上，造成重大的影響，其影響層面如下：

（一）四庫館閣建築形式仿自天一閣

　　清高宗於乾隆三十九年（1744）命寅著前往觀看天一閣的建築型式，及內外構造，其得到的回覆爲：

> 天一閣，在范氏住宅之東，坐北向南，左右磚甃爲垣。前後檐，上
> 下俱設窗門。其樑柱俱用松杉等木，共六間。西偏一間，安設樓梯，
> 東偏一間，以近牆壁，恐受濕氣，並不貯書。唯居中三間，排列大
> 廚十口，內六廚前後有門，兩面貯書，取其透風。後列中廚二口，
> 小廚二口，又西一間，排列中廚十二口。廚下各置英石一塊，以收
> 潮濕。閣前鑿池，其東北隅又爲曲池。傳聞鑿池之始，土中隱然有

〔註5〕　〔明〕范欽（1506-1585），字堯卿，號東明，浙江鄞縣人。嘉靖十一年（1532）
中進士，初任湖廣隨州知州，嘉靖十五年（1536）升工部員外郎，嘉靖十九
年（1540）任江西袁州府知府。嘉靖三十三年（1554）以後，父母相繼去世，
欽回家丁憂守喪三年。嘉靖三十七年（1558）起補河南，升右副都御史，提
督南贛。嘉靖三十九年（1560）升兵部右侍郎。同年十月，去官歸里。自嘉
靖四十年到萬曆十三年（1561-1585），歸居故里，起天一閣。欽有二子，分
別爲大沖、大潛。長子大沖繼承范欽藏書，次子大潛則繼承家產。閱蔡佩玲，
〈范氏天一閣研究〉（台北：台大圖書資訊研究所碩士論文，1985年6月），
第1章，〈范欽的家世與傳略〉。

字形，如「天一」二字，因悟「天一生水」之義，即以名閣。閣用
六間，取「地六成之」之義。是以高下、深廣，及書廚數目、尺寸，
俱含六數，特繪圖具奏。〔註6〕

由此可知，天一閣在建築上的講究，有以下幾種特色：

1. 方位：坐北朝南
2. 建築外觀：上、下兩層之木結構建築，左右以磚甃爲牆垣。前後上下
   俱設窗門，樑柱則用以松、杉等木。閣前有鑿池，樓周圍留有空地，
   與住宅隔開，以利防火。
3. 內部隔局：樓上藏書，隔成一排六間，各間以書櫥分隔。正中有明隆
   慶年間郡守王原相立的「寶書樓」匾額。〔註7〕最西邊間設有樓梯，
   最東邊間靠近外牆，怕有溼氣，故未置書。
4. 書廚擺設：居中三間，排列大書廚，共十櫃：其中六廚，書廚前後有
   門，兩面貯書，以通風用，其後列有中型書廚二櫃，小型書廚二櫃。
   另一偏西間，則置十二中廚。廚下各置英石一塊，以收潮溼。

從上述幾點看來，首先，講究方位的坐向，與中國自古便偏愛「坐北朝南」
方位習慣有關，一來由於北風凜冽，南風和煦之氣候因素，二來則源於上古
天子之南面尊位說，故有此種坐向；再者，從藏書樓建築外觀隔以牆垣看來，
可見范欽十分注重防火功能，遂以厚實之牆垣來阻絕藏書樓與住宅之間的火
舌接觸；另外，在內部隔局上，分成上下兩層。下層近地氣易潮，故不藏書；
上層則採用一排六間的隔間設計，書廚以兩面皆貯書，既可增加藏書空間，
又注重到通風，主要是爲了避免藏書遭到潮溼蟲蠹的考量；而除了講究書籍
通風之外，還另以英石防潮，其設想之周到，實令人嘆爲觀止。英石，爲產
於廣東英德縣的石灰岩石塊，相傳具有防潮的功能，推測范欽是爲了基於防
止溼氣入侵的觀念，因而置之。

清朝以後，乾隆命修建四庫館閣，初時雖然是爲了藏置《四庫全書》而興
建，但日後卻成爲清朝最重要的國家藏書機構。四庫館閣的建造，首先建構的
爲內廷四閣，又稱北四閣，即文津、文源、文淵、文溯四閣；其後南三閣，以
文宗閣、文匯閣因典藏《古今圖書集成》而建構在先，文瀾閣則繕修最晚。

〔註6〕　參《大清高宗純（乾隆）皇帝實錄》，卷961，乾隆三十九年六月丁未，頁
　　　　1030-1031。
〔註7〕　參駱兆平，《天一閣叢談》，頁2。

　　到了乾隆三十九年（1774），清高宗認為編纂《四庫全書》勢在必行，故而「書之成，雖尚需時日，而貯書之所，則不可不宿構。」〔註8〕於是下詔興建庋藏圖書之處所。由於文淵閣之名始自明朝，到了清初，內閣大學士之兼殿閣銜仍存其名，然卻無處所，因而思及文淵閣之興建：「宮禁之中，不得其地，爰於文華殿後建文淵閣以待之。」〔註9〕因而可知，清代文淵閣之興建，係建於紫禁城文華殿後方，與明代建於午門之東、文華殿之南的建築方位，〔註10〕或有參酌考量之處，然仍略有差異。

　　清朝文淵閣，雖沿襲自明代文淵閣之稱，然未採用明朝文淵閣之建築式樣。而其興建時間亦短，自乾隆四十年（1775）起建，至四十一年（1776）六月即已完工，可見得事前當有詳盡之規劃，方能完工如此快速。至於文華殿，乃是王室歲時經筵講學所必臨，將文淵閣建於文華殿之後方，則有其使用上之考量。

　　關於文淵閣的建築外觀，從高宗敕諭「閣之制一如范氏天一閣，而其詳則見於御園文源閣之記。」〔註11〕看來，可知其建築形式乃依循自寧波范欽天一閣而來。其後，高宗〈御製文源閣記〉在提到館閣之制仿天一閣之始末時，又說：

> 藏書之家頗多，而必以浙之范氏天一閣為巨擘，因輯《四庫全書》命取其閣式，以構庋貯之所。既圖以來，乃知其閣建自明嘉靖末，至於今二百一十餘年，雖時修葺，而未曾改移。閣之間數及樑柱寬長尺寸，皆有精義，蓋取「天一生水，地六成之」之意。於是御園中隙地，一倣其制為之，名之曰「文源閣」。〔註12〕

由內容看來，乾隆皇帝顯然認同范氏天一閣建築所以能保存久遠，大抵有以下二點：第一為藏書樓之建築形式，包括樓閣之外觀及內部間數，及其樑柱寬長等等；第二則為藏書樓取名之文化意涵，天一閣以其「天一生水，地六成之」來表達以水防火、避火之文化涵義。

<hr />

〔註8〕　參〔清〕朱彝尊編纂、于敏中整理，《日下舊聞考》，收入《傳世藏書》（海口：海南國際新聞出版中心，1996年），卷12，〈國朝宮室〉，〈御製文淵閣記〉，頁78。

〔註9〕　同前註。

〔註10〕根據〔清〕朱彝尊編纂，于敏中整理，《日下舊聞考》：「明代置文淵閣，其地在內閣之東，規制庳陋。」，頁77。

〔註11〕同前註，頁78。

〔註12〕參《大清高宗純（乾隆）皇帝實錄》，乾隆四十年（1775），〈文源閣記〉。

　　清朝專爲庋藏《四庫全書》所興建的館閣建築，顯然多依天一閣的建築樣式參酌建造，尤以前朝興建的北四閣之首文淵閣。由於文淵閣外觀參考了天一閣的建築形式，僅在內部構造上將二層改成三層樓，然就建閣的精神而言，不可諱言的，受到天一閣莫大的影響；其後的文溯閣、文源閣甚至到了後期南三閣的建築，雖說是仿自文淵閣形式，然追本溯源，亦是仿天一閣而來的。

　　吳師哲夫教授《四庫全書纂修之研究》一書中，論及四庫館閣之興建始末，并其收藏《四庫全書》之情形，其敘述爬羅剔抉，詳實清楚。文自清代文淵閣建築論起，其後敘述位於盛京（瀋陽）之文溯閣、圓明園文源閣、熱河避署山莊之文津閣，不論是從史料角度，抑或建築形式，大抵可看出此北四閣之建造，確有范氏天一閣建築之影子；至於其後興建的南三閣，包括揚州文匯閣、鎮江文宗閣，以及杭州文瀾閣，其樓閣建築形式，并藏書隔間之陳設，與北四閣略同，尤以杭州文瀾閣「一準文淵閣形式」，〔註13〕便可見到其間傳承關係與相互影響。另外，林祖藻在描述杭州文瀾閣的建築形式時，也同樣提到「文瀾閣和天一閣一樣，也是一列六開間，採用偶數，從外觀上看，整棟樓爲上下兩層。一樓是六開間，爲管理、接待讀者等各種用房，二樓爲通間，用於存放《四庫全書》。樓梯的設計都放在主樓的最西開間內，只不過是天一閣的樓梯口朝南，文瀾閣的樓梯口朝北，前後過廊約二點五米。」〔註14〕故而可知，從四庫館閣最早興建的文淵閣開始，直至最後修繕完工的文瀾閣爲止，其建築形式不論是外觀，抑或內部隔間擺設，大抵上係沿襲自天一閣，則無庸置疑。

（二）藏書樓閣命名之意涵

　　高宗在位時，爲了庋藏《四庫全書》，而大費周章建造的四庫館閣，除建築型式取法自范氏天一閣之外，就連館閣的命名，也受到天一閣取名的影響。根據乾隆四十七年（1782）御製〈文溯閣記〉便明確說明了四庫館閣取名之源由：

　　　　四閣之名，皆冠以文，而若淵、若源、若溯，皆從水以立義者，蓋
　　　　取范氏天一閣之爲，亦既見於前記矣。〔註15〕

〔註13〕參吳哲夫，《四庫全書纂修之研究》（台北：國立故宮博物院，1990年6月），
　　　　〈論七閣之建築〉，頁142-149。
〔註14〕參林祖藻，〈天一閣、四庫樓和浙圖嘉業藏書樓的建築特色〉，《南方建築》，
　　　　1997年，第2期，頁53。
〔註15〕參《大清高宗純（乾隆）皇帝實錄》，卷961，乾隆四十七年（1782）。

從上述可知，四庫館閣之中，除了文宗閣因位於鎮江金山寺，相傳有水漫金山寺之歷史典故，而不取閣名有水字旁之外，其餘館閣皆取水字旁之閣名，此乃取法自天一閣防火之所由。

（三）影響層面遍及公私藏書體系

明代唯一遺存下來的藏書樓天一閣，其內外之建築形式，除了對清代四庫館閣造成相當程度的影響之外，另在私家藏書樓的建築方面，也成了學習倣效的對象。根據蔡佩玲〈范氏天一閣研究〉論文提到，范欽天一閣藏書建築對於後代之影響，除了對清四庫館閣的啓發與沿襲之外，另外還指出在私家藏書樓方面，影響所及當屬盧址的抱經樓最爲深遠。〔註16〕

從文獻上的記載看來，盧址〔註17〕抱經樓之建造，確實仿自范欽天一閣。究其原因，或許可從盧址自述對天一閣的推崇，略可看出，他曾說過：「吾鄉之善聚書者，首稱范氏天一閣。嘗愛其取之精而藏之久，以余駑下，豈敢望其肩背。」〔註18〕從這番話看來，盧址稱說自己望不可及天一閣，固然是自謙之辭，然從他日後處處踵范氏之後塵，又可見其所言不虛，頗有意欲將范欽天一閣奉爲圭臬，以爲依循學習之意味。據載盧址抱經樓的建築外觀，「乃於居旁隙地構樓，修廣間架，悉仿范氏。唯廚稍高，若取最上層，須架短梯。四面有圍，圍外環以垣牆，略植花木，以障風日。」〔註19〕至於書樓內部建構上，亦仿天一閣。據駱兆平、洪可堯〈盧址與抱經樓〉一文敘述：

> 朝南六間，上下兩層，樓下中間爲大廳，靠西邊一間，有步樓可登樓，步樓橫裝，與天一閣稍異。樓上貯書，以書廚分間。據清末抱經樓排架草圖，可知東西兩邊靠牆處，各有單面大廚兩只，當中是五排十只大廚，前後可開門。朝南空隙的地方，分別放置十只小廚。
>
> 書樓前面築假山，並鑿一方池，環植竹木。〔註20〕

從抱經樓的建築型式，及其內部隔間、外圍環境看來，與天一閣皆極爲近似，可見盧址對於范欽天一閣建築型式必然有某種程度之認同，方有如此的仿效

〔註16〕 參蔡佩玲，〈范氏天一閣研究〉，頁230。

〔註17〕 〔清〕盧址（1725-1794），字青崖，一字丹陛。乾隆十六年（1751）郡中大饑，址輸粟助賑，以例授内閣中書。

〔註18〕 參駱兆平、洪可堯，〈盧址與抱經樓〉，《圖書館雜誌》，1983年2月，頁45。

〔註19〕 參黃家鼎，《抱經樓藏書顚末記》，轉引自駱兆平、洪可堯，〈盧址與抱經樓〉，頁45。

〔註20〕 參駱兆平、洪可堯，〈盧址與抱經樓〉，頁45。

與學習。

　　除此之外，清末著名私人藏書家葉德輝對於藏書樓建築之觀念，也同樣受到天一閣影響，而主張：

> 藏書之所，宜高樓，宜寬敞之淨室，宜高牆別院，與居宅相遠。室則宜近池水，引濕就下，潮不入書。樓宜四方開窗通風，兼引朝陽入室。……列廚之法，如寧波范氏天一閣式，四庫之文淵閣、浙江之文瀾閣，即仿爲之。〔註21〕

由此可見，范氏天一閣的建築外觀與內部隔間，其影響層面不僅在於公家藏書建築，也同樣擴及私人藏書樓閣之建築。

二、圖書管理的仿效與改進

　　明代公家藏書體系之中，雖以文淵閣爲國家最重要的藏書處所，而以內閣（翰林院）爲主要的管理機構。然則，從歷史發展軌跡看來，明代公家藏書管理之成效，在典籍人員疏略散漫的掌理之下，反而造成明中後期文淵閣藏書的毀損散佚，藏書幾近殆盡，實不足以令人稱道與學習。

　　另一方面，明代的私家藏書到了中後期，反倒以一種發展蓬勃之姿，將藏書管理文化發揮得淋漓盡致。歷經明而清，歷時最久，且保存最爲完善的私家藏書樓，當屬寧波范欽的天一閣。范欽不僅對天一閣之內外建築設計，有一套縝密的規劃之外，對於閣內藏書的保存管理，甚至維持修護，也有一定的原則與規矩，若以「星火不入、滴水不漏」來形容其管理之嚴密，亦不爲過。到了清朝以後，不僅參酌仿效這些管理原則，甚而有更進一步的精益求精。

（一）藏書管理規則之參酌仿效

　　對於天一閣藏書管理之規定，清朝的阮元曾發表過他的看法，他認爲范氏天一閣藏書之所以能保存久長至此，乃基於二點因素：第一，「不使持煙火者入其中，其能久一也」；第二，范欽沒後，其子孫各房，相約爲例：凡各廚鎖鑰，分房掌之，禁以書下閣梯，非各房子孫齊全，不開鎖。若無故開閣者，罰不與祭三次；私自入閣者，罰不與祭一年；擅將書借出，罰不與祭三年；典鬻者，永擯逐不與祭。「其例嚴密如此，所以能久，二也。」〔註22〕從清朝以迄於今日，浙江天一閣藏書閣樓之外面，依舊立著標示這些規則之「天一

〔註21〕參〔清〕葉德輝，《藏書十約》，收入《叢書集成續編》，第 5 冊，頁 794。
〔註22〕參〔清〕阮元，《揅經室集》，2 集，卷 7，〈寧波范氏天一閣書目序〉，頁 515。

閣禁牌」，〔註23〕由此可看出當初立牌之警戒意味。

然則，從阮元敘述內容看來，天一閣藏書所以能保存久遠之原因，乃是由於范欽在世時所立下「煙火禁止入閣」，以及「書不出閣」這二點管理條例，而這樣嚴格的管理規則，到了後來，也變成清朝公私藏書規定的重要原則之一。

1. 煙火禁止入閣

受到天一閣煙火不入規定之影響，有鑑於此，清代四庫館閣雖未有如此嚴格之規定，但爲了防止火災的發生，仍制定小心煙火之相關規定。

另外，清代私人藏書家之中，也有因受到范欽觀念影響，而注意到防火的重要性。像是清孫慶增便主張「古有石倉藏書最好，可無火患，而且堅久，今亦鮮能爲之。……小心火燭，不致遺失。」；〔註24〕再者，葉德輝《藏書十約》所提到的藏書原則之中，我們可以看到他對藏書樓置放物品的注意，像「燈燭、字簍，引火之物，不可相近。絳雲樓之炬，武英殿之災，此太平時至可痛心之事也。」〔註25〕皆是爲了避免前車之鑑，進而防範人爲火災之發生。

2. 書不出閣

在四庫館閣藏書管理原則之中，以圖書不得攜取出外，爲防止書籍散佚的最高準則。針對這一點，高宗在乾隆四十一年（1776）六月下詔時，便已清楚說明理由及規定了。其內容指出：

> 至於四庫所集，多人間未見之書。朕勤加採摘，非徒廣金匱石室之藏，將以嘉惠藝林，啓牖后學，公天下之好也。惟是鐫刻流傳僅什之一，而抄錄儲藏者，外間仍無由窺睹，豈朕右文本意乎？翰林原許讀中秘書，即大臣官員中有嗜古勤學者，并許告之所司，赴閣觀覽，第不得攜取出外，致有損失。〔註26〕

〔註23〕根據駱兆平，《天一閣叢談》記載，牌上寫明「子孫無故開門入閣者，罰不與祭三次；私領親友入閣及擅開書廚者，罰不與祭一年；擅將藏書借出外房及他姓者，罰不與祭三年；因而典鬻事故者，除追懲外，永行擯逐，不得與祭。」，頁34-35。

〔註24〕參〔清〕孫慶增，《藏書紀要》，〈收藏七〉，收入《叢書集成新編》，第2冊，頁756。

〔註25〕參〔清〕葉德輝，《藏書十約》，頁794。

〔註26〕參〔清〕朱彝尊編纂、于敏中整理，《日下舊聞考》，收入《傳世藏書》，卷12，頁78。

事實上，書籍最主要的作用之一，便是在於供人覽閱。高宗深知此點，因此為了滿足大臣官員中之嗜古勤學者，以及使得館閣藏書能得到充份的利用，遂而適度開放藏書，然唯一要求便是「不得攜取出外」，此與范欽天一閣要求的「書不出閣」，實為同樣的道理。

（二）人事管理之精益求精

明代文淵閣藏書，從明初的數百萬卷之多，至明末已近十不存一，最大原因乃在於人為管理制度的疏略，故而不論是藏書，還是人員，都因缺乏完善的管理規定，而使藏書嚴重毀損散佚，同時亦間接造成公家藏書文化之日趨式微。

到了清朝以後，乾隆皇帝聞知明代藏書散佚殆盡，乃因於內閣管理人員之疏略，因而在制定文淵閣管理階層之規制時，遂以宋制以參考指標，諭令仿宋時三館秘閣官制，其諭令如下：

> 茲既崇構鼎新，琅函環列，不可不設官兼掌，以副其實。自宜酌衷宋
> 制，設文淵閣領閣事總其成，其次為直閣事，同司典掌，又其次為校
> 理，分司注冊點驗。所有閣中書籍，按時檢曝，雖責之內府官屬，而
> 一切職掌則領閣事以下各任之，于內閣翰詹衙門內兼用。〔註27〕

換言之，所設文淵閣以下官制，包括領閣事二員，以大學士兼掌院者充之，總司典掌；提舉一員，以內務府大臣充之，用資管理；直閣事六員，以內閣學士、詹事、少詹事、學士充之，典守厘輯之事；校理十六員，以庶子、侍讀、侍講、編修、檢討充之，分司注冊點驗；檢閱八員，以內閣中書充之，隨時點閱。

其官制層層分掌，管理人員經過嚴格篩選，並具備一定之學識資格，對於圖書管理的重要性也有相當程度的認知，相對來說，清四庫館閣官員的素質與權責，較有體制上的分工，如此一來，其管理圖書便可避免明代公家藏書管理的人為缺失，而達到精益求精之管理制度。

三、藏書理論的確立到完備

在明代藏書文化發展過程中，藏書理論的建立，並非起於公家藏書，而是從私家藏書逐步發展起來的。明代私人藏書家對於分散於各地的圖書，不僅不惜重貲蒐購，同時南北奔波訪求，對於圖書的選擇，及蒐書態度，積累多年的經驗，大多有一套個人關於藏書的經驗法則，而這樣的經驗法則，延

〔註27〕同前註。

至後代，遂成了清代以迄於今藏書家的重要藏書參考。更甚而有之，清代部份藏書家們在明代藏書理論的建構之下，將原有的藏書理論加以補充潤飾，使其達至趨於完備的境地。

（一）購書聚書之經驗

明代私人藏書家中，擁有購書、聚書經驗的藏書家甚多，然將此種寶貴經驗記錄下來，並獲得認同的藏書理論，便不能不提到祁承㸁豐富的購書聚書原則。

在祁承㸁〈澹生堂藏書訓略〉一文中，曾經針對購書一事，提出三項原則，分別為：第一「眼界欲寬」，第二「精神欲注」，第三「心思欲巧」。〔註28〕所謂的眼界欲寬，便要具備廣博的學識，同時蒐書的範圍要廣，絕不可只見眼前一兩種書，便沾沾自喜；其次，精神欲注，則是主張應專心致力於求書之道，不應別有他心，或三心二意；至於心思欲巧，則是主張要靈活運用各種求書的方法，達到廣搜圖書目的。這三項原則不但是明代較早提出的蒐書理論，後來更成為清代藏書家蒐書的重要參考。

在明朝蒐書經驗的基礎下，清代私人藏書家甚至提出更為詳細豐富的購書聚書理論，清孫慶增《藏書紀要》一書，提到個人藏書經驗時，便提出「購求書籍是最難事，亦最美事，最韻事，最樂事。」〔註29〕的看法；然則，購書雖難，只要購訪至好書、善本，則為人世間之一大美事矣。

其後，葉德輝繼孫慶增《藏書紀要》，又提出〈藏書十約〉，將藏書管理經驗分成十點，分別是：購置、鑒別、裝潢、陳列、抄補、傳錄、校勘、題跋、收藏、印記。〔註30〕其中，以購置列為十約之首，不僅說明購書乃為藏書首要之事，也進而提醒藏書家們購書觀念之重要性。至於葉氏所提的購書經驗，不若孫慶增以原則性的購書理論為主，而是偏於實務經驗的累積，他曾說道：「置書先置經部，次史部，次叢書。經，先十三經；史，先二十四史；叢書，先其種類多，校刻精者。」此外，對於版本，葉氏也有他獨到的看法，他認為：

〔註28〕參〔明〕祁承㸁，〈澹生堂藏書訓略〉，收入《叢書集成新編》，第 2 冊，頁 747。

〔註29〕參〔清〕孫慶增，《藏書紀要》，〈購求一〉，收入《叢書集成新編》，第 2 冊，頁 753。

〔註30〕參〔清〕葉德輝，《藏書十約》，〈購置一〉，收入《叢書集成續編》，第 5 冊，頁 789。

經，有明南監本，皆雜湊宋監、元學諸刻而成，其書亦尚易覯，而
北監本、毛晉汲古閣本次之。……史，亦以明南監二十一史爲善。……
叢書，則以明弘治間華珵重印宋左圭《百川學海》、程榮《漢魏叢書》、
毛晉《津逮秘書》、武英殿聚珍板叢書、鮑廷博《知不足齋叢書》、
潘仕誠《海山仙館叢書》、伍崇曜《粵雅堂叢書》，其書多而且精，
足資博覽。〔註31〕

由此可知，在明朝私家藏書蒐書觀念的影響之下，清代的私人藏書家對於購
書、聚書的觀念，已漸從概括性的購書原則，進展到實務性的經驗法則，而
逐漸演變成可供日後參酌之重要蒐書理論。

（二）編目維護之原則

一般而言，藏書家們將購訪回來的圖書，置於藏書樓閣之中，便算達成
了初步的任務，至於進一步的編目整理與書籍維護，則較少顧及；只有少數
藏書家，不但有計劃地搜購各地圖書，並將購置得來的圖書予以分類、編目，
還定期維護修補書葉，以保持書籍的完善與最佳狀態。

明代私人藏書家之中，祁承㸁在〈庚申整書小記〉便提到他自己多年積
累下來的圖書維護及管理經驗，在圖書編目上，他主張：「書目每五年一爲編
輯」；至於編目之法，則如同用兵作戰之道，他說：「架插七層，籍分四部，
若卒旅漫野，而什伍井然。……此吾之部勒法也；目以類分，類由部統，……
此吾之應卒法也；聯寡以成眾，積少以爲多，抽一卷而萬卷可窺，舉一隅而
三隅在目，此吾聯絡駕取之法也。」〔註 32〕此種編目之法，層次分明，條理
明析，可知祁氏思緒詳瞻清楚。再者，從書籍維護的角度，祁氏也定下「散
帙勤收，如絕流之不遺涓滴；蠹餘必理，同牧馬之去其敗群，此吾堅壁清野
之法也。」從上述可知，書籍凡有散佚遺失，必勤加收拾入庫；而書籍遭蟲
蠹破損，當即立刻修補，此爲持守之基本原則。

此種注重圖書編目及維護之觀念，連帶影響到日後清代的私人藏書家，
除了圖書的編目整理，及修補維護之外，還注意到書籍的校讎勘誤，較之明
人藏書管理，實有過之而無不及。以編目整理而言，清代私人藏書家之中，
編有家藏書目者，著名的便有錢謙益《絳雲樓書目》；錢曾《述古堂書目》、《也
是園藏書目》；曹溶《靜惕堂書目》；季振宜《季滄葦書目》；徐乾學《傳是樓

〔註31〕同前註。
〔註32〕參〔明〕祁承㸁，〈庚申整書小記〉，收入《叢書集成新編》，第 2 冊，頁 748。

書目》；張金吾《愛日精廬簡目》；盧址《抱經樓書目》；陸漻《佳趣堂書目》；
曹寅《棟亭書目》；金檀《文瑞樓藏書目》；瞿鏞《鐵琴銅劍樓書目》；孫星衍
《孫氏祠堂書目》等等，數量已經不少。然據范鳳書《中國私家藏書史》統
計，清代流傳迄今的私家藏書目錄，便有 350 種之多，比起明代文獻記載中
的 167 種，流傳至今的 48 種，〔註33〕數量上實在高出甚多。

　　清代私家藏書的編目觀念，大抵上多襲自明末私家編目風氣而來；而藏
書家們對於圖書維護及修補的觀念，則較前朝更青出於藍。在書籍維護上，
尤其注重「裝潢」的重要性，像葉德輝便主張：「書不裝潢，則破葉斷線，觸
手可厭」〔註34〕；另外，孫慶增在《藏書紀要》提出藏書八則，其中第五則
敘述〈裝潢〉之重要性及原則，首句便說：「裝訂書籍，不在華美飾觀，而要
護帙有道。」〔註35〕可見清代藏書家對於圖書裝潢，首重書籍之護帙，其次
則有兼備美觀精緻之要求。而觀其書籍裝潢講究之程度，從款式論起，舉凡
書面、摺頁、書眼、訂線樣樣要求，而書頁紙面、襯紙亦十分講究，至若修
補防護之法，則摹描、糊裱、前後護頁，皆兼而顧之，較諸明朝，可謂精進
詳實。

（三）借閱使用之規定

　　受到明代公家藏書管理不當之前車之鑑，明中葉以後的私人藏書家，對於
藏書的處理態度，多半祕而不宣，像是虞守愚「樓不延客，書不借人」〔註36〕、
晁瑮「鬻為不孝，借亦一痴。」〔註37〕即使非不得已必須將書借閱於人，也定
下許多借還規範，最為著名的便是范欽天一閣藏書立下「代不分書，書不出閣」
的嚴格規定；再者，祁承㸁〈澹生堂藏書約〉與子孫提出的藏書約定，則說：「入

〔註33〕參范鳳書，《中國私家藏書史》，第 5 章，〈清代的私家藏書〉提到「所考知清
　　　　代私家藏書目錄，共計有六百七十種，流傳存世者約三百五十種左右。」頁
　　　　475；而明代私家藏書目錄數量，則見於第 4 章〈明代的私家藏書〉指出：「有
　　　　明確文獻著錄或記及之明代私家藏書錄、藏書題跋，共計有一百六十七種。
　　　　其中又確知有刻印本或抄本流傳存世者為四十八種，幾近全部的三分之一。」
　　　　頁 263。然據筆者於本論文第 4 章統計明代私家藏書目錄的結果，應不到范氏
　　　　所稱的 48 種，顯然范氏統計範圍甚廣，其數量僅供參酌。
〔註34〕參〔清〕葉德輝，《藏書十約》，〈裝潢三〉，收入《叢書集成續編》第 5 冊，
　　　　頁 791。
〔註35〕參〔清〕孫慶增，《藏書紀要》，〈裝訂五〉，收入《叢書集成新編》，第 2 冊，
　　　　頁 755。
〔註36〕參〔明〕謝肇淛，《五雜俎》，卷 13，頁 1092。
〔註37〕參〔清〕葉昌熾，《藏書紀事詩（附補正)》，卷 3，頁 208。

架者不復出，蠹哨者必速補。子孫取讀者，就堂檢閱，閱竟即入架，不得入私室；親友借觀者，有副本則以應，無副本則以辭，正本不得出密園外。書目視所益多寡大較，近以五年，遠以十年一編次。勿分析，勿覆瓿，勿歸商賈手，如此而已。」〔註38〕視其藏書借閱原則：首先，不得將書籍攜出於外；其次，若不得已遇親友借觀，則取副本以應，若無副本，則推辭不借；最後，囑咐子孫藏書勿分散離析，勿拿去蓋醬瓿，以及勿賤賣予書商之手。即使如此，藏書家們的殷殷勸戒，依舊敵不過天災人禍、子孫不肖的災禍，而付之一炬。

　　到了清代以後，藏書家們對於藏書規範，規定得更為詳盡嚴格。孫慶增《藏書紀要》提及借書規範時，說道：「若有人取閱借鈔，即填明書目上，某年某月某日某人借或取閱。一月一查，討取原書，即入原櫃，銷去前注。借者要當心，若一月不還，當使催歸原櫃，不致遺失。」〔註39〕可見仍有借閱空間，而歸還與否，除了考驗借閱者的良知之外，還端視管理者的執行能力了。至於葉德輝《藏書十約》提到藏書的借閱使用時，則顯得嚴格多了：

　　　　閱過即時檢收，以免日久散亂；非有書可以互抄之友，不輕借抄；
　　　　非真同志著書之人，不輕借閱；舟車行笥，其書無副本者，不得輕
　　　　攜遠；客來觀，一主一賓一書僮，相隨僕從不得叢入。藏書之室，
　　　　不設寒具，不著衣冠。清茗相訓，久談則邀入廳事。錢振笙注《義
　　　　山文集》，每竊供用之書，京師書坊至今言之疾首；魏源借友人書，
　　　　則裁割其應抄者，以原書見還，日久始覺，不獨太傷雅道，抑亦心
　　　　術不正之一端。凡此防範之嚴，所以去煩勞消悔，各正非借書一痴，
　　　　還書一痴也。〔註40〕

根據上述內容看來，顯然葉氏對於藏書管理有幾項要求：第一，閱過即收；第二，不可輕易借閱他人；第三，書無副本，不得攜遠；第四，入閣觀看閱書，僅容一主一賓一僮，共三人。以此四點，來防止日後圖書遺失之憾，確有其必要性。從明朝藏書終至散佚不存之例，以及清人錢振笙、魏源竊取割裂藏書的例子看來，也難怪藏書家們對於藏書之借閱使用，不敢隨意掉以輕心。

〔註38〕參〔明〕祁承㸁，〈澹生堂藏書約〉，收入《叢書集成新編》，第 2 冊，頁 744。

〔註39〕參〔清〕孫慶增，《藏書紀要》，〈編目六〉，收入《叢書集成新編》，第 2 冊，頁 755。

〔註40〕參〔清〕葉德輝，《藏書十約》，〈收藏九〉，收入《叢書集成續編》，第 5 冊，頁 794。

四、藏書價值的判斷與考量

明代的私人藏書家在藏書的豐富經驗，同樣表現在對圖書品質的要求，以及對版本優劣的判斷上。一般而言，藏書家們在蒐購圖書時，多半會考量到書籍的價值，而判定圖書價值的高低，其可供參酌之依據，包括書籍本身的載錄內容、種類、性質、外觀完善程度，甚至書籍的刊印年代、刻印品質、數量多寡等等，皆爲藏書家蒐書時的考量範疇。

析論藏書家們判定圖書價值的標準，可以從二方面來討論：第一爲對圖書鑑賞之要求，第二則是佞宋心態的產生。這些藏書價值的判斷與考量，也對日後清朝之私人藏書家造成某種程度之影響。

（一）鑑賞原則之要求

明代的私人藏書家，雖極爲注重圖書種類的廣泛蒐羅，然對書籍優劣的鑑別，同時也是蒐書的重要關鍵。明藏書家祁承㸁便針對圖書鑑別的觀念，提出五項原則，他說：

> 夫藏書之要在識鑒，而識鑒所用者在審輕重、辨眞僞、覈名實、權緩急而別品類，如此而已。〔註41〕

在這五項原則之中，其中「審輕重」一項，乃以書籍之類別及年代判定其輕重之別：經部較史部重要，而史部又較子部、集部之書來得有價值；至於年代愈是久遠，其價值便愈是珍貴。其次，「辨眞僞」則以其蒐書經驗論之：「經不易僞，史不可僞，集不必僞，而所僞者，多在子，且非獨僞也。」，〔註42〕以此告誡藏書家當具銳眼明辨之。至於「覈名實」，乃是由於書籍與代日增，遂出現「有實同而名異；有名亡而實存者；有得一書而即可概見其餘者；有得其所散見，而即可湊合其全文者。」〔註43〕以此來檢視書籍是否確如其名，而符其實。至若「權緩急」，從祁氏眼中看來，尊經爲上，次以史部遠重於其他子、集二部。最後以「別品類」最難，然此亦爲分類編目之必備眼光。從這五項原則看來，祁氏對於藏書的鑑賞角度，或許多少仍受到傳統觀念之影響，以經、史爲重、以古爲尊；也或許思及當時古籍日益罕見，而經、史類的書籍又漸減少的危機，故有此種觀念。

明代中後期私家藏書注重圖書價值的觀念，也同時影響到清代的私人藏

〔註41〕參〔清〕祁承㸁，〈澹生堂藏書訓略〉，收入《叢書集成新編》，第 2 冊，頁 748。
〔註42〕同前註。
〔註43〕同前註，頁 749。

書家，尤其是對於藏書版本的鑑別，更是處處講究。舉凡某書係何朝、何地著作，或刻於何時，由何人翻刻、何人鈔錄，或者該書爲何人底本，何人收藏，何謂宋元刻本、精舊鈔本，皆爲清代藏書家著眼之重心。除此之外，清私人藏書家孫慶增還提醒藏書鑑別的幾個原則：

> 藏書之道，先分經、史、子、集四種，取其精華，去其糠秕。經爲上，史次之，子、集又次之。凡收藏者須看其版之古今，紙之新舊好歹，卷數之全與缺，不可輕率。〔註44〕

可見藏書家們對於圖書的鑑賞標準，跟書籍本身具備之價值，有相當大的關係。至於書籍的價值，先是基於書籍之性質類別，次論其版之古今，再者，從紙張之新舊好歹，以及卷數書葉之缺佚與否，以爲判別之準則。大抵上，在孫氏的認定之中，書籍類別，首重經、史二部，從十三經、二十一史、三通、三記等辨別開始；至於版之古今，則因宋刻本流傳至今，已成稀世之寶，當珍重之，故對宋刻本之鑒定，格外注重。舉凡紙色、羅紋、墨氣、字畫、行款、諱字、單邊、末後卷數不迄末行，隨文隔行刻等等，皆注意勘查。

（二）佞宋心態之探源

明代私人藏書家重視版本，尤重宋刻本的觀念，早在中葉以後便已開始出現，然而表現得最爲明顯的，大概要算是毛晉、錢謙益等這些藏書家了。清朝以後，這種對於宋版特別偏愛的觀念，在著名藏書家像是季滄葦、錢曾、黃丕烈、葉德輝等人的推波助瀾之下，則更加風行。

明中葉之際，藏書家祁承爜在鑒別圖書時，曾提出五項原則，其中第一項「審輕重」，乃以書籍之類別及年代判定其輕重之別：經部較史部重要，而史部又較子部、集部之書來得有價值；另外，年代愈是久遠，其價值愈是珍貴，他說：「購國朝之書十，不能當宋之五也；宋之書十，不能當唐之三也。」〔註45〕可見年代愈是久遠，書籍愈是罕見，藏書家們也越是珍愛。不過，這樣的看法僅能表示藏書家對於年代久遠之書，基於罕見難得，而產生的比較心態，倒仍未過度偏重宋本。直至明末常熟毛晉、錢謙益積極蒐羅宋版的名聲傳出後，此種佞宋心態也逐漸影響到後代的私人藏書家。

毛晉向來以藏書、刻書聞名，尤其在蒐書方面，曾經爲了要蒐羅宋槧本，

〔註44〕參〔清〕孫慶增，《藏書紀要》，〈鑑別二〉，收入《叢書集成新編》，第2冊，頁753。

〔註45〕參〔明〕祁承爜，〈澹生堂藏書訓略〉，頁748。

遂榜示於門曰：「有以宋槧本至者，門內主人論葉酬錢，每葉出二百；有以
舊鈔本至者，每葉出四十。」〔註46〕此種不惜重貲只爲蒐羅宋槧本的豪氣
闊綽，幾乎沒有幾個人可以做得到，可知毛晉當時偏愛宋槧本之程度了。除
了毛晉之外，還有錢謙益的佞宋心態，也是人盡皆知，〔清〕曹溶便說：錢
謙益此人於書無不讀，「然大偏性，未爲深愛古人者有二端：一所收必宋、
元版，不取近人所刻及抄本，雖蘇子美、葉石林、三沈集等，以非舊刻，不
入目錄中；一好自矜嗇傲，他氏以所不及，片楮不肯借出，儘有單行之本，
燼後不復見於人間。」〔註47〕可見錢氏不但喜好宋、元版本，而且堅決書
不借人，只可惜後來絳雲樓大火，將錢氏所藏圖書盡皆付之一炬，留下無限
遺憾。

　　明末藏書家毛晉、錢謙益等人佞宋觀念的形成，顯然得到清代某些藏書
家的認同。孫慶增便認爲：「宋刻本書籍流傳至今，已成稀世之寶，其未翻刻
者及不全者，即翻刻過而又不全者，皆當珍重之。」〔註48〕此種以宋版保存
不易，理當珍貴視之的想法，說明了清代藏書家佞宋心態的出發點。

　　在清代私人藏書家之中，錢曾算得上是甚好宋版書之藏書家，根據他在〈述
古堂藏書目自序〉一文指出：「然生平所酷嗜者，宋槧本爲最。友人馮定遠每戲
予曰：『昔人佞佛，子佞宋刻乎？』相與一笑，而不能已於佞也。」〔註49〕顯然
錢氏此種佞宋之癖，同樣深受明末藏書家嗜好宋槧風氣之影響。

　　另外，以佞宋聞名的藏書家黃丕烈，也是著稱的代表性人物。首先，黃
丕烈曾經爲自己取過「佞宋主人」的別號，根據他的說法：「予喜聚書，必購
舊刻。昔人佞宋之譏，有同情焉。」〔註50〕其次，在他撰寫的藏書題識之中，
也時常提到自己偏愛宋刻的嗜好，像是「余佞宋，故所藏書苟爲宋槧，雖醫、
卜、星相無所不收。」〔註51〕「余喜蓄古籍，苟宋、元舊刻，雖方伎必收焉。」

〔註46〕 參〔清〕葉昌熾，《藏書紀事詩（附補正）》，卷3，引滎陽悔道人〈汲古閣主
　　　　 人小傳〉，頁311。
〔註47〕 參〔清〕曹溶〈題詞〉，收入《書目三編》，錢謙益《絳雲樓書目》（據清道光
　　　　 三十年粵雅堂叢書本景印，台北：廣文書局，1969年2月），頁3-4。
〔註48〕 參〔清〕孫慶增《藏書紀要》，〈鑑別二〉，收入《叢書集成新編》，第2冊，
　　　　 頁753。
〔註49〕 參〔清〕錢曾《述古堂藏書目》，〈自序〉，收入《書目三編》，頁1。
〔註50〕 參〔清〕黃丕烈，〈百宋一廛書錄序〉，《百宋一廛書錄》，收入《黃丕烈藏書
　　　　 題跋》，頁410。
〔註51〕 參〔清〕黃丕烈，《百宋一廛書錄》，卷4，〈三曆撮要〉，收入《黃丕烈藏書題

〔註 52〕或者「余不諳醫，而喜蓄醫書，非眞好醫書也，好醫書之爲宋、元舊刻者。」〔註 53〕雖然，我們偶而可見黃丕烈會對自己喜愛古籍的態度，稍做解釋，說自己：「余性嗜書，非特嗜宋、元、明舊刻也，且嗜宋、元、明舊抄焉。」〔註 54〕不過，多數時候他還是不掩自己對於宋槧本的狂熱偏愛，甚至說過：「余之惜書而不惜錢，其眞佞宋耶？誠不失爲書魔云爾。」〔註 55〕自嘲自己佞宋程度，幾已成魔。

　　若嘗試析分明末清初的藏書家，其偏愛宋本，起於何種想法，又自何時形成風氣？或許可以先從謝肇淛對於宋版之看法，得知一些端倪：

> 書所以貴宋版者，不惟點畫無訛，亦且箋刻精好，若法帖然。凡宋
> 刻有肥、瘦二種，肥者學顏，瘦者學歐，行款疏密任意不一，而字
> 勢皆生動。箋古色而極薄，不蛀。元刻字稍滯行，而箋時用竹，視
> 宋紙稍黑矣。國初用薄棉紙，若楚、滇所造者，其氣色超元匹宋，
> 成、弘以來，漸就苟簡，至今日而醜惡極矣。〔註 56〕

由此可知，吸引藏書家們佞宋的原因，不獨獨是因爲宋槧本的刊刻精美，最大的原因之一，或許還是受到明中葉以後刻本的粗製訛劣，所產生的比較心態。與明刻相較之下，宋槧本除了年代久遠，保存及流傳不易之外，還有雕刻精良、字勢靈活生動等優點；至於明刻本的訛劣，則是因爲自從嘉靖、萬曆年間以後，書肆坊刻泛濫，加以多有任意刪節、竄改原書、校勘草率、錯訛百出的情形出現，致使後代藏書家深覺痛心不滿。清代顧炎武便曾說道：

> 萬曆間人多好改竄古書，人心之邪，風氣之變，自此而始。……不
> 知其人，不論其世，而輒改其文。謬種流傳，至今未已。山東人刻
> 《金石錄》，於李易安〈後序〉：「紹興二年玄歲壯月朔」，不知壯月
> 之出於《爾雅》「八月爲壯月」，而改爲「牡丹」。萬曆以來所刻之書，
> 多牡丹之類也。〔註 57〕

由於清代學者多著重於求古、求眞之考証學問，對於明人刻書這種做法，不

　　　　跋》，頁 85。

〔註 52〕參〔清〕黃丕烈，《蕘圃藏書題識》，卷 4，〈史載之方〉，收入《黃丕烈藏書題跋》，頁 79。

〔註 53〕同前註，卷 2，〈洪氏集驗方〉，頁 32-33。

〔註 54〕同前註，卷 2，〈草茇私乘〉，頁 36。

〔註 55〕同前註，卷 4，〈史載之方〉，頁 79。

〔註 56〕參〔明〕謝肇淛，《五雜俎》，頁 1092-1093。

〔註 57〕參〔清〕顧炎武，《日知錄》，卷 18，〈改書〉，頁 300。

僅不敢苟同，而且還是以一種責怪語氣，來表達對明人版刻品質的不滿。由此可見，清代藏書家的佞宋觀念，並非單純的仿古、復古念頭，而是受到明代刻書品質訛劣的對比，所形成爲宋版痴狂的熱度。從這點看來，宋槧本的字勢優美、紙墨精工，加以年代久遠，流傳不易，原非明本所能及，而由於明本版刻的種種缺失，使得這種對比程度之差距更爲拉大，因而造成明、清藏書家佞宋觀念的產生，及其佞宋心態的堅持執著。這或許只能說是明代刻書之盛，雖爲明朝圖書文化的發展帶來正面成長，然而也對明代藏書文化的發展帶來難以抹滅的遺憾吧。

第九章　結　論

　　在歷經近三百年的洗禮之後，明代藏書文化所呈現出來的樣貌，已與宋、元兩朝的藏書發展有明顯不同。其間轉變，我們從論文各章節的研究中，已經試圖分析，以下則就論文研究的成果，總結說明。

　　本篇論文重心為研究明朝的藏書文化，一開始是將明代藏書發展依藏書性質的差異，分成五大藏書體系，這種劃分方式，與一般文化學研究者的切入點有些不同，而比較偏向從史的角度出發。目的是在於欲利用史學觀點，來探究不同藏書體系的個別差異性，以及各藏書體系的共同性，進而歸納出藏書文化的構成特色。此種研究方式，或許不足以概括明代所有的藏書現象或文化特色，但卻是最易看清明代藏書的整體概況，原因有二：第一，明代藏書範圍涵蓋甚廣，其間橫縱關係交錯複雜，為了全面性說明各種類型的不同藏書情況，透過藏書體系為之區分，正可以釐析詳敘之；第二，藏書文化的整體趨勢，必須透過不同藏書體系的多元面向來呈現，方能全方位囊括明代藏書文化的特色與轉變。

　　從本文研究的結果看來，我們可以得到幾點結論。首先，明代藏書文化的走勢，以公、私藏書體系交互錯雜的盛衰走向，最為明顯，同時也是令人注目的文化發展結果。

　　明初之際，官方有足夠權力主導圖書的刻印，因此不論是藏書風氣或成果皆盛極一時，然自嘉靖、萬曆年間以後，政治漸趨衰敗，導致圖書管理鬆散，公家藏書成效不彰；相反地，私人藏書卻從明代中葉以後逆勢上揚，從明初的藏書家佔百分之十二的比例，到正德年間以迄萬曆年間，私人藏書家的數量暴增至佔百分之七十一，足足增加六倍之多，可見私家藏書不但形成

文化之風，更是明代重要的文化成就。而公私藏書盛衰的逆轉，關鍵時期在
嘉靖以迄萬曆年間，這段時間決定明代藏書文化重心的移轉，不禁令人好奇
原因何在。

太祖朱元璋在承接前朝遺留下來的公藏圖書資源之後，初期十分重視，
不僅興建大本堂，又設文淵閣、皇史宬做為王室藏書處所；同時設立圖書管
理機構以管理藏書處所，包括詹事府管大本堂、翰林院管理文淵閣，司禮監
管理皇史宬。由此得知，明初因為太祖、成祖皆極重視王室圖書，所以公家
藏書不但數量豐富，且管理機關及職司權責分明，仍維持良好的制度及規範。
但到了中葉以後，接連幾次宮殿大火，像是英宗正統十四年（1449）大本堂、
文淵閣毀於祝融、嘉靖三十六年（1557）皇宮遭遇回祿，《永樂大典》差點遭
到焚燬等等，顯見內部管理失當，加上負責管理藏書的職司位卑言輕，以致
人謀不臧、管理鬆散，到了萬曆年間以後，宮中藏書所存竟不及原來什一。
這是由於政策不明，加以人為疏失等種種原因，使得明代中後期的公藏圖書
散佚殆盡，實在令人寒心。

然而，從另一角度來說，公藏體系的衰微沒落，無意中卻開創出其他藏
書體系的新契機，像是私家藏書、藩府藏書體系的文化成就，已突破其他朝
代而帶來無可比擬的耀眼奪目。

再者，明代藏書文化在發展過程中，同時也是版印技術發展最為成熟的顛
峰階段。刻書技術的精進，造就圖書出版的豐碩成果，但也帶來許多負面影響。
其中最為人詬病的，便是版印品質遠遠跟不上圖書出版的數量。當時市面上有
為數甚多的書籍，其內容不但多刪改偽併，且版面訛誤錯劣，隨處可見；而過
度刊刻的結果，使得劣本充斥市面，造成明代晚期的藏書家們對圖書的訪求蒐
購，不再來者不拒，逐漸轉變成審選品質精良的圖書，甚至把對宋本的喜愛與
堅持，形塑成一種佞宋心態，進而影響到日後清代的藏書觀念。

明代刻書活動的盛行，使得當時流行的書籍多元豐富，其中最特別且精
彩的書籍類型，便是雕鏤精美的版畫書。這類附有版畫插圖的書籍，多半為
戲曲或小說類的作品，為了吸引士人或藏書家們掏腰包購買，書商們無不絞
盡腦汁利用各種方式推銷書籍，像是邀請知名畫家陳洪綬、蕭雲從繪製插圖，
延攬徽派著名黃氏家族刻工為書籍雕鏤，務求使生產成本與銷售數量達至正
比。確實，書商們的做法使得明代的圖書市場因此熱鬧活絡許多，不但廣受
大眾士子的喜愛，無形中還使得這些精美版畫書籍成為藏書家們的囊中珍

藏，更帶給後人豐碩的視覺美感與藝術成果。只可惜，本論文限於篇幅與討論主題之故，未能將此一部份敘說析理，實為不足之處。

與其他朝代的藏書文化相較，本文並無意評價明代藏書文化的優劣，僅希望透過爬梳析理的研究方法，將明代藏書文化的林相完整呈現，進而探究是否對後世產生不同的影響。無庸置疑的，明代藏書文化有其獨特性，像是藩府藏書的文化成果，便絕對是別的朝代難以見到的輝煌成就，其後清朝雖有鼓勵皇子讀書、藏書的文化措施，但成效顯然無法並駕齊驅。其次，明中葉以後私家藏書轉盛，遠勝於公家藏書成果的表現，其在藏書觀念、編目、管理，甚至於藏書樓建築的各種領域，都建立起不可動搖的領導地位，此亦影響到清代以迄民國初年對於公私藏書的觀念。

再者，公私藏書類型的歧異點，也是明代藏書文化的重要特色之一。其中差異性最大的，便是在於通俗類作品的蒐藏與否。由於嘉靖、萬曆年間以後，民間出版活動活絡，戲曲小說類的通俗讀物在市場供需量大，書商大量刷印販售的結果，造成私人藏書家蒐羅便利，藏書類型顯得活潑多元；相較之下，這段期間正好是公家藏書趨於沒落的轉折期，文淵閣藏書只出不進，自然未蒐羅當時民間流行的戲曲、小說等通俗類書籍，而宮中藏書性質又以經、史類書籍為重，形成經、史、子、集四部比重不均，圖書類型呈現固定而單調的公藏文化特色。

上述提到的種種，雖為明代藏書文化形成過程中的現象，然若進一步透視此種現象，把這些現象當成構成明代藏書文化的指標，那麼對於明代藏書文化的認知，則更具意義。如前所述，明代藏書文化涵蓋的範圍甚廣，故僅能先從構成藏書文化的軌跡上著手，而這些現象背後的隱藏意涵，正是幫助我們認知明代藏書文化的重要依據，藉由細微觀察明代藏書文化發展過程中的種種轉變，逐漸拼湊出屬於明代藏書的文化特色及價值，甚至對後代的影響及成效，都是本文試圖關注的重點。

事實上，對於研究者而言，明代藏書文化與其他朝代藏書文化的差異性，並不容易以條列式一一說明清楚，實際上也不見得必然要透過比較，才能突顯出明代藏書文化的價值。不過，在明代藏書文化整理的過程中，我們發現明代藏書文化的形成及轉變，甚至影響，在古代整個圖書文化的發展史上，可說具有某種程度的轉折意義。這不單因為明代豐富的藏書文化成就，或者是藏書理論的確立，而是根源於藏書資源由原本的官方壟斷，轉而私人可以

普遍擁有，造就民間文化素質的提升，與圖書價值普遍受到肯定。這樣的觀念延續到後來的清代私人藏書，甚至持續到更久之後，對於現今隨處可擁有圖書的知識份子而言，明代藏書文化由公而私的重大轉折，確實影響後代深遠至極。

徵引書目

一、古　籍（按朝代先後及作者筆劃排序）

1. 〔周〕辛妍著，〔宋〕杜道堅注，《文子》，收入《諸子百家叢書》，上海：上海古籍出版社，1989 年 9 月。

2. 〔周〕孟子撰，《孟子》，謝冰瑩等編譯，《新譯四書讀本》，台北：三民書局，1987 年 8 月。

3. 〔周〕莊周撰，〔晉〕郭象註，《莊子》，台北：藝文印書館，2000 年 12 月。

4. 〔周〕墨翟著，《墨子》，上海：上海古籍出版社，1989 年 3 月。

5. 〔周〕燕太子丹撰（一說作者不詳），《燕丹子》，收入《諸子集成》第 1 集，台北：世界書局，1955 年。

6. 〔秦〕孔鮒，《孔叢子》，台北：商務印書館，1971 年 2 月。

7. 〔秦〕呂不韋，〔漢〕高誘注，《呂氏春秋》，台北：藝文印書館，1958 年。

8. 〔漢〕司馬遷，《史記》，台北：鼎文書局，1987 年 11 月。

9. 〔漢〕班固，《漢書》，台北：鼎文書局，1987 年 11 月。

10. 〔漢〕鄭玄等注，《周禮注疏及補正》，台北：世界書局，1963 年 5 月。

11. 〔晉〕王嘉，《拾遺記》，台北：新文豐出版公司，1987 年 6 月。

12. 〔晉〕杜預注、〔唐〕孔穎達疏，《左傳正義》，台北：廣文書局，1971 年 10 月。

13. 〔晉〕張華，《博物志》，台北：中華書局，1983 年 4 月。

14. 〔晉〕郭璞注，《穆天子傳》，收入《諸子百家叢書》，上海：上海古籍出版社，1990 年 10 月。

15. 〔晉〕葛洪著,《抱朴子》,台北:新文豐出版公司,1998 年 3 月。

16. 〔唐〕魏徵等撰,《隋書》,台北:鼎文書局,1987 年 11 月。

17. 〔唐〕釋智昇,《開元釋教錄》,明正統五年刊北藏本,台北:台灣商務印書館,1976 年。

18. 〔宋〕王明清,《揮麈錄》,清順治丁亥(四年)兩浙督學李際期刊本。

19. 〔宋〕王溥,《唐會要》,台北:世界書局,1960 年 11 月。

20. 〔宋〕沈括,《夢溪筆談》,台北:台灣商務印書館,1956 年 4 月。

21. 〔元〕王士點等撰,《秘書監志》,收入《元明史料叢編》,第 1 輯,第 4 冊,台北:文海出版社,1984 年。

22. 〔元〕馬端臨,《文獻通考》,台北:新興書局,1963 年。

23. 〔元〕脫脫等撰,《宋史》,台北:鼎文書局,1987 年 11 月。

24. 《宋會要輯稿》,收入楊家駱等編,《宋會要輯本》,台北:世界書局,1964 年 6 月。

25. 《明太宗實錄》,台北:中央研究院歷史語言研究所校印,1964 年 4 月。

26. 《明太祖實錄》,台北:中央研究院歷史語言研究所校印,1965 年 3 月。

27. 《明世宗實錄》,台北:中央研究院歷史語言研究所校印,1966 年 9 月。

28. 《明憲宗實錄》,台北:中央研究院歷史語言研究所校印,1966 年 9 月。

29. 〔明〕王夫之,《宋論》,台北:台灣商務印書館,1979 年 5 月。

30. 〔明〕王世貞,《名卿績紀》,收入《叢書集成新編》,第 100 冊,台北:新文豐出版社,1986 年 1 月。

31. 〔明〕王圻,《續文獻通考》,台北:新興書局,1958 年。

32. 〔明〕王泌,《東朝紀》,收入《百部叢書集成・初編》,台北:藝文印書館,1971 年,據明萬曆孫幼安校刊本影印。

33. 〔明〕王肯堂,《鬱岡齋筆麈》,明萬曆壬寅王懋錕刊本。

34. 〔明〕朱有燉,《東書堂集古法帖》,明永樂十四年(1416)勒石,翻刻烏金拓本。

35. 〔明〕宋應星,《天工開物》,台北:世界書局,1962 年 9 月。

36. 〔明〕李東陽等奉敕撰,《大明會典》,台北:東南書報社,1963 年 9 月。

37. 〔明〕李鼎,《李長卿集》明萬曆壬子(四十年,1612)豫章李氏家刊本。

38. 〔明〕李贄,《藏書》,台北:學生書局,1974 年。

39. 〔明〕沈德符,《萬曆野獲編》,北京:中華書局,1997 年 11 月。

40. 〔明〕沈德符,《顧曲雜言》,清道光十一年(1831)六安晁氏活字本。

41. 〔明〕阮葵生,《茶餘客話》,台北:台灣商務印書館,1976 年 5 月。

42. 〔明〕明太祖敕撰,《皇明祖訓》,明洪武間內府刊本。

43. 〔明〕祁彪佳,《祁忠惠公遺集》,上海:中華書局,1960 年。

44. 〔明〕胡應麟,《少室山房筆叢》,台北:世界書局,1953 年。

45. 〔明〕胡應麟,《經籍會通》,北京:北京燕山出版社,1999 年 5 月。

46. 〔明〕孫承澤,《春明夢餘錄》,台北:大立出版社,1980 年 10 月,景 1883 年南海孔氏惜分陰館古香齋袖珍重刊本。

47. 〔明〕徐學聚編,《國朝典彙》,台北:學生書局,1965 年 1 月。

48. 〔明〕高儒,《百川書志》,收入《叢書集成續編》,第 3 冊,台北:新文豐出版公司,1989 年 7 月。

49. 〔明〕張萱,《西園聞見錄》,收入周駿富輯,《明代傳記叢刊》,第 116 冊,台北:明文書局,1991 年 1 月。

50. 〔明〕張瀚,《松窗夢語》,北京:中華書局,1985 年 5 月。

51. 〔明〕郭鏊,《皇明太學志》,明嘉靖三十六年原刊明末迄清順治間增刊本。

52. 〔明〕陳第,《世善堂藏書目錄》,收入《叢書集成新編》,第 2 冊,台北:新文豐出版公司,1986 年 1 月。

53. 〔明〕陳繼儒,《太平清話》,明萬曆繡水沈氏尚白齋刻寶顏堂祕笈本。

54. 〔明〕焦竑,《國朝徵獻錄》,收入周駿富輯,《明代傳記叢刊》,第 109 冊,台北:明文書局,1991 年 1 月。

55. 〔明〕項元汴,《蕉園九錄》,清道光辛卯(十一年,1831)六安晁氏活字印本。

56. 〔明〕黃佐,《南雍志》,台北:偉文圖書出版社,1976 年 9 月。

57. 〔明〕黃佐,《翰林記》,收入《叢書集成新編》,第 30 冊,台北:新文豐出版公司,1985 年。

58. 〔明〕黃瑜,《雙槐歲鈔》,收入《百部叢書集成初編》,台北:藝文印書館,1971 年。

59. 〔明〕黃儒炳,《續南雍志》,台北:偉文圖書出版社,1976 年 9 月。

60. 〔明〕葉盛,《菉竹堂書目》,收入《叢書集成新編》,第 2 冊,台北:新文豐出版公司,1986 年 1 月。

61. 〔明〕劉若愚,《酌中志》,景自清道光潘仕成輯刊海山仙館叢書本,台北:偉文圖書出版社,1976 年 9 月。

62. 〔明〕蕭良幹等修,《紹興府志》(浙江省),清康熙五十八年(1719)刊本,收入《中國方志叢書》,華中地方,第 537 號,台北:成文出版社,1983 年。

63. 〔明〕錢謙益,《列朝詩集小傳》,收入周駿富輯,《明代傳記叢刊》,第

11 冊，台北：明文書局，1991 年 1 月。

64. 〔明〕錢謙益，《牧齋有學集》，上海：上海古籍出版社，1996 年 9 月。

65. 〔明〕錢謙益，《絳雲樓書目》，據清道光三十年（1850）粵雅堂叢書本景印，台北：廣文書局，1969 年 2 月。

66. 〔明〕謝肇淛，《五雜組》，收入《筆記小說大觀》，第 8 編，第 6-7 冊，台北：新興書局，1971 年 5 月。

67. 〔明〕譚希思，《明大政纂要》，台北：文海出版社，1988 年 6 月。

68. 〔明〕顧炎武，《天下郡國利病書》，台北：藝文印書館，1959-1965 年。

69. 〔明〕顧炎武，《日知錄集釋》，台北：世界書局，1974 年 7 月。

70. 〔清〕《清實錄·乾隆朝》，北京：中華書局，1986 年 5 月。

71. 〔清〕丁丙，《善本書室藏書志》，收入《書目續編》，台北：廣文書局，1967 年。

72. 〔清〕卞寶第、李瀚章等修，《湖南通志》，清光緒年間刊本。

73. 〔清〕毛德琦原訂、周兆蘭重修，《白鹿書院志》，收入趙所生、薛正興主編，《中國歷代書院志》，南京：江蘇教育出版社，1995 年 9 月。

74. 〔清〕王萬芳、恩聯等纂修，《襄陽府志》（湖北省），清光緒十一年（1885）刊本，收入《中國方志叢書》，華中地方，第 362 號，台北：成文出版社，1976 年。

75. 〔清〕王鴻緒等撰，《明史稿列傳》，收入周駿富輯，《明代傳記叢刊》，第 95 冊，台北：明文書局，1991 年 1 月。

76. 〔清〕永瑢，《欽定歷代職官表》，收入《叢書集成新編》，第 29 冊，台北：新文豐出版社，1985 年。

77. 〔清〕永瑢等奉敕撰，《欽定四庫全書總目》，台北：藝文印書館，1997 年 9 月。

78. 〔清〕田文鏡、王士俊等監修，《河南通志》，清光緒八年（1882）刊本，收入《中國省志彙編》，台北：華文書局，1969 年 1 月。

79. 〔清〕朱謀垔，《續書史會要》，收入周駿富輯，《明代傳記叢刊》，第 72 冊，台北：明文書局，1991 年 1 月。

80. 〔清〕朱彝尊，《日下舊聞》，清康熙 27 年（1688）崑山徐乾學刊本。

81. 〔清〕朱彝尊，《明詩綜》，收入《歷代詩文總集》，第 14 冊，台北：世界書局，1962 年 2 月。

82. 〔清〕朱彝尊，《經義考》，台北：中華書局，1979 年 2 月。

83. 〔清〕朱彝尊，《靜志居詩話》，收入周駿富輯，《明代傳記叢刊》，台北：明文書局，1991 年 1 月。

84. 〔清〕朱彝尊，《曝書亭集》，台北：世界書局，1964 年 2 月。

85. 〔清〕吳翌鳳，《遜志堂雜鈔》，收入《叢書集成續編》，第 18 冊，新文豐出版社，1989 年。

86. 〔清〕谷應泰，《明史紀事本末》，台北：三民書局，1956 年 2 月。

87. 〔清〕阮元，《揅經室集》，台北：台灣商務印書館，1967 年 3 月。

88. 〔清〕查繼佐，《罪惟錄列傳》，收入周駿富輯，《明代傳記叢刊》，第 85 冊，台北：明文書局，1991 年 1 月。

89. 〔清〕夏燮，《明通鑑》，長沙：岳麓書社，1999 年 8 月。

90. 〔清〕孫星衍，《三輔黃圖》，台北：世界書局，1963 年。

91. 〔清〕徐沁，《明畫錄》，收入周駿富輯，《明代傳記叢刊》，第 72 冊，台北：明文書局，1991 年 1 月。

92. 〔清〕恩聯修，《襄陽府志》（湖北省），清光緒十一（1885）年刊，收入《中國方志叢書》，華中地方，第 362 號，台北：成文出版社，1976 年。

93. 〔清〕袁枚，《小倉山房詩文集》，收入《傳世藏書》，海口：海南國際新聞出版中心，1996 年 12 月。

94. 〔清〕袁枚，《隨園隨筆》，收入王英志主編，《袁枚全集》，南京：江蘇古籍出版社，1993 年。

95. 〔清〕張廷玉等奉敕撰，《明史》三百三十二卷，清乾隆四年武英殿刊本。

96. 〔清〕張金吾，《愛日精廬藏書志》，台北：文史哲出版社，1982 年 3 月。

97. 〔清〕張鈞衡，《適園藏書志》收入《書目續編》，台北：廣文書局，1967 年。

98. 〔清〕莫友芝，《宋元舊本書經眼錄》，《書目叢編》，台北：廣文書局，1988 年。

99. 〔清〕陳田，《明詩紀事》，收入周駿富輯，《明代傳記叢刊》，第 12 冊，台北：明文書局，1991 年 1 月。

100. 〔清〕彭元瑞，《欽定天祿琳琅書目‧續目》，收入《書目續編》，台北：廣文書局，1991 年。

101. 〔清〕曾國藩、劉坤一等監修，《江西通志》，清光緒七年（1881）刊本，收入《中國省志彙編》，台北：華文書局，1967 年 12 月。

102. 〔清〕黃丕烈，《蕘圃藏書題識》，收入《清人書目題跋叢刊》，北京：中華書局，1933 年 1 月。

103. 〔清〕黃虞稷，《千頃堂書目》，上海：上海古籍出版社，1990 年 5 月。

104. 〔清〕黃虞稷、周在浚編，《徵刻唐宋秘本書目》，收入《書目五編‧觀古堂書目叢刻》，第 5 冊，台北：廣文書局，1967 年。

105. 〔清〕楊宗秉纂修，《瓊山縣志》（廣東），清咸豐七年（1857）刊本。

106. 〔清〕萬斯同、王鴻緒等奉敕撰，《敕修明史稿》存三百零三卷，清敬慎

堂刊本。

107. 〔清〕葉昌熾，《藏書紀事詩（附補正）》，上海：上海古籍出版社，1999年 12 月。

108. 〔清〕葉昌熾，《藏書紀事詩》，北京：北京燕山出版社，1999 年 12 月。

109. 〔清〕葉德輝，《書林清話》，台北：文史哲出版社，1988 年 4 月。

110. 〔清〕蔣光煦，《東湖叢記》，台北：廣文書局，1967 年 8 月。

111. 〔清〕鄭元慶、范聲山，《吳興藏書錄》，收入《叢書集成續編》，第 5 冊，台北：新文豐出版公司，1989 年 7 月。

112. 〔清〕錢大昕，《潛研堂文集》，清道光二十年（1840）刊本。

113. 〔清〕謝旻等監修，《江西通志》，清康熙二十二年（1683）刊本，台北：成文出版社，1983 年。

二、專　書（按作者筆劃排序）

1. 丁榕萍，《明代國子監教育與科舉之研究》，台北：華光書局，1975 年 7 月。

2. 丁鋼、劉琪，《書院與中國文化》，上海：上海教育出版社，1992 年 10 月。

3. 王欣夫，《文獻學講義》，台北：台灣商務印書館，1992 年 1 月。

4. 王崇峻，《明代書院的講學研究》，台北永和市：花木蘭文化出版社，2009 年。

5. 白鹿洞書院古志整理委員會編，《白鹿洞書院古志五種》，北京：中華書局，1995 年 11 月。

6. 任遵時，《明代劇作家周憲王研究》，台北：自版，1974 年 3 月。

7. 任繼愈，《中國藏書樓》，瀋陽：遼寧人民出版社，2001 年 1 月。

8. 吉少甫，《中國出版簡史》，上海：學林出版社，1991 年 11 月。

9. 何孝榮，《明代南京寺院研究》北京：中國社會科學出版社，2000 年 12 月。

10. 余嘉錫，《余嘉錫論學雜著》，台北：河洛圖書出版社，1976 年 3 月。

11. 吳楓，《中國古典文獻學》，濟南：齊魯書社，1982 年 10 月。

12. 吳辰伯，《江浙藏書家史略》，台北：文史哲出版社，1982 年 5 月。

13. 吳哲夫，《四庫全書纂修之研究》，台北：國立故宮博物院，1990 年 6 月。

14. 吳哲夫，《書的歷史》，台北：行政院文建會，1984 年。

15. 吳晗，《朱元璋傳》，台北：里仁書局，1997 年 2 月。

16. 呂澂，《佛典汎論》，上海：商務印書館，1935 年。

17. 宋原放、李白堅，《中國出版史》，北京：中國書籍出版社，1991 年 6 月。

18. 李希泌、張椒華編，《中國古代藏書與近代圖書館史料》，北京：中華書局，1982 年。

19. 李杰，《道藏目錄詳注》，台北：廣文書局，1975 年 4 月。

20. 李致忠，《肩朴集》，北京：北京圖書館出版社，1998 年 9 月。

21. 李國鈞等編，《中國書院史》，長沙：湖南教育出版社，1994 年 6 月。

22. 李清志，《古書版本鑑定研究》，台北：文史哲出版社，1986 年 9 月。

23. 李雪梅，《中國近代藏書文化》，北京：現代出版社，1999 年 7 月。

24. 李瑞良，《中國古代圖書流通史》，上海：上海人民出版社，2000 年 5 月。

25. 汪闇，《明清蟬林輯傳》，香港：中山圖書公司，1972 年 12 月。

26. 來新夏，《來新夏書話》，台北：學生書局，2000 年 10 月。

27. 周少川，《古籍目錄學》，鄭州：中州古籍出版社，1996 年 1 月。

28. 周少川，《藏書與文化——家藏書文化研究》，北京：北京師範大學出版社，1999 年 5 月。

29. 周彥文，《中國目錄學理論》，台北：學生書局，1995 年 9 月。

30. 屈萬里等，《圖書板本學要略》，台北：中國文化大學出版部，1986 年 10 月。

31. 昌彼得，《中國目錄學》，台北：文史哲出版社，1986 年 9 月。

32. 昌彼得，《版本目錄學論叢》，台北：學海出版社，1977 年 8 月。

33. 林申清，《中國藏書家印鑒》，上海：上海書店，1997 年 11 月。

34. 林慶彰，《明代考據學研究》，台北：臺灣學生書局，1983 年 7 月。

35. 姚明達，《中國目錄學史》，台北：臺灣商務印書館，1988 年 2 月。

36. 洪有豐等，《清代藏書家考》，香港：中山圖書公司，1973 年 1 月。

37. 洪湛侯，《中國文獻學新編》，杭州：杭州大學出版社，1997 年 9 月。

38. 胡孚琛、方廣錩著，《道藏與佛藏》，北京：新華出版社，1993 年 12 月。

39. 范鳳書，《中國私家藏書史》，鄭州：大象出版社，2001 年 7 月。

40. 孫永如，《明清書目研究》，合肥：黃山書社，1993 年 7 月。

41. 徐雁、王燕均等，《中國歷史藏書論著讀本》，成都：四川大學出版社，1989 年 10 月。

42. 袁詠秋、曾季光主編，《中國歷代圖書著錄文選》，北京：北京大學出版社，1995 年 10 月。

43. 袁詠秋、曾季光編，《中國歷代國家藏書機構及名家藏讀敘傳選》，北京：北京大學出版社，1997 年 12 月。

44. 高春緞,《黃佐生平及其史學（1490-1566）》,高雄：高雄文化出版社,1992 年 6 月。

45. 張正藩,《中國書院制度考略》,台北：中華書局,1984 年 3 月。

46. 張治安,《明代政治制度》,台北：五南圖書出版公司,1999 年 4 月。

47. 盛朗西,《中國書院制度》,上海：中華書局,1934 年 11 月。

48. 許世瑛,《中國目錄學史》,台北：中華文化,1954 年 8 月。

49. 郭伯恭,《永樂大典考》,台北：台灣商務印書館,1967 年 10 月。

50. 陳力,《中國圖書史》,台北：文津出版社,1996 年 4 月。

51. 陳士強,《中國佛教百科叢書－經典卷》,臺北：佛光文化,1999 年 8 月。

52. 陳玉女,《明代二十四衙門宦官與北京佛教》,台北：如聞出版社,2001 年 10 月。

53. 陳宏天,《古籍版本概要》,台北：洪葉文化事業有限公司,1992 年 10 月。

54. 陳谷嘉、鄧洪波編,《中國書院史資料》,杭州：浙江教育出版社,1998 年 5 月。

55. 陳谷嘉、鄧洪波編,《中國書院制度研究》,杭州：浙江教育出版社,1997 年 8 月。

56. 陳國符,《道藏源流考》,北京：中華書局,1963 年 12 月。

57. 陳登原,《古今典籍散佚考》,收入嚴靈峰編,《書目類編》,第 96 冊,台北：成文出版社,1976 年 7 月。

58. 陳萬益,《晚明小品與明季文人生活》,台北：大安出版社,1992 年 5 月。

59. 陳萬鼐,《朱載堉研究》,台北：故宮博物院,1992 年 1 月。

60. 陳夢家,《殷虛卜辭綜述》,北京：中華書局,1988 年。

61. 傅衣凌,《明史新編》,台北：昭明出版社,1999 年 9 月。

62. 傅璇琮、謝灼華編,《中國藏書通史》,寧波：寧波出版社,2001 年 2 月。

63. 彭斐章主編,《中外圖書交流史》,長沙：湖南教育出版社,1998 年 6 月。

64. 程千帆、徐有富,《校讎廣義》,山東：齊魯書社出版,1998 年 4 月。

65. 程登元,《中國歷代典籍考》,台北：五洲出版社,1968 年 9 月。

66. 馮惠民、李萬健等選編,《明代書目題跋叢刊》,北京：書目文獻出版社,1994 年。

67. 楊布生、彭定國,《中國書院文化》,台北：雲龍出版社,1997 年 2 月。

68. 楊立誠、金步瀛等,《中國藏書家考略》,台北：文海出版社,1971 年 10 月。

69. 楊愼初、朱漢民、鄧洪波,《岳麓書院史略》,長沙：岳麓書社,1986 年

5 月。

70. 楊慎初、朱漢民、鄧洪波,《岳麓書院史略》,長沙:岳麓書社,1986 年 5 月。

71. 廖可斌,《明代文學復古運動研究》,上海:上海古籍出版社,1994 年 12 月。

72. 福開森,《歷代著錄畫目》,國立故宮博物院,1970 年。

73. 趙所生、薛正興主編,《中國歷代書院志》,南京:江蘇教育出版社,1995 年 9 月。

74. 劉兆佑,《認識古籍版刻與藏書家》,台北:臺灣書店,1997 年 6 月。

75. 劉兆祐,《中國目錄學》,台北:五南圖書出版公司,1998 年 7 月。

76. 劉志琴、吳廷嘉著,《中國文化史概論》,台北:文津出版社,1994 年 4 月。

77. 劉紀澤,《目錄學概論》,台北:台灣中華書局,1958 年 8 月。

78. 劉國鈞,《中國書史簡編》,北京:書目文獻出版社。

79. 樊克政,《中國書院史》,台北:文津出版社,1995 年 9 月。

80. 潘美月,《宋代藏書家考》,台北:學海出版社,1980 年 4 月,初版。

81. 蔡金重,《藏書紀事詩引得》北平:哈佛燕京學社,1937 年 9 月。

82. 鄭如斯、肖東發,《中國書史》,北京:書目文獻出版社,1996 年 10 月,第一版五刷。

83. 鄭利華,《明代中期文學演進與城市型態》,上海:復旦大學出版社,1995 年版。

84. 盧賢中,《古代刻書與古籍版本》,合肥:安徽大學出版社,1995 年 12 月。

85. 賴福順,《清代天祿琳琅藏書印記研究》,台北:中國文化大學出版部,1991 年。

86. 錢存訓著,劉拓、汪劉次昕譯,《造紙與印刷》,台北:台灣商務印書館,1995 年 9 月。

87. 錢基博,《版本通義》,台北:臺灣商務印書館,1980 年 1 月。

88. 駱兆平,《天一閣叢談》,北京:中華書局,1993 年 3 月。

89. 繆詠禾,《明代出版史稿》,南京:江蘇人民出版社,2000 年 10 月。

90. 謝灼華,《中國圖書和圖書館史》,台北:天肯文化出版公司,1995 年。

91. 簡錦松,《明代文學批評研究》,台北:台灣學生書局,1989 年 2 月,初版。

92. 嚴倚帆,《祁承㸁及澹生堂藏書研究》,台北:漢美圖書出版公司,1991

年。

93. 嚴靈峰，《書目類編》，台北：成文出版社，1978 年 7 月。

94. 顧力仁，《永樂大典及其輯佚書研究》，台北：文史哲出版社，1985 年 7 月。

95. 顧廷龍，《明代版本圖錄初編》，台北：文海出版社，1961 年 5 月。

96. 王余光、徐雁等編，《中國讀書大辭典》，南京：南京大學出版社，1999 年 7 月。

97. 季嘯風主編，《中國書院辭典》，杭州：浙江教育出版社，1996 年 8 月。

三、期刊論文

1. 方行，〈明清出版業的資本主義萌芽淺談〉，《平准學刊──中國社會經濟史研究論集》（北京：中國商業出版社，1985 年 10 月第一版），總第 1 輯。

2. 方建新，〈宋代私家藏書補錄〉，《文獻》，1988 年，第 1 期。

3. 毛文芳，〈晚明文人纖細感知的名物世界〉，《大陸雜誌》，第 95 卷，第 2 期，1997 年，8 月。

4. 王日根，〈論明清時期的商業發展與文化發展〉，《明清史》，第 20 期，1993 年 5 月。

5. 王叔岷，〈論校書之難〉，收入中華書局香港分局編，《文史論叢》，香港：中華書局香港分局，1974 年 3 月。

6. 王俊義，〈論錢謙益對明末清初學術演變的推動、影響及其評價〉，《中國社會科學院研究生院學報》，1996 年，第 2 期。

7. 王重民，〈千頃堂書目考〉，《北京大學國學季刊》，第 7 卷，第 1 期，1950 年。

8. 王國強，〈《文淵閣書目》試探〉，《圖書館研究與工作》，1986 年，第 4 期。

9. 王國強，〈明代文淵閣藏書考述〉，《圖書與情報》，2002 年，第 2 期。

10. 王國強，〈歷代政府藏書管理機構考略〉，《河南圖書館學刊》，1988 年，第 4 期。

11. 王崇峻，〈明代的書院〉，《國教園地》，第 53、54 期，1995 年 6 月。

12. 包遵彭，〈王世貞及其史學〉，《新時代》，第 5 卷，第 8 期，1965 年 8 月。

13. 何多源，〈廣東藏書家考〉，《廣州大學圖書館季刊》，第 1 卷，第 2-4 期。

14. 吳春唅，〈江蘇藏書家小史〉，《圖書館學季刊》，第 8 卷，第 1 期，1934 年 3 月。

15. 吳哲夫，〈古代藏書家的胸襟〉，《故宮文物月刊》，第 6 卷，第 1 期，1988

年 4 月。

16. 吳哲夫，〈故宮藏書鳥瞰〉，《故宮文物月刊》，1986 年 10 月。

17. 吳哲夫，〈簡談善本書志〉，《圖書與圖書館》，第 3 輯，1977 年 4 月。

18. 吳璧雍，〈明版圖書特展〉，《故宮文物月刊》，第 10 卷，第 9 期，1992 年 12 月。

19. 吳晗，〈胡惟庸黨案考〉，《燕京學報》，第 15 期。

20. 李更旺，〈西周至戰國藏書考略〉，《四川圖書館學報》，1984 年，第 1 期。

21. 李致忠，〈明代刻書述略〉，《文史》，第 23 集，1984 年 11 月。

22. 李家駒，〈我國古代藏書樓的典藏管理與利用（下）〉，《教育資料與圖書館學》，第 25 卷，第 2 期，1988 年。

23. 李家駒，〈我國古代藏書樓的典藏管理與利用（上）〉，《教育資料與圖書館學》，第 25 卷，第 1 期，1987 年。

24. 李慶濤，〈關於明代中葉的翻宋仿宋刻書──兼談我省有關藏本及其著錄問題〉，《青海圖書館》，1981 年，第 1 期。

25. 杜信孚，〈明清及民國時期江蘇刻書概述〉，《江蘇圖書館學報》，第 71 期，1994 年 1 月。

26. 沈津，〈明代坊刻圖書之流通與價格〉，《國家圖書館館刊》，1996 年，第 1 期。

27. 沈振輝，〈明代私人收藏家百例辨析〉，《東南文化》，1999 年，第 2 期。

28. 沈燮元，〈明代江蘇刻書事業概述〉，《學術月刊》，1957 年，第 9 期。

29. 汪應文，〈圖書館起源於檔案庫考〉，《四川圖書館學報》，1986 年，第 1 期。

30. 周克治，〈古書風貌〉，《故宮文物月刊》，第 10 卷，第 9 期，1992 年 12 月。

31. 周法高，〈錢牧齋收藏之富與晚年家道中落之原因〉，《大陸雜誌》，第 58 卷，第 4 期，1979 年 4 月。

32. 孟昭晉，〈有趣的明代《行人司書目》〉，《圖書館雜誌》，1988 年，第 2 期。

33. 孟昭晉，〈「明代劉向」朱睦㮊〉，《圖書館雜誌》，1986 年，第 2 期。

34. 林宜蓉，〈晚明文藝社會「山人崇拜」之研究〉，《國立臺灣師範大學國文研究所集刊》，第 39 號，1995 年 6 月。

35. 林潛爲，〈毛晉《宋六十名家詞》初探〉，《大陸雜誌》，第 91 卷，第 6 期，1995 年 12 月。

36. 邱澎生，〈明代蘇州營利出版事業及其社會效應〉，《九州學刊》，第 5 卷，第 2 期，1992 年 10 月。

37. 柳作梅，〈牧齋藏書之研究〉，《圖書館學報》，第 5 期，1963 年 8 月。

38. 范金民，〈明清江南進士數量、地域分布及其特色分析〉，《明清史》，第 5 期，1997 年 4 月。

39. 殷登國，〈藏書癖〉，《新書月刊》，第 3 期，1983 年 12 月。

40. 翁同文，〈印刷術對於書籍成本的影響〉，《清華學報》，新 6 卷，第 1、2 期合刊，1967 年 12 月。

41. 袁逸，〈明後期我國私人刻書業資本主義因素的活躍與表現〉，《浙江學刊》，1989 年，第 3 期。

42. 袁同禮，〈皇史宬記〉，《圖書館學季刊》，第 2 卷，第 3 期。

43. 袁同禮，〈宋代私家藏書概略〉，《圖書館學季刊》，第 2 卷，第 2 期，1928 年 3 月。

44. 袁同禮，〈明代私家藏書概略〉，收入洪有豐，《清代藏書家考》，香港：中山圖書公司，1973 年 1 月版。

45. 袁同禮，〈清代私家藏書概略〉，《圖書館學季刊》，第 1 卷，第 1 期，1926 年 3 月。

46. 崔文印〈明代叢書的繁榮〉，《史學史研究》，1996 年，第 3 期。

47. 張璉，〈明代專制文化政策下的圖書出版情形〉，《漢學研究》，第 10 卷，第 2 期，1992 年 12 月。

48. 張民服，〈明清時期的私人刻書、販書及藏書活動〉，《鄭州大學學報》（哲學社會科學版），1993 年，第 5 期。

49. 張雷、李豔秋，〈明代私家藏書目錄考略〉，《書目季刊》，第 33 卷，第 1 期。

50. 梁子涵，〈中國書藏的側面〉，《圖書館學報》，第 7 期，1965 年 7 月。

51. 梅岑，〈明代版本雕藝的文化價值〉，《藝術學報》，第 43 期，1988 年 10 月。

52. 許周鶼，〈論明清吳地儒士的商業意識〉，《蘇州大學學報》（哲學社會科學版），1997 年，第 2 期。

53. 許培基，〈蘇州的刻書與藏書〉，《文獻》，1985 年，第 4 期。

54. 郭英德，〈明代文人結社說略〉，《北京師範大學學報》（社會科學版），1992 年，4 月號。

55. 陳寶良，〈明代的社與會〉，《明清史》，第 33 期，1991 年 12 月。

56. 傅振倫，〈校讎新論〉，《圖書館學季刊》，第 5 卷，第 2 期，1930 年 6 月。

57. 喬衍琯，〈千頃堂書目校証〉，《中國圖書館學會會報》，第 29 期，1977 年。

58. 喬衍琯，〈晉江黃氏父子及其藏書〉，《文史季刊》，第 1 卷，第 2 期，1971

年。

59. 喬衍琯，〈經義考所引千頃堂書目彙証〉，《書目季刊》，第 6 卷，第 3 期，1972 年。

60. 喬衍琯，〈論千頃堂經義考與明志的關係〉，《國立中央圖書館館刊》，第 10 卷，第 1 期，1977 年。

61. 曾主陶，〈翰林院制度與明代圖書文獻管理〉，《文獻》，1993 年，第 4 期。

62. 程偉，〈明清吳縣鄉鎮私家藏書述要〉，《江蘇圖書館學報》，1991 年，第 6 期。

63. 華人德，〈明代中後期雕版印刷的成就〉，《蘇州大學學報》（哲學社會科學版），1988 年，第 3 期。

64. 黃桂蘭，〈晚明文士風尚〉，《東南學報》，第 15 期，1992 年 12 月。

65. 黃裳，〈澹生堂二三事〉，《社會科學戰線》，1980 年，第 4 期。

66. 楊家駱，〈明文淵閣藏書考前紀〉，《中國圖書館學會會報》，第 18 期，1966 年 12 月。

67. 葉公超，〈中國歷代藏書與現代圖書館〉，《中國圖書館學會會報》，第 26 期，1974 年 12 月。

68. 葉忠海、羅秀鳳，〈南宋以來蘇浙兩省成爲中國文人學者最大源地的綜合研究〉，《華東師範大學學報》（哲學社會科學版），1994 年，第 1 期。

69. 葉萬忠，〈蘇州歷史上的刻書和藏書〉，收入謝國楨等，《古籍論叢》（福州：福建人民出版社，1983 年 5 月，初版二刷）。

70. 葉樹聲，〈明代南直隸江南地區私人刻書概述〉，《文獻》，1987 年，第 2 期。

71. 董作賓，〈殷墟文字甲編自序〉，《中國考古學報》， 1949 年，第 4 冊。

72. 董作賓，〈商代龜卜之推測‧度藏第十〉，《安陽挖掘報告》，1929 年，第 1 期。

73. 劉兆祐，〈藏書章的故事〉，《國文天地》，第 2 卷，第 10 期，1987 年 3 月。

74. 劉尚恒，〈安徽藏書家考略〉，《圖書館工作》，1986 年，第 3 期。

75. 劉渝生，〈周王廟官府藏書處所辨析〉，《圖書情報工作》，1986 年，第 4 期。

76. 劉意成，〈私人藏書與古籍保存〉，《圖書館雜誌》，第 3 期，1983 年 9 月。

77. 暴鴻昌，〈明清時代書齋文化散論〉，《齊魯學刊》，1992 年，第 2 期。

78. 蔣鏡寰，〈吳中藏書先哲考略〉，《江蘇省立蘇州圖書館》，第 2 號，1930 年 7 月。

79. 鄭利華，〈明代中葉吳中文人集團及其文化特徵〉，《上海大學學報》，第

4 卷，第 2 期，1997 年 4 月。

80. 鄭俊彬，〈強諫幹練文武兼備的一代奇才──葉盛〉，《明史研究專刊》，第 5 期，1982 年 12 月。

81. 冀叔英，〈談談明刻本及刻工〉，《文獻》，第 7 輯，1981 年 3 月。

82. 衡門，〈談蘇州藏書家──黃丕烈〉，《出版界》，第 29 期，1991 年 3 月。

83. 衡門，〈藏書談「南瞿北楊」〉，《出版界》，第 27 期，1990 年 7 月。

84. 應裕康，〈王編祁忠敏公年譜述評〉，《中國學術年刊》，第 3 期，1981 年。

85. 應裕康，〈自祁忠敏公奏疏看明末朝政〉，《高雄師大學報》，第 2 期，1991 年。

86. 應裕康，〈祁彪佳的生平及其傳記資料〉，《高雄師院學報》，第 15 期，1987 年。

87. 應裕康，〈祁彪佳著作考〉，《木鐸》，第 11 期，1987 年。

88. 應裕康，〈祁彪佳遠山堂「曲品」與「劇品」初探〉，《故宮學術季刊》，第 9 卷，第 2 期，1991 年。

89. 應裕康，〈讀《祁忠敏公年譜》與《祁忠敏公日記》〉，《高雄師大學報》，第 1 期，1990 年。

90. 韓文寧，〈明清江浙藏書家的主要功績和歷史局限〉，《東南文化》，1997 年，2 月號。

91. 韓建新，〈明清時期江蘇私家刻書初探〉，《江蘇圖書館學報》，1987 年，第 3 期。

92. 瞿冕良，〈常熟藏書先哲考略〉，收入徐雁、王燕均等編，《中國歷史藏書論著讀本》，成都：四川大學出版社，1990 年。

93. 聶光甫，〈山西藏書考〉，《中華圖書館學協會報》，第 3 卷，第 6 期。

94. 羅炳綿，〈清初錢毛諸藏書家與學風考〉，收入陶希聖，《清代學術論集》（台北：食貨出版社，1978 年 4 月）。

95. 嚴迪昌，〈「市隱」心態與吳中明清文化世族〉，《蘇州大學學報》，1991 年，第 1 期。

96. 沈達偉，〈明代方志存佚目考〉，《津圖學刊》，1984 年，第 3 期。

97. 程煥文，〈私人藏書秘而不宣之濫觴及其發展〉，《圖書館研究與工作》，1987 年，第 1 期。

98. 王竟，〈藏書印與版本鑒定〉，收入《版本學研究論文集》，北京：書目文獻出版社，1995 年 11 月。

99. 劉尚桓，〈古代私家藏書印鑒〉，《江蘇圖書館學報》，2000 年，第 3 期。

100. 李國華，〈明代的宗藩〉，《江西師範大學學報》，1985 年，第 1 期。

101. 王興亞，〈朱睦㮮藏書及著述〉，《河南圖書館學刊》，1989 年，第 2 期。

102. 何佑森，〈元代書院之地理分布〉，《新亞學報》，第 2 卷，第 1 期，1956年 8 月。

103. 曹松葉，〈宋元明清書院概況〉，《國立中山大學語言歷史研究所周刊》，第 10 集，第 111-115 期，1929 年 12 月到 1930 年 1 月。

104. 班書閣，〈書院藏書考〉，《北京圖書館館刊》，第 5 卷，第 3 期，1931 年6 月。

105. 楊建東，〈古代書院藏書概述〉，《四川圖書館學報》，1985 年，第 5 期。

106. 嚴佐之，〈書院藏書、刻書與書院教育〉，收入李國鈞等編，《中國書院史》，長沙：湖南教育出版社，1994 年 6 月。

107. 陸漢榮、張炳文，〈古代藏書的一種重要類型—書院藏書〉，《蘇州大學學報》，1997 年，第 4 期。

108. 鄧洪波，〈簡論中國書院藏書的五個來源〉，《江蘇圖書館學報》，1997 年，第 1 期。

109. 曹之，〈書院刻書漫話〉，《四川圖書館學報》，1985 年，第 2 期。

110. 鄧洪波，〈明代書院藏書目錄提要〉，《書目季刊》，第 33 卷，第 4 期。

111. 鄧洪波，〈明清時期江蘇書院藏書目錄輯錄〉，《江蘇圖書館學報》，1996年，第 1 期。

112. 秦健民，〈略論古代書院藏書與書院教學、學術研究的關係〉，《中國圖書館學報》，1999 年，第 2 期。

113. 張新鷹，〈關於佛教大藏經一些資料〉，《世界宗教資料》，1981 年，第 4期。

114. 藍吉富，〈《嘉興大藏經》研究〉，《諦觀》，第 70 期，1992 年 7 月。

115. 藍吉富，〈大藏經略說〉，《佛教圖書館館訊》，第 9 期，1997 年 3 月。

116. 李孝友，〈淺談明代刊刻的《徑山藏》〉，《文獻》，第 2 輯，1980 年。

117. 胡長春，〈明代江西藏書述略〉，《江西圖書館學刊》，第 28 卷，第 111 期，1998 年 9 月。

118. 魯海，〈嶗山太清宮藏《道藏》〉，《中國人民大學書報資料中心》，1987年 4 月。

119. 徐建華，〈中國佛教寺院藏書的構成及其成因〉，《聊城師範學院學報》，1999 年，第 1 期。

120. 柳存仁，〈《道藏》之性質〉，《中國文哲研究通訊》，第 2 卷，第 1 期，1992年 3 月。

121. 林祖藻，〈天一閣、四庫樓和浙圖嘉業藏書樓的建築特色〉，《南方建築》，1997 年，第 2 期。

122. 駱兆平、洪可堯，〈盧址與抱經樓〉，《圖書館雜誌》，1983 年 2 月，總第

6 期。

四、學位論文

1. 李文琪,〈焦竑及其國史經籍志〉,台中:東海大學中國文學研究所碩士論文,1987 年。

2. 李家駒,〈我國古代圖書典藏管理的研究〉,台北:中國文化大學史學研究所碩士論文,1986 年。

3. 林銘宗,〈黃佐南雍志研究〉,台北:中國文化大學中國文學研究所碩士論文,1998 年。

4. 孫彥民,〈宋代書院制度之研究〉,台北:國立政治大學教育研究所碩士論文,1963 年。

5. 張璉,〈明代中央政府刻書研究〉,台北:中國文化大學史學研究所碩士論文,1983 年。

6. 麥杰安,〈明代蘇常地區出版事業之研究〉,台北:臺灣大學圖書館學研究所碩士論文,1996 年。

7. 蔡盛琦,〈先秦兩漢官府藏書考述〉,台北:中國文化大學史學研究所碩士論文,1997 年。

8. 蔡惠如,〈宋代杭州地區圖書出版事業研究〉,台北:台灣大學資訊學研究所碩士論文,1998 年。

9. 周彥文,〈千頃堂書目研究〉,台北:東吳大學中國文學研究所博士論文,1985 年。

10. 車美京,〈寧獻王的曲學及其劇作研究〉,台北:台灣師範大學國文研究所碩士論文,1994 年。

11. 黃晴文,〈中國古代書院制度及其刻書探研〉,台北:中國文化大學史學研究所碩士論文,1984 年。

12. 朱寅伶,〈《道藏》研析〉,台北:輔仁大學圖書資訊研究所碩士論文,2001 年。

13. 蔡佩玲,〈范氏天一閣研究〉,台北:台灣大學圖書資訊研究所碩士論文,1985 年。